北京市社会科学理论著作出版基金重点资助项目

吴晗全集

第8卷
杂文卷（2）

吴晗 著　　常君实 编

中国人民大学出版社
· 北京 ·

20 世纪 60 年代，吴晗和女儿小彦在长城上留影。

吴晗（后排右二）和沈钧儒、楚图南、胡愈之等在一起。

1959年3月，民盟中央主席沈钧儒与民革中央主席李济深等参观北京十三陵水库大坝时合影。一排右起：沈钧儒、李济深，二排右起：楚图南、吴晗、胡愈之。

吴晗和彭真等在北京市人民政府一次会议上。

1960年，《海瑞罢官》在北京彩排，著名的京剧大师马连良主演海瑞，文化部领导和戏剧界著名人士观看演出，前排左起：李毓芳、齐燕铭、马连良、钱俊瑞、吴晗、裘盛戎、梅兰芳、陈克寒。

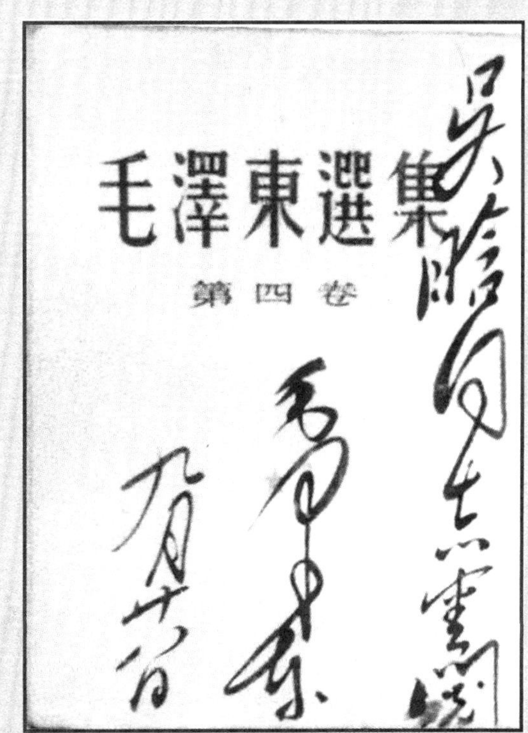

1960年9月28日，由毛主席亲笔题字，赠予吴晗的《毛泽东选集》。

1963 年 6 月 1 日，宋庆龄副主席、吴晗与首都儿童欢度“六一”儿童节。

1962 年 9 月，中国国家主席刘少奇的夫人王光美和吴晗陪同印度尼西亚总统苏加诺夫人游览长城的合影。

目　　录

春天集

三家村札记（吴晗作品）

长短录（吴晗作品）

学习集

春天集

说明：

《春天集》，是吴晗自己编辑的第四本杂文集，1961 年 12 月作家出版社出版。

——编者注

《春天集》序

这是我的第三本（应为第四本）杂文集，命名为《春天集》，主要收的是过去两年间所写的一部分文字，也还附带夹带了几篇解放以来所写的东西。

叫作《春天集》，不外两个意思，第一，是这个集子里的文字，有一部分是歌颂伟大的祖国，伟大祖国的人民的，生活在这样伟大的时代里，万马奔腾，三面红旗招展，百花齐放，姹紫嫣红开遍，怎能不叫人喜悦，不心花怒放？春色满园关不住，我写了春天，歌颂春天。第二，1959年写了一篇《春天的诗》，就以春天命名，图个省事。

内容也还是相当的杂。杂的来源有两个，一个是自己兴趣的杂，这个也有兴趣，那个也有兴趣，左顾右盼，什么都想摸一下。另一个是被迫的杂，杂志和报纸编者出题目，不会写也得写，题目杂当然内容也就非杂不可了。但是杂虽杂，也还不离其宗，这个宗便是历史。读了几十年的历史，似乎养成了一种癖好，不管什么题目，总得扯上一点历史，这也是无可奈何的事。

编排方面，这一回不按写作时间先后了，大体上是按内容性质分的，说是大体，只是有个谱的意思，分成九类，其中有个别篇目是连带类及的。

九类中讲历史人物的占十一篇，假如把扯到历史的一起算上，那便得加上一倍了。

这两年我把主要力量放在写历史人物上，原因是：第一，希望通过历史人物的介绍，让广大人民了解自己祖国的历史，学习我们伟大先人的榜样，从他们勤劳、智慧、勇敢的美德中，吸取精神力量，斗志昂扬地建设我们伟大的祖国；第二，如何评价历史人物，这是一个尚待解决的问题，我曾经提出一些自己的初步看法，也运用这些看法来研究、分析和评价历史人物，希望能够从不同时代、不同类型历史人物的研究，得出进一步评价的尺度，解决这个问题。

在党的诞生四十周年的前夕，谨以这本小书向党献礼。

1961年6月20日

反对繁文

通过文字来表达意见，提出建议，决定措施，拟出方案，讲清道理，批评表扬等等，本来是件好事。因为第一可以比较有条理，经过思考，写在纸上，比口头说会更清楚些，扼要些；第二可以节省时间，书面的东西看起来要比听的省事些，省时些；第三口头讲有空间的限制，只能面对面讲，书面的不受距离的限制；第四对某些工作忙的人来说，书面的东西要比口头讲话更易于安排时间，及时解决问题；第五对某些重要问题，书面的东西要比谈话好，因为可以保存起来，作为档案材料，以后便于查对、参考。总之，好处甚多，不一而足。

但是，事物总是有两面性的，恰恰因为好处多，毛病也出来了。因为方便，拿笔一写便是，比之约会面谈，必须对方有工夫才行，这样，文字便满天飞了，连可以面谈解决的也用文字代替了，其病在多。因为文章由自己写，不受时间限制，便不大考虑对方的精力，越写越多，再加上一套例行公式套语，起承转合，其病在长。也正因为是在写文章，有的人不免要卖弄才华，多方引譬，或者引经据典，借此说彼，开头要讲些客气话，冠冕一番，绕了圈子，一圈再一圈，甚至再来几圈，才入正题，说出本意，最后归结，还得照样绕圈子，其病在空。多，长，空，这三条合起来就是文牍主义的罪状。

文牍总是要的，不管是什么社会，什么时代，总得有文牍。但是，一成为主义就坏事了，非反对不可。

历史上有许多著名的文牍主义者，据说秦始皇看公文，“衡石量书”，文书多到论石称，一天要看多少斤文件。隋文帝看公文，连吃饭的时间也在看，“卫士传餐而食”，看来很可笑。仔细一想，倒不怎么可笑了。原来秦始皇的时候纸还没有发明，他看的公文只能是竹子或者木头的简牍，一片写不了多少字，那么一天看个几十百把斤，并不算多。隋文帝时已经有纸了，不必论斤，他有时候忙一些，吃饭时带着办点事，也是理所当然的，总不会顿顿如此，要不然非闹胃病不可，但史书上并无这项记载。看来这两人都不能算是闹文牍主义。

真正的文牍主义者是明太祖，这是有史料可查的。据《明太祖实录》的记载，以洪武十七年（公元1384）九月间的收文为例，从这月十四日到二十一日，八天内，内外诸司奏札凡一千六百六十件，计三千三百九十一件事情。他平均每天要看或者听两百多件报告，要处理四百多件事情。他陷在文牍的汪洋大海中，四望无边，而且无穷无尽，实在苦恼得很。

吃了苦头，就要反对，就要斗争。明太祖吃了文牍主义的苦，成为文牍主义的坚决反对者了，他把犯有空而长罪状的文件叫作繁文，有一次大大发作了一顿，打了人，整顿了一下。故事是这样的：历史上有些文人好上万言书，有一个叫茹太素的刑部主事，举人出身，好弄文墨，写了一万七千字陈说时务的意见，明太祖叫人读给他听，读了六千三百七十字，还没有说出具体事实，只是空洞地说朝廷用的人都是迂儒俗吏。明太祖大怒，把他叫来，问你在刑部，刑部有两百多人，谁是迂儒？谁是俗吏？指的是谁？再三盘问，回答不出。越发生气，把他打了一顿。第二天晚上，又叫人再读，一直听到一万六千五百字以后，才讲到本题，建议的五件事情，其中有四件是可行的。这五件事情一共才五百多字。他一早起来，就叫人把可行的四件事情办了。还表扬茹太素是忠臣。说："今朕厌听繁文而驳问忠臣，是朕之过。"承认了打人的过失。也指出茹太素把五百多字可以讲清楚的事情，却写了一万七千字，这是繁文之过。为了改正这种毛病，他规定了建言格式，公布全国，自己把这事情的经过写成序文，印在前面。① 这是洪武九年（公元1376）的事情。但是，过了八年，到了1384年，他每天还得看两百多件文件，看

① 《明史》卷一百三十九，《茹太素传》；《明太祖文集》卷十五，《建言格式序》。

来，空而长的毛病也许好一些了，多却没有改。

反对繁文的另一著名人物是海瑞。海瑞也是举人出身，却和茹太素相反，主张简省文移。有人可能这样想，茹太素是写给人看的，就写得多，海瑞是看人家的文字的，就主张少写了。不过，我倒用心研究过他的文集，他的文章、信札、奏疏、条约，的确不长，也不空洞。他在万历三年（公元1575）以右副都御史巡抚应天十府，一上任就发出条约（布告），其中一项就是改革文移，条约说：

> 今日诸弊，不能尽革，大概在文移过繁。本院一时不能尽言，各官自行酌量，一以简省为主。凡事不必抄写前案许多，紧急者略节用之。府县所自议，说话一句而尽者止用一句，二三句而尽者用二三句，当用片纸者用片纸，当用长纸者用长纸，止使事情不遗便是。要官自作稿付吏誊，不可尽付吏书，以致繁琐。其有供招，一如刑部例，简切数语，起草付吏誊案。若识机栝，事本不劳，不必用吏书行移，用许多说话也。省之，省之！事由于官，不由吏书，风清弊绝有日矣。①

总括起来，也不过几句话，第一要简单扼要，引用前案只拣重要的节录。第二不要说空话，说一句可以明白的就说一句，片纸可写的就写片纸，只要讲清楚不遗漏就行。第三要亲自动手，要官自作稿，不可假于吏书，吏书只能帮着抄写。这几条很明确，很具体，不但适合当时情况，在今天来说，也还是有点参考意义的。

（原载《人民日报》，1959年6月15日）

---

① 《海瑞备忘集》卷三。

人和鬼

在过去的时代里，人们讲迷信，相信有鬼。

据说鬼也和人一样，有好鬼，有恶鬼。有大鬼，小鬼，男鬼，女鬼，好看的鬼，难看的鬼，文鬼，武鬼，以至大头鬼，吊死鬼等等。总之，人世间有的事，鬼世界里也都有。

有了鬼的故事，自然也有说鬼话的书。从《太平广记》所引的《灵鬼志》，到《太平御览》、《太平广记》都专门有几卷讲鬼的。清朝有几个人特别喜欢讲鬼故事，一个是蒲松龄，他写了《聊斋志异》，一个是纪晓岚，他写了《阅微草堂笔记》，还有一个是袁子才，也喜欢讲鬼。

蒲松龄和纪晓岚笔下的鬼，形形色色，什么样子脾气的都有，其中有些鬼写得实在好，很使人喜欢。他们通过鬼的故事来讽刺、教育活着的人，说的是鬼话，其实是人话。也写有一些活人，看着是活人，说的却是鬼话，做的是鬼事。

大体上说来，虽然鬼是从人变的，人死后是鬼，但是人却又怕鬼。另一面，人虽然怕鬼，却又喜欢听鬼故事。

怕的原因是，据说鬼又要投生变人，屈死鬼投生之前，总得要找一个替身，将人变鬼。以此人们谈鬼就怕，更不用说见鬼了。倒过来，据说人死了就成鬼，人和鬼到底有关系。自己没有作鬼的经验，听听别人的也好；以此又喜欢听鬼故事，大概也是借鉴的意思吧。

自从有了科学知识，自从有了唯物主义，懂得科学和唯物主义的人们不再相信有鬼了。但是，研究一下过去的若干鬼故事，从中了解这一时代的社会相，也毕竟有些好处。

何况，死鬼虽然不存在，活鬼却确实有之呢！他们成天张牙舞爪要吃人，青面獠牙吓唬人，鬼头鬼脑摆弄人，鬼心思，鬼主意，鬼行当，鬼伙伴，总之，有那么一小撮活鬼在兴风作浪，造谣生事，播弄是非，造成紧张局势，摆出鬼架子，鬼威风。你愈怕，他就愈狠，非把你吃掉不可。

对付活鬼的办法是大喝一声，你是鬼！揭穿他，让人人都知道这是鬼。把鬼揪到阳光底下，戳穿鬼把戏，鬼伎俩，让人们认识鬼样子，鬼姓名，鬼亲眷，鬼朋友。鬼在人们中间孤立了，也就搞不成鬼玩意了，或者变人，或者真的变鬼，这倒不妨随他的便。

要对付活鬼，首先要不怕鬼。道理是你不怕，他就怕。这里有几个鬼故事是很有意思的。

第一个是蒲松龄写的青凤。说有一个狂生叫耿去病，听说有一个荒废的大宅子闹鬼，堂门自己会开关，有时还有笑语歌吹声。他搬了铺盖去住，在楼下读书。晚上正在用功时，一个披发鬼进来了，脸黑得像漆一样，张着眼对他笑。耿去病也对着笑，顺手把砚台的墨汁涂上一脸，面对面瞪着眼睛看。鬼看着不对头，满脸羞惭溜走了。

第二个是纪晓岚写的吊死鬼。说是有一个姓曹的，住在一个人家。半夜里有一个东西从门缝进来，像一张纸，变成人形，是个女人。他一点也不怕。鬼又披发吐舌，作吊死鬼模样，他笑说，头发还是头发，只是乱一些，舌头还是舌头，只是长一些，有什么可怕。鬼又把头摘下来，放在桌上，他笑说：有头都不怕，何况没头？鬼没有办法，一下不见了。后来又住这房子，半夜门缝又响了，刚一露头，他就嚷，又是这个讨厌东西！鬼一听只好不进来了。

另一个是大鬼。说戴东原的族祖某人胆大不怕鬼。住进一座空宅子，到晚上，阴风惨惨，出来一个大鬼，说，你真不怕？答：不怕。大鬼做了许多恶样子，又问，还不怕？答：当然。大鬼只好客气地说：我也不一定赶你走，只要你说一声怕，我就走了。他说：真是岂有此理，我实在不怕，怎能说假话。你要怎样就怎样吧。鬼冉三央告，还是不理。鬼只好叹一口气说，我在这儿三十多年了，从来没见过你这号顽固的人，这样蠢才，怎能住在一起。只好走了。

还有一个大眼鬼。南皮许南金胆很大，在和尚庙里读书。夜半忽然墙上出来两个灯，一看是一个大脸孔，两个灯是一双大眼睛。他说：正好，要读书，蜡烛完了。拿一册书背着墙，坐下就朗诵，念不了几页，灯光没有了，扣壁叫唤，也不出来。又一个晚上上厕所，一个小孩给拿蜡烛，不料这个大眼鬼又出来了，对着人笑，小孩吓倒在地下，他捡起蜡烛，就放在大眼鬼头上，说没有灯台，你来得正好。大眼鬼仰着头看，一动也不动。他又说：你哪里不好去，偏要到这里来！听说海上专有人赶臭地方走的，大概就是你了。万不可以对不起你，随手拿一张用过的手纸抹鬼的嘴巴，大眼鬼大呕大吐，狂吼几声，就不见了。从此再也不来了。

这几个故事很不错，蔑视、鄙视、仇视种种形色的鬼，完全合理。人气盛了，鬼气就衰了；人不怕鬼，鬼就怕人了。

不但对死鬼该这样，对活鬼也该这样。

人不可以迷信，要相信科学，尊重科学，但也不妨研究研究鬼话，鬼故事，从中得到益处。讲人话的书要多读，讲鬼话的书，我以为也不妨读读。

（原载《人民日报》，1959年5月18日）

再谈人和鬼

谈鬼之风，自古有之。宋朝人李昉等于太平兴国三年（公元978）所编集的《太平广记》五百卷，其中就有四十卷是谈鬼的。

这些鬼故事是各式各样的，有好鬼，对人做好事，也有恶鬼，专门跟活人捣乱，也有很美丽的鬼，和活人结婚。总之，鬼也和人一样，在人类社会里所可能有的事，鬼社会里也是应有尽有。以此，爱谈鬼故事，实质上谈的还是人的故事。并且，谈人的事有时候可能不是很方便，容易得罪人，至于谈鬼，那就方便多了，无论如何，即使说错了，也不至于真有鬼来和你算账。

正因为谈鬼反映了各方面现实的社会生活，不只是有人爱谈，也有人爱听，谈鬼之风，便越来越盛了。清朝蒲松龄、纪晓岚、袁子才等人爱说鬼话，是有其历史的和社会的渊源的。

《太平广记》里的鬼故事，其中有几个很有趣，正确地说明了人和鬼的关系，不是人压倒了鬼，便是鬼压倒了人，人不怕鬼，鬼便怕人。

卷三二七引《述异记》：说有一个广州显明寺道人名叫法力，有天早上上厕所，看到一个鬼，样子像个昆仑（黑人），全身墨黑，只有两个眼睛是黄的，光着身子。法力很有力气，便一索子捆了这个鬼，缚在柱子上，用棍子使劲打。奇怪得很，一点声音也没有，再用铁锁锁住，看它能变化不？到天黑时，鬼就不见了。

卷三四五引段成式《酉阳杂俎》：唐朝元和末年（公元820），有个淮西的军将，奉使到汴州（今河南开封），在驿中住宿。正要睡熟时，忽然觉得压得慌，原来身上有个什么东西压着。这个军将很有力气，便起来和它打架，把它打退，还夺得一个皮做的口袋。这个鬼服输了，连声讨饶。军将说：你告诉我这个口袋叫什么，我再还你。鬼迟疑了好久，才说这叫蓄气袋。军将顺手拣一块大砖头当头便打，鬼就不见了。这个口袋很大，红颜色像藕丝，在太阳底下看没有影子，也不知道是做什么用的。

这两个故事的主人公都是胆子大、力气大，压服了鬼。

还有一个故事是藐视鬼，把鬼赶走的。卷三一八引《幽明录》：有个人叫阮德如，也是上厕所，见了鬼，这个鬼有一丈多高，黑色，大眼睛，穿白单褂子，还戴帽子。德如一点不害怕，心安气定，笑着说：大家都说鬼讨厌，果然。鬼听了羞惭而退。

最有趣的是宋定伯卖鬼的故事，卷三二一引《列异传》：河南南阳人宋定伯年轻的时候，夜里出门碰见鬼，他问是谁，鬼说我是鬼呀，你呢？定伯说我也是鬼。鬼问定伯上哪儿去，定伯说到宛的市场上赶集，鬼说我也是到那儿去的。走了一会儿，鬼说走得太慢了，互相背着走好不好，定伯说很好。鬼便先背定伯，说你怎么这样重呀，不像是鬼。定伯说，有什么稀奇，我是新鬼，怎能不重？走了一程，定伯该背鬼了，很轻。这样互相背来背去，搞熟了。定伯便问：我是新鬼，不知道鬼最怕什么？鬼说最怕人唾口水。说了又走，过一条小河，鬼走过时一点声音也没有。定伯走过时，踩水哗哗响。鬼又问怎么这样响，定伯说：我新死，还不习惯踩水，所以声音大，不要见怪。快到宛市了，鬼在定伯背上，定伯一翻手狠狠抓住，鬼发急大叫，定伯不理，抓到市场，鬼变成一只羊，定伯怕它变化逃掉，连着对羊唾口水，卖了一千五百个钱，高兴地回家。当时人说开了：“定伯卖鬼，得钱千五。”

这故事有趣在宋定伯对鬼说鬼话，摸清了鬼的底细，攻其弱点，制服了鬼。

这些鬼故事说明了鬼是不可怕的，不必怕的，只有人怕它时才可怕。人不怕鬼，鬼便怕人。也说明了鬼虽可不怕，但是还必须了解鬼脾气，鬼毛病，抓住鬼的弱点，是一定可以把鬼消灭掉的。

我们是唯物主义者，并不信鬼。但是，也不尽然，这一两年来，在闲谈中，发见也还有个别同志，在理论上不信鬼，但在生活上还是怕鬼，这就很不好。其次，我在上一篇文章中说过（见1959年5

月 18 日《人民日报》八版《人和鬼》)，死鬼是不可能有的，但活鬼还是有，例如成天想吃人，欺侮人，磨折人，奴役人的剥削阶级分子、反革命分子等等。对付这种活鬼之道只有一条，就是蔑视、藐视它，但在战术上还是要重视它，要像宋定伯一样，摸清鬼的弱点、底细，连着唾口水，使它再也不能变化，一句话，只有斗争，才能胜利，别的办法是没有的。

(原载《人民日报》，1961 年 1 月 30 日)

谈骨气

我们中国人是有骨气的。

我国战国时代的孟子，有几句很好的话："富贵不能淫，贫贱不能移，威武不能屈，此之谓大丈夫。"意思是说，高官厚禄收买不了，贫穷困苦折磨不了，强暴武力威胁不了，这样的人才是了不起的人。这种人古时候叫大丈夫，我们今天呢，叫作英雄气概，也叫作有骨气。

什么叫骨气？指的是抱有正确、坚定的主张，始终如一地勇敢地为当时的进步事业服务，遭遇任何困难，都压不扁、折不弯，碰上狂风巨浪，能够顶得住，吓不倒，坚持斗争的人。

我国经过了奴隶社会、封建社会的漫长时期，每个时代都有很多这样有骨气的人，我们就是这些有骨气人的子孙，我们是有着优良的革命斗争传统的民族。

当然，社会不同，骨气的含义也是不同的，有着阶级本质的区别。这一点必须认识清楚。但是，就必须坚定不渝地为当时的进步事业服务这一原则来说，我们许多有骨气的祖先的动人事迹，还是有它的积极的教育的意义，值得我们学习的。

从孟子的三句话举三个例子。

宋朝末年，元军攻入南宋首都临安，南宋将领文天祥组织武装力量坚决抵抗，失败被俘后，元朝的将军劝他投降，他写了一首诗，其中有两句是："人生自古谁无死，留取丹心照汗青。"意思是人总是要死的，就看他怎样死法，是屈辱而死呢，还是为民族利益而死？我选取了后者，要把这片忠心记录在历史上。文天祥被拘囚在北京一个阴湿的地牢里，受尽了折磨，元朝多次派人劝他，只要投降，便可以做大官，他坚决拒绝，终于在公元1282年被杀害了。

孟子的三句话，在文天祥的身上都表现出来了，他历尽艰难困苦，失败了再干，被拘囚几年，拒绝高官厚禄，为了保全民族骨气，慷慨牺牲。他写的有名的《正气歌》，歌颂了古代有骨气人的英雄气概，并且以自己的生命来抗拒压迫，号召人民继续起来反抗。

另一个故事是古代有一个穷人，饿得快死了，有人丢给他一碗饭，说，“嗟！来!”喂！给你吃！饿人拒绝了嗟来的施舍，不吃这碗饭，后来就饿死了。不食嗟来之食这个故事也很有名，传说了千百年，是有其积极的意义的。那人摆着一副慈善家的面孔，吆喝一声，喂！来！这个味道是不好受的，吃了这碗饭，第二步怎样呢？显然，他不会白白施舍，吃他的饭就要替他办事！这个饿人是有骨气的，看你这副脸孔，神气，居心，宁可饿死，也不吃你的饭。当然，有人会说，这个人干吗不去劳动呀，问得对，但是，要知道，那时候土地是私有的，他没有土地如何劳动？也会有人问，他干吗不去找工作呀？问得也对，但也要知道，在那个社会里，同样没有穷人就业的机会。这样，他只好饿死了。相反，这个人要是生活在今天，当然不会饿死，同样，我们可以相信，这人要是生活在今天，他会好好劳动，过好日子，决不会接受嗟来之食。

不食嗟来之食，说明了中国人民的骨气。

毛主席在《别了，司徒雷登》一文中指出：“许多曾经是自由主义者或民主个人主义者的人们，在美国帝国主义者及其走狗国民党反动派面前站起来了。闻一多拍案而起，横眉怒对国民党的手枪，宁可倒下去，不愿屈服。”闻一多是在1946年7月15日被国民党枪杀的。在他被害以前，朋友们得到国民党要暗杀他的消息，劝告他暂时隐蔽，他坚决拒绝，照常工作，而且更加努力工作，坚决反对国民党的残暴统治，坚决要求和平、自由、民主，明知敌人要杀他，却毫不退却，在被害以前还大声疾呼，痛斥国民党的特务恐怖，指出他们的日子不会很长久了，人民民主一定得到胜利。毛主席赞扬他表现了我们民族的英雄气概。

孟子说的话，虽然是在两千多年以前说的，但直到现在，还有它的积极意义。当然无产阶级有它自己的英雄气概，有它自己的骨气，这就是决不向任何困难低头，压不扁，折不弯，顶得住，吓不倒，为了社会主义、共产主义的建设胜利，我们一定能够克服任何困难，奋勇前进！

（原载《中国青年报》，1961年3月4日）

论老当益壮

中国人民智慧，勇敢，勤劳刻苦，是从来也不肯服老的。有句古话："老当益壮"，意思是说，老年人工作了一辈子，在不断实践中，积累了丰富的经验，只要有干劲，做的活要赛过壮年人。

老当益壮的动人例子多得很，这里只举两个为大家所熟知的故事。

第一个是姜太公，这个老头儿活到七十岁，才遇见周文王，参加了反对殷纣王的斗争。

他的生活很困苦，经常吃不饱，靠杀牛、卖酒、钓鱼过日子。虽然聪明、有志气、经验多，却很虚心，肯听取别人的好意见。有一回在渭水钓鱼，大概不大内行，三天三夜鱼不上钩，气急了。有个老农告诉他，再钓，别灰心，要研究失败的经验，用细线，香饵，慢慢放下去，别骇着鱼。照这办法，果然钓到了大鱼。

周文王找到他，拜他为师。请他出主意，讨伐无道的殷纣王。

从周文王到周武王，十九年过去了，屡次要起兵，姜太公不赞成。只是出计谋，在内部做了许多工作，把和纣王有联系的一系列国家都争取过来。三分天下，二分归周之后，又等了几年，到纣王杀比干，囚箕子，殷朝统治阶级内部矛盾尖锐化了，才下决心伐纣，把纣灭了。

周武王封姜太公于齐，齐的附近有莱侯，想占领齐国。姜太公去齐国的时候，晓行夜宿。有个旅店主人说：机会是难得而易失的，你睡得很熟，大概不是去抢机会的。太公听了，立刻上路，天亮赶到，把莱侯打败了，巩固了齐国。接着大搞生产，振兴工商业，发展了渔业和盐业，成为当时大国。

到周成王时，内部发生变乱，周成王命姜太公：东到海，西到河，南到淮水流域，北到辽西，这块地区如有军事行动，都归你指挥。

他死在哪年不清楚，从历史文献看来，他七十岁才遇文王，到公元前1061年周公平定东方，看来是活到百岁以上的。

姜太公的事业是从七十岁才开始的。他没有服老，他用前几十年积累的经验为七十岁以后的工作服务。他更不自满，老农和旅店主人的话都听，取得成功。他助周灭商，看来也是用钓鱼的办法，放长线，不惊动，用香饵，耐心等待，果然钓了大鱼。相反，在紧急时机，却必须当机立断，连夜赶到齐国，抓住时机，打败莱侯。

另一个是廉颇，也是大家所熟知的人物。

廉颇是赵国的名将，从公元前286年作大将攻齐，到公元前245年又统领赵军伐魏，赵王不信任他，用另一将军代替，廉颇逃奔魏国止，前后当了赵国四十年大将。假定公元前286年他是四十岁的话，公元前245年已经是八十岁左右的人了。

他的确老了，但是不服老，虽然被迫寄居外地，还是思念故国。在魏国住了多时，没人理他。这时秦国多次攻赵，赵国无力抗拒，赵王也想起这个卓著战功的老将来了。廉颇看到赵国被秦侵略的情况，也极想回国。当他看到赵国使者的时候，为了表示他还不老，一顿饭吃了斗把米（小斗），十斤肉，披着盔甲上马，英勇得很。可恨他的仇人在赵王面前说了坏话，说他虽然老了，还能吃很多饭，可是一会儿拉了三次屎。赵王以为他太老了，没有用他。

楚国派人接廉颇去，他还是想念赵国，可是回不去，郁郁地死在楚国。

廉颇这样大的年纪，还是热爱他的国家，不肯服老，想回国重新带领军队，抵抗秦国的进攻。虽然没有成功，但是，他这种老当益壮，热爱祖国的高尚品德，还是值得今天的人们学习的。

我国人民这种优良的品德，作为民族传统，一直被我们的祖先继承下来。

我们的祖先以这种优良的品德缔造我们的国家，世代相承。所以毛主席说："中华民族不但以刻苦耐劳著称于世，同时又是酷爱自由、富于革命传统的民族。”

在中国共产党领导下，我们经过长期的艰苦流血斗争，在世界上站立起来了，不但建立了中华人民共和国，现在还在三面红旗的鼓舞下，奋勇前进，进行社会主义建设，要使我们的国家，彻底改变一穷二白的面貌，成为具有现代工业、现代农业、现代科学文化的社会主义强国。在党的正确领导下，地无分东西南北，人无分男女老幼，都在一片欢乐声中，以忘我的劳动进行史无前例的建设，不断革命，不断前进。

青年人、中年人干劲冲天。老年人呢？也和姜太公、廉颇一样，老当益壮，奋勇当先。

我们的党和政府中有许多领导同志，头发胡子都白了，有的八十几岁了，有的六七十岁，他们也和青年人、中年人一样地工作，生气勃勃。

广大农村中，老农夫、老农妇更不用说了，从有历史以来，从具有劳动能力以来，从来没有停止过劳动，披星戴月，早出晚归，为全国人民的吃饭、穿衣、工业原料的供应，而进行艰苦的劳动。

这种情况，同样也反映在工业战线上。老工人们自强不息的革命精神，成为广大青壮年工人的学习榜样。远的不说，只讲近些时的，例如鞍钢在10月份任命了三百名工人为工程师，其中老工人占很大比重，有名的老英雄孟泰等都在其中。哈尔滨市政一处五工地魏升云、李广林、刘志森、李文元、刘敬儒等五位老石工苦战四个月，制成细石加工联动线，开始结束了千百年来的石匠手工操作历史，使原来五个人需要两年才能干完的活，仅用两个月就完成了。上海利生制针厂的老工人、共产党员成子君，因为厂里生产上出现了一个突出的矛盾：针的日产量从三百多万枚上升到七百多万枚，而包装部门还是手工操作，跟不上生产需要。他想：“生产一天天增加，包装工人也要一天天增加，这不符合总路线精神。要高速度建设社会主义，必须改变手工操作的落后面貌。”他决定创造自动包针机。在党的支持和群众帮助下，经过七百零七次试验，终于实现了他的雄心大志，提高了包装量好几倍。北京皮件厂老工人杜振明、马振卿经过一年多的时间，二十几次的失败，制成了割条机，提高效率约七十倍。过去，占下料车间工作量三分之二以上的原料割条工作，全是笨重的手工操作，割条机制成后，使下料车间的十个劳动力由笨重的手工操作中解放了出来。济南柴油机厂老工人、共产党员刘成，对调动工作，从未打过折扣、讲过价钱。他装配过柴油机，制造过水车，当过质量检查员，看过宿舍，化过铁，开过空气压缩机……在他工作过的一切地方，群众给他的评价，只有一个字，那就是"好"！几年来一直被评为先进生产者，在党内被评为五好党员和优秀党员。大家歌颂他：

别看刘成年纪大，干起活来真不差，
机器是他命根子，爱厂超过自己家，
大家生活他关心，政治学习数着他，
人人学习老刘成，个个能把红旗插。

战斗在生产岗位上的老工人是如此，已经退休了的老工人中也出现了杰出的英雄人物。例如上海杨浦区退休工人顾复声、虞锦昌、蔡杏生、蒋春林、沈定国、陈顺生、张顺生、毛成坤、李传正、秦元宏、徐鸿儒等十一人，都有四五十年的工龄，其中最高工龄有达到五十八年的，他们已经退休养老，按照国家规定，他们享受着劳保待遇，衣暖食足，无忧无虑，完全可以在家安度幸福的晚年生活。可是，当党提出全党全民大办农业，大办粮食，号召各行各业各尽所能支援农业的时候，他们却坚决地挺身而出，请求到崇明支援农业生产，作出了贡献。四川南桐煤矿夏国太等十二位退休老工人，赤手空拳，勤俭办矿，没有向国家要一文钱，没有向国家要一件设备，仅仅用了八天时间，就建成两个小煤窑，一个月就生产八百吨原煤，平均工效达二点三吨，在全市职工中，树立了一面光辉的红旗。他们向党保证：一定要把自己几十年来积累的经验，毫无保留地教给青年工人。他们向党宣誓：我们为了子孙后代的幸福，一定要把革命进行到底！还有，北京长辛店中捷友好人民公社有个工农双模范张顺。他是个老锻工，参加过"二七"大罢工，在工厂里，由于他出色完成生产任务，获得了劳动模范的光荣称号。1954年退休以后，投身农业大生产运动，为社员修农具，造机器，传授技术，六年如一日，受到农民的热爱和称赞。公社成立以后，参加了农业机械修造厂，有人劝他多注意休息，他说：“我还要干到共产主义呢!”

好了，就此带住。要不带住的话，这样的动人事迹，再写几年也写不完。

从这些老英雄的事迹中，可以得出什么结论呢?

结论是老当益壮。

他们在解放前漫长的痛苦的年月里，饱受了国民党军阀、官僚、资本家的虐待剥削，过着暗无天日的日子，他们有生产斗争的丰富经验和熟练的技术，在党的教育培养关怀下，在解放以后，自己作了国家的主人，怀着一颗火热的鲜红的心，当家作主，走上生产和工作岗位。他们为了尽快改变一穷二白的面貌，积极投身于社会主义建设事业，总是千方百计要为国家为人民为党的事业多做一点事。他们的格言是“活到老，干到老”。

你说他们老吗?一点也不老，相反，是越干越年轻。

他们不满足于现在的生活，当然，现在的生活比比过去怎么比呢?好得无法比。但是，不能满足，不能停滞不前，还要再好，更好，好是没有止境的，劳动创造世界，工人阶级要以自己的劳动改造这个世界，建成社会主义社会，进入共产主义社会。他们奋勇前进，他们是不断革命论者。

他们大公无私。照庸俗的想法，年岁大了，抱抱儿孙，来上二两酒，满可以过晚年的舒服生活了。但是，他们认为不能这样，不可以苟安于个人的舒适生活，忘记了国家民族的前途，社会主义共产主义的前途，建设国家，老年人也必须尽一份应尽的力量。特别是我们这个国家，工业底子不厚，老工人比起新工人来，数量是太少了。应该为了前途，为了广大的人民，为了党的事业，无保留地贡献出自己多年来积累的经验和技术，生产更多成品，培养更多青年。工业化嘛！老工人不出来带头，谁来带头?支援农业嘛！老工人不出来带头，谁来带头?那种满足于抱娃娃、二两酒生活的想法，不是工人阶级应有的风格。

他们是现代的姜太公、廉颇。当然，这样比只是一个比喻，具体地说，他们和姜太公、廉颇是有本质上的不同的。无论姜太公也罢，廉颇也罢，虽然都是老当益壮，发愤图强，但是，毕竟他们只是为奴隶主、封建统治阶级服务的，而我们今天的老英雄们则是为人民服务的，为社会主义和共产主义的建设服务的，这是一个根本的差别。其次，姜太公、廉颇都是单身匹马的单干户，而我们今天呢，在党的领导下，现代的姜太公、廉颇，不是一个，几个，而是千万个，而且，还有集体的姜太公、廉颇，上面的几个例子，不是充分地说明了这一点吗？

当然，我们还是不能满足，尽管已经有了无数的现代姜太公、廉颇，无数的集体姜太公、廉颇，还是不够，还要再多。要多到所有老工人都成为个别的和集体的姜太公、廉颇，人人老当益壮，人人发愤图强。

老年人既然这样，壮年和青年人呢？那当然就更不用说了，要向老英雄们学习，更加鼓足干劲，力争上游，发挥青春活力，做出翻天覆地的事业。

只有这样，我们的社会主义建设事业才能多快好省地不断跃进，再跃进。

由此看来，温习某些我们祖先的斗争事迹，从中吸取有益的部分，也还是有必要有意义的。

毛主席教导我们，要学习点历史，我想，意义就在于此。

（原载《中国工人》第二十期，1960年）

关于朱自清不领美国“救济粮”

“朱自清一身重病，宁可饿死，不领美国的‘救济粮’。”①

我对这件事特别感到亲切、悲愤。事情隔了十几年了，现在读到这几句话，当时情景还历历如在目前。

所谓“救济粮”是这么一回事：1948 年 6 月间，那时候国民党政府的法币像大江东下一样，时时刻刻在贬值，买一包纸烟要几万块钱。教授的薪水月月在涨，但是法币贬值得更快，物价涨得更快，原来生活比较优越的教授们，这时候，也和广大人民一样，活不下去了。特别是家口众多的人，生活更为困难。

国民党政府也知道人民的怨恨，特别是在高等学校的知识分子也对这种情况忍受不下去了，便要了一个手法，发了一种配购证，可以用较低的价格，买到“美援的面粉”。

也正当这个时候，美国政府积极扶助日本，美国驻华大使司徒雷登对中国人民发出诬蔑和侮辱的叫嚣。

一面是廉价收买，一面是扶植日本，侮辱中国人民。我们一些人商量了一下，要揭穿国民党政府的阴谋，抗议美国政府的侮辱，发表一个公开声明。声明是这样的：

> 为反对美国政府的扶日政策，为抗议上海美国总领事卡宝德和美国驻华大使司徒雷登对中国人民的诬蔑和侮辱，为表示中国人民的尊严和气节，我们断然拒绝美国具有收买灵魂性质的一切施舍物资，无论是购买的或给与的。下列同人同意拒绝购买美援平价面粉，一致退还配购证，特此声明。
>
> 三十七年六月十七日

① 《毛泽东选集》，第 4 卷，1499 页。

声明写好了，要征集签名，也和往常一样，决定每人负责联系若干人，年纪大一点的教授多半是归我跑腿的。我拿着稿子去找朱自清先生。

这时候，他的胃病已经很沉重了，只能吃很少的东西，多一点就要吐。面庞瘦削，说话声音低沉。他有大大小小七个孩子，日子比谁过得都困难。但是他一看了稿子，毫不迟疑，立刻签了名。他向来写字是规规矩矩的，这次，他还是用颤动的手，一笔不苟地签上他的名字。

于此，也应该交代一笔，1946年从昆明回到清华园以后，他的态度有了显著的改变，不再沉默了。他反对内战，讨厌国民党。对共产党的看法也开始改变了，他曾在公开集会上朗诵解放区的诗歌，有时候还和学生们一起化装扭秧歌，弄得满头是汗。在反对美国反对国民党的一些宣言、通电、声明等等的斗争中，我总是找他。他一看见我，也就明白来意，“是签名的吧?”看了稿子，就写上自己的名字。就我记忆所及，大概十次中有八九次他是签名的。也有不签的时候，原因是文字的火气大了一些。

这次，我也曾找了另外一些教授，都是平时比较熟的，或是住在附近的，大多数签了名。但也碰过钉子。有个教授只有三个孩子，但他的答复很干脆：“不！我还要活！”

他的胃病是饿出来的，人口多，要养活。在昆明的后期，有人算过账，我们这类人的薪水，折合战前的银元，大约只有十几元钱。

他对政治是关心的，但不大发表意见。要说，也是温文尔雅，没有火气。抗战时期，消息被国民党封锁了，对于国民党对日本帝国主义消极抗战，对共产党却积极摩擦，掀起几次反共高潮的真实情况，大后方的人们是不清楚的。他认为只要抵抗，生活过得苦一些也应该，很少发牢骚。昆明的许多政治活动，他虽然同情，但很少参加。到了国民党反动派暗杀了闻一多，他感到极大愤慨。复员回到北平以后，又看到美帝国主义帮助国民党发动内战，大打特打，他的态度变了，在美帝国主义者及其走狗国民党反动派面前站起来了，除了很少几次的例外，他参加到我们的行列里来了。

有几件事值得提出，一件是他对编纂《闻一多全集》的努力，我在全集的跋文中曾指出：

> 佩弦先生是一多十几年来的老友和同事，为了这部书，他花费了一年的时间，搜集遗文，编缀校正。拟定了目录……一句话，没有佩弦先生的劳力和主持，这集子是不可能编集的。

在当时，编印一多全集这一举动，就是对国民党反动派的抗议和谴责。相反，和有些人相比，这些人曾经是一多的同班或者旧时同学，有二三十年的交谊，但在一多死后，却从来没有关心过这件事，也没有写一篇纪念的文字。

另一件是他对青年学生的爱护。举一个例子，有一回他系里两个学生打架，一个是民主青年同盟的，一个是国民党三青团的。打架的原因当然是政治性的，两人都到老师面前告状。自清先生怕民青这位同学吃亏，背地里劝他让一点。我在知道这件事情以后，便写一封信提出意见，请他要考虑政治上谁对谁不对，大概措辞的口气尖锐了一些，第二天他就到我家里来了，非常认真严肃地说明他的用意，春秋责备贤者，他说了进步的学生几句，目的是为了保护他，免遭三青团的报复。同时，他也同意我的意见是正确的。事后我把这情况告诉了民青的同学，这个同学也很感动。

他对国民党特务统治的反对，虽然没有大声疾呼，却也可以从我亲身接触的一件事看出来。这时候，国民党反动派为了挽救濒于灭亡的命运，加强了对高等学校的特务控制。为了抗议，我写了一篇学术论文《明初的学校》，说的是明初，骂的是国民党反动派，送给学校刊物《清华学报》发表，学报的编辑有些是国民党员，他们当然不肯发表，认为这不算学术性文章。我和自清先生谈起，他也是学报的编辑委员，极力主张发表，写信给主编，终于发表了这篇文章。从这件事，可以看出他的思想感情的变化，他变了。由于他被胃病长期折磨，身体过度衰弱，但他也明白天快亮了，乌云就要过去了，好日子要来到了。他感到欣慰，在自己的书桌上玻璃板下，写下两句诗："但得夕阳无限好，何须惆怅近黄昏。"是从唐人李商隐诗"夕阳无限好，只是近黄昏"套来翻案的。这两句诗十分恰切地表达了他晚年的心情。

7月23日在清华大学工字厅举行“知识分子今天的任务”的座谈会，这是他最后一次参加的政治活动。我亲自到他家请他，和他一起慢步从北院走到工字厅。他走一会儿，停一会儿，断断续续地对我说：“你们是对的，道路走对了。不过，像我这样人，还不大习惯，要教育我们，得慢慢地来，这样就跟上你们了。”开会时他也发了言，主要一段话也还是这个意思，他说：“知识分子的道路有两条：一条是帮凶帮闲，向上爬的，封建社会和资本主义社会都有这种人。一条是向下的。知识分子是可上可下的，所以是一个阶层而不是一个阶级。要许多知识分子都丢开既得利益，是不容易的事。现在我们过群众生活还过不来。这也不是理性上不愿意接受，理性是知道应该接受的，是习惯上变不过来。”

自清先生在理性上知道要丢开既得利益，要过群众生活，他又进了一步了，这是大踏步前进的一步。

他拒绝购买美援面粉，在签了名以后，这天的日记记了这件事：

六月十八日，此事每月须损失六百万法币，影响家中甚大，但余仍决定签名。因余等既反美扶日，自应直接由己身做起。

由此可以看出他的决心。不止如此，在逝世前一天，他还告诉他的夫人：“有一件事得记住，我是在拒绝美援面粉的文件上签过名的！”

自清先生是旧时代知识分子中的典型人物，他曾经是自由主义者，他不大喜欢参加政治活动，特别是比较激烈、斗争性较强的政治活动。但是，他具有正义感，随着国民党和美帝国主义对中国人民奴役、压迫的加强，和向中国人民的武装挑衅屠杀、镇压，他毕竟忍受不住了。他说话了，行动了，通过文化生活、朗诵诗歌和扭秧歌，表明了他的态度。另一面，他坚决不走中间路线，第三条道路，当时有人要他参加国民党办的中间路线刊物《新路》，他坚决地拒绝了。但是他却带病参加了我们的座谈会。

他明辨是非，爱憎分明，在衰病的晚年，终于有了明确的立场，抬起头来，挺起脊梁，宁肯饿死，坚决拒绝敌人的“救济”，这种品德，这种气节，是值得我们今天学习的。

“我们中国人是有骨气的。许多曾经是自由主义者或民主个人主义者的人们，在美国帝国主义者及其走狗国民党反动派面前站起来了。”① 毛泽东同志赞扬了闻一多、朱自清的骨气，说“应当写闻一多颂，写朱自清颂”，这是我们未死者、特别是一多先生和自清先生生前战友的责任。这种表现我们民族的英雄气概的颂歌，还有待于未来。这一篇文字，只能算是重读《别了，司徒雷登》一文所引起的一些回忆罢了。

（原载《人民日报》，1960年11月20日）

① 《毛泽东选集》，第4卷，1499页。

拍案而起的闻一多

“闻一多拍案而起，横眉怒对国民党的手枪，宁可倒下去，不愿屈服。”毛泽东同志指出：闻一多“表现了我们民族的英雄气概”①。

一多和朱自清先生的性格是完全不同的，自清先生小心，拘谨，温文尔雅，从来不会厉色疾言。一多呢，豪放，爽朗，侃侃而谈，大声疾呼，有时候会声泪俱下。

印象最深刻的，是在有一次会议中，大概是清华大学考试研究生的会吧，那时候，一阵反苏高潮刚过去，考试委员来了些人，研究生还没来，大家便闲谈起来。其中有一个国民党御用哲学家，清华大学的权要故意问一多：

“有人说，你们民主同盟是共产党的尾巴，为什么要当尾巴？”

他本来期望一多会因此突袭而张皇失措，谁知一多回答得极干脆：

“我们就是共产党的尾巴，共产党做得对。有头就有尾，当尾巴有什么不好？”

这一来，把这位哲学家的词锋煞回去了，张皇失措的不是一多，而是他自己。

是的，一多的回答代表了当时我们一部分人的政治路线：跟着共产党走。

但是，必须说明，在当时，我们这一部分人的政治理论、思想水平是很低的，一，不懂马克思列宁主义，虽然也啃过一点书，文字懂了，精神实质并不很懂。二，不了解共产党，共产党坚决抗战，在为人民办事，我们知道，很钦佩，其他的就不甚清楚了。三，根

① 《毛泽东选集》，第4卷，1499页。

国民党，恨它祸国殃民，无恶不作。

以此，当时，我们有一个自己的判断是非的标准，凡是共产党作的一定是好事，国民党干的一定是坏事。举例说，就在研究生考试的前些日子，国民党反动派阴谋搞了个大规模的反苏运动，发表了宣言，西南联合大学有一百多个人签了名。有人也来找一多签名，一多打听了一下，住在他家斜对面的一位签了名的教授，也是当时民主同盟的负责人，从此人口中，知道主持签名的是几个臭名昭著的国民党员。一多就来和我商量，我们就认为这一定是坏事，不但不签名，还想了个法子，通过当时被愚弄的签了名的中间分子，发表公开声明，揭穿国民党反动派的阴谋。

一多的拍案而起，有两个教员，一个正面教员是中国共产党，一个反面教员是国民党反动派。就时间说，反面教员在前，正面教员在后。

一多早年在美国留学的时候，以至回国后的一个时期，是国家主义者，他参加了大江社（国社党的前身），反对共产党。1926 年，他那年二十八岁，写信给一个朋友说，“国内赤祸猖獗，我辈国家主义者际此责任尤其重大，进行益加困难。国家主义与共产主义势将在最近时期内有剧烈的战斗。”到 1927 年四、五月间，国家主义者的据点吴淞政治大学被国民党接收了，一多从此也似乎对现实政治脱离接触，埋头写新诗，转而研究中国古典文学，过象牙塔里诗人、学者的生活，一直到 1943 年，才拍案而起，成为另外一个闻一多，民主战士。

现实教育了一多。这时候国民党反动派在政治上贪污腐化，大官大贪，小官小贪；军事上内战内行，外战外行，全副武装对付共产党，对日本帝国主义的侵略，却节节败退，蹙地千里，还成天在报纸上大嚷其“转进”。对老百姓要粮要丁，竭泽而渔，把壮丁绑走，凌辱虐待，变成病丁、死丁。对公教人员呢？法币天天贬值，物价天天飞涨，教授们有的跑滇缅路做买卖，有的摆地摊卖破烂，除了少数人以外，绝大多数人都活不下去了。

一多从亲身的经历，逐步认识了国民党的真实面目，从崇拜而怀疑，而仇恨、反对。

他有五个孩子，家庭负担很重。但是，他有骨气，从来没有向国民党低过头。没办法过日子，就到中学兼课，一个月多得一担米。后来兼课兼不成了，便学刻图章，石章、牙章都刻，靠着这手工行业，勉强养活大大小小一家人。

在这种情况下，一多在讲堂上，在有些集会上，开始公开批评国民党了。

青年人也教育了一多，由于一多不隐讳自己对国民党的看法，青年中的进步分子，包括个别地下党员，逐渐围绕到一多的周围，讨论时事，交换意见，一多的政治倾向日渐明朗、坚定了。

也正在这个时候，我们一些人秘密组织一个座谈会，成员有十几个人。其中有一两个是共产党员。座谈的目的是学习党的政策和分析时事，计划斗争。地点有时在一家花园里，有时雇一条船，到滇池漫游。在这些会上，我们初步知道中国社会两头小中间大，统一战线政策，个人和集体的关系等等道理。以后我们又得到《论联合政府》、《新民主主义论》、《论解放区战场》等党的文献和《新华日报》、《群众》等刊物，如饥似渴地抢着阅读，对政治的认识便日渐提高了。

在国民党反动派的反面教育和党的正面教育之下，一多便毅然决然参加了人民民主斗争的行列。

1944年7月7日在云南大学举行的时事晚会，有人说这个会的目的是讨论学术研究。他大声喊："饭都吃不饱，研究什么？别人不叫我们闹，我们就是要闹，国家到了这步田地，我们不管，还有谁管！"

不只是在学生、群众中，甚至在国民党军阀的时事座谈会上，他也激昂地说："现在只有一条路，革命！"

10月19日在鲁迅逝世纪念会上，他承认过去骂鲁迅是错了："鲁迅对，我们错了。我们要清高，清高弄得国家这步田地，别人说我和政治活动的人来往，是的，我就要和他们来往！"

他不止是来往，而且，勇敢地参加了斗争。

在受了党的教育之后，他对美国式教育也有了新的认识。1946

年 4 月底，他在联大校友会上公开说：

> 我们过去受的美国教育实在太坏了，教我们和人民脱离，几乎害了我一辈子。做了教授，做了校长，有了地位，就显得不同，但是这些有什么了不起？别人又以为我在骂人；可是不对的为什么不该骂？

相反，他认识到：力量来自人民。他对从军回校同学讲话里说：

> 不要以为有了知识分子就有力量，真正力量在人民。我们应该把自己的知识配合他们的力量。没有知识是不行的，但是知识不配合人民的力量，决无用处！我们知识分子常常夸大，以为很了不起，却没想到人民一醒觉，一发动起来，真正的力量就在他们身上。

在《兽·人·鬼》这篇痛斥国民党反动派的短文中，他说：

> 反正我们要记得，人兽是不两立的，而我们也深信，最后胜利必属于人！

对当时他同辈的中年人，他严厉提出批评，在《联大八年回忆与感想》一文中说：

> 这年头愈是年青的，愈能识大体，博学多能的中年人反而只会挑剔小节。正当青年们昂起头来做人的时候，中年人却在黑暗的淫威面前屈膝了。究竟是谁应该向谁学习？

他要昂起头来，过问政治。他在另一个地方说：

> 从不问政治到问政治，从无党无派到有党有派，这一转变，从客观环境说，是时代的逼迫。从主观认识说，是思想的觉悟。我们觉悟了我们昨天那种严守中立，不闻不问的那种超然态度，不是受人欺骗，便是自欺欺人。昨天如果我们是被人捧为超然的学者专家，超然起来的，那么，我们今天确是觉悟了，知道那种捧是不怀好意的灌迷汤，因为只有我们超然，老爷们才更敢放手干他们的卑鄙的吃人勾当。

从1943年开始，一多参加了昆明每次的民主运动，在每次会上，他都慷慨发言，激励情绪，发扬斗志。他参加了1945年11月25日晚上昆明学生举行的反内战时事晚会，“一二·一”惨案发生，他和学生一起，向反动派进行斗争。

在国民党的反苏运动起来以后，一多被国民党反动派起了一个名字，叫闻一多夫。在昆明市中心近日楼的墙上，贴满了谩骂侮辱的文字。在此前后，多次传说国民党政府要暗杀一多，关心的朋友劝他小心，他只是笑笑。

到西南联大最后一批学生离开昆明以后，7月11日国民党特务用无声手枪暗杀了民主同盟的李公朴。朋友们再三劝告一多，已经有绝对可靠消息，国民党反动派要下手了，一多还只是笑笑：“事已至此，我不出，则诸事停顿，何以慰死者？”到15日在云南大学举行的李公朴追悼会上，一多英勇地面对着在场的特务痛斥：

“特务们，你们想想，你们还有几天？真理是一定胜利的。反动派的末日，就是我们的光明！”

最后，他说：

“我们要准备像李先生一样，前足跨出大门，后脚就不准备再跨进大门！”

两小时以后，他横眉怒对国民党的手枪，倒下去了。

从1943年到1946年，这短短的三年多时间，一多为中国人民斗争的历史写下光辉的一页，他表现了我们民族的英雄气概。他是刚强的，正直的，英勇的民主战士。他继承了我们民族的优良传统，他的这些优良品质，永远值得我们怀念和学习。

1960年11月18日

（原载《人民日报》，1960年12月1日）

清华杂忆

——在黑暗的岁月里

一、旧西院十二号

1945年日本投降以后，昆明西南联合大学里面原来是清华的那一部分人，高兴极了，纷纷议论，谈得最多的是光复旧物，也就是各人住回原来的房子。有的人打算这样，有的人打算那样，总之认为住回在战前住过的房子是天经地义的事。

原来清华大学虽然是资产阶级的学校，封建性却也很浓。同样是教授，却等级森严，不可逾越。学校的最高领导机构评议会，不管怎样改变，变来变去总是那几个当权的元老，在学校里资历最深的少数人。住房子也是如此，按照资历、地位，高的住好房子，低的住坏房子。

我呢，1937年以后才当上教授。资历浅。而且没有什么老师可以攀缘。更重要的是政治上的异端，人人侧目相看。不但没有旧物可以光复，连新物肯不肯给也是问题，因此，尽管别人谈得热闹，却插不上嘴。

经过许多曲折，好容易回到北平。那时候，清华园里被日本帝国主义、国民党匪帮先后破坏，糟蹋得不成样子了，正在全面修缮。在城里住了一阵子以后才回去，分配的房子是旧西院十二号。

这所房子相当老了，院子大，面对一片树林，正房还有地板，我很喜欢。虽然人家说这是四等教授住的，管它几等呢，有房子住就好。

就在这所房子里，我度过两年多黑暗的岁月。

尽管外面的天是黑的，这所老房子里却经常有明朗的笑声，热烈的争论，民主青年同盟的同志，民主同盟的同志，有时候还有地下党的同志经常在这里聚会。清华的同学不必说了，燕京、北大的同学也经常来。有的晚上，人来多了，屋子坐不下时，便坐在院子里，没处坐，青年们便坐在地板上，谈这谈那，当然，谈得最多是当前斗争的种种问题。有的时候还开座谈会，邀请许多学校的进步教授（也有中间的）参加讨论，主题自然是当前形势。

为了扩大影响，燕京大学的团契（带有宗教性的组织）的青年朋友们也有时候到这所老房子来，一谈便是半夜，一句基督教的话也没有谈，谈的还是政治。

在这两年多期间，有许多次运动的宣言、声明、通电等等是在这所老房子里起草的，定稿以后，便按照情况分工，各人拉自己的关系去征集签名。

这所古老的陈旧的房子，经历了两年热烈的、沸腾的、兴奋的生活。

离开学校十年了，一直到今天，每次经过清华时，我总是不由自主地朝这所房子的方向看看。

二、评议会之争

评议会的组成人员是元老和与元老有关系的一些人，没有青年人说话的余地。

有一次评议会要改选了，我们四五个人商量了一下，一定要想法插一个进去。那时候，我们这些人都不到四十岁，在元老们看来，一群毛头孩子，是上不了台盘的。

我们的战略是元老提名一个，我们也立刻提名。你提一个，我提一个，选的时候总可以捞到一个。原来清华的评议会是由教授会选举产生的，人人都有权提名，我们就利用这个权进行斗争。

过去，每次选举，静悄悄的只听见元老提名，青年人从来没张过嘴。这次，可不同了，一个元老张嘴提另一个元老的名，接着便是我们提另一个青年教授的名，一个紧接一个，气氛紧张了，元老们看出来青年们要造反了，立刻提高了警惕，他们控制会场，抢着一个接一个提，主席光写他们的名字，我们提的有些人名便不写了。这时，当主席的校长梅贻琦便宣布停止提名，进行选举。

选举是用举手方法表决的，一个挨一个表决。富有经验的梅贻琦利用职权，黑板上先写元老，后写青年，教授中中年以上的占绝大多数，尽管我们几个人不投元老的票，结果还是他们占多数，我们连一个也选不上，我们失败了。

这次失败的教训，教会我们通过选举是无论如何争取不到发言权的。要在大关节目上发言，得采取别的办法，也就是采用我们自己的办法，依靠青年，依靠群众。

元老们看出有些青年教授要造反，也看出我是最不守本分的。好吧，给你一个坚壁清野。清华复校之后，成立了几十个委员会，哪一个委员会上都没有我的名字，甚至连一个搞中国史的什么委员会也把我排除了。我不能参加他们的委员会，却参加了我们自己的委员会，不只是青年人来的一天天多了，中年以至老年人来的也一天天多了，我们的力量更加壮大了。

三、收音机的故事

当时的解放区消息是被封锁的，国民党的中央社是个造谣社。

在军调部存在的时候，我们还可以经常从党的办事处得到消息。

突然，办事处被迫撤退了。叶剑英同志、徐冰同志请我们吃饭、告别。我向徐冰同志说，你得给我们留一点东西呀。徐冰同志问：你要什么？我说收音机。

这架收音机起了很大的作用。我们每天晚上指定专人收抄解放区的广播，立刻传抄或油印多少份，第二天就散发到城外城内各个点，这样，我们的眼睛就亮了，耳朵也灵了，头脑也清楚了。

在当时，收音机的使用很不普遍，不是家家都有的。特别像我这样的穷教授，忽然有了一架收音机，房顶要支上天线，是很容易引人注意的。收抄几天以后，有人来说，提防着点，城里有消息说你们收抄解放区广播，替共产党宣传呢！我们就马上转移，安到另一家。过几天又有消息，又再一次转移，这样转来转去多少次，收抄散发的工作一直没有停止过。

解放以后，他们把这架收音机还给我，一直到今天，还保存在北京民盟市委会。我还常跟民盟市委的同志说，不要看它老旧了，样子不好看，在解放前黑暗的岁月里，它可起了了不起的作用啊！

当然，除了收音机以外，我们还经常和地下党的同志保持联系，接受指示。有时候，还给我们一点钱，我们把这有限的一点钱，资助了一些到解放区去的青年朋友。在张奚若教授六十岁生日的时候，我们买了一顶皮帽一双皮手套送给他。

四、张奚老

张奚若教授是在昆明时认识的，我和闻一多同志常去找他，在多次反蒋反内战的活动中常见面，但往来不十分密切。

一多同志牺牲以后，他和我的来往便非常多了。他住在清华新南院，离旧西院相当远，却常到我家来，有时一星期好几次，在和国民党斗争最激烈的时候，晚上也来，有时候讨论到深夜。

他是老清华，也是清华元老之一，在老教授和同学中间有威信。在这两年中，我们交换意见，讨论问题，共同战斗。有时候还商量修改文件。在我们发出的宣言、声明、通电中，他没有一次不签名。通过他的影响，好些老年、中年教授也逐渐和我们接近了，我们的人越来越多了。

我的性格容易激动，奚老呢，老成持重，每一个问题都要反复推敲，我们合作得很好，在大问题上意见总是一致的，从来没有过什么争论。

相反，我们和青年同志之间，有时候是有争论的。例如 1948 年 5 月底，原定 6 月 2 日全市大学举行大罢课，大游行，青年同志们很坚决，我不赞成，说服不了。有一个晚上，奚老也来了，我们和青年同志唱对台戏，各自申述理由、根据，一直谈到十二点多，最后取得一致意见，取消 6 月 2 日的行动。又如民主青年同盟和除夕社之间的争论，有时候他也参加，批评了除夕社。

由于奚老参加了我们的活动，他在清华元老派的地位动摇了。清华定例，教授教学满五年可以出国休假一年。1948 年暑假，奚老和我都满了六年了，我呢，早就计划暑假后到解放区，而且，明知道就是申请，学校也决不会准许，国民党政府也决不会发护照，何苦来？奚老呢，身体不大好，老朋友劝他出去一下调理也好，出乎意料的是学校竟然不准，他被统治集团除名了。

五、奔向解放区

石家庄解放以后，解放区需要大量青年知识分子培养成为接管城市的干部，党交给我们任务，输送青年到解放区去。

这时候，不止是北方，南方各城市的青年也纷纷到北平来，要求进入解放区，奔向光明，奔向太阳。

我们输送了一批批的青年到解放区去。其中有些是和我直接见面的，有些是经过间接关系的。只要有可靠的人介绍，我们便替他们安排一切，顺利地通过封锁线。介绍信是不能带的，得想好多办法。其中办法之一是从解放区带出来一些不值钱的国民党法币，以此作为证明，只要号码对了，便可以在解放区沿途得到招待。有一个时期，我的口袋里经常放这样几张法币。

个别党员同志在遭遇到危难时，也通过我们的线索回到解放区去。

1947 年六、七月间，突然来了一个穿军服的人叫陈融生，由一个民盟同志带他来，说不久前在一个记者招待会上，有人宣布孙连仲要起义，外国记者发消息回去了，蒋介石来电追查，他是当时担任翻译的，得立刻走。对准了情况以后，第二天他的爱人也来了。我们研究了一下，决定通过地下党的关系把他送回解放区。隔了多年以后，才知道他确是发了一个策动军阀孙连仲起义的电报给党中央。一看到外国报上发布的招待会消息，知道不妙，立刻来找我。

过了不久，旧历的中秋节，在孙连仲那里当少将参议的王冶秋同志来了，送了我一袋面粉，谈了一会就走了。

不料第二天一清早，王冶秋同志在大雨里跑来，说余心清被捕了。他去上班看见余心清的宿舍被包围了，工人告诉他出事了，他赶快从后门溜出来，一直上清华，幸亏没有尾巴。我立刻通知城里的同志们来商量，决定冶秋从东便门上车，经天津回解放区。这晚上，他们四五个人都睡在地板上。第二天一早，冶秋脱下他的军装，换上我的旧蓝布褂，破毡帽，戴上一副黑眼镜走了。虽然他个子长大，我的长衫只穿到他的膝盖，可是没有别的办法，也居然混过去了。

原来余心清是孙连仲的设计委员会主任，他经常找一些进步的教授开座谈会，讲形势，谈问题，希望影响这个军阀，策动他起义。不久前陈融生发的电报就是他写的，内容是“孙决心合作，请速派负责人员来商”。在此以前，他也常找我们，要求通过关系，争取一位负责同志来北平策划。电台被破获以后，孙连仲翻脸不认账，他就被捕了。

于此，还应补叙一笔，在余心清被捕以前好些日子，党组织叫我立刻通知在孙连仲那里工作的几位同志，要他们马上撤退。通知据事后了解，确是送到了，不知道他们为什么不走。结果，五个同志被捕了，押解到南京，于1948年9月17日殉难。他们的名字是谢士炎、丁行、朱建国、石淳、赵连璋，烈士们永垂不朽！

我从来没有想到余心清被捕会和我发生关系。大约是余心清被捕后两个月，有一天，突然清华校长梅贻琦找我去谈话，在座的还有文学院的几个人。他们几个人对我审问，梅是主审，他问："你和余心清什么关系?"我回答："朋友。"又问："王冶秋呢?"回答："朋友。"梅接着问："王冶秋是共产党员，你怎么放他回解放区?"我说："谁说的?"梅说："是余心清供出来的。"我说："那就奇怪了，请问是余心清先被捕，还是王冶秋先逃走?"梅说："余先被捕，王后逃走。"我说："那才真怪。天下没有这个道理！你想想看，余心清先被捕，王冶秋后逃走，余心清已经关在监狱里了，怎么会知道王冶秋是我放走的呢？再说，王冶秋是共产党员，我呢，是民主同盟盟员。共产党员要回解放区，怎么会要得到我的帮助呢？你说有没有这个理?"梅贻琦被我问得无话可说，只好说："这不会假，这是国民党市党部主任委员吴铸人亲自对我说的，他那里有材料。"我说："那很好，请把材料给我看。"梅说："我会向他要材料的。不过，你要当心，千万别进城，一进去被他们逮住，就没有救了。在学校里，多少还有个照应。"审讯就此结束，以后他从来也没有把材料给我看过。

后来我在余心清同志的《在蒋牢中》，看到："最后的几天并追问一些关于我同吴晗（清华教授）的'勾结'，和他怎样把陈融生送走的。我料想总是吴晗和其他的朋友在外面为营救我的事有所运用，被他们发觉了……对于审讯的答复很坚定，很简单……我和吴晗是个初见面的朋友，他的事我一无所知。"（44 页）才知道梅贻琦的审问是确有根据的，余心清同志确实不知道陈融生是从我家里走的，国民党知道了，这些糊涂蛋却又把陈融生说成王冶秋，给我顶回去了。事后想来，陈融生在我家住了四五天，他的爱人、卫士经常出出进进，他本人也毫不隐蔽，听送他出去的地下党同志说，真急坏了，这个人在公共汽车上还乱说乱道。看来，陈融生是自己暴露的，冤枉我受了一顿审问。

党对我的关心是无微不至的，办事处撤退的时候，徐冰同志劝我走，我认为还不到时候，没有走。余案发作以后，罗迈同志、刘仁同志又打了电报并送了旅费来，要我走，我觉得还可以作些工作，没有走。一直到 1948 年"八一五"大逮捕以后，清华遭到搜查，同志们警告说剿总的黑名单上有我的名字，实在非走不可了，才下决心离开清华园，回到广阔的自由的天地。

六、李　妈

在这个时期，我家里的女服务员李妈，她的作用应该提到。

她是扬州人，嫁给北平人。抗战胜利后由重庆经解放区回到北平。她经常谈起解放区的情况，特别是儿童团放哨、检查的情况。她说：嚇！那么小的孩子，不但认得路条，还那样精明，国民党的特务怎样也逃不过他们的检查。她还说特务们有一种手枪，外表像自来水笔，儿童团一拧就查出来了，啧！啧！真了不起。

她爱谈解放区，我们在谈的时候，她也满有兴趣在旁边听，有时候还插上一两句嘴。

她很能干，善于做菜，做小点心。那时候，清华仓库里有很多日本酒，有点像黄酒，一瓶五斤，价钱非常便宜，我买了一百瓶，有朋友来就喝上几杯。李妈在客人来的时候，就做些好菜小点心款待，大家都很满意。

为了掩护，我们在开会的时候，经常打麻将，边打边谈，有的同志们不会打，李妈就在旁边给当军师。有时候，我们出去了，来了远方朋友，她会主动接待，并叫客人看房子，自己出来想办法找我们回去。

记得有一次，我请张雪岩同志（解放后病死）讲解放区见闻，许多青年人听得津津有味，她也听得眉飞色舞。

陈融生和王冶秋来的时候，穿的是国民党的军服，走的时候都换成便服了，这些李妈都看在眼里，却从不对外面说出一句。

她是同情我们的。后来因为家里有事，离开我们了。我们直到现在，还在感谢、怀念她，她爱憎分明，显示了劳动人民的阶级情感，祝她幸福！

七、我也走了

“八一五”大逮捕之后，风声很紧，有一天，国民党的军队包围了清华，搜查逮捕。我把家里所有有关文件都烧光了，坐在家里大门口台阶上，恭候他们光临。等了一天，没见来。我就走了。

听说由北平通往解放区的条条道路，都有国民党的特务拿着相片检查行人，有的同学已经被捕了。我只好绕路从上海走。

靠了朋友的帮助，坐飞机到上海，原来想由上海到香港，再和香港的朋友一道进解放区的。谁知当天到上海，当天的报纸就刊登一条消息，到香港的飞机票一律要凭照片买，这下把路堵死了。在上海住了个把月，北平同志来信说已经安排好了，又坐飞机回到北平，当天转到天津，过了两天，交通员同志来了，我们化了装，顺利地进入解放区。

一路上在每个地方停留，都碰到一群群清华或联大的同学。我们一路商量，要给梅贻琦写封信，大家签名。信的内容大致是这样的，一，祝贺他六十岁生日；二，说清楚春暖花开的时候，我们一定回来；三，要求他保护学校，千万不要走，人员、书籍、仪器设备等等，无论如何要保持完整。这封信据事后了解，他是收到了的，但是他还是走了，并且跟着国民党跑到台湾去了。梅贻琦坚持其反动立场，甘心为国民党殉葬，这是由阶级立场决定的。

我们的信有一点是不够正确的，那就是春未暖、花未开，北平已经解放了，回到人民手中来了。另外，清华只跑了一个梅贻琦，在党的领导下，组织了护校委员会，依靠全校人员的努力，人员、书籍、仪器设备等全部完整地交给了人民，成为新的人民的清华大学。

一个大学里几千个师生，只跑走了一个校长，这个生动的例子说明了这样一条真理：“为了侵略的必要，帝国主义给中国造成了数百万区别于旧式文人或士大夫的新式的大小知识分子。对于这些人，帝国主义及其走狗中国的反动政府只能控制其中的一部分人，到了后来，只能控制其中的极少数人，例如胡适、傅斯年、钱穆之类，其他都不能控制了，他们走到了它的反面。”①

也还应指出，在这两年中，我们经常在一起工作的人，在民主革命阶段是有共同基础的，大家合作得很好，工作得很好。但是，在解放以后，要过社会主义革命的关，其中大多数人过了关，有的光荣地参加了中国共产党，但也有极少部分人过不了关，个别的甚至堕落成为右派。指出这一点是非常必要的，资产阶级知识分子要改造成为无产阶级的知识分子，必须不断革命，不断改造，要永远听党的话，才能发挥自己的作用，成为对国家对人民有用的人，不这样做是不行的。至于个别的右派分子，自以为解放前这一时期，曾经参加过一些活动，便居功自傲，背上了沉重包袱，对新社会这也不满意，那也不满意。他们完全不能理解，这一点点工作比之人民解放战争，算得了什么。而且，就是这一点点工作，也是在党的领导下，青年的积极参加下进行的，个人起得了什么作用？他们不明白，反而过分强调了自己个人的作用，对党不满，结果就成为右派，这一条教训也还是值得我们牢牢记住的。

4月11日

（原载《光明日报》，1961年4月23日）

---

①《毛泽东选集》，第4卷，1489页。

新的中国，新的人民

九个月来，我所经常接触的许多朋友，全改变了，日常生活以及想法、看法，全都改了一个样。

昨天，清华大学庆祝中华人民共和国成立大会，在大操场开会，请人民政协代表陈毅、李秀真、张奚若演讲。在休息的时候，我发现经常在病着的林徽因也在场，吃了一惊。和梁思成商量，风大，地下凉，要请她上主席台来坐，思成说怕不肯，你去试试看吧。我下去请，果然被拒绝了。并且还说："人家革命二三十年，这算什么?"在冷风里席地坐了三个钟头，一直到散会。

这九个月来，她和思成一对病夫妇，每天十几小时工作，进城出城，画图设计，开会讨论，愈忙愈累愈高兴，忘记了自己的病，也使人家忘记了他们有病。

他们担任北京市都市设计委员会的工作，担任新市区的建设工作，担任学校里营建系的工作。一见人就三句不离本行，指出营建系训练学生的基本方针，盖一所房子第一要适合人住，第二要结实，第三要美观。

一天晚上，思成告诉我，他对人民政权的印象。

他家的女工，有一个儿子在城里工厂作工。有一天早上，突然来了一个年青的干部，雇车接女工进城，说是"她儿子在厂不学好，跟人赌博，作活不上劲，请老大娘去说说他"。进了城，请吃了一顿饭，数说了儿子一顿，也就回来了；还是干部给雇的车。过了一个多月，已经忘记了这回事。不料那干部又来了，说是"请老大娘放心，你儿子已经改了过，好好作活了"。来回走了四五十里地，就来交代这么一句话。感动得老女工掉眼泪，从心坎里感激共产党。也感动了梁家夫妇和儿女，从这桩小事了解了并且靠拢了共产党，衷心为人民服务。

使梁家夫妇感动的，更重要的是另一件事。

解放军进攻北平，热河的部队以快速行军一两天工夫攻下南口，一直到颐和园。刚站住脚，就有位高级军官来向梁家夫妇请教，要求画出一个简图，标明北平城内重要的有历史性的文物古迹，以便发炮轰城时避开这些目标，来保全这个古都的精华。

在这个世界，在全人类历史上，哪里能找出这样的军队！

和国民党反动派的造谣恰恰相反，只有共产党，只有人民解放军才是真正尊重、爱护文化的党和军队。

接着部队和敌人作战了，中间隔着一个清华大学，为了保全清华这个大学，不用大炮打，用步枪和刺刀肉搏，胜利当然是我们的；就是这样，用战士们的血来使这个大学的师生员工保全了，图书文物保全了。

在这个世界，在全人类历史上，哪里能找出这样的军队！

和国民党反动派的造谣恰恰相反，只有共产党，只有人民解放军才是真正爱护青年的党和军队。

清华园里的人，人人都知道这几件事实。

梁思成参加了北平市各界代表会议，也参加了中国人民政治协商会议，他的背更弯，工作比以前更多了，同时也更年青了。

物理系的周培源教授，为了工作的需要，暂时离开研究室，干上教务长，忙得不亦乐乎，忙得有味。

连续服务满二十五年的叶企孙先生，他是校委会主席，他参加了人民政协。仅仅在四个月以前，青年代表大会开幕的时候，我亲自送去一封邀请书，请他出席致词，那时候他还说："我一向不喜欢开会，不准备去。"但是，现在，他每周去出席自然科学工作者的常会，在人民政协开会期间，没有缺席过一次，也没有回过学校。

家庭妇女也变了，大家来搞生产，搞学习；刚开头她们还不大会提问题，不会长篇大论的发言，而现在，大家都提上劲了，大堆的问题提出，大堆的文件在讨论。

教授、讲师、助教、学生、职员、工警、妇女，一切的人们，都献身于工作，都热烈地在学习。

总之，九个月来，一切都变了，新的中国，新的人民。

（原载《中国青年》第22期，1949年10月15日）

我克服了“超阶级”观点

一

大概是1943年，或者是1944年，正确的时间已经记不起来了，那时候我是昆明西南联合大学历史学系的教授，住在昆明府甬道小菜市场旁边的一座破楼里。说破楼，其实还是冠冕话，四面都是纸窗，上面瓦缝可以见天，在楼下吃饭时，灰尘经常会从楼上掉在饭碗里。下了课自己买菜、煮饭，还得到门外古井里打水。记得开头几次不会打，水桶放下去无论如何舀不进水，实在急了，死劲拉水绳把水桶向下冲，结果，把水桶底震掉了，拉上来的是一个无底桶，弄得哭笑不得。

一面教书，一面写书，一面还得干家务，照料病人——我的妻，在闹柴米、油盐、扫地、炒菜、洗碗的时候，还得和学生、和朋友谈话，讨论问题。

那时候，据专家的估计，教授的每月收入，相当于1937年以前的十几元银元。我要拿这点钱来支付房租，两口人的生活，加上医药费用。

就在这个时候，我被强迫学会了劳动，从扫地到炒菜。最难的是生炉子，扇红木炭，经过几次失败，也学会了。

说实在话，手是在做，心里是万分不愿意的。倒不是为了失身份，身份早已经没有了，穿得破破烂烂，除了自己的学生，谁都以为你是个难民。不愿意的实在心理，第一是挤去了休息的时间，第二是挤去了工作的时间；更重要的是对这些体力工作无兴趣，甚至厌恶。

就在这样的物质生活，这样的心情中，我写了一篇讨论小资产阶级的论文。大意是在激烈的时代变革中，小资产阶级分化了；少数的爬上去成为资产阶级，大多数甚至绝大数被冲掉，日益贫困成为无产阶级。由于这样，思想也起了大变化，前者成为统治者或统治者的帮凶，后者的道路是参加革命。

这篇论文主要的意思是说明在过去小资产阶级在社会上是一个中间阶层，最富于可变性。他们是依存于统治者的，统治者倒台，他们没有饭碗，“惶惶然若丧家之狗”，在这一方面他们是统治阶级的代言人，替统治阶级找出剥削的理论根据。另一面，他们是替统治阶级执行剥削任务的，从剥削的总额中分得一杯羹，但是，他们又懂得杀鸡求卵的教训，总是劝主子有个长远看法，留得青山在，慢慢来，这样，就叫做“仁政”。对主子是一副奴才脸，对老百姓又是一副主子脸；一方面替主子刮钱，一方面又有时候替老百姓说一两句好话，在两个对立的阶级中间，起了缓冲作用。

而现在，这个阶级已经走向分化了，统治者和被统治者两个阶级便面对面了，斗争更尖锐更激烈了，大变化就要来了。那篇论文就此结束。

那时候自然以为自己是无产阶级，自以为很进步，对国民党政权怨气冲天，纵然没有勇气上延安，在昆明那山城里，在课堂里指桑骂槐说一顿，在群众大会里红着耳根叫一顿，写写宣言，找人签名，也就心安理得了。

对共产党是同情的，信赖的，而且有点近乎盲目的崇拜。和一些年青朋友搞了一个秘密印刷所，大量翻印毛主席的《新民主主义论》、《论联合政府》和朱总司令的《论解放区战场》，以及其他秘密文件。读了都觉得很对，很痛快，极有理。

但是对共产主义的理论，却不求甚解。虽然生吞活剥读了一些书，正如猪八戒吃人参果，明明知道是好东西，但没有消化，不知是什么味道。

虽然那时候，还搞了一个学术团体，借这个团体作掩护，以一个同志作中心，每星期天举行一次座谈会，集体讨论许多思想上的问题，从事学习。但是，可惜得很，自己以为相当进步了，这些问题都懂，因此也就没有什么大进步。

就今天的了解来批评当年的自己，对国民党政权的认识是清楚的，从没有存过幻想。从文字，从口头，以至用行动来反对，这是好的。对共产党呢？只是主观的了解，以为共产党是对的，好的，中国的救星，只有共产党才能挽救中国。但是理论的接受不够，思想的认识不够，基本上对共产党的了解是糊涂的，不清楚的。

从阶级的立场来说，当时我虽然深切知道国民党政权所代表的是地主官僚资产阶级，是四大家族的利益；共产党是代表无产阶级和广大人民利益的。但是我自己呢？当然不是资产阶级，那么是不是无产阶级呢？在那一篇论文中似乎应该得到结论，应该属于无产阶级或者至少应该跟着无产阶级走了。但是，想想又不大像，而且也不清楚到底无产阶级怎么样好，为什么应该来领导革命，左想右想，大概又不是了。于是只好又回到小资产阶级。

到今天写这篇文字的时候，重新回想几年前的自己，不只是那篇论文的立场不对，为小资产阶级的分化下降而不自觉发出怀古之幽情；说穿了是替自己惋惜。更严重的错误是根本没有立场，自以为是“超阶级”的，不是在广大人民中间，而是悬空挂在半天空的一个什么东西。

二

要分析我自己的阶级立场，得要说说我自己的历史。

我出生于1909年。祖父是佃农，兄弟俩勤苦成家，他养了五个儿子，靠着人力多，节衣缩食，到晚年居然可以温饱了。父亲是小儿子，有福气进蒙童馆，一面念书，一面帮着家里做爆竹。祖父死后分家，分到三亩田，而且是洼田，经常被水淹。因为照农村规矩，小儿子没有在挣家当上出过力气，长兄们劳碌了一辈子，小兄弟不但不上田地做活，还上学念书，已经是父母偏心了，怎么还能分好田地？房子分到两间，一楼一底（三十年前被火烧光了）。

母亲是中农的女儿，外祖父早死，到我懂事的时候，外祖母住的只有半间房子，煮饭睡觉都在一起，我们去拜年，在门外公众大厅角落里吃饭。

父亲分家的时候，只有一部书，是白纸本的御批通鉴。伯父们认为是公众的东西，要五家均分，吵得我父亲直哭。四伯父和父亲感情比较好，说，我们都不会念书，不是白糟蹋，给了小弟算了吧，才免得五马分尸。这部书保存到今天。我自己最初的历史教育，十一岁时念的就是这部史书。

分家后父亲考入县学，那时叫作秀才，名为县学生，其实是不上学的，算有了功名，就有人来请教蒙童馆了，一年有二十串钱。加上三亩田的租，两夫妇勉强可以过日子。

我就是他们的长子。

辛亥革命以后，父亲到杭州去进学校。母亲一人在家，领着我和弟弟；家里的田租大部给父亲花用，其实一共怕也不过每年四五百斤谷子，剩下的便是母子三人全部的生活费用了。一个钱豆腐吃一天，馊饭洗了再热了吃，母亲晚年提到这些日子还流泪。

父亲毕业后一直作公务员，大概一个月有几十元银元薪水，一家省吃俭用，把省下的钱寄回家买田地，到我上中学的时候，大概已经有靠近三十亩左右水田了，还盖了一所瓦房，每年可以收五六千斤谷子的租子。

我小学刚毕业，父亲就失业了，爱发牢骚，成天喝酒。他写得一笔好字，却不会下田地。雇长工种了几年田，不会经理，划不来，又佃给人种，靠租子过日子。这时候又添了两个女儿，一家六口，日子已经不宽裕了。到我上中学的时候，记得一学期要交二十八元银元学膳费，要合一千四五百斤谷子，一学年的费用要花去全家收入的三分之一，每次上学都是赶着卖谷子。虽然如此，父亲还是咬着牙送我上学。

到我中学毕业的时候，家里已经无力让我继续升学了。只好在乡下教书，教半年初小，半年高小。

和几个同学商量打算到广州进黄埔，筹不出路费走不了。

想了许多法子，母亲卖了首饰，加上宗祠的补助，到杭州进了之江大学。念了一年大学预科，之江停办，又到上海进中国公学大学部，念了两年。把母亲的多年积蓄也念光了。

在中国公学的最后一学期，写了一篇论文《西汉经济状况》，卖给大东书局，得了八十元稿费。这篇论文是在胡适之的中国文化班上写的，他很赏识。这学期结束，胡适之被迫离校，在那时候他是反对蒋介石的。他一走，我想在中国公学再念下去也无聊，刚巧有了这笔稿费就糊里糊涂跑到北平，不想已经过了考期，只好住公寓，成天上北海北平图书馆读书。

呆了一个时期之后，由顾颉刚先生介绍到燕京图书馆中日文编考部作馆员，读了半年线装书，省下一点钱，辞职自修准备考大学。

1931年夏天考进清华大学历史系二年级。

还是由胡适之介绍，系主任蒋廷黻给我一个工读生的机会，每天工作二小时，每月得十五元的报酬。

从这年起开始经常写文章换稿费。这时候弟弟也来北平进高中了，接着大妹妹也进初中了。每月有十元左右稿费，加上学校的工钱，三个人分着用。后来居然在《清华学报》、《燕京学报》发表论文了，稿费收入比较多；不过这时父亲又病了，收入中还得支出一笔医药费。

1934年正当毕业的前一个月，父亲去世。家里欠了一大笔债，和人合股开的铺子在父亲死后不久也倒闭了。

因之毕业后不能再进研究院，留在学校里当助教。费了好几年才把家里的债还清。

1937年到昆明，一住就是十年，到1946年才回北平。1948年“八一五”以后，逃亡到解放区，受了过去几十年所没有受到过的教育。

三

由于幼年时家境的困难，我自然地对农村中生活富裕的大地主不满意，对农民同情。无论是我的第一篇论文《西汉经济状况》，那时候还根本不知道有马列学说，以至1932年写的《明代的农民》、《明末的仕宦阶级》，和1947年写的《朱元璋传》，对农民痛苦总是详言之而又详言之，对农民革命则寄予无限的关切和向往。

在讲述中国通史的时候，也特别强调农民革命，也含含糊糊地暗示阶级斗争。

另一方面，我从七岁就离开农村，三十多年来一直在城市生活，我的生活趣味是纯粹小市民式的。虽然早年过的较贫困的日子，但是比起乡村农民就优越太多了。养尊处优，甚至分不清菽麦，走不得远路，做不得重活；自以为是脑力劳动者，厌恶体力劳动，有若干时期非干活不行，心里也只叫委屈。

我想，我这样的人应该是典型的小资产阶级的知识分子。

又由于时代的激荡，马列主义学说多年来广泛地在学校传播。1930年以来，我无条件地接受了历史唯物论，企图应用这新观点、新方法来研究中国历史，这二十年写了四五十篇专门论文。但由于思想没有搞通，不会运用辩证法，更由于受了胡适之极深的影响，治学钻到考据的牛角尖里去，也就自然不会有什么好的成绩了。

由于这样的生活和思想，在行动方面说，十年来是跟着进步力量走的，在紧要关头也没有吝惜过自己。但是立场呢？既不是站在资产阶级方面，也没有站在无产阶级方面。一句话是，自以为是“超阶级”的。

索性举一例子吧！我曾在1946年7月21日所写的哭闻一多的几篇文字里说过，我和一多曾相约等到民主政治实现，便立刻退回书斋，去充实自己，专心著作。

这是一种什么想法呢？现在分析起来，很明显的，当时的我们认为中国的唯一问题是打倒蒋介石反动政权，由于他压迫剥削我们太惨了，实在受不了，只好起来打倒之；只要这个反动派倒下了，有了共产党领导，中国有办法了，我们自认为可以功成身退了，天下事不与我相干了，可以退回书房，随心所欲去钻牛角尖，翻古书，自得其乐了。这是完全不负责任的想法，是自私自利的个人主义的想法，是自以为是的英雄主义的想法，是消极的有毒的黄老学派的想法，是不对人民服务的想法，是自居于人民之外，“超阶级”的想法。

我和一多都具有知识分子的洁癖，孤高自赏，脱离群众。自以为清高，其实是逃避，自以为超阶级，其实并不如此。

在我的《朱元璋传》里也浓厚地透露出这样的思想。

我写一个元朝末年的革命组织者领导者彭和尚，一辈子作宣传、组织工作，是西系红军的领导人，他坚强不屈，领导人民斗争，跌倒了舐舐血爬起来又前进。但是到徐寿辉起义成功以后，他突然不见了。我对这个人赞叹不已，认为功成不居，不是为了作大官而革命，真是了不得的人物。

当然我很中了《史记》的毒，吃了张良的亏。但是司马迁、张良不能替我负责，我得对我自己负责任。

四

于此，我应该说明，不是毛主席教育了我，一直到今天，我还会是糊涂的，不清楚的，自以为是的，“超阶级”的。

毛主席在万分繁忙的工作中，看了我《朱元璋传》的原稿。特别约谈了一个晚上，除掉指示出书中许多不正确的观点以外，特别指出彭和尚这一条，给了我极深刻的阶级教育，挖出我思想中的毒瘤，建立了我为人民服务的观点。

挖了根，除了毒，想了几天，依毛主席的指示，细读列宁的《国家与革命》，认识了国家的意义，阶级的意义，熟读了毛主席的选集，初步明白了马列主义如何和中国的具体实践相结合，明白了毛泽东思想。听了关于土地改革，关于中共党史的报告，明白了土地改革是支持解放战争的基本环节，是消灭封建的必要步骤；明白了共产党二十六年来的成长壮大和发展，曾经犯过“左”倾右倾的错误；但是由于有了正确的领导，毛主席的领导，才能得到胜利，才能解放几万万人民。也明白了《没有共产党，就没有新中国》这个歌的意义，更明白了到处都喊“毛泽东万岁”的道理。

我从毛主席的著作中初步懂得了辩证法的运用，也从解放区一切部门工作中和生活中了解了辩证法的意义。我初次知道批评和自我批评这一法宝；也初次明白民主集中，从群众中来，到群众中去的道理。

我不但用耳朵听，用心记，而且用眼睛看。我看了老解放区，也看见了老解放区的人民，武装部队和夜以继日不停地在工作在学习的各级工作人员，他们是如何在为人民服务。

我看见理论掌握了群众的力量，这样的力量是人类历史上从来没有过的。

我也懂得了为什么无产阶级应该领导中国革命，为什么无产阶级是最进步的最坚强的最革命的最有力量的道理。

我选择了自己的阶级立场，我愿意站在无产阶级的立场上。

这一年来我继续在学习，学习马列主义，学习毛泽东思想，在书本上学习，在工作中学习。

我不再赞叹彭和尚了，我已经应人民的征调，在北京市人民政府服务。

最后我还要讲一讲彭和尚。毛主席当时对我说，这样坚强有毅力的革命者，不应该有逃避的行为，不是他自己犯了错误，就是史料有问题。果然，在回到北京以后，再细翻《明实录》和其他文献，居然查出，原来又过了多少年，彭和尚被元朝军队在杭州所擒杀。这样看来，他并没有逃避，一直革命到底，斗争到底，是为革命而牺牲的英雄人物。在我的书里面，不但看法是错误的，连史料也是不完备的。

在用了一个晚上，重新清理自己过去的思想，写出这篇文字的时候，我要大声喊出：感谢毛主席！感谢共产党！

1月25日

（原载《中国青年》第32期，1950年2月）

所谓日美建交一百周年

日本卖国首相岸信介在用暴力通过美日军事同盟条约、遭到举国一致反对、众叛亲离、摇摇欲坠的情况下，还无耻地宣扬他的走狗哲学说：“如果不批准新条约，日本的朋友们将对日本失掉信任，日本将受到外来的军事威胁。因此，我深信，我的政治道路是正义和正确的。”

把日本的国运拴在美国战争狂人的车轮上，叫作正义和正确！为了取得主子的欢心，不惜出卖国家，出卖人民，叫作正义和正确！好一副走狗嘴脸！

他的主子呢，美国副国务卿狄龙在庆祝所谓美日建交一百周年的午宴会上，果然夸奖了他的走狗：“日本众议院批准这个条约，是日本在美国的所有朋友感到最满意的事。”与此同时，艾森豪威尔和尼克松都打电报写信给庆祝日美建交的日本代表团大谈其日美友谊。

美帝国主义口中的“友谊”，是有历史可查的。一百年前，日本新见正兴的使团到了华盛顿。当时，日本正处在德川幕府的末期，日本人民反封建反侵略斗争正激烈的时候。

在同一时期，中日两国人民经历着被帝国主义侵略压迫的共同遭遇。在鸦片战争之后，1845年，美国国会授权总统侵略日本，并且无耻地指出，美国在靠近中国的海上，要有一个海军根据地。企图以日本为跳板，向中国进攻。

1853年7月8日美国海军少将柏利率领舰队开进了日本的浦贺湾——江户附近的德川幕府所在地，舰上装有大炮，炮口对着岸上。留下一封信，要求答复。舰队随即开走了。第二年2月柏利又率领加强了的由九艘军舰组成的舰队开进浦贺湾。日本在大炮威胁下，谈判了六个星期，3月31日终于被迫签订了第一个美日条约，开放下田和函馆两个港口。美国资本主义用暴力打开了德川幕府二百五十年来锁国政策的第一个缺口。

这样，美国用大炮打开了日本大门。美国政府叫这种强盗行径为“友谊”!

1858年美国第一任总领事哈利斯到了下田，这个资本家恫吓日本，如不给美国商人以特权，就要动武，结果日本又被迫签订了对美国和其他各国的新约，条约规定给外国人以贸易权利和治外法权；加开长崎、神奈川（横滨)、兵库（神户）等口岸，外国人被允许有权居住在江户和大阪；关税规定由日本输出值百抽五，入口货税率由5%到35%。

这样，在美国的政治压力之下，日本被迫签订了典型的不平等条约，陷于半殖民地的地位，美国政府却称之为对日本深厚的“友谊”!

由于外国货大量流入日本，给日本农民的家庭工业、手工业和手工工场以严重的打击，农民更加贫困了。由于外国资本家从日本榨取黄金，向日本输入白银（当时日本的金银比价为一比五，在欧美则为一比十五)，结果造成了日本的金融危机，物价上涨，农民破产。

这样，在美国的经济侵略下，美国资本家发了大财，日本人民则受尽苦难，美国政府却称之为对日本的历史上的“友谊”。

1860年，日本被迫派遣驻美的使节，这就是日美建交一百周年的来历。这时候，美国忙于内战，顾不到侵略东方了，替代美国的是英国。

1864年，英、法、荷、美四国舰队炮轰日本下关炮台，日本又被迫修改关税税率，允许英法在日本驻扎军队。

从上面的历史，可以看出从1853年起，美国就是侵略日本的先锋，是日本人民最凶恶的敌人。特别是第二次世界大战结束以来的十五年中，美帝国主义对日本人民的血债，如广岛上空的原子弹，驻日美军所犯的数不清的罪行，U—2型飞机的威胁等等，你们知道得最清楚，不必细说了。由此可以得出结论，美帝国主义的“友谊”

的定义就是炮舰政策，就是轰炸，就是屠杀，就是侵略，就是压迫。也由此可以得出结论，运用这一套强盗逻辑的美帝国主义者是不折不扣的强盗。日本的反动政府呢，更不知羞耻为何物，派遣前首相吉田茂率领使团到美国去参加强盗的庆祝，不惜出卖国家和人民，强行通过美日军事同盟条约，企求取得强盗的信任。

狄龙还宣布，艾森豪威尔要在6月中访问日本，庆祝这个所谓一百周年纪念。旧债加新债，日本朋友们，你们是有英勇斗争传统的，记忆犹新，你们一定会懂得如何去接待这位带来这样“友谊”的贵宾的。

对付走狗的办法，我们有经验，只有一个字：打！

对付强盗的办法，我们也有经验，也只有一个字：打！

美帝国主义在过去也曾经向中国人民大谈其“友谊”，我们的记性很好，我们清清楚楚记得美帝国主义对中国人民的每笔血债，经过长期的艰苦的斗争，在团结一致的中国人民强大力量面前，美帝国主义终于滚出了中国大陆。帝国主义是纸老虎，不滚就打，这条经验是可以供你们参考的。

打倒两个字是连用的，只要打一定倒。无论是帝国主义也罢，帝国主义的走狗也罢，统统打倒。你们所进行的斗争，失去的只是强盗对走狗的信任，得到的却是全世界爱好和平人民的支持，胜利一定属于日本人民！

（原载《人民日报》，1960年5月31日）

一个倡议

有人说过，路是人走出来的，文章是人挤出来的，从前，我认为这两句话是对的。

经过这一年，我的看法改变了。现代的路是人们的劳动创造出来的，因为走出来的路只能给人走，还不适合于十轮大卡车走。现代的路，必须道路工人用挖土机挖，用石子、沥青或水泥铺装，用压路机压平，要经过巨大的劳动，光靠人两条腿走，是走不出这样的路来的。

同样，文章也不能光靠挤，不挤，不是就没有了。写文章得有干劲，有这股子劲，挤固然要写，不挤也非写不可。骨鲠在喉，非吐不可，是消极的，不对头。形容得确切一些，是高兴得有话想说，非说不可，非写不可。

非说不可，非写不可，是我今天的心情。当然，也还有各方面在挤，挤你非写不可。一来是自己想写，要写，不写出来很别扭，二来加上外力的挤，于是文章出来了，不但写出来了，而且数量还很多。

这一年，全民大跃进的一年。我写了十万字左右的杂文，预备出一本杂文集；编了解放前写的一部分杂文，题名《投枪集》，不久可以出版。整理了二十多年前抄的《朝鲜李朝实录中的中国史料》，约三百万字，已经付印。

这就是我对国庆十周年的献礼。

以后呢，我自己订下计划，每年至少写十万字，一年出一本书。要搞科学研究，写一些专门论文，也要搞普及工作，写一些读书札记，编一些通俗的书，写一些明白易晓的文章。

五年前第三次改写的《朱元璋传》，也要在明年内再次改写出版。

就有那么一股子劲，非写不可，不写，很难受。

这股子劲来自何处？来自党的总路线，鼓足干劲、力争上游、多快好省地建设社会主义的总路线。来自大炼钢铁，一年内产量翻一番。来自人民公社，几个月内全国的合作社都公社化了。来自十三陵水库，怀柔水库，密云水库。来自天安门广场的扩建，多少万工人不问寒暑，不避风雨，日日夜夜的忘我劳动。

全国人民都在大跃进，干劲冲天！我呢，除岗位工作之外，还有一支笔，这支笔过去曾经使用过，闲了多少年，不该努一把力，为社会主义建设服务吗？

这一年，是我生平写作最多的一年。过去，也曾经有一年，我写作杂文最多的一年，那是1946年，国民党白色恐怖最厉害的时候。但是，心情完全不同。那一年，心情沉重，愤慨，这支笔是用来和敌人作战的。现在呢，我以欢欣鼓舞、昂首阔步的心情，用这支笔歌颂大跃进，歌颂总路线，歌颂共产党，歌颂毛主席。

为什么过去九年写得很少，这支笔几乎重得不能使了呢？因为还有些思想问题，自己原谅自己，工作忙，写不了，其一也。即使有时候有点时间，但很零碎，今天写几行，隔多少天再接着写，文气不贯，写不好，索性等有时间再写，其二也。更主要的是以为自己并非作家，写作是作家们的事，干吗不度德，不量力呢？其三也。还有，业务水平不高，理论呢，更谈不上，不写——横竖没有写的任务，可以藏拙，写了出了错，反而受批评，畏首畏尾，不求有功，但求无过，其四也。

总路线一提出，大跃进的号角一响，这些思想问题解决了。忙，不等于完全没有写作时间，问题在于如何妥善利用。时间零碎，有工夫就写，没工夫就不写，写一点是一点，总比不写好。脑子和手是自己的，不是作家也可以学着写。写不好，只要肯用功，总有写好的一天。水平不高，不写就更提不高，要写就得多看书，多学理论，在实践中自然可以提高，也只有实践才能提高。错处一定会有，不写并不等于思想中没有错误，隐藏错误，又如何能改正错误？相反，只有写出来，大家指出了错误，才能有效地改正错误。这样，思想问题解决了，劲头来了，笔也不重了，文章写出来了。朋友们在口头上、信件上、文章上指出我的错误，我改正了一些错误，信心更足了，劲头也更大了。

总结我一年来的经验，文章是鼓足干劲，鼓出来的，力争上游，争出来的。我也写得多，写得快。至于好和省，那还得继续努力，相信会有那么一天，可以做到。

这一点经验，经过这一年，越想越觉得有道理。虽然不那么稀罕，还是认为应该把它写出来，作为一个倡议，不写出来，也觉得很难受。

我不敢那么大胆，向作家们倡议。我只向全国的机关干部同志们，有志于写作者倡议，大家来响应党的号召，鼓足干劲，力争上游，多快好省地写一点东西，每人每年写一点东西，为社会主义建设服务吧！

我提出这个倡议，也以这个倡议来督促、鞭策自己。

党的总路线万岁！

（原载《人民日报》，1959年9月11日）

两个朋友

这十年，中国历史划时代的十年，光辉灿烂的十年，全国人民欢欣鼓舞的十年，人人发生变化，从生活习惯到思想意识的变化，可喜的可以歌咏的变化。

我认识不少人，这十年来，每个人都发生或多或少可喜的变化，不管多也罢，少也罢，总之是变了的，总之是可喜的。其中变得最多最大的有两个朋友。

这两个朋友，年纪都比我大，当我在大学念书时，他们已当了多年教授了。两个人都是留学生，洋气很重，一个学哲学，教逻辑，也写过讲逻辑的书，外号就叫逻辑。一个学建筑，一辈子研究中国古建筑，谈起什么五台山有一千年历史的木结构，李诫的营造法式等等，便眉飞色舞，说个没完。虽然他在这一行是个权威，但似乎在旧时代没盖过什么大房子，大概是一来那时代根本没有什么大房子盖，二来他要讲民族形式，人家不喜欢这一套，因之，他的理论也终于只是理论而已，虽然文章写得很多，房子却盖得极少。

我没有上过他们的课，后来也在同一学校教书，算同事了，因之也就沾点光，算是朋友，他们也不好意思摆老师架子。

还是从最近讲起吧。

大约一个多月前吧，逻辑教授突然来电话，问有时间没有，他要来谈一个问题，我当然欢迎他来，但是心头纳闷，是什么事呢？猜了好久，大概是我俩都有关系的几件事吧？谁知大谬不然，完全不是那回事。

六十左右的人了，穿着短汗衫短裤，假如不是那头白发，人家会以为是个运动健将呢！一坐下便说明来意。

他说：近来不是在提倡发展副食品的生产吗？我想到养鸡。要和你谈谈。

我有点奇怪，养鸡怎么来找我，难道要找点什么古代养鸡的掌故不成。一听又不对头，原来他提议阉鸡。

“你知道，我们南方阉鸡很普遍，每年七、八月间，半斤来重的公鸡就得阉。那季节就有一些专家巡行村落，一个小弓，一把小刀，就地捉住小公鸡，在肋骨旁拉一个小口子，弓弦向里一绞，夹出一个小白球，再摸摸毛，放在地下，小公鸡就又跳跳蹦蹦，找吃食去了。很简便，不是吗？这样，长得肥，长得嫩，到三四斤重还是很好吃。”

我说：“我见过，果然省事。”

他说：“那为什么北京不兴这个办法呢？河南、河北、山东这些地区好像都不大阉鸡。斤把来重就宰了吃，长大肉老了不好吃。如今，个个公社，个个队，家家都在养鸡。你算，一个鸡阉了可以多长两三斤，十万，百万，千万个鸡，你算，得长多少肉，两三千万斤啊！不是吗？”

我说：“你的账算得不错，有道理。”

他说：“那你们为什么不提倡呢？要是不会，从南方请几个人来，开个训练班，再到各公社去传授，不是就可以每年增加多少肉食吗？我就是为这个来的。”

说完了，他就抹一抹汗，走了。

这一场谈话使我很感动。

就是这个人，几个月前他对我说，过去多年搞逻辑，唯心的，资产阶级的一套，搞了多年，连自己也弄不清楚到底搞的是什么。今后的任务是批判这一套，批判自己过去的著作。学习马克思列宁主义，学习唯物主义的哲学。

也就是这个人，十年前，有一次我们搞一个反对什么的宣言，那时候，我们这些人反对国民党，但是什么也不会，只会发宣言，找人签名，人越多越好。我找了他，在下课休息的十分钟里，他匆匆看了，说我签我签，拿起笔就写。我一看，糟了，他写了半个耳朵，原来上一个签名的人姓陈，他也在写陈字了，我赶忙拦住，说不对，写你自己的名字吧。他才醒悟过来，连说："我不姓陈，我不姓陈。"正确地签上自己的名字。

那个建筑教授呢？虽不至于忘记自己的姓，却也非常有趣。

他身体不好，体重最低时只有四十多公斤。养好了，好容易长了几公斤，一忙，忙到忘记自己是个病号，就又垮了，又把那几公斤消耗掉，瘦得像个猴子。支一根手杖，弓着背，成天满处跑。

说他，得倒回来说，从1948年说起。

那年年底，解放军包围了北平城。派了一个军官找他，要他画出北平城必需要保护的古文物建筑，以便万一不得已开炮时，这些古文物建筑不致被炮火损坏。

这件事深深感动了教育了这位专家。1949年3月间，我回到北平以后，他带着感激的心情对我说："你说，世界上历史上哪有这样打仗的！你看，你看，对文化遗产这样重视，这样爱惜！这真是人民的军队！人民的军队！"

从此以后，他深深敬佩共产党，爱戴共产党。

但是，他的古建筑研究成了包袱，他对古建筑太热爱了，照他的意见，为了保存北京城的古老风格和结构体系，新的建筑，新的中心应该摆在西郊，复兴门以外地区，将来新旧并存，互相联系。

从此，展开了热烈的争论。

他喜爱古老的牌坊，他喜爱古老的城墙。他认为马路太长了，有了路中心的牌坊，会使人在精神上得到舒适的感觉。他建议在城墙上建环城公园，种些花草之类，供人游览等等。总之，在拆除牌坊和城墙的讨论中，他坚持己见，列举种种理由，大有和牌坊、城墙共存亡的决心。

吵了几年，问题解决了。北京在原有基础上改建，主要干线的牌坊都拆掉了，城墙也开了许多缺口，便利了城内外的交通。

他以古建筑专家的知识，积极参加了北京的改建和新建工作。

在反右派斗争中，他和逻辑教授都是反右派的积极分子。坚决斗争，无情揭露，受到了考验，锻炼。

这两个朋友先后都参加了共产党，向红专道路前进。

这两个朋友受的是资产阶级教育，都有一套自成体系的唯心主义的哲学和建筑学的理论，教了一辈子书，写了不少著作，并且都是六十岁左右的人了。但是，都坚决放弃老一套，丢掉多年来的看家本领，重新学习，从头做起；并且，决心要在学习中批判自己过去的某些错误理论。都不服老，甚至都不承认老，都希望能再活几十年，多为祖国作些事，作出成绩来。我说，在许多朋友中，变得最多最大的就是这两个，我还相信，他们将会继续起更大的变化，更多的提高，在学术研究上作出有益的贡献。

见贤思齐，我要向这两个老朋友学习。我也相信，学术界的许多朋友也会向他们学习。

人是可以变的。旧知识分子是可以变成新知识分子的，资产阶级知识分子是可以通过党的教育通过自我教育自我改造，成为无产阶级知识分子的。“彼亦人耳”，“彼亦旧知识分子耳”，“彼亦资产阶级知识分子耳”，为什么我们就不可以呢？一定可以，朋友们说是不是？

1959 年 8 月 14 日

（原载《人民日报》，1959 年 9 月 26 日）

老护士

老护士今年六十二岁了，最近出席了市群英会，被选为“三八”红旗手。

仅仅在七年多前，她还是个家庭妇女。

我认得她好多年了。远在1937年以前，她的丈夫，一个著名的耳鼻喉科医生，替我看过病。她的姐姐妹妹都是我爱人的好朋友，我到她家里去过。

那时候，她过的是资产阶级生活，家里前前后后有四五个人侍候着。丈夫收入多，有点储蓄，日子过得挺宽裕。她虽然受过专业教育，当过护士，但是，一结了婚，养了孩子，便自动“失业”了，回到家里作贤妻良母，料理家务，闲时看看戏，打打牌，从来不关心政治，也弄不清政治是什么。

解放以后，丈夫死了。儿子大学毕业，成为共产党员，参加了工作。女儿也上大学，是个团员。儿女都十分关心妈妈，希望妈妈进步。她自己也要求工作，就这样，她到一个中学当了护士。

在参加工作以前，她是有顾虑的，做什么工作呢？别的工作她不会，只好归队，做几十年前做过的事。但是，毕竟年纪大了，到医院要值夜班，怕吃不消。只好挑个学校里的工作，以为可以轻松些。

可是，一到了学校，又发生问题了。学校是新建的，校舍却是个旧庙改的，地势低洼，很潮湿。卫生室只有一小间，空空洞洞没有什么设备。也没有专职校医，只有一个大夫，每天来半天，条件太差，她不想干了。正在打主意的时候，学校党支部书记找她谈话，一谈就是三个多钟头，说了许多她从来没有听到过的道理，还讲了许多革命先烈的故事，劝她不要向困难低头。她听了很动心，一晚睡不着，看看人家，想想自己，越想越觉得自己白过了半辈子，过去的光顾吃喝玩乐的寄生生活是多么可耻，要做事，要做好事，决心下了，也就睡着了。

从此，她就在这个学校当护士，一直到今天。

她听党的话，她热爱孩子，她热爱工作。

在几次政治运动中，她细心听报告，作笔记，积极参加运动。慢慢地道理越懂越多，心境逐渐开朗，思想起了变化，认识逐步提高，工作也越发积极，不但安心，而且热爱工作，不但热爱孩子，还经常想办法来提高工作了。她认识到为人民服务的深刻意义。

最近一年多来，那半个大夫也没有了，她不但要作一般护理和治疗工作，还要兼作一部分大夫的工作。也有人劝她，该退休了，她说那怎么行，有一份力量就得出一份力量。

她一年总要到我家里来一两次，虽然没有和我直接谈，我也间接地了解她的工作情况。

在卫生室放个铺盖。白天，只要一下课，就有许多孩子来围着，有的要点眼药，有的要点擦外伤药，发现急病，就要进行及时而细心的护理。晚上，她总要到学生宿舍看看，回来以后，还得作统计表。到深夜，打开铺盖，卫生室就成了卧室了。有时候，在枕头上还在想，明天该做什么，什么工作该怎么改进。

在双反双比运动时，同学们给她贴了许多大字报，有许多是表扬的，她想这都是分内该作好的事。有批评的，乍看不得劲，仔细一想，确实对头，有的是思想上的问题，有的是工作方法上的问题，必须改，而且立刻得改，不改，会给工作造成损失，实际上也是给党带来损失，那怎么行。不但要改，还要和大家比干劲，比先进，不服老，要把一切力量献给党，把工作做好。

不止要做好护理工作，还得对病人做好思想工作，有一个孩子得了肺病，很着急，她多方安慰，讲了许多一定可以痊愈的道理，买了些治疗肺病的书送他，一有空，就找他谈，这样经过两年多时间，这个孩子病就好了，愉快地走上工作岗位。

住校的孩子，特别是华侨学生，她更加关心，有了病，就到宿舍替他们打针送药、送水做饭，经常陪他们聊天。在治疗过程中发现需要住院的，就及时和医院联系，亲自送他们住院。

教员职工有了病，也到卫生室治疗，省了他们往返医院的时间。

预防工作她作得很认真。她依靠红十字会员，给他们讲解卫生知识，教给外伤的处理和包扎方法，和革命人道主义的教育；依靠班主任老师、学生家长进行预防疾病的宣传工作，劝告人们不要喝凉水，不要随地吐痰。她还经常和总务处配合，到学生食堂，了解孩子们的饮食营养成分和卫生情况，及时提出改进意见。

为了不断提高业务水平，她积极参加学习，从不缺席，晚上有点工夫，还自学《大众医学》、《针灸学》等等。

她关心孩子，孩子们也喜爱她，叫她妈妈，老师们叫她大姐。过年过节，老师学生来看她，毕业离校的同学经常写信问候她。

前几年，她还有点苦恼，为的是经常要写总结，费尽力气总是写不好。这几年不大说起了，想来已经学会了。

也有时候来谈工作中的困难，劝她找党支部商量。这几年来也不讲困难了，想来，在党的教育之下，她已经懂得如何去解决困难了。

相反，她有时候来，不是来诉说困难，而是掏出一张张的奖状，一块块的奖章，喜笑颜开，连声说这是党的教育的成绩。并说，还很不够，得多学，多做。

在市群英会上，我在七八千英雄中，留心找她，没有找到，正在纳闷。一天，她来了，说光荣地参加了会，学到很多东西，又掏出一个跃进章，一个“三八”章。我看她那样子，一点也不像六十出头的人，越活越年轻，越干越有劲。

这位老护士叫张佳振，七年多前的家庭妇女，今天的红旗手，出席了群英会。从这个人证明人是可以变的，可以改造的，除掉极少数花岗石脑袋瓜子那些人。

4月27日

（原载《新观察》第十期，1960年）

北京大学古典文献专业招生志喜

北京大学古典文献专业这学期就要招取学生了，这是学术界一件大好事，一件喜事！一个大工厂开工了，要隆重举行开工典礼，我看，这个专业的招生，为祖国培养无产阶级的整理古代文化遗产的红色队伍，其意义不下于一个大工厂的开工，值得我们高兴，值得送他们招生志喜四个大字。我就以这篇短文来代替什么锦旗之类吧，就以这篇短文来祝贺参加这支红色队伍的新兵吧！

我是一个自学的老兵，没有受过什么古典文献专业的教育，因为正当我上学的那时候，那个政府是不懂什么整理古代文化遗产的，只会教人念看不懂的古书，既不会提倡，也不肯提倡。也正在我上学的时候，我的一些老师，他们连古书也念不断句，只会满口讲英文，一副奴才相。其中有一个叫蒋廷黻的，念了许多外国书，却写不通自己祖国的文字。我还记得他写自传，开头便是“蒋廷黻博士，少有大志……”下面一大套，简直不知所云，笑了我好半天。在那样的政府，那样的老师教育之下，我只好自学，摸索了几十年，走了许多冤枉路，吃了许多苦头。如今，在党和政府关怀之下，特别设立了这样一个专业，我这个老兵，虽然没有机会参加正规学习了，却禁不住高兴，也禁不住发生今昔之感，向你们祝贺。

我们的古书实在多，实在有好东西，我们祖先在阶级斗争和生产斗争中，积累和总结了许多丰富的优秀的经验。这些经验应该经过科学的整理，结合当前的具体情况，推进和提高我们的工作。举个例子，去年不是在报纸上介绍过一种插秧的秧船吗？这种工具可以减轻农民的体力劳动强度，提高工作效率，在古代，有些地区是使用过的，见于诗人的吟咏，也见于农学家的著作。只是没有得到政府的提倡，加以总结推广，因而局限为个别地区的经验罢了。另一方面，古书也实在难读，也夹杂有不少的坏东西。其所以难读，因为在印刷术发明以前，书只能口传手抄，口传由于方言不同，由于记忆错误，手抄由于文字辨认不清，由于注意力不集中，由于文化水平的差异，错字错简就不免很多。就是在印刷术发明以后，也往往由于校勘的不精，错字错简是难免的。因之，古书是不容易读的。至于坏东西，那更不必说，名目多得很，不止是封建教条，不止是清谈空论，迂谈腐论，也还有政治上的歪曲，科学上的闭塞，也还有很不干净的东西夹杂在里面。以此，我们必须付出劳力，加以整理，纠正错误，去粗存精，加上标点，必要时还得有注解、考订，使它可读，使之成为大多数人都能读懂、都能从中吸取经验教训的东西；要“温故而知新”，从旧事物中创造出新的东西，使旧书为今人服务，使古代经验为今天建设服务。这是提高的工作，也是普及的工作。

我这个老兵，曾经走过艰苦的漫长的道路。我自己找书读，没有人指点，读了很多好书，也读了不少坏书。我自己抄书，没有人帮助，向人千方百计地借书，有些书求了人家还是不肯借。有些书有些地方不懂，只好自己摸索，拿这个书对，拿那个书互证。有好些书讲同一件事情，有各种不同的说法，甚至有刚好相反的说法，到底哪一个对呢，也只好自己研究；有些搞清楚了，有些还是闹不清楚。自己读目录书，学目录学，自己校勘，自己研究历史地理，研究地区方言，自己试着标点，自己写卡片。总之，是单干户，干了几十年，到今天还是可怜得很，成绩很有限。

拿我这个老兵，和你们这批新兵相比，你们是幸福的一代，值得我们羡慕，值得我们祝贺。

但是，年轻的朋友们也许会问，学这个有什么意义？我以老兵的资格回答，意义很大。祖国要我们成为有文化的有社会主义觉悟的劳动者，不是吗？试问，假如我们连自己祖先几千年来所积累的丰富的文化遗产都不能理解、享用，这能叫有文化吗？要使这份产业成为有用的大家有份的财富，那就必须经过严密的科学的整理。而现在，这份提高和普及的工作责任就落在你们头上了，这能说意义不大吗？

也会有人说，这样一来，不是又倒过去，厚古薄今了吗？我说，不对，恰好相反。这样做才叫厚今。道理何在？道理在没有加以科学的系统的整理的文化遗产，只是一堆破铜烂铁，人们看不懂，用不上，更不能从中吸取有益的东西。这只是一些古董，只有极少数古董爱好者在抚摸，在欣赏，在专利；他们自以为权威，自以为有文化，尾巴翘得很高，看不起这个，看不起那个，自以为老子天下第一。其实，这些人也非常可怜，知识极为有限，和我这个老兵差不多，最多只是一个古董店的老板而已，说不上什么学问。如今，我们成立这个专业，培养又红又专的古典文献整理工作者，把这些破铜烂铁，这些古董，经过辛勤的劳动，认真整理，用批判的态度，马列主义的观点立场，把它加工成为丰富知识、掌握社会发展规律的生产工具；把它交给人民，还给人民；打烂古董铺，建立博物馆，达到古为今用的目的，不正是厚今吗？

这样做算不算科学研究呢？当然是。例如一部《资治通鉴》，一部《二十四史》，很难读。目前读过的人也不是很多，经过我们的努力，使这些书成为大多数人的读物，普及了历史知识，也普及了文化，这样的工作不算科学研究工作，又算什么呢？

那么，你说得这样好，大家都来好不好？我说不必。因为好是好，却并不需要太多人；要有人来干，对古代文化有兴趣，对古代历史有兴趣，对校勘标点工作有兴趣，对整理古典文献有兴趣的人来参加这个新的红色队伍。一定要有人参加，有一定数量的人参加。我看，像我们这样古代文献如此之多，人口如此之众多，文化这样迅速普及的国家，组成一支几千人的整理古典文献的队伍，是必需的，不算多。但是，决不能也不可以大家都来，因为这个专业是新设的，名额有限。更重要的是还有更多的其他工作需要我们去做；社会上有分工，在学术研究上也要有分工，你说是不是？我在上面不是说了吗，比这个专业的招生为一个大工厂开工，请注意我说的是一个大工厂。我们国家正在建立数以万计的大工厂，今后还要建立更多的大工厂。我说一个，只是几万个中间的一个。说它是工厂，是指重要性，说它是一个，是指工作上的分工，不是很明白吗？我还说这是一个重工业的工厂，指的是要作好古典文献的整理工作，这个专业比之其他文史专业来说是重工业，没有重工业是带动不起来轻工业的，同样，不设这样一个专业，其他文史的专业的提高是有困难的，这道理谁都清楚。

我再说一句，有志于古典文献整理的年轻朋友们，盍兴乎来！

（原载《中国青年报》，1959年7月21日）

春天的诗

苹果的路

正是春暖花开时候，一路上迎面开来的卡车，满载着各种各样碧绿的树苗，奔向种树的地带。经过学校区，成群的青年大学生，在挥舞着镢头，挖出一个个斗大的坑，坑边摆的还是树苗。快到昌平镇了，路旁的小学校，小学生们也在种树。车子沿着十三陵水库跑了半圈，不时看到一簇簇的人群，走近一看，原来又是社员们在种树。

十三陵公社的负责人笑着告诉我们说："这才是开头呢！我们已和海淀区商量好，还要修一条苹果路，一直沿马路把苹果树种到北京呢。到那时候你们看吧，全北京的人都可以吃到我们的苹果了。"我们中间一位八十六岁的长者高兴极了，他说："果子熟了，我要第一个吃。"

昌平镇我是去过好几次的，最近一两年的变化，却使我辨认不出了：路宽了，干净了，房子虽然新盖的并不多，却更整洁了。走进一所大房子，看来是全镇的最好房子之一，是敬老院。老人们在门口迎接我们，带头的一个大白胡子，八十岁了，还很硬朗，他的老伴七十九岁，老两口单住一间房。北房一片是集体宿舍，南面是厨房，都很干净。老人们说，不是托毛主席的福，哪有这好日子过。

另一所好房子是公社的中心医院。公社的五个工作站都有医疗站，归这个医院领导。原来的底子是联合诊所，公社化以后才改的。有内科、外科、中医科、牙科，很齐全。里院是设有简易病床的病房。我们去看病房的时候，正有一对夫妇要走，男的把着自行车，女的抱着个一岁多的小孩，小红布被包着，只露出一个小脸蛋，两个眼珠在盯着一个穿白衣服的护士笑。问是什么病，说是得了麻疹转肺炎，住了五天院，好了要回家了。

又转到一座好房子，是回民食堂。原来这镇上回民很多，专设了这个食堂。还不到吃饭时候，只看到餐桌很干净，厨房宽敞，院子里有很多大缸，上面镇着石板，打开一看，净是腌萝卜。墙脚下堆着一人高的白菜。饭厅里墙上贴着伙食账，每人每月四元五角，上个月还有剩余。小学生也在这儿一起吃饭，出门时正值他们放学来吃饭。也有打了饭回家去吃的，门口有几个人正拿着碗朝里走。

小学和中学只隔一道墙。走进一个教室，小孩们正在上课，看样子是在考试。教师是女的，大约二十四五岁，是下放干部。转了一圈，没有课的孩子们正在作游戏呢，看见我们都盯着眼睛打量，似乎在猜测，这些人是干什么的，不上课，也不作游戏，到处逛悠悠的。怕打断他们的玩劲，只好转身走。同去的一位六十岁的土木工程师叹了一口气说："我们那时候啊，哪有这样的学堂上！"

中学生正在吃饭，一看见我们，饭顾不得吃了，大鼓其掌。吃的是大窝窝头，每人一碗青菜，都是热乎乎的。后院原来是操场，去年改菜地了；在学校对面另辟一个更大的操场。种菜是为了劳动，也为了改善伙食。这个学校的师生都参加了农业生产，成绩很好。看起来男男女女都长得很结实，没有一个脸黄肌瘦的。

车子上了山，经过十三陵水库管理处，又下山经过像一道长虹似的拦湖坝。这个坝在施工时我去过多次，那时正在奠基，千万人的劳动大军在这里唱着歌运料打夯，远处看远处听，以为是在开跳舞会。后来从国外回来，飞机才经过八达岭，在天空凭窗注视，一会儿就看到碧绿的一泓水，笔直的一道堤，好看极了，真有说不出的高兴。赶快告诉给同机的黑非洲的青年朋友，他们很喜欢，说一定要去看看。

忽然一片新房子吸引了我们，是一个新村。房子还没盖齐，已经在村子周围种上树了。盖好的房子有平房，有楼房，有玻璃窗，有电灯，每家房子都不相联，中间隔着一片空地。得了一家主人同意以后，参观了他的住宅。楼下是睡房，厨房；楼上是睡房，另一间是放农具和粮食的，还有平台。面对着水库，只见千顷碧波，满山绿树，风景好极了。阳光好，空气好。大家都很羡慕，想着什么时候能在这儿住几天才好。交谈了一下，原来这村子是从水库底搬上来的。本来在水库底的几个村庄，在放水前都拆迁到山上来了：一个在这里，一个在对面山上。房子基本用旧料，加一点新材料，折合造价每平方公尺才二十多元。这是一个好例子，全国农村都可以照办。遥想不久，这样的新村会到处都是。

经过十三陵神路，这条以石人石兽著名的大路，这十年我至少走过一二十次了。仅仅半年前还来过几次。但是这次又不认得了。原来路边的小树不见了，小树移远了，路更宽了。小树以外是一行行的果树。果树和小树之间是花圃，种有各种各样的花。果树林一眼望不到头，站的负责人说有好几千亩地呢。这一带地方过去的主要收入是果子，现在在旧基础上，把全部土地果林化，太老的果树让位给年青的一代了，还增加了新的品种，应用新的方法，用不上几年，从这地方将以一条苹果树的绿带，一棵接一棵，把水果一直运到市区。这个社的社员，除了粮食、鲜鱼、蔬菜、油料作物以外，还将以新鲜可口的水果供应首都，为首都的劳动人民服务。

有人说，这远景真美丽啊。我说，不对，是近景，不是远景。

草木神仙

海淀区工读学校是 1955 年 7 月创办的，最近才下放给海淀区领导。校址在温泉村，温泉就在学校里面。

在校长室里有一幅齐白石老人的画，上面题有四个字："草木神仙"。北京人民艺术剧院去年演出的话剧《草木神仙》，就是从这幅画取名的，演的是这个学校的故事。

现在这个学校有初中一、初中二、初中三和高中一，一共六个班，学生一百五十八人，教职员工六十九人。学校设有铁工、木工厂，还养着八十口猪，种着一亩试验田。全部学生半工半读，现在吃饭可以自给了，争取在最近时间做到衣服也可以自给。

毕业生一共四十六人，其中四十三人分别升入高中和到工厂、公社、国营农场，以及留校工作。不少人入了团，有的学生在所在学校作了团支部书记。有的毕业生在工作岗位受到表扬，有的成为生产的积极分子。只有三个毕业生因为离校后没有及时走上工作岗位，脱离了集体，在家逛荡，又和旧关系拉上，变坏了，堕落了。总的说来，废品率还不到半个小指头，教育的成绩是巨大的。

学校的校址原来是小学，小学用不了，替小学在旁边另盖一所，把这地方建立了工读学校。铁工、木工的厂房是新盖的，就在学校对面的山上。铁工厂的车床都是旧东西，东拼西凑，也就开工生产了。目前正在替密云水库加工机器零件，学生们干得很起劲，说是直接支援了国家的水利建设。我们东看看，西看看，他们做活做得很愉快，我们看着看着也看得出神。同行的两位长者更是高兴，请同学们送一点小东西作纪念，同学们立刻送他们每人一个小圆筒，一个螺丝钉。同学们笑了，我们也笑了。到了锻铁车间，三个青年正光着上身抡大锤，两个人一锤锤轮着打一块火红的铁，一个人在用夹子不断翻转。个个都腰粗腿壮，肌肉结实。学校负责人介绍说，其中两个人是运动员，一个踢足球，一个打篮球，其中之一是留校的毕业生，第三个人拿夹子的是老师傅。踢足球的高个儿，昨天还和别的学校比球，二比一踢赢了呢。

木工车间大部分已经做到机械化，锯、刨都用机器操作，其中有些机械是同学们自己制造的。目前正在做一种装仪器的长方形盒子。院子里摆着许多部打稻机，是支援公社农业生产的。我们的长者也要了一小块木板作为纪念品。

宿舍干净整齐。有一个教室正在上课，我们也进去了，课堂秩序很好，在上语文课，教师提问，学生答得很好。

饭后听见有锣鼓声，原来学生们在休息时练习演奏呢，我们也进去欣赏，学生们很高兴，一连为我们演奏了三支曲。

我们大家都对这个学校表示满意，认为办得好，办得有成绩。

但是，这个学校并不是容易办的，是经过艰苦的斗争，辛勤的努力才办到现在这样的。

学生的来源是接收被各中学开除的青年。这些青年，由于各种原因，如被社会上的坏分子勾引教唆，作了坏事；或者受了家庭的恶劣影响，破坏学校学习和生活程序；有的由于家属的过分溺爱，乱花钱，钱不够了就拿别人的东西；有的由于家长放任不管；也有的恰好相反，家长管教过严，非打即骂，犯了盗窃、打群架、乱起哄、流氓行为等等过错。他（她）们既不能上学，也不够就业年龄，游荡终日，没个着落。党和政府十分重视这个问题，指出人是可以改造的。少数少年儿童犯了过错，不应该放任不管，恰恰相反，应该给以教育改造的机会。改造的办法是劳动，是办工读学校。

1955 年 5 月作出了创办这个学校的决定，同年 7 月 1 日这个学校就开学了。

学校负责人介绍初办学校时的情况说：开学以后，情况是非常混乱的。校长室经常有脸上青一块红一块的学生来告状，经常有学生来诉说什么东西不见了。对老师不尊重，甚至有一次，学生趁老师不注意，把钢笔插在老师口袋里，再一嚷，钢笔被人偷走了；然后在老师身上起了“赃”，说：“哈，你也是干这行的!”当时有的学生还偷合作社的东西，摘果子，糟蹋庄稼。社员们说：“糟了，把这个祸害安在咱们这儿了。”总之，是学生不像学生，老师提心吊胆，农民讨厌，学校搞得灰不溜秋。

办这样的学校是史无前例的，没有经验。

但是，也有经验，苏联的先进经验。全校教师都学习了苏联马卡连柯的教育论文集，读了他的《塔上旗》，心里就有底了。

对学生讲政治课，学普通中学的课程，同时创造学生参加劳动的条件。

开始是修整操场，接着是参加附近的农业生产劳动，最近这时期又创办了工厂，参加了工业劳动。

学生的组织以队为单位，选出队长，建立队长会议制度。学生中间所发生的问题由队长会议讨论解决。

学生的出入是自由的，星期天可以回家。吃饭的费用由家长负担。

通过政治课，通过劳动，通过表扬和批评，建立了学生的自尊心、荣誉感和集体生活习惯，喜爱劳动的习惯。

劳动教育改造了这批孩子。在并不太长的时间内，正气建立，邪气下降了，学校面貌焕然一新了。公社社员对学校的观感也改变了，对学生不是责备而是表扬了，逢过节还给学生送礼物，和学生联欢。学校里建立了团的组织，学习和劳动好的学生可以佩带校徽，在“五一”和国庆参加在天安门前的游行。学校经常收到毕业生工作单位的来信，和学生家长的感谢信，《草木神仙》这幅画就是这样来的。

在座谈中，大家都认为上了一堂课，很感动。大家都认为这个学校贯彻党的教育方针，培养和输送了工农业生产的人才；劳动创造了世界，也改造了人。

人是可以改造的，不准备带花岗石脑袋进棺材的人们，应该从这个学校得到启发，看看人家，想想自己。

这是春天的诗。

我们生活在万紫千红的春天，让我们为春天而歌唱吧。

（原载《新观察》第八期，1959年）

北京，巨大变化的十年

北京，经历了巨大变化的十年。

这是世界上最古老的都市之一，也是世界上最年轻的都市之一。这是一个文化中心，同时又是一个新的工业中心。

这个巨大的变化，就发生在这十年中。从 1949 年中华人民共和国建立的时候开始，中国共产党领导全国人民和北京人民，进行了史无前例的建设，改变了国家的面貌，改变了北京的面貌，改造了城市，也改造了人。

这十年间的变化是巨大的。有了这个新的基础，在鼓足干劲、力争上游、多快好省地建设社会主义总路线的光辉照耀下，后浪推前浪，更大的变化还在明天和后天。

且不说石器时代的情况了，自然，那时候这个地区已有我们的祖先在劳动生产。公元前三、四世纪，这里已有了许多村落，现在北京西北郊还有汉代的城市遗迹。北京是古老的。但是，作为一个现代都市，我们的建设工作才进行了十年，因此，它又是世界上最年轻的都市之一。

北京曾经在历史上长期作为封建王朝的首都，特别是明清两代五百多年的不断营建，宫殿、寺庙、园囿和民居都反映了封建社会的文化艺术传统，适应了当时生产力的发展。黄瓦红墙，小街深院；手工业的景泰蓝，象牙雕刻；专供皇帝享用的京西稻米，南苑的游猎场所；巍峨的天安门，壮丽的天坛，都古色古香，懒散而又龙钟。

经过这十年，情况完全改变了。古老的故宫、颐和园、碧云寺、雍和宫、广济寺等等都修葺得焕然一新，和其他寺庙园囿一样，成为人民自己的进行文化活动的场所了；过去污秽不堪的陶然亭、龙潭和玉渊，经过疏浚，建成公园了；藏垢纳污的龙须沟翻了身，臭沟改建为下水道，沟上是平坦的马路；矮小的民居已有一部分改建为高楼大厦，其他住宅区，也将逐步改建；天安门成为每年国际劳动节和国庆典礼的检阅台，两旁是新建的比天安门还高的人民大会堂和中国革命博物馆、中国历史博物馆；天安门广场扩大了一倍；许多过去的乱坟堆、垃圾场和粪场不见了，出现了体育馆、天文馆、学校、医院、旅馆、办公楼、商店等建筑，有的地带已经形成一条条的街道了。郊区出现了一群群的工厂，形成许多新的工业区。这十年，北京一共修了二千七百二十四万平方米的建筑物，等于原有建筑面积的一点三倍。

随着城市的改建，下水道增加了两倍，用自来水的人口增加了四倍，铺装路面的道路增加了将近五倍，公共交通车辆增加了二十倍。从去年起，已经开始建设煤气和集中供热的工程。

手工业艺人组织了合作社，从单纯的手工劳动进入部分机械和半机械化，提高了产品质量。

随着历年来爱国卫生运动的进展，北京的蚊、蝇很少了。到处整齐清洁，讲卫生成为广大居民的习惯，疾病减少了，工作效率提高了。

北京是世界上最新的都市之一。

北京在过去号称文化中心，我们在原有基础上进行了改造和发展。

在旧时代，劳动人民的子弟是很难有受教育的机会的。现在，教育的目的是为劳动人民服务。这十年来，小学学生增长了近两倍，中等学校学生增长了五倍，高等学校学生增长了近六倍。各级学校在学学生人数达到一百三十五万人。

在旧时代，北京较大的医院只有几个，全市医生和其他医务人员只有四千多人，病床只有三千张。现在，医生和其他医务人员已增长到近三万人，病床增长到二万一千多张了。1949年市区人口的死亡率是千分之十四点一，1958年已降低到千分之六点六。影剧院座位数从三四七八一个增长到六四三五五个，另外还有各机关企业的内部影剧俱乐部二五六个。

以上这些巨大的变化，关键在于生产的发展，工、农业生产的发展。

旧时代的北京是一个落后的消费的都市。1949年全市的产业工人只有七万多人，工业、手工业的产值只有一亿七千万元。当时的工业绝大部分是加工和修理行业，规模很小，生产方式也十分落后。但是，到了1958年年底，全市的产业工人已达到八十七万人，工业、手工业的产值已增长到四十六亿元了，五百人以上的工厂达到二百七十六个，其中有钢铁联合企业和机械、电器、化工、仪器、纺织等工业。

同样，郊区的农业也起了巨大的变化。地主阶级被消灭了，农民的生产力得到了解放。从个体农户组成互助组，互助组发展成为合作社，到1958年，全市农户都公社化了。能灌溉的耕地从占全部耕地面积的百分之二点八增加到三分之一，超过几千年来发展的灌溉面积的总和，并且还拥有四百台拖拉机和四万匹马力的各种灌溉机械，粮食总产量比1949年增长约一倍，棉花增长六倍多，蔬菜增长十三倍多。

随着生产的发展，城市在业人口达到一百六十六万人。工业职工的平均工资比1949年增长了百分之七十多，近郊区每一个农业劳动力的平均收入则增长了两倍多。

北京经历了巨大的变化，物质面貌改变了，精神面貌也改变了。人，创造这些变化的人，也改变了。

好吃懒做的游荡汉没有了，乞丐绝迹了，娼妓成为历史名词了。

人们喜爱劳动，认为劳动是光荣豪迈的事业。工人、农民在劳动，知识分子参加体力劳动，国家干部定期下放和参加体力劳动，学生也随年龄体力的不同参加一定时间的体力劳动。劳动成为社会风气，劳动改变了人们的体格和精神面貌。劳动万岁！

这十年，这十年的劳动，参加这十年劳动的人，其中绝大部分是旧时代的人。同是这一些人，在同样的土地上，却对劳动和祖国的建设有着不同的认识，不同的态度。道理是今天的人民是解放了的人民，是站起来了的人民，是共产党领导下的人民，是光荣的伟大的毛泽东时代的人民。

我们欢乐，我们骄傲，我们幸福。我们知道，巨大的工作只是开了个头，还得更加努力，鼓足干劲，力争上游，更大的幸福还在前面。

数风流人物，还看今朝！共产党万岁！

（原载《人民画报》，1959年10月1日）

我爱北京

北京，这个我在这儿学习、工作的地方，全国人民所向往的地方，这一年经过全市人民的努力，和全国各地的支持，鼓足干劲，力争上游，各项规模宏大的工程，都已经完工了。目前，正在进行内部布置，将以一副崭新的壮丽的面貌迎接国庆十周年。

我爱北京。

从 1930 年到 1937 年，我在北平上大学，教书。

从 1946 年一直到现在，我在北京工作。

这二十年间，我熟悉北平，了解北京，我看到北平的变化，我看到新的北京的成长。

1930 年 8 月间到了北平，一下火车，就被前门的城墙和城楼唬住了，那样高，那样厚！一进城，看到街道很直，两边的铺子，有的门前挂着各种各样的市招，和南方不一样，也觉得很新奇。

第二年暑假后进了清华大学。进的是历史系二年级，全系四个年级，一共才四十多人，我们那一级只有七个人。因为人少，有的选修课程往往只有一两个人上课。虽然如此，当时还以为是个大系呢。

学校有校车进城，因为车少，班次少，不方便，我们不大坐汽车，有事要进城，得再三考虑，打算盘，有时候坐火车，有时候坐洋车，都比汽车方便些。

戏是听不起的，并且也听不懂。上了两三年学以后，才敢去看电影。现在灯市口的红星影院，是那时的第一流影院，也是半年一年难得看一次，放映的主要是美国片子，没有翻译，听不懂，兴趣不大。

清华大学是有名的贵族学校，好多学生都穿得很阔气。我是一个工读生，每天工作两小时，每月得十五元工资。那时候那个政权统治下是没有人民助学金的，要么是官僚或资本家、地主的子弟，要么就得自己找工作，没有钱的人是上不了学的。我是一个穷学生，却住贵族学校，很不相称，因之，和同学间的往来就很少。

因为清华前身是留美的预备学校，所以师生间都以讲英语为时髦，开口十句话，总要夹上一些外国语，连夫妇对话都不例外。有一个笑话，某教授喊他的夫人："达玲（亲爱的）!"夫人没听见，女佣人听见了，赶快答应说："先生，还没有打铃呢!"我这个乡下佬，碰见老师和同学们讲外国语只好干瞪眼，以沉默报之。

因老师绝大多数都是留美的，对美国很仰慕。对苏联是看不起的，十多年后，我看了关于苏沃洛夫的影片，介绍给一个同事，他冷笑一声："苏联也会有好电影!"教科书主要是美国的，仪器设备是美国的，除了中国历史和语文以外，很少课程不带有美国味道。真可以说是一个典型的美国殖民地的学校。学生毕业以后，绝大部分人也立志上美国。以此，我那时候的同学，头脑中都有一个公式，清华——美国——清华。不这样想，简直是可怪的事。我呢，情况不同，因为是穷人。而且，我研究的是中国历史，学自己国家的历史，上美国去干什么？向谁学？

要毕业了，怎么办？

那时代，一方面，大学生数量很少，一方面，大学生的就业机会也不多。原因是工农业不发展，生产不发展。以北平来说，生产很落后，没有什么现代化工业。大学毕业学工程的要不了那么多，而且还往往对不上口径。但是，比起其他系的毕业生还是出路最好的，学农的根本没有什么国家农场，到哪里去呢？至于其他等等，各行各业都挤满了人，都是有来头的，事业不发展，添不了人。要添，要加人，非得有大来历，有挺硬的介绍人不可。以此，那时候大学中间有句名言："毕业即失业!"大体上，每个人在毕业前一年半年就得费尽心思，计较上哪里去。

1934年，在我们毕业的那一个学期，考试过后，大礼堂举行欢送会，放映了一个什么电影。在休息中间，银幕上出现了一首诗：

“此处不留爷，自有留爷处；处处不留爷，爷到那边去!”那边指的是什么，涵义很清楚，这个贵族学校起了质变了。

这里说的虽然只是一个学校，其实何尝不是北平的缩影？又何尝不是整个旧中国的缩影？

毕业后，因为我专治中国历史，专治明史，当时各大学的历史系还没有开明史课程的，我就被留在学校，讲明史。1937 年到云南教书，1946 年又回到清华园这个小天地。

1949 年，窒息人的清华园的围墙崩溃了，北平的围墙崩溃了，整个旧中国的围墙崩溃了，我走进了一个无比广阔的新天地。

解放后这十年，我在工作岗位上学习，我看到北京的巨大变化，发聋启聩，动人心弦，自有史以来所未有的变化。我看到北京的成长，每一条马路，一座工厂，一个学校的修成，一片空地变成一条大街，脏水坑变成公园，月月年年的成长过程，都曾给我以巨大的喜悦和鼓舞。经过了这巨大变化的十年，回想三十年前的北平，三十年前自己脑海中的北平，这一世代（中国古代人是叫三十年为一世的）的历史回忆的总结，一句话可以概之，那时候的北平，小了，旧了，老了，朽了！

那时候，北平只有十几个大学，像点样子的也只有三五个。现在呢，高等学校有三十四个。那时候，西郊只有清华和燕京两个大学，现在呢，一出西直门或者德胜门，走过一个大学，还是一个大学，清华的这边、那边，全是大学，都是高楼大厦，一个连接一个，组成一个高等学校区；连马路也叫做学院路了。那时候，清华大学有几百个学生，就算大了，如今呢，抵不上这个学校的一个系。就算到 1949 年吧，全部高等学校的在校学生总数才一万四千人，如今呢，十一万多人！

学生的成分呢，那时候，主要的是有钱人的子弟，今天呢，主要的占绝大多数的是工农子弟。

城墙和城楼曾经使我惊奇，街道曾经使我诧异，那么高大，那么笔直。随着这十年生产的发展，人口的增加，交通的发展，城墙、城楼、街道以及牌坊对人们的工作和生活，起了本质不同的变化了。

堡垒式的过去为封建帝王服务的东西，对生产对生活起了阻碍作用了，人们改变了对它的看法了。街道过窄了，房屋太低了，不能适应这个新兴的都市的需要了。我们，在这十年来，新建了二千七百多万平方米的房屋，比千百年来的旧北平城的总建筑面积多一倍还多。城墙开了许多豁口，障碍交通的牌坊拆掉了。铺装道路面积历年累计达到一〇八一万平方米，主要干线的路面扩大了，并且有了像长安街这样宽阔漂亮的高级道路。新建下水道五百六十一公里。公共交通车辆和解放前相比，那时候只有五辆公共汽车和四十九辆有轨电车，现在呢，公共交通车辆已达一千一百三十六辆，还新设了无轨电车。在复兴门外，去年新建了电视台，今年又新建了中国人民革命军事博物馆，西长安街出现了民族文化宫、民族饭店，朝阳门外新建了工人体育场，今年正月才动工的规模宏伟的北京车站也完工了。天安门广场两边，新建成的人民大会堂和中国革命博物馆、中国历史博物馆，那么高大，那么美丽，那么丰富多彩，美轮美奂，这些建筑总结了十年来建筑科学和艺术的成就，为我们的首都，为这个有历史意义的天安门广场增加了异彩。我们的首都，我们的市中心区更加壮丽，更加宏伟了。

过去我不敢进去的影院、剧院，比1949年的时候，座位增加了一倍，此外，还有几百个各机关各企业内部的影剧俱乐部，还有无数的电影放映队，新的剧种，新的戏，自己出产的影片，真是百花齐放，万紫千红，不由得你不去欣赏。现在，我也看戏，看电影了。晚上，还可以在家里看电视。过去的第一流电影院，现在的红星影院，今天看起来真太小了。

上学，过去时代是件得努力争取的事情，中学以上更是“学校大门开，无钱莫进来”。如今，小学教育已经普及了，满七周岁的都可以入学。十年当中，小学学生增长了近两倍，中等学校学生增长了五倍，连同高等学校学生，北京共有在学学生一百三十五万人，占全市人口的五分之一。大、中学都设有人民助学金，师范和技术学校的学生全部公费。家境困难的学生不必像我那样为上学吃饭发愁，可以一心一意用功学习了。中、小学生不升学的都可以参加工农业生产，至于高等学校的毕业生则全部由国家按需要和志愿分配工作，根本不存在谋求职业的问题，更谈不到失业了。

医院病床数目十年来增长了七倍半，市区人口死亡率从千分之十四点一下降到千分之六点六。傍晚时候，你走到哪一条胡同都可以看到数不清的孩子在游戏，到处是孩子，到处是欢乐的笑声、歌声。

历史教育了我们，现实教育了我们。对美国的看法根本改变了，认清它是不折不扣的纸老虎，中国人民的敌人，全世界人民的敌人。对苏联的看法也改变了，是真诚的朋友，是最好的老师，由不了解而转为一边倒，向苏联学习。

这一切的变化是如此之巨大，但更重要的还是这个小的、旧的、老的、朽的城市所起的质的变化。北平是个没有现代工业的消费性的城市，而现在则已经具有了新式工业，而且有了重工业，不但城里城外有许多工厂，连郊区也有了许许多多工厂了。

北平是落后的消费城市，是个暮气沉沉的城市。过去，居民中有一部分人是旧时代的贵族，下野的大官僚、旧政客、买办，外国的寓公，和不事生产的二流子，诸如此类的人。他们成天看戏，游荡，吃、喝、玩乐，只有一件事不做，那就是劳动。在公园，在休息场所，在马路边上，到处可以看到一些人在提着鸟笼，或者手心里在转什么圆球；到处是乞丐，是娼妓，是臭水坑，是垃圾堆。今天，这些熟识的面庞不再看得到了，代替这些人的是穿工装的工人，干部服的机关干部和学生。人们在紧张地愉快地劳动，工作，学习。臭水坑、垃圾堆也看不见了，在这些地方建成了公园、学校和高楼大厦。

北平是没有什么现代化工业的。1949 年全部的工业固定资产只有八千七百万元，工业、手工业的总产值只有一亿七千万元，全市产业工人只有七万多人，工业的规模很小，生产方式也十分落后。如今，1958 年我们的工业手工业产值已增长到四十六亿元，比 1949 年增长了二十六倍，产业职工达到八十七万人，比 1949 年增长了十一倍以上。城市就业人口达到一百六十六万人，接近 1949 年的四倍。工业职工的平均工资比1949年增长了百分之七十多，城市居民的购买力大大提高了。

正和西郊是文化区一样，东郊在这十年中成为工厂林立的工业区了。这儿有几个规模巨大的纺织厂和玻璃厂、合成纤维厂、电子管厂等等。到处是烟囱，到处是工人宿舍，到处是职工学校，白天是机器的声音，晚上是读书的声音。原来的石景山钢铁厂，名目没有改，实质却完全不同了。这个厂过去虽然叫钢铁厂，却只能产铁，从来没有产过钢。现在才名副其实，不但生铁产量增加了许多倍，还在去年大炼钢铁的高潮中增加了炼钢和轧钢设备。在附近还兴建了另一个钢厂。我们有了重工业了。城市的性质发生根本变化了。

至于农业，变化就更大了。不是一般的变化，而是翻天覆地的变化。消灭了地主阶级，改变了生产关系，建立了人民公社，大兴水利，大办工业，根本改变了农村的面貌。

生产力解放了，分散的个体农户从互助组、合作社发展成为人民公社。这十年来的水利建设超过历史上几千年积累的总和。官厅水库、十三陵水库、怀柔水库修成了，密云水库也基本修成，发挥拦洪作用了；除这些大型水利事业以外，还修了无数的中小型水库和沟渠等等。农村中出现了拖拉机，和各种排灌机械。1958年粮食总产量比1949年增长了约一倍，棉花增长了六倍多，蔬菜增长十三倍多。据近郊区的统计，每一个农业劳动力平均收入要比以前增长了两倍多。走到农村，你所看到的不再是一丘一垅，阡陌纵横，而是大片大片的耕地了，旱地变成了水田，荒山披上了新装。每个公社都有敬老院和幼儿园，村村有小学，乡乡有中学，个个社都办了各种各样的工业。在地里劳动的妇女越来越多了。

工农业的发展，产业工人的大量增加，使这个小的、旧的、老的、朽的城市改造为大的、新的、富有生命力的城市，使这个暮气沉沉的城市改造成为朝气勃勃的劳动的活跃的愉快欢乐的城市。

不是吗？你无论在工厂，在学校，在机关，在农村，你都可以听到欢乐的歌声，和工间操的节奏。

你在这个城市，找不到乞丐，也找不到娼妓。苍蝇、蚊子虽然还没有绝种，不过，已经很少了。街道庭院都比以前干净多了；讲清洁，讲卫生，已经成为人们的习惯。

小孩们看戏看电影，过去总喜欢问这是好人是坏人。现在，孩子们的提法有了发展了，看到好人问是不是共产党员，坏人问是不是地主了。孩子们的知识和眼界大大扩展了，问这问那，知道的事物要比我们同年龄的时候多得多，当教师不容易，当父母也难，着实难啊！你要不好好学习，不决心改造自己，那怎么成！

这三十年，这一个世代，我生活、学习、工作大部分的时间在这同一个地方，但是经历了两个世界：小的和大的；旧的和新的；暮气沉沉的和生气勃勃的；恐怖阴暗的和健康光明的；被奴役的和人民当家作主的；消费的和生产的不同世界。

这两个世界的分界线是 1949 年的解放和中华人民共和国的成立，是共产党领导全国人民翻了身，领导全国人民进行史无前例的社会主义建设，是共产党领导全国人民站立了起来，成为社会主义大家庭的一个成员。这一年来首都建设的突飞猛进，大跃进，是由于党的总路线的光辉，是由于大炼钢铁，是由于人民公社。北京更加美丽了，更加宏伟了。在国庆十周年的前夕，人们已经浸沉在欢乐的气氛中。

我欢乐，我骄傲，我爱北京！

（原载《新观察》第十九期，1959 年）

线威力的具体表现。

天安门广场逐年在发展，在提高，天安门更加雄伟，更加壮丽了。

在这里，每年的国际劳动节、国庆日，几十万欢欣喜笑的人群，通过天安门前，接受党和政府领袖的检阅。

北京市的人民，工人、农民、干部、学生，在节日前，焦急地等待，渴望着在这欢乐的日子，看到我们敬爱的毛主席。他们在经过天安门的时候，总想多逗留一会，多看毛主席两眼。

我们的人民解放军各兵种，在得到参加检阅的光荣任务以后，便加紧操练，以整齐的步伐和行列，通过天安门前，向我们的领袖致敬。

工人、农民、学生、市民高举着各种生产指标，新产品模型，颂赞人民公社的标语，通过天安门前。

运动员们，艺术家们，组成各种队形，在天安门前表演运动技巧和艺术成就。

少先队员们高举鲜花，组成美丽的图案，鲜艳的气球上升到天空，象征和平的鸽子满天飞翔，是花的海洋，是歌声的浪潮，是欢乐的洪流。

人们歌颂共产党，歌颂毛主席，中国共产党万岁、中国人民领袖毛主席万岁的呼声响彻云霄。

到节日的夜晚，全市人民卷入狂欢的海洋。

天安门和四周建筑物组成联珠般的明亮灯光，柔和曼丽的音乐，绚灿夺目的烟火，五彩飘扬的旗帜，和跳舞歌唱的人群，组成欢乐的海，喜悦的洋。

天安门年年经过两次节日前的粉刷、装束，永远年青，永远欢乐，永远和人民、和人民领袖在一起，共度欢乐的喜悦的节日。

天安门是中国人民的骄傲，它和广大人民同呼吸，共命运。它和广大人民同喜悦，共欢乐。它屹立在首都中心，度过孤寂愤怒的五百三十年，它很古老。它在这巨大变化的十年中，变得更加宏伟，壮丽，庄严了，它又很年轻。

天安门将永远保持青春的光辉，为全国人民所尊重、喜爱。

天安门万岁！

（原载《新观察》第十八期，1959年）

喜看话剧《文成公主》

《文成公主》是田汉同志最近写的成功之作，现在已由中国青年艺术剧院公演了。

我说喜看，因为个人对历史的爱好，有机会先看到多次修改的剧本，有机会多次看到剧院的彩排，每改一次好一次，每排一次好一次，越看越喜欢、高兴，眼看着这个戏越来越好，怎能不喜？

戏之所以好，好在一方面符合历史的真实性，一方面达到艺术的真实性，通过田汉同志的妙笔，把这段历史写活了，更生动，更强烈，更有集中性，更典型，因此，也就更美了。

先讲历史，唐太宗贞观时代（公元627—649）是唐朝的全盛时期，也是我国历史上的全盛时期。特别是从公元630年唐李靖大破突厥，俘获颉利可汗，边地各族君长到长安公推唐太宗作天可汗以后，长时期以来西北方面军事冲突的局面基本结束了，东方和西方的商道畅通，经济和文化的不断交流，唐朝首都长安越发繁荣昌盛，成为各族人民所共同向往，追求知识和生产技术，学习文化的中心了。

也正在这时候，现在的西藏地区，当时叫吐蕃（音播），英主松赞干布在位，松赞干布有勇略，统一各部，扩大疆域，有雄兵数十万。公元634年派使臣到长安通好，要求结为亲戚。唐太宗派使臣冯德遐回访，建立了友好关系。

这一年七月，唐军大破吐谷浑，吐谷浑在吐蕃的北面。635年，李靖、李道宗平吐谷浑，636年封吐谷浑王诺曷钵为河源郡王、乌地也拔勤豆可汗。后来并以宗室女弘化公主嫁给他。

吐蕃听到突厥、吐谷浑都娶了唐朝的公主，派使臣随冯德遐到长安，带了许多金宝，再次请婚。唐朝朝廷上有人反对，没有成功。

吐蕃使臣回去诉说，说刚到的时候，礼遇极周到，后来吐谷浑王来了，就变卦了，不许婚了。638年松赞干布发兵击破吐谷浑，吐谷浑抵挡不住，迁移到青海北面。

接着吐蕃发兵二十万攻唐松州，同时又派使臣求婚。这次战役吐蕃内部是有分歧的，主张和唐朝和好的大臣极力反对，以死力争，眼看得唐蕃和好破裂，有八个大臣为了主张不能贯彻而自杀。唐朝派大将侯君集统军救援，败吐蕃于松州城下。

吐蕃战败后，松赞干布适应人民的要求，决心和唐朝和好，派使臣到长安第四次请婚。唐太宗为了巩固唐蕃和好，团结各族，安定民生，同意结亲。公元640年吐蕃又派大论禄东赞带黄金五千两和珍玩数百件请婚，唐太宗答应以宗室女文成公主远嫁。禄东赞很能干，应答如流，唐太宗很赏识他，641年唐太宗封禄东赞为右卫大将军，并以琅琊公主外孙女段氏许配，禄东赞力辞，太宗不许。接着派礼部尚书江夏王李道宗持节送文成公主于吐蕃，带去大批种子农具，乐器书籍，百工技艺，医生药物。松赞干布极为高兴，见李道宗自称子婿，礼貌恭敬。喜欢中原冠服，改穿纨绮以见公主。还特别为公主修建了城郭宫室，并派子弟到长安国学读书，学习中原文化。请派中原儒生到吐蕃替他写汉文文件。公主不喜欢当地人用赭土涂面，松赞干布就下令禁止。由此可见他们夫妇间的感情是很好的。以后又请求陆续从长安送去蚕种，造酒工人和碾、硙等生产工具。从这时起，一直到670年吐蕃攻陷西域十八州，薛仁贵大败于大非川，讲和罢兵为止，唐蕃之间维持了三十年的和平友好关系。

贞观二十三年（公元649）五月，唐太宗死。十月唐高宗以吐蕃松赞干布为驸马都尉，封西海郡王。松赞干布写信给宰相长孙无忌说："皇帝刚即位，臣下如有不忠的，我要带兵赴难，为国除奸。"高宗又进封他为赍王。次年（650）五月松赞干布死，唐高宗遣使吊祭。他的嫡子早死，由幼孙继位，国事决于禄东赞。永隆元年（公元680）文成公主死，唐朝又遣使吊祭。推测她出嫁的时候年约十七八岁，死时已经快到六十岁了。

从汉文的历史事实看，当时唐蕃的矛盾是民族间的矛盾。正当唐朝文治武功的全盛时期，吐蕃统一了，强盛了。北邻吐谷浑已经归附唐朝。以勇略著称的松赞干布面临着和大唐和平相处或者是连年战争的问题。相对的历史上杰出的封建统治者唐太宗也必须在各族团结或者对立的道路上有所抉择。和平才能导致生产的安定和繁荣，只有和平人民才能安居乐业。当时双方的人民都是渴望和平的。战争呢，两人都从青年时代就成为军事统帅，身经百战，他们是深知长期战争所造成的后果的。他们从战争中取得胜利，也深知和平的可贵。当时民族间维系和平的传统办法是结为亲戚，以此松赞干布五次求婚，终于达到目的。唐太宗也特派使节回访，厚待吐蕃来使，最后决定许婚，唐蕃结为一家。通过这一和平纽带的连系，导致唐蕃间的频繁的来往，更多的经济的文化的交流，和三十年间的和平。但是这一联婚，也不是一帆风顺，毫无曲折的。在唐朝方面，有主张民族团结和平相处的一派，也有主张攻城略地，谋取个人私利的一派，吐蕃方面也是如此。这两派中间是有着激烈的斗争的，要不然，吐蕃从 634 年就派使到长安请婚，唐朝内部如无不同意见，怎么会多次拒绝，一直到 638 年才许婚，641 年文成公主才入蕃呢？吐蕃方面，七年中五次请婚，但同时又攻击吐谷浑，攻打唐松州，反对战争的大臣至有八人自杀，可见内部斗争也是非常的激烈。

田汉同志的剧本抓住当时唐蕃的主要矛盾，以唐太宗和魏徵为首的一派主张和平团结，以侯君集为首的一派主张和吐蕃打仗。相对的以松赞干布和禄东赞为首的一派主张唐蕃亲好，学习大唐文化，以俄弥勒赞、恭顿为首的一派却反对通婚，极力破坏。和平与战争，团结与对立，进步与落后，开明与保守，这个斗争贯穿了整个剧本，是符合当时历史实际的，是具有历史的真实性的。

吐蕃请婚前后时达七年，写戏要写七年间变化的情况，是不可能，也不必要的。田汉同志巧妙地运用了藏族民间传说，用唐太宗五次考试求婚使臣的叙述，概括性地表明了求婚的经过，同时，又通过旅邸老婆婆的口中，指出她的指点是由于唐太宗的授意，这样，唐朝过去的内部矛盾，禄东赞的机智聪明，唐太宗的英明决策都充分地表达出来了。

旅途中间的几场，河源赋诗大有牧歌情调，很美。据敦煌遗文记载，文成公主和弘化公主的见面，是有根据的。

吐蕃副使恭顿是吐蕃反对唐蕃和好派俄弥勒赞的党羽，他出主意留禄东赞在唐朝为质，又假装好人，替文成公主追回被头人抢走的女奴隶达娃，企图取得信任。他们的目的是阻止文成公主到达拉萨（当时叫逻些），千方百计折磨李道宗一行，使他们知难而退，回到长安，亲事不成功，自然也谈不上别的了，从而保持吐蕃原来的物质精神面貌，通过战争，提高个人的地位和增加财富，保存他们一小撮人的固有权益。在河源时阻止文成和弘化会见，到玉树时，在拉萨的俄弥勒赞阻止松赞干布亲迎，实在阻止不了，又阴谋窜改松赞干布的亲笔信，把到玉树亲迎改为怒江北岸。把使臣也偷偷换了人。唐使李道宗是身经百战的名将，老练的政治家，他识破了信上字迹的窜改，识破了使臣是冒充的，但并不声张，一面尊重松赞干布的主张，把行馆迁到怒江北岸，并礼请假使人同去，一面飞报长安，请求指示。

唐朝方面，侯君集是连破数国的名将，剧本利用他作为反对通婚派的首领，是完全符合当时可能的情况的。但是他的主张被唐太宗、魏徵所坚决驳斥，不能得逞。在得到李道宗飞报，改到怒江北岸亲迎以后，唐太宗也感觉其中必有变化，便盘问禄东赞。禄东赞深恐亲迎被破坏，连夜逃回，唐太宗不但不加留难，还赐以宝马，饬令沿途关隘放行，并要他带亲笔信慰抚松赞干布。

禄东赞的回来是完全出于俄弥勒赞一派人意外的。当禄东赞讲清情况以后，松赞干布决定亲自到怒江北岸亲迎。

射虎这一场是很有风趣的，通过射虎，使新郎新娘见了面，但两人都隐瞒身份，结果还是露出马脚。松赞干布从文成公主口中明白了改变地点的情况，但是，到底是怎么回事呢？弄不清楚。

这里应该说明，唐朝前期贵族妇女骑马、练武艺、打猎，是很普通的习俗，不是什么稀罕事。

最后一场，假信被戳穿了，假使人被认出来了，真使人见面作了证，俄弥勒赞一派破坏唐蕃团结的人遭到彻底的失败。

剧本以松赞干布和文成公主大婚，在盛大的亲迎行列中，绚烂的歌舞场面中，以唐蕃团结这个主题的形象突出而结束。

剧本中有些人物，有些情节，有些场面是虚构的。但是这些人物，这些情节，这些场面，在当时的具体历史条件下，是可能出现的，因此也是符合于历史实际的，剧作家完全有权利也有必要这样做。在这里，艺术上的真实性和历史上的真实性达到和谐的统一，是历史戏，而且是好戏。

剧中人物的刻画。例如唐太宗的英明大度，李道宗的老成持重，文成公主的忠于使命、坚决不移，松赞干布的英俊有为、威严果断，以及禄东赞的忠实机智，恭顿的阴险诡诈，都有各人的个性，就演出而论，也是很成功的。

我喜欢这个戏，我说这个戏是好戏，这个戏反映了历史上的民族团结的情况，也将有助于更进一步巩固今天各民族人民之间的团结。

要说明的有几点：

第一，“吐蕃”这个名词，应读作吐播，明以前蕃字有两音，一音播，一音翻。当时吐蕃人自称为播或大播，拉萨的唐蕃会盟碑上藏文的蕃是读作播的。一直到今天，藏族人民还自称为播，红军长征经藏族地区时，曾经建立博巴政府，博就是播，是蕃，巴是人的意思。这个词是译文，我们祖先读错了几百年，名从主人，如今应该改回来了。

第二，有些名词需要解释，例如松赞干布号赞普，据汉文记载，吐蕃话叫强雄曰赞，丈夫曰普，故号君长为赞普。吐蕃王族都称论，有大论小论之别，宦族都称尚。赞普的配偶叫赞蒙。

第三，吐蕃和唐朝的关系是相为终始的，一直到李唐末年，吐蕃也因内部分裂，逐渐衰落。到元朝才重新继承原来友好关系。元朝在吐蕃地区建立行政机构，从此吐蕃成为元朝版图的一部分。这个地区当时也分别称为朵甘思（今青海和西康）、乌斯藏（前后藏），到明朝，吐蕃这一名词不再通行了，通称这地区为朵甘思和乌斯藏。到清朝读乌斯为卫，称为卫藏。十八世纪以后，因为藏在西部，冠以方向，称为西藏，西藏这名词是汉藏文的综合。

第四，公元670年以后，唐蕃的关系是不稳定的，虽然以后又有金城公主嫁给吐蕃赞普。双方主张团结和反对团结的人都有。随着情势的变化，有时维持和平，有时又不免打仗。但是，吐蕃对唐朝的政治关系却是肯定的，汉文历史记载吐蕃大臣意见："且无大唐册命，何名赞普？"① 可见吐蕃赞普要经过大唐的册命，是个老规矩。由此可知除了通过联婚和文化、经济交流团结了两个民族以外，大唐册命吐蕃赞普，这一政治纽带也是发生作用的。

（原载《文汇报》，1960年4月14日）

① 袁枢：《通鉴纪事本末》卷二十四，《吐蕃衰乱》。

谈武则天

一

武则天（公元 624—705）是我国历史上一个了不起的人物，对她所处的时代起推进作用的人物。但是，由于封建礼教作怪，她被不少卫道的“正人君子”们所辱骂，名誉不好。郭沫若同志的新作《武则天》五幕历史剧，替武则天翻了案，我双手赞成，拥护。

本来，我正在研究武则天，用充分的史实肯定武则天在历史上的地位。这个工作牵涉面很广，引用史料很多，得要几个月工夫才能完成。在工作进行中，读到郭沫若同志《武则天》的初稿和改定稿，非常高兴，有话要说，写《谈武则天》。

二

《武则天》这个历史剧中的人物都是实有其人的，所涉及各个人物的故事也都是有文献根据的，沫若同志尽可能忠实于历史，做到无一字无来历，无一事无出处。通过艺术手法，把武则天这个历史上的伟大政治家的形象更加强化、集中，和现代人见面了。

《武则天》历史剧的主要根据是旧、新《唐书》有关武则天的记载，和裴炎、程务挺、徐敬业、骆宾王、上官婉儿、明崇俨等人的传，参以司马光的《资治通鉴》和《全唐诗》、《骆宾王集》等书。

关于裴炎和徐敬业通谋，裴炎又阴谋在成功以后自己做皇帝，这一故事也是有出处的，唐张文成《朝野佥载》卷五：

> 裴炎为中书令，时徐敬业欲反，令骆宾王画计，取裴炎同起事。宾王足蹈壁静思食顷，乃为谣曰：一片火，两片火，绯衣小儿当殿坐。教炎庄上小儿诵之，并都下童子皆唱。炎乃访学者令解之，召宾王至，数啖以宝物锦绮皆不言，又赂以音乐女伎骏马亦不语。乃将古忠臣烈士图共观之，见司马宣王，宾王欻然起曰，此英雄丈夫也。即说自古大臣执政多移社稷，炎大喜。宾王曰，但不知谣谶何如耳？炎以谣言片火绯衣之事白，宾王即下，北面而拜曰，此真人矣。遂与敬业等合谋，扬州兵起，炎从内应，书与敬业等合谋，惟有青鹅字，人有告者朝廷莫之能解。则天曰，此青字十二月，鹅者我自与也。遂诛炎，敬业等寻败。

司马宣王即司马懿。这段故事司马光是看到的，收在《资治通鉴考异》① 里，但他不相信，认为“此皆当时构炎者所言耳，非其实也”。不管怎样，当时有过这样传说，则是可以肯定的。

关于裴炎这个人的评价，除了两《唐书》以外，明朝末年人王夫之《读通鉴论》二十一说他：

> 自霍光行非常之事，而司马懿、桓温、谢晦、傅亮、徐羡之托以仇其私。裴炎赞武氏，废中宗，立豫王，亦其故智也。不然，恶有嗣位两月，失德未彰，片言之妄，而为之臣者遽更置之，如仆隶之任使乎？炎之不自揣也，不知其权与奸出武氏之下，倍蓰而无算。且谓豫王立而己居震世之功，其欲仅如霍氏之乘权与懿、温之图篡也，皆不可知。然时可为则进而窥天位，时未可，抑足以压天下而永其富贵。岂意一为武氏用，而豫王浮寄宫中，承嗣、三思先己而为捷足也哉！其请反政豫王也，懿、温之心，天下后世有目有心者知之，而岂武氏之不觉耶？家无甔石之储，似清；请反政于豫王，似忠；从子伷先忘死以讼冤，似义。以此而挟滔天之胆，解天子之玺绂，以更授

① 《通鉴》卷二百三。

> 一人，则其似是而非者，视王莽之恭俭，诚无以过。而武氏非元后，己非武氏之姻族，妄生非分之想，则白昼攫金，见金而不见人，其愚亦甚矣。

不止是这些主要人物和故事有出处，连次要人物也是有根据的，如剧中的赵道生杀明崇俨，见《通鉴》卷二〇二，洛阳的宫殿名称是根据徐松的《唐两京城坊考》的。

三

我对武则天的看法。

我认为武则天是历史上伟大的政治家，从她参与政权到掌握政权的五十年中，继承和巩固并且发展了唐太宗贞观治世的事业，足食安民，知人善用，从谏如流，发扬文化，为下一代培养了人才，下启唐玄宗开元时代的太平盛世，就唐朝前期历史说是个承先启后的人物，就整个我国历史说，她也是封建统治者中的杰出的人物。

不说别的，单就她在位时期，文献上还没有发现大规模农民起义的记载这一点来看，和历史上任何王朝，任何封建统治者统治时期是有所区别的。这一点说明当时的人民是支持她、爱戴她的。宋朝人修的《新唐书》骂她骂得很厉害，但是，宋祁在大骂之后，也还是不能不说一句公道话，“僭于上而治于下”。从今天来说，僭不僭不干我们的事，“治于下”三个字却是武则天的定评，我看，评论武则天要从这一点出发，也就是从政治出发。从她当时对百姓是做好事还是做坏事出发，她对生产的作用是推进还是阻碍出发。

武则天在杀裴炎、程务挺，平定徐敬业以后，曾经召集群臣讲过一次话，这番话实质上是对她自己的评价。她说：“朕辅先帝逾三十年，忧劳天下。爵位富贵，朕所与也。天下安佚，朕所养也。先帝弃群臣以社稷为托，不敢爱身而知爱人。今为戎首者皆将相大臣，何见负之遽乎？且受遗老臣伉扈难制，有若裴炎乎？世将种，能合亡命，有若徐敬业乎？宿将善战有若程务挺乎？彼皆人豪，朕能戮之。公等才能过彼，则蚤为之，不然，谨以事朕，无自悔也!”这番话明朝末年人李贽逐段加以批点，“忧劳天下”，批“真”!“天下安佚，朕所养也”，批“真”!“不敢爱身而知爱人”，批“真”!从当时情况看来，武则天这段话确如李卓吾所批的都是真话。

反对她的是些什么人呢?是一部分老臣宿将和勋贵子孙，她做了皇帝以后呢，是一部分唐朝宗室。她曾经两次大规模杀人，杀的就是这些人，政治上的反对派。在你死我活的斗争中，在封建统治阶级内部的激烈斗争中，武则天是很坚强果断的，她消灭了所有反对她的官僚和贵族，其中包括她自己的儿子、女婿、孙子、孙女和孙女婿，不止杀李家人，也杀武家人。道理很简单，不杀这些人，这些人就会推翻她，不是东风压倒西风，就是西风压倒东风。沫若同志的剧本通过太子贤、裴炎等人和武则天的斗争，很突出地阐明了这一历史情况。

她杀了不少李家人，还曾经把第三个儿子英王哲从皇帝宝座撵下来，废为卢陵王，幽禁在房州十五年，照理说这个儿子应该恨她了，但是不然。公元705年的宫廷政变，武则天下台，卢陵王作了皇帝，是为唐中宗。同年武则天死。景龙元年（707年）二月唐中宗下诏把诸州纪念他重作皇帝的中兴寺、观，一律改为龙兴，并禁止说他的再次作皇帝是中兴。《唐大诏令集》一一四载他的诏书说：

> 则天大圣皇后思顾托之隆，审变通之数，忘己济物，从权御宇，四海由其率顺，万姓所以咸宁，唐周之号渐殊，社稷之祚斯永……朕……事惟继体，义即缵戎……中兴之号，理异于兹，宜革前非，以归事实，自今以后，更不得言中兴。

表扬武则天在位时忘己济物，万姓咸宁，他是继承武则天的统治的，不能说是中兴。岂但不恨，还十分尊重呢!当时还有人建议“神龙元年（公元705）制书，一事以上，并依贞观故事。岂可近舍母仪，远尊祖德?”意思是说705年的命令规定政治措施都要学贞观时代，也就是废除则天时代的成规，这是不对的。怎么可以把近时母亲的行政作为抛弃，去学习遥远的祖父呢?中宗很赞成这个意见，写信表扬。由此看来，则天时代的某些政治措施是和贞观时代有所不同的。她根据时代的进展，规定了自己的政策方针。

不止她的儿子，以后唐朝的历代皇帝也都对她很尊重，没有说过什么坏话。

同样，唐朝的大政治家如陆贽、李绛都对她有很高的评价。陆宣公《翰苑集》十七《请许台省长官举荐属吏状》说：

> 往者则天太后践祚临朝，欲收人心，尤务拔擢，弘委任之意，开汲引之门，进用不疑，求访无倦，非但人得荐士，亦得自举其才。所荐必行，所举辄试。其于选士之道岂不伤于容易哉？然而课责既严，进退皆速，不肖者旋黜，才能者骤升。是以当代谓知人之明，累朝赖多士之用。

说她善于用人，严于课责，不但当时称为知人，还培养了下几代的人才。在另一篇文章中，他把唐太宗和武则天并举，要当时皇帝“法太宗、天后英迈之风”。李绛也说她用的官虽然稍微多了一些，但“开元中名臣多出其选”。指出开元时代的名臣大多是她培养的。

宋人编的《新唐书》骂武则天很凶，但洪迈却赞扬她是明主：“汉之武帝，唐之武后，不可谓不明。”① 明人李贽更称她为圣后。② 清人赵翼说她：“纳谏知人，自有不可及者……别白人才，主持国是，有大过人者。”还替她分析，回击那些“正人君子”们对她的恶毒诬蔑，他说：“人主富有四海，妃嫔动至千百。后既身为女主，而所宠幸不过数人，固亦无足深怪，后初不以为讳，并若不必讳也。”结论是“区区帷薄不修，固其末节，而知人善任，权不下移，不可谓非女中英主也！”③ 赞扬她是英主，指出她的政治成就是根本的，是主要的，私人生活是末节，是小事，而且，在封建时代，男皇帝可以有千百个小老婆，女皇帝有几个男宠，又值得什么大惊小怪呢！这是对武则天最公平的评价。

---

① 《容斋续笔》五。

② 李贽：《藏书》。

③ 《廿二史劄记》卷十九，《武后纳谏知人》。

当然，骂武则天的人更多，特别是明朝人骂得多，骂得狠。例如胡应麟骂她为“逆后”，连她的朝代也骂为“牝朝”。① 王夫之骂她为“淫妪”，为“妖淫凶狠之武氏”②。专门攻讦她的私人生活，不谈政治，只攻一点，不及其余，这种评论是站不住脚的。

另一种攻击是女人不该作皇帝，管政治，就像母鸡不能司晨，从骆宾王的檄文“伪临朝武氏”一直到胡应麟的“牝朝”，都攻的是这一点。这种维护封建秩序、男尊女卑、不许妇女参加政治生活的论调，到今天应该用不着反驳了。相反，我们应该说，武则天不止是一个伟大的政治家，同时她还是历史上最伟大的妇女！她的一生是战斗的一生！当然，武则天决不是十全十美的人物。相反，她是有不少缺点的。例如，她杀了许多政治上的反对派，其中有一些人看来是不应该杀的。此外，当然她也具有一般封建统治者所共有的某些缺点。在这篇短文中，就不一一谈到了。

（原载《人民文学》，1960年7月号）

---

① 胡应麟：《少室山房笔丛》。

② 王夫之：《读通鉴论》。

从历史方面来看戏

我对《甲午海战》的一些意见，已经同海军政治部文工团的同志们谈过了，谈过的话我今天就不再谈了。我只看了《甲午海战》的演出，还没读到剧本，我今天谈的有些情况可能不完全对。我想，从历史方面来看戏，不是从戏来看历史。从学历史的人来看这个历史剧，这个戏是符合历史的要求的，戏里的历史事实是基本有根据的，符合历史实际的。这个戏在艺术上安排得很好，很紧凑，是一出好戏。

这个历史题材要编成戏是很困难的。因为甲午海战这一仗，日本帝国主义把北洋海军打得全军覆没，搞得灰溜溜的，很不好写。可是，这种打得惨败的情况，经过艺术家们的处理，在舞台上所表现出来的并不使人感到灰溜溜的，相反的，很鼓舞人心，劲头很大。这个戏在这些方面的处理是很成功的，是一出好的历史剧。主要原因，我看是政治挂了帅。戏从士兵和人民群众的角度出发，发扬了中国人民的爱国主义精神，这样，舞台上表现出来的是北洋海军虽然打败了，但中国人民并没有被打败，正相反，从结局所表现的，由于这个惨败，激起了更广大的人民群众反对帝国主义侵略的怒潮。

甲午战争时候的情况是这样的：当时日本要侵略中国，可是清朝内部不团结，矛盾重重。首先是政府里边有两派，一派是帝党，以光绪帝为中心，这批人主张要打；一派是后党，以西太后为中心，这批人主张不要打，要妥协，投降。以翁同龢为首的这些人是要打的；以李鸿章为首的这些人是不愿意打的。李鸿章希望通过外交手腕——请俄国、英国疏通帮忙，妥协让步求得暂时的和平。再具体一点来说，政府里文官主张打，没有兵权的主张打，说空话的主张打；武官，有兵权的，带兵的实力派不想打。进一步说是上面的不愿意打，底下的要打。作官的不愿打，士兵要打，人民要打。打败仗的主要原因是政治腐化，垂死的封建统治阶级腐烂透顶了，对内镇压，对外屈辱、妥协、投降，它和人民是对立的，非败不可。

清朝的海军在甲午以前的五六年间，一直没有买过船，也没买过炮。必须指出，当时并不是没有钱，钱搞的很多，可是不用在海军上，却拿去修颐和园和干别的事了。当时这种情况有人在甲午之战以前就看出来了。有人到威海卫、旅顺检查这些舰队的情况，发现了很多问题。首先一条是有炮，而炮弹很少，口径不对；后勤工作根本没能配合上。要求补充这方面的配备。可是清朝政府非常腐化，认为不会出什么事情，即使买了一些炮弹，买的也是人家不要的，过期很久的废品。再加上后勤人员贪污腐化，把钱弄到自己腰包里。同样，海军军官也大部分腐化了，纪律松弛，生活糜烂，贪污风行，害怕打仗。再加上南洋海军和北洋海军因为派系不同，各自为政，闹不团结。这样，清朝的海军在军事上处于很不利的地位。可是那些文人，却不管这些，慷慨激昂，非打不可，口头上说得很多，行动上却也毫无办法。除了文武不和，南洋北洋不和，内部还有属于封建关系的地区性的矛盾。当时海军的基本队伍和将领都是福建人，可是统率海军的却是陆军出身的丁汝昌，福建的海军军官就不大听他的调度。戏里的主要正面人物邓世昌是广东人，广东和福建军官的关系也搞不好。这样，一方面是统帅和将领的关系搞不好，将领不服从他；另一方面是福建和广东的军官有地方派系的斗争，北洋海军内部也是矛盾重重，这种情况在过去旧时代的军队中是很严重的。

从当时的军事实力对比来看，清朝的北洋海军实力从形式上看比日本海军强。清朝的两条主力舰的吨位和火力都比日本主力舰的吨位多、火力强。整个海军军舰吨数也比日本的多。可是问题何在？问题在这个地方：清朝海军的船都已买了十几年了，旧了，老了；日本海军的船则较新。清朝海军的船的速度慢，每小时只能走到十三四海里，可是日本海军的船虽小，速度却较快，能够走到十七八海里，或者更多。（吉野最快，达二十二海里半——田汉注）清朝海军的炮口径大，威力大；日本海军的炮口径小。（松岛也装有三十二生的主炮一门——田汉注）可是日本海军的炮位多，发炮的速度快；清朝的慢。清朝海军的失败，更重要的是在作战的时候战术上犯了错误。按原来安排应该是两条主力舰——最大的铁甲船摆在前面，摆成人字形，以最强的铁甲舰跟敌人作战。可是，当时丁汝昌底下的副手——海军总兵刘步蟾（他是福建人，在英国学海军的）自己在主力舰上，害怕这条船会受到敌人炮火集中攻击，因此他临时把阵势改成半月形，把自己舰队里最弱的去挡敌人最强的。这一改变，在战术上就完全处于劣势，虽然使敌舰受了相当损失，自己也被打掉了几条船。后来留下了一部分船退到了威海卫，这些船花个把月比较短的时间修好了以后，本来还可以重振旗鼓再打。可是李鸿章为了保存自己的力量（因为他只有这点本钱，这点本钱搞掉了就没有了），下令不许出战。丁汝昌再三要求出去，他反而大骂说，只要保住船，别的不是你的事。这样，就自己把自己封锁起来。最后敌人陆军登陆，从背后打，就把这几条船送给敌人了。当时的历史情况大概如此。

几个主要问题在戏里都表现了。上下不一致，内部不一致，都表现出来了。结局由于西太后和李鸿章的对外屈辱、妥协、投降的罪恶政策，北洋海军全军覆没以后，士兵和当地人民不肯屈服，起来斗争。戏的结局写得好，很鼓舞士气，振奋人心。从历史事实来看这个戏是基本符合历史实际的。指出了妥协投降是争取不到和平的，只有斗争，才是中国人民唯一的出路。戏写得好，也演得好，应该说，《甲午海战》是近年来许多历史戏里面我较满意的一个。下面提几点意见。

第一，清朝海军的失败，不止是海军方面的问题，而是清朝封建统治阶级整个政治的腐败。这个戏里是通过方管带的老丈人在渔民中间作威作福，向老百姓要钱，给慈禧太后干这个干那个，来表现清廷政治上的腐败。表现方法是对的，但是感觉到不足，让人感到他好像只是地方上的恶霸，他一上场令人感到可恶，但可恶的程度还不是很够。我看，应该强调他做的坏事不仅是他个人的，应该是当时整个统治阶级的。他应该作为当时封建地主统治阶级的下层代表人物来描写。假如这个人物能加强一些，战争失败的根源就会更明确一些。

第二，戏里有外国特务的穿插，这是必要的。根据史料的记载，当时确是有很多日本特务钻进来，在内部进行破坏，搞间谍工作，其中有几个被抓到杀掉了。但是，戏里的特务从头穿插到底，分量似乎过强了些。这么一搞，容易使观众感到混乱，好像清朝打败主要是因为敌人特务间谍在破坏，而把政治腐败这一基本问题削弱了。这些日本特务的破坏活动，在戏里应该有，但是不是分量重了一些？假定能把政治上的腐烂描写得透一点，然后再把特务活动作适当描写，戏就会更完善一些，更符合实际一些。

第三个意见是关于邓世昌和其他将领们。刚才讲到这里边有派系关系、地域关系，这在封建时代是很严重的现象。从戏里所表现的来看，好像看不出他们之间的地区性的派系的斗争。戏里写了有些人反对邓世昌，为什么要反对他，这方面看起来还不够明确。这方面可以根据实际情况作适当的描写。这样就可以从中汲取教训：甲午海战的失败除了政治腐败是根本的原因以外，主要是内部不团结。不但是南洋海军不参加，北洋海军内部也是勾心斗角，不一致的。

戏是好戏。这些意见仅供参考。

（原载《戏剧报》第19、20期，1960年）

谈历史剧

最近一两年来，经常和历史剧打交道，有的是要就演出的剧本提意见，有的是要对正在创作中的剧本提意见，意见虽然不见得很成熟，既然要我说，也就说了。自己呢，也对历史剧发生兴趣，虽然不懂京戏，也在尝试写海瑞的戏，从今年年初开始，到现在已经改写到第七次了。有人说我胆子大，不懂戏而写戏，我说不懂是事实，但是不懂并不等于不能写，能不能，决定于有没有决心学，只要下了决心学，不懂是可以变成懂的。在写作过程中，我向各方面请教，向懂戏的人请教，特别是向导演、演员请教，提一次意见就改写一次，到现在，不敢说很懂，至少比之过去，是懂得多了一些了。总之，我已经和历史剧发生了深刻的关系，接触面越来越广泛了，日积月累，也就有了好些意见。

意见虽然很多，总起来说，也只有一条：什么叫历史剧。

问题开始发生在《杨门女将》这个戏上。这个戏确是好戏，自从杨家将这个故事中有了佘太君和穆桂英以后，这两个舞台上的妇女英雄人物，便为广大人民所喜爱。这是因为在封建社会里，妇女是没有社会地位的，长期以来受男权、旧礼教所压迫、束缚的。妇女不止是没有政治权利，连出头露面也不许可，束手束脚，甚至说笑露了牙齿也被认为是放肆。这股闷气憋了多少世代！如今在戏里有了这样英雄人物出现，一老一小，都有好武艺，都出了风头，特别是穆桂英，在《辕门斩子》这个戏里，闹自由结婚，把杨宗保俘掳了，把杨六郎打败了，结了婚之后去见公公，杨六郎原来绑了杨宗保要杀的，孟良、焦赞求情不下，佘太君求情不下，八贤王求情不下，到穆桂英一来，事情立刻变了样，这个被打怕了的公公什么全答应了。舞台上的杨六郎，这个八面威风的元帅的窘态，和穆桂英的英雄形象相对比，给了被压迫的妇女以极大的喜悦。不止妇女，也给男子以极大的喜悦。这两个妇女在舞台上的解放，当了将军带了兵，替舞台下的妇女出了这口闷气，怎能教人不喜爱？

其次，近百年来，我国饱受帝国主义的侵略，从鸦片战争到义和团运动，到日本帝国主义侵略中国，一直在打败仗，损师失地，赔款丧权，广大人民受够了气，伤够了心，除了用自己的行动，奋起保卫国家，和侵略者进行英勇的斗争以外，都迫切希望能够有一支抵抗侵略的力量出现，保家卫国。有关杨家将的戏适应了广大人民的要求，从杨业到杨宗保三代，男妇老幼，一家子都英勇地坚决地和侵略者进行斗争，并且取得胜利。以此，杨家将的戏和广大人民的反侵略要求密切结合，和广大人民的爱国主义精神密切结合，又怎能教人不喜爱？

杨家将在人民群众中生了根了，戏中人物为广大人民所熟悉了。解放以后，社会情况起了根本性质的变化，妇女解放了，侵略者被赶出去了，但是，这个戏仍然被广大人民所喜爱。这是因为佘太君、穆桂英两个妇女，和杨业祖孙三代的英雄形象，在生产上还起着鼓舞作用，不是有许多农业生产队、班、组以穆桂英、杨宗保命名吗？佘太君老当益壮的精神，也在广大妇女中起着积极的作用。

由于对这些舞台人物的喜爱，这几年来接连出现杨家将的戏，除了《杨门女将》以外，有《佘赛花》、《状元媒》、《杨文广征辽》、《杨排风》、《十二寡妇征西》等等。这些戏上追到佘太君的青年时代，下降到第四代杨文广，（其实，杨宗保并无其人，杨文广是杨延昭的儿子，就是戏上的杨宗保。）不止杨门女将，连杨家少将也上了舞台了。

于是，有的刊物要我写文章，从历史的角度来评论这些戏。

这样，问题就提出来了，什么叫历史剧？

对杨家将这些戏，我是喜欢看的。像《辕门斩子》就不知道看了多少次。但是，要我从历史角度来衡量这些戏，那就困难了。因为这些戏都不属于历史剧范畴，不能算历史剧。

杨业、杨延昭、杨文广都是历史人物，《宋史》上都有记载。他们都是当时的爱国军人，在边疆立了战功，保卫边界，声名很大。但是，像佘太君、穆桂英、杨排风这些人物却出于戏剧家的创造，在历史上是找不到根据的。不止人物而已，《辕门斩子》也罢，《十二寡妇征西》也罢，《杨门女将》也罢，《杨排风》也罢，《杨文广征辽》也罢，所有事实都是戏剧家的虚构，在历史上是找不到根据的。

人物没有根据，事实没有根据，怎能叫历史剧？

同样，包公戏也是广大人民所喜爱的戏。包拯是确有其人的，是个刚强正直的清官。但是像《秦香莲》、《探阴山》这些戏能不能算历史剧呢？我看还是不能算，因为历史上并不存在这样的事实。

这些戏都不算历史剧，算什么呢？我说应该算故事剧。

故事剧也大多表演的是过去世代的事情，从小说、传说取材，或者出于戏剧家的创造，剧中人物可以和历史挂上钩，例如杨家祖孙或包拯，也可以完全出于创造。至于故事情节，可以不受历史约束，剧作家有充分虚构的自由，只要合情合理便行。我曾经翻阅过有的单位编的历史剧目，仔细看来，其中大约百分之九十五以上是属于故事剧范畴的。

另一种是神话剧，例如《封神榜》、《西游记》、《张羽煮海》、《柳毅传书》之类。

至于历史剧，和神话剧不同，和故事剧也有本质上的差别。

历史剧和历史有联系，也有区别。

历史剧必须有历史根据，人物、事实都要有根据。历史剧的任务是反映历史的实际情况，吸取其中某些有益经验，对广大人民进行历史主义爱国主义教育。人物、事实都是虚构的，绝对不能算历史剧。人物确有其人，但事实没有或不可能发生的也不能算历史剧。在这一点上说，历史剧必须受历史的约束，两者是有联系的。

同时，历史剧不同于历史，两者是有区别的。假如历史剧完全和历史一样，没有加以艺术处理，有所突出、夸张、集中，那只能算历史，不能算历史剧。我写《海瑞》多次，人家看了说没有戏，就是这个道理。反之，历史剧的剧作家在不违反时代的真实性原则下，不去写这个时代所不可能发生的事情，而写的是这个历史人物所处的时代完全可能发生的事情，在这个原则下，剧作家有充分的虚构的自由，创造故事，加以渲染、夸张、突出、集中，使之达到艺术上完整的要求。具体一点说，也就是要求现实主义与浪漫主义相结合，没有浪漫主义也是不能算历史剧的。

总之，一句话，历史剧要求反映历史实际的真实，也要求对历史事实进行艺术的加工，使之更加强烈、具有高度的感染力量。在历史条件许可的情况下，剧作家完全有权创造某些故事，当然也有权略去某些历史事实；集中突出某一部分，删去略去某一部分，是完全可以容许的。

历史剧的剧作家必须注意历史和历史剧的联系和区别。不注意联系，不注意区别，都是不应该的。

这样说，是不是降低了故事剧的地位呢？我看并不。故事剧、历史剧、神话剧各有其作用，这里并不发生地位高低的问题。《杨门女将》这类戏不算历史剧，只能算故事剧，仍然是好戏，《秦香莲》、《探阴山》不算历史剧，只能算故事剧，仍然还是好戏。成千上万的观众只问这个戏好不好，并不考虑是历史剧还是故事剧。但是勉强把故事剧算成历史剧，那就会在观众中造成混乱，把故事当成真实的历史去理解，这就不好了。

以此，作为教育人民的最好的工具戏剧艺术来看，历史剧和故事剧是必须有所区别的。不作这个区别，混淆这个区别，将会使广大人民混淆对历史的看法，对历史人物和历史事件的真实面貌缺乏肯定的评价，历史时期可能发生和不可能发生的事情无所区别，从而歪曲了混乱了祖国的历史，降低了历史剧的教育意义。这样做，是没有好处的。

我这个看法是逐渐积累起来的，在有些场合也曾经提出过。但是，有些朋友不完全同意这个看法。以此，这是个有争论的问题，写出来提供大家讨论。希望历史学家和戏剧家都能参加这个讨论，从而取得共同的一致的结论。

（原载《文汇报》，1960年12月25日）

再谈历史剧

从去年年底在《文汇报》发表了《谈历史剧》一文以后，抛砖引玉，各方面朋友有许多不同意见发表，在上海，在北京，都展开了争论，这是一种非常可喜的有益的现象。

在这几个月中，我又曾多次思索，基本上还坚持上次所谈的意见，为了引起讨论的深入，就个别问题，再次谈一点不成熟的意见。

这次谈的第一部分主要是戏。首先要声明，第一我不懂戏，第二也不常看戏。

不懂戏而贸然来谈戏，一定要出毛病，要请专家原谅和指教。

我曾经说过《杨门女将》、《秦香莲》一类戏只能算是故事戏，不能算历史戏。并且还郑重声明，故事戏和历史戏并无高下之分，观众看戏，只看戏好不好，并不管你是历史戏还是故事戏。

不知怎么搞的，发表不同意见的朋友们却把《杨门女将》看作杨家将了，例如任志先生就说："首先，我们从《宋史》（卷二七二）、《东都事略》、《隆平集》、《续通鉴长编》等书中，可以找到杨家将历代为抵御外侮，效命疆埸的记录。"① 这些话是完全对的，这些书我也看过，知道杨业、杨延昭、杨文广是确有其人其事的，我上次并没有说杨家将故事在历史上没有根据，不符合历史实际情况。但是接着任志先生却说："根据这样的丰富史料作基础，戏剧家当然有理由，也有条件编造《百岁挂帅》、《十二寡妇征西》、《杨排风》等为人民群众喜闻乐见的剧目。"可是我不明白，根据这些史料，有什么理由，有什么条件来编这些任志先生所谓的"历史"剧呢？佘太君、穆桂英、十二寡妇、杨排风，无论哪一个，曾经见于上引的

① 详见余嘉锡：《杨家将故事考信录》。

哪一种书？假如命题是凡男人皆有老婆，杨家将三代都是男人，所以杨家将必然有老婆，这样说谁都不能反对。但是，问题是不只有老婆，而且是英雄的老婆，而且全都是英雄的老婆，作出了抵御外侮记录的老婆，这个记录，我很不能理解是谁记录的，记录在哪里？跟着任志先生又说："佘太君以及杨家诸英雄妇女的事实，虽则'于史无征'，可是其'可能性'却不是完全向壁虚构的。"这里，很可惜，记录又不见了，成为"于史无征"了。任志先生在承认"于史无征"之后，却又笔锋一转，说可能性还是有的，下面接着引刘锜顺昌之战、妇女砺刀剑，梁红玉黄天荡之战作为有可能性的根据。反过来，又说杨门女将完全合于历史真实，其所以一时在死的资料中找不到根据，是由于史料是经过歪曲隐蔽。这里又很奇怪了，同样是死史料，为什么对顺昌的妇女砺刀剑、梁红玉的擂鼓没有歪曲隐蔽？而偏偏对于任志先生所谓完全合于历史真实的杨门女将却歪曲隐蔽呢？封建史家何以厚于刘、梁而薄于杨家呢？

关于可能性问题，任志先生这两个例子并不能解决，我倒可以提供几个更有力的例子，如梁至隋间在广东南部的冼夫人，少年时是穆桂英，老年时是佘太君；如清代后期统帅几十万大军起义，和清朝政府坚决斗争的农民领袖齐王氏，这都是有历史根据的，封建史家并不曾歪曲隐蔽。但是，这些例子并不能证明在十世纪时，杨家将的老婆也非像她们不可呵！不要说不同时代了，就是同一时代，我写的文章，和任志先生写的文章，各人看法就不同，因而决不能够说我有写任志先生那样文章可能性的存在。

再从常识来谈，一个妇女到了一百岁还挂帅出征，这是超过人类历史的现实可能，超过人的生理能力的，是不可能的事。而且，主帅是一百岁的老祖婆，她的孙媳妇穆桂英已经五十岁了，那么，她的那一大堆儿媳妇和八姐九妹至少也应该有六七十岁以至七八十岁了。主帅和将领都是一群老太婆，即使说主帅是运筹帷幄的人，老一些还不要紧，将军是要上阵交锋的，七八十岁的老太婆怎么打仗？不要说妇女，百岁挂帅的事例男子也没有。不只是中国，世界历史上也没有。既然都没有，又怎么会有可能性呢？如其真是有之，可以类比，我很希望任志先生举一个具有历史真实性的实例来说明。

从当时历史情况说，宋朝果真无人了吗？文官不行，武官也不行，只有杨家妇女才行吗？这样说法对祖国历史抱什么态度？宋朝初期究竟有没有一个顶事的将军，我举两个例子，和杨延昭齐名的有杨嗣，稍后有和西夏作战多年的名将狄青，这些人物都不是封建史家向壁虚构的，但从任志先生所谓的这些“历史”剧看来，这些英雄人物都被勾销了，作为历史剧来教育观众，宋朝初期不像话到极点，连一个能打仗的将军都没有，只能让老太婆和一群寡妇去打仗，这能说是历史真实性吗？这对观众的历史教育起什么作用？

再谈一点细节，《百岁挂帅》中（记不清是什么剧种了，好像是扬剧），皇帝、大臣、安乐王都在杨宗保灵前求柴郡主、穆桂英、佘太君出兵，三个人排排坐坐在一起，向三个老太婆左求右求，这在叙事夸张上，确是发挥到高度了，不过，就历史真实性来说，那就不免是两回事了。假如过去的封建时代，曾经出现过这样平等的无拘束的君臣关系，封建社会不早就崩溃了吗？又何须乎把它打倒！

又如，假如妇女在十世纪时或十一世纪初期已经可以当元帅，当将军，妇女的政治地位早已经很高了，那么，其后的千把年，妇女的地位不是走了回头路？这是“其可能性却不是完全向壁虚构的”吗？当然，杨排风以一个烧火丫头当了大将，大败敌人，更使人们痛快。

我说过，这些戏当作故事戏看，确是好戏，我也喜欢看。但是，作为历史剧，那就不同了，我们要提出问题，根据什么？说有可能性，可能性在哪里？说有历史真实性，真实性在哪里？

我并没有把历史看得太狭隘了，我的看法相反，任志先生把历史看得太宽大无边了，把某些人的主观愿望也看成历史了。这是一个根本的分歧，是必须说清楚的。

至于旧剧《昊天塔》、《清波府》等等剧目是今天许多有关杨家孤儿寡妇剧目的来源，这一点是不成问题的。成问题的是《昊天塔》、《清波府》等等都是剧本，都是戏剧家的创作，不能认为是历史。

以上是我对《杨门女将》一类故事戏的意见。

与此有关而更为重要的是任志先生提出这样一个问题："因为有了马克思主义以后的历史成为真正的科学，社会发展有了规律可循，历史剧才能够根据这样的规律去想象创造，因而更丰富了历史形象，有助于历史规律实践的作用。"即历史剧可以根据马克思主义或社会发展规律去想象创造的问题，这是一个原则性的问题。这段话的前半段是不错的，人人会讲，后半段看来是任志先生的想象创造，这可太冒险了。我的理论水平很低，我只知道，历史科学的研究必须以马列主义、毛泽东思想为指导，却从来没有听说过马列主义、毛泽东思想可以代替历史。同样，我想，历史剧的创作也必须以马列主义、毛泽东思想为指导，可是，对于以社会发展规律去想象创造历史剧，却期期以为不可，至于这样做以后，还可以丰富了历史形象，有助于历史规律实践的作用，则请恕我愚昧，实在深奥得难以理解，不能置一辞了。

同样，张非同志在《从〈杨门女将〉谈历史剧》一文中，更强调提出："历史剧要求可以无需凭借历史记载、历史根据，而是借助一定时期历史发展的可能性去综合生活，塑造出符合历史发展的可能性的人物形象来，这样达到历史真实。"接着说："历史剧完全是古代社会生活在作家头脑里的产物，它的出现，是从剧作家的立场观点出发，根据历史真实性和可能性的法则，经过分析、研究，发掘了历史发展规律，创造出比实在人物、事件更完备的典型。"这两段话也同样是难以理解的。第一，剧作家可以无需凭借历史记载、历史根据，好了，把历史记载、根据都一脚踢倒，倒也省事，不必读书了。问题是既然不根据历史记载、历史根据，那你又为什么一定要把所创作的东西叫作历史剧呢？在我看来，既然都踢开，索性把历史剧的历史两字也踢开，这样，矛盾便统一了。是不是？第二，借助一定时期历史发展的可能性去综合生活，塑造出符合历史发展的可能性的人物形象，来达到历史真实，问题就更严重了，既然不要历史记载、历史根据了，这一定时期的历史发展可能性和人物形象从哪里来呢？如何借助呢？借助什么呢？结果只有两条路，一条是闭着眼睛空想，另一条呢，求助于马克思主义。那么，问题也还是要来，第一种办法只能是作者的空想剧，和历史剧不相干。第二种呢，也还是那句话，马克思主义不能代替历史剧，而且，马克思主义也没有义务替我们来规划中国历史上这种那种可能性呀！至于达到历史真实，我也实在有点担心，恐怕有点儿为难，不大好办也。第三，剧作家从自己的观点、立场出发，这是不容怀疑的，因为谁都有他的立场、观点。至于说根据历史真实性和可能性的法则，经过分析、研究，发掘了历史规律云云，又越发叫人糊涂了。上面说过，历史记载、历史根据都不要了，离开了历史实际，这个历史真实性和可能性的法则从哪里来的呢？是谁创造的呢？还是只凭作者的立场、观点就可以创造出历史实际上这种性那种性呢？创造出来的这些性是本店自造，还是必需经过这些人那些人同意呢？既然历史记载、历史根据都不要了，那么，分析、研究一些什么呢？还有，单凭作者的立场、观点，是否就可以发掘历史发展规律呢？于此，想起一个类似的故事：古代有一个学者，要格物致知，要研究竹子，坐在竹子底下想了若干天，道理没格出来，人倒格病了。这个人无疑是有他的立场、观点的，而且，比张非同志还多一堆竹子，但是，可惜，竹子的发展规律毕竟没有找到。

和张非同志一样，辛宪锡同志也主张“过去时代只有统治阶级有历史，帝王将相有历史，被压迫阶级、劳动群众是没有历史的，虽然他们创造了历史。他们的生活，他们的斗争，也有被写进历史的，那往往是被窜改了的，歪曲了的。所以不能想象，局限于记载在书本上的历史材料能够创造得出真正的历史剧来，人民大众的历史剧来”。宁富根同志的《塑造人民群众的形象，突出人民群众的作用》一文中也说：“中国历史社会，直到新中国建立之前，一直是历代统治者以自己的政治标准、道德观念来记载历史真实的。”这段话是正确的。但是他下面接着说：“这样的历史记载，就其实质来说，是不真实的、被歪曲了的记载。将不可靠的历史资料当作历史真实看，并以它为基础，再进行艺术加工，这样反映出来的艺术真实，当然也只能是被歪曲了的。”这就有问题了。辛宪锡同志的结论和张非同志一样，要“根据马克思主义的辩证唯物论与历史唯物论观点，根据现时生活的体验，无需凭借历史事实的记载，而是借助一定时期历史发展的可能性，去综合生活，丰富生活，虚构创造历史事实，塑造出符合历史发展可能性的人物形象来，从而达到历史真实”。所不同的是加了“根据现时生活的体验”和“虚构创造历史事实”两句话。我要指出，这样做的结果，根据理论，现时生活经验，来虚构创造历史事实，文学家们、戏剧家们有没有这个权力我不清楚，就历史学研究来说，却是决不许可的。马列主义、毛泽东思想，教我们理论联系实际，试问写历史剧而不联系历史实际，倒去联系现时生活体验，这个现时生活体验，看来不可能是别人的，只能是剧作家自己的，那么，公式便是理论联系自己，自己当然也算实际，看来还不能说是历史的实际。这样写出来的历史剧，不可能是历史主义的，不是我们所期望所要求的。

至于历史材料，当然并不是没有问题，而是问题很多，有歪曲，有窜改，有隐蔽，有夸大等等。问题是不能把过去的历史材料一棍子打倒，什么都不要，对祖国历史采取虚无主义的态度。而是要尊重历史，要批判地继承，要经过科学的严格的审查，要正确地运用阶级观点，运用历史唯物主义，对过去遗留的史料做一番辛勤的努力，要去粗存精，去伪存真，由此及彼，由表及里的分析、研究、综合工作，取其精华，去其糟粕。即使是对于个别历史事件，也必须拥有充分的大量的史料，经过严格审查而又能为人们所理解，来求得历史真实，人物的真实，典型环境的真实。

历史剧对历史实际大纲节目基本情况要注意，必须力求其比较符合于历史真实，不许可有歪曲，臆造。例如对待旧时代地主阶级史学家对于农民起义的歪曲、诬蔑，必须运用阶级分析的方法，还其本来面目，肯定其正义的正确的一面。但是，也决不可以任意美化，把古代的农民战争现代化了，把现代的思想意识（当时人不可能有的思想意识）强加于古人，这样做完全没有好处，尽管主观意图是好的，但效果却是有害的，是非历史主义的，因而也是非马列主义的。最近有些剧目，在写古代的民族英雄的时候，作者总是认为这些地主阶级出身的人物是不可能起抵抗侵略、保卫国家的作用的，硬想办法，通过想象，创造出个别的农民领袖来强化剧中的气氛，我看这种做法是不恰当的。相反，《满江红》这个戏，对太行忠义、两河豪杰的作用，尽管也提到了，但还很不够。在剧中开口岳家军，闭口岳家军，过分地强调了岳家军的作用，使观众得到的印象是，当时抗金的力量只有岳家军，把其他所有历史实际中存在的抗金力量相应地抹杀了，这也不能不说是美中不足。

至于细微小节要不要注意呢？我看剧作家完全有自由。从历史实际中的可能性去创造，例如时间的先后，事件的集中或删略，某些人物的虚构等等，只要是这些事和人是在具体时间、具体事件中可能发生的，剧作者都有权加以适当处理。这种虚构或想象，只要是从认真研究历史材料所得出的历史客观实际出发，不但完全可以，而且是必须的。假如不这样做，也就没有浪漫主义之可言，谈不到艺术性，缺乏集中、夸张的手法，因而也达不到戏剧比历史现实更美、更真实、更丰富多彩，使人们喜闻乐见的目的。革命的现实主义在历史剧来说，指的是事件、人物本身必须在基本上符合于历史客观实际，革命的浪漫主义指的是历史剧某些情节，某些人物，某些细节，必须根据艺术的要求，有所强化、集中、夸张、丰富，这两者必须正确地结合，才能达到历史剧的创作目的。

但是，剧作家的自由也是有限度的，浪漫主义不是一味万灵药，只能而且必须正确运用，例如诸葛亮一贯主张联吴抗魏，这个政策就蜀国的情况来说是正确的，但如不适当地把它和现代的统一战线政策混同起来，如果在诸葛亮的戏里唱出“吴蜀本是兄弟邦，统一战线威力扬”，那会使观众发笑，不只无益而且有害。而且，不只是思想意识，服装道具也是如此，假如写《游龙戏凤》的明武宗，让他戴副眼镜，抽根纸烟，我看也是不行的。这本来是老生常谈，但是有些剧作家却并没有能够理会，上面举的《百岁挂帅》中君臣三人排排坐是个例子，《秦香莲》中的公主和太后都到开封府大吵大闹也是例子。以此，我认为这些戏作为故事戏来对待，是没有问题的，如作为历史剧，那就会使观众感觉到封建社会的君臣、上下关系很随便，甚至于相当平等，不只发生不真实的感觉，对历史的真实性和作家的想象，或当时人民的愿望也混淆不清了，在我看来，是没有好处的。

于此，举一个例子，一两年前，和一个前辈闲谈，他大概有七十多岁了，在旧社会经历过很多重大事件，有过很高地位。和他谈了杨家父子的事迹以后，他说："哦！原来佘太君、穆桂英都是虚构的人物。不对呀！戏上却有。"从这位老先生的谈话可以看出，有不少人甚至很多人是从历史剧吸取历史知识的，不把历史剧和故事剧的界限划清楚，结果必然会造成在人民群众中，把历史实际和艺术虚构混淆等同起来，把实际发生过的事情和某些人的想象、愿望混淆、等同起来，这样做，对广大人民通过正确的历史剧来进行历史主义、爱国主义的教育，阶级斗争、社会发展的教育，是没有好处的。

至于有些人主张"冲破"历史记载，摧毁封建统治阶级伪造的历史的主张，我的看法是，历史记载是冲不破的，因为这是客观的存在，谁也冲不破。我们的国家拥有时间最悠久、记载最丰富的历史文献，这是一份无价的遗产，我们要用科学的严肃的态度，批判地继承这份遗产，而决不是"冲破"。其次，过去的历史当然是封建统治阶级的历史，人民从来没有当过家，作过主，怎么可能会有人民自己的历史呢？这个命题是对的，但说过去的历史是伪造的，却说得不完全。诚然，过去的记载对农民战争，人民的发明创造，是采取歪曲、诬蔑的态度的，主要是写帝王将相的历史，这是由他们的阶级立场决定的，从今天看来，不正确则有之，伪造则未必。而且，尽管封建史家对农民、人民采取不正确的态度，但毕竟通过这些记载，保留下来不少封建统治阶级镇压农民战争的史料，如果没有这些史料，我们今天连黄巾、赤眉、黄巢、李自成……这些事件和人物的名字都不知道了。所以尽管是反面的史料，也还是无价的史料。另一面，封建史家所记录的他们本阶级的历史，也就是帝王将相的历史，尽管也有夸张，有歪曲，有隐蔽之处，但总不能说全是伪造的吧。研究阶级斗争，研究被统治阶级的斗争，也要研究统治阶级的政策、方针和镇压被统治阶级的一切措施。假如，把统治阶级这个阶级的一切活动都不去研究，甚至斥为伪造而把它人为地放逐到历史领域以外，只讲被统治阶级一面，不讲统治阶级一面，这样，阶级斗争的双方只剩下一方了，我就很想不通怎么能够进行研究、分析，怎么能够全面地说清楚当时的历史情况。问题是在于用什么观点、立场去对待这些史料。不这样做，而一笔抹杀，说这一切都是伪造的，这样说法显然是不全面的。

也应当提一句，马克思写《资本论》，用了多少年工夫，读了一千几百种史料，这些史料很少是人民写的，大都是封建史家写的。马克思并没有因为“伪造”而不去利用它。毛主席教导我们要学点历史，前几年我们出版了标点本的《资治通鉴》，最近还要出版标点本的《二十四史》，这些大部头书，更千真万确，无一例外都是封建史家写的，我们不但十分重视，而且还花了很大力量，组织人力进行标点、校勘的工作，使它更易读，可读，能为人民群众所理解、掌握，这是为什么呢？难道我们是因为“伪造”而重视吗？恰恰相反，这些书里记录了我们祖先几千年来的阶级斗争和生产斗争的经验教训，保存了大量的真实史料。问题也只在于用什么立场，什么指导思想去读它，从中吸取有益的经验和教训，无论是成功的或失败的。这些史书不但今天我们很重视，再过了千万年，我们的子孙还将继续重视，这难道不很清楚吗？

我说，轻视，或者一棍子打死历史材料，是一种有害的倾向。当前我们的任务是重视它，研究它，分析它，用今天的立场、观点去理解它，通过一切方法，如撰写专门论文，编写教科书，出版通俗历史读物，电台播送历史故事，戏剧家们编写正确的历史剧等等，来丰富、提高广大人民的历史知识，提高广大人民的文化水平，使他们更加热爱祖国，热爱人民，热爱党，并且通过某些历史人物、事件的启发，从中学习某些优良品德、传统，从而更高地举起三面红旗，在各个生产岗位上做出更好的成绩，多快好省，力争上游，建设我们伟大的祖国，难道我们不应该这样做吗？

最后，还要说一下，戏剧的作用是远远超过书本的。过去长时期以来，广大人民没有学文化、读书的机会，但是，他们或多或少有一些历史知识，这些知识是由戏剧传播的。今天，情况不同了，人人有了学习的机会，有了学点历史的可能了。但是，要使历史上某些有益的经验教训，某些人物的优良品德，特别是我们祖先艰苦朴素，英勇斗争，富贵不能淫，贫贱不能移，威武不能屈的英雄气概，深入人心，成为社会主义共产主义道德的组成部分，历史剧是有其重要作用和意义的。因此，我们不能不对今天的历史剧提出较高的要求，反对主观的想象、创造，反对基本上不符合历史实际情况的所谓“历史剧”，反对不根据真实史料，而只凭理论联系自己来创作的脱离历史实际的不正确作风。我们要牢牢记住毛主席实事求是，理论联系实际的指示，努力学习马列主义、毛泽东思想，掌握运用大量的充分的史料，切实做好调查工作，经过严格的科学的审查，取其精华，弃其糟粕，用革命的现实主义和革命的浪漫主义相结合的手法，既要有历史，也要有艺术，结合当前的实际要求，创造出多多益善的真正的历史剧来。我衷心盼望戏剧家这样做，也盼望历史学家能够有效地参加这一工作，历史科学的普及工作。

以上的意见是不成熟的，为了把意见说得透彻，语气间也可能有冒犯之处，还请原谅，并望得到指教和批评。

（原载《文汇报》，1961年5月3日）

论历史剧

我不懂戏，也不常看戏，但对历史剧却有浓厚的兴趣。

原因是正确的历史剧可以普及历史知识，是进行历史主义、爱国主义教育最有效的工具。

解放以前，我们国家的广大人民没有普遍受到学校教育的机会，百分之八九十的人们是不识字的。但是，尽管没有读过历史书，他们却有了一些历史知识，知道有战国、三国、唐、宋等朝代和刘备、曹操、关羽、张飞、包公、岳飞等等历史事件和历史人物。特别是诸葛亮，“三个臭皮匠，抵过诸葛亮”，在人民中间的威信很高。解放军在连队里开诸葛亮会，大家出主意。农村公社里的老社员组成黄忠班，表示不服老，要和青年人竞赛。包公的声名则更是妇孺皆知，这是因为广大人民长期受封建官僚的压迫，侮辱，以至倾家荡产，丧失生命，渴望有一个清官能够替他们申冤平反，过较好的日子的缘故。海瑞在我国东南地区有“南包公”之称，也是这个道理。

旧历史剧在过去的时代里，是起了它应有的作用的。不过，也有它的缺点，那就是剧作者是根据他所处的时代的思想意识，来处理历史事件和资料的。每一个历史剧都有它的创作意图和时代背景，或者以古论今，以古讽今，指桑骂槐，或者是强调某一方面的教育意义，或者有其他意图等等，总不免夹杂一些糟粕，甚至对历史真实面貌有所歪曲。前者例如宗教迷信的宣传，后者例如对王昭君、曹操的评价等等。我们虽然不能以今天的标准去要求过去时代的旧历史剧，指出这一点却是必要的。

应该肯定，旧历史剧中确实有些好戏，如《空城计》、《群英会》、《杨家将》等等，经过几百年的考验，到今天还为广大人民所喜爱，它的教育作用也还是有现实意义的。

也还需说清楚，旧时代把某些故事剧也算在历史剧范围里，这种影响直到现在还未消除，例如两年前我曾翻阅几厚本的历史剧目，发现其中有百分之九十以上是故事剧，无论如何是不能算作历史剧的，这是一个可以商讨的问题。

例如《杨家将》，杨业、杨延昭、杨文广三代都领兵和北方的辽国作战，保卫边疆，英勇善战，有功于国家，有功于人民。在过去长期受外来侵略，广大人民多灾多难，闻鼙鼓而思良将，《杨家将》这个戏受到广大人民的热烈欢迎，是有它的社会基础的。《杨家将》的人物是真实的，保卫边疆的斗争是有根据的，这个戏是历史剧。虽然其中夹杂了潘杨两家的矛盾，把宋初名将潘美的形象歪曲了，不符合历史真实，但陈家谷之战，失败的主因是监军王侁、刘文裕力主进攻，王侁争功，擅离陈家谷，主将潘美不能阻止，遂致杨业全军覆没。因此潘美对杨业的败死是负有责任的，把账算在他身上也不是完全没有道理的。

由于《杨家将》的形象深入人心，从这个戏派生出了一系列的杨家的戏，例如《辕门斩子》、《四郎探母》、《杨门女将》、《十二寡妇征西》、《杨门少将》、《杨排风》、《佘赛花》、《百岁挂帅》、《穆桂英挂帅》、《破洪州》、《杨文广征辽》等等一大堆，从人物论，佘太君、穆桂英和杨门一群寡妇都是虚构的。从史实说，征西也罢，征辽也罢，破洪州也罢，挂帅也罢，也都出于剧作家的主观愿望，是不符合历史实际的，是那个历史时代所不可能发生的。尽管其中有些戏确是好戏，但不可以给它戴上历史剧的帽子。

同样，薛家将的戏也有类似情况，薛仁贵是实有其人的，是唐太宗、高宗时的名将，曾和高丽、吐蕃打过仗，立下战功。他的子孙也有人当过将军。但如《薛刚反唐》、《徐策跑城》这类戏便一点历史影子也没有了，不能算作历史剧。

至于包公戏，这个人的斗争性是很强的，剧作家有权对某些人物加以虚构，不过，像《打龙袍》、《秦香莲》这类戏，皇太后和公主跑到开封府吵吵闹闹，戏剧性确是加强了，历史性却说不上有一点点。

以上是我对旧历史剧一些看法。要郑重声明的是第一，我不赞成其中有些戏算是历史剧；第二，我还认为其中有些戏是好戏；第三，假如有人一定要把《杨门女将》之类的戏当作历史剧，这是他们的自由，不过，就我个人来说，我还要说不是；第四，旧历史剧是过去时代剧作家的创造，经过长期考验，虽然其中有些缺点，我却不主张改，假使一定要改，也只能个别地方改，改其太不合理和文字不顺的地方，千万不要大改，以至乱改；第五，旧历史剧反映了旧时代剧作家的一些看法，作为历史剧的发展过程来看，是有它的时代意义的。但是，我们这个时代却不应该跟着旧时代的剧作家脚迹走，因为道理很明白，时代不同了！

我要谈的主要是新历史剧的问题。

从最近杨家将这一系统的戏一个接一个演出以来，我感到有些迷惑。我国的历史这么长，内容这么丰富多彩，有成百成千的历史人物和事件可以搬上舞台，为什么不选取其中有教育意义的戏剧性较强的编为历史剧，而非打杨家将的孤儿寡妇的主意不可呢？这样做，有什么必要呢？随便举一个例，《破洪州》这个戏，我虽没有看过，不过洪州这个地方我倒是知道的，就是现在江西南昌。杨家和辽国作战，怎么会打到南昌，这样连祖国地理也搞不清，对观众又有什么好处呢？

在我看来，不妨两条腿走路。一条是继续上演经过考验的好的旧历史剧，一条是集中力量编出新的正确的历史剧。旧有的杨家将这一类的戏当然可以上演，但杨家将孤儿寡妇这条道路却不必再走了。新历史剧的道路是无限宽阔的。

要创作新历史剧，我想，应该注意几点：

第一，历史学家和历史研究工作者应该充分和戏剧家合作，提供戏剧家以新的题材，在我国无限丰富、生动、悠久的历史中，选取其中某些有现实意义的题材，例如我们祖先的智慧、勇敢、勤劳、坚强不屈、雄心大志、勤俭奋斗、创造发明、忠实勤恳、保家卫国、自力更生、调查研究、明辨是非、同甘共苦等等美德，弃其糟粕，取其精华，要求有可靠的真实的史料，又要有戏剧性，每一个故事都写成提纲，附以参考书目，送给戏剧家写作时参考。戏剧家再选取其中一些题材创作成剧本，历史学家要帮助讨论修改，在排演过程中也是如此。这样，把历史和戏剧两个家打通了，一定可以出现很多新的好的历史剧，繁荣了创作，普及了历史知识，也有效地满足广大观众的要求。这个工作我们已经在尝试着做了，也希望其他兄弟省市的历史学家和历史研究工作者们能够这样做。

第二，必须明确历史和历史剧有联系也有区别这一原则。所谓有联系，指的是既然是历史剧，必然要受历史真实性的约束，在时代背景、主要人物和事件等方面，决不能凭空捏造，或者以今时今地的思想意识去强加于古人，让演员穿戴古代衣冠，却具有中华人民共和国人民的思想感情。相反，新的历史剧在主要方面，亦即人物、事件、时代背景方面，必须基本上符合于历史真实，从这方面说，历史剧是和历史有联系的，是不可以不受历史真实性的约束的。违反了这一点，即使文艺价值极高，戏剧性很强，叫什么剧都可以，却不大好称为历史剧。同时，历史剧既不是历史教科书，更不是历史论文，它除了受历史真实性的约束以外，主要的还是戏。是戏就得按戏的办法写，要有矛盾，有冲突，有情节，要收到艺术效果，还必须有所突出，集中，夸张，因之也就不能不有所虚构，使之更丰富，更生动，更美，更动人。戏剧家完全有权利这样做。要充分运用革命的现实主义和革命的浪漫主义相结合的精神，创造出新的历史剧。但是，也还有一条限制，那就是尽管容许而且必须有所虚构，却只能、必须限于这个人物、事件所处的时代所可能发生的，也就是必须具有时代的特征，或者说是时代的约束。超出了这个范围，无论是以今人的思想意识或者物质生活虚构于古人，或者以明清时代的情况虚构于唐宋，同样是违反了历史真实性，是非历史主义的。

片面强调联系约束的一面，把历史剧写成历史教材，那就不叫戏。反过来，片面强调区别的一面，如有些人所说的那样，文艺的真实性不同于历史的真实性，剧作家可以无须凭借历史记载，只凭马列主义理论和自己的生活体验，就可以写出符合历史唯物主义的历史剧来，这也是一种天真的缺乏严肃态度的说法。在我看来，有人一定要这样写，当然无从反对，只是，这种戏和历史实际一点关系也没有，可以叫什么什么戏，却不能称为历史剧。也要提醒这些先生们一下，历史是不许可捏造的，是不能凭自己的主观愿望虚构的。

第三，对历史记载的看法也必须澄清。有的人认为所有历史记载都是封建史家写的，记的只是帝王将相的事迹。由于他们的阶级立场，对农民、人民的活动就不能不有所歪曲、隐蔽，以至诬蔑，这个提法是正确的。问题是如何来对待现存的史料。他们从这个前提得出结论，认为过去的历史记载全都是不可信的，因而不能凭借。这样一来，就把我国无比丰富生动的历史资料一棍子打死了。这是一种对自己国家历史的虚无主义态度，是不科学的，因而也是错误的。当然，过去时代的历史家所写的记载都带上他们阶级的烙印，不这样写是不可想象的。当然，他们所最感兴趣的是帝王将相的活动。当然，他们仇恨农民起义，农民战争，看不起农民、工人。这些都是由他们的阶级本质决定的。当然，他们的记载，其中有许多是不可信的，有歪曲，有隐蔽，有诬蔑，甚至还有捏造呢。问题是用什么态度去对待这些历史记载，是全盘否定呢？是全盘接受呢？还是批判地继承？

无需多说，不管是全盘否定也罢，全盘接受也罢，都是不正确的，错误的，非马列主义的。只有老老实实学习毛主席的思想，运用辩证唯物主义和历史唯物主义的观点、立场、方法，批判地继承，去粗存精，去伪存真，由此及彼，由表及里，把死史料运用为活史料，密切结合当前需要，使浩如烟海的无比丰富的史料中某些优良部分，充分发挥其作用，古为今用，为今天的建设社会主义服务，才是唯一正确的可行的办法。

最后，也还要说一下，对旧历史剧我一点反对的意思也没有，只是不同意把某些旧剧强名为历史剧。其次，我认为对新历史剧的创作必须要有较高的标准——我们这个时代的标准，因为我们生活在这个伟大的无比幸福的时代。

1961 年 5 月 15 日

（原载《文学评论》第 3 期，1961 年）

卧薪尝胆的故事

卧薪尝胆的故事，发生在公元前494到473年这二十年间，离开现在已经有两千四百多年了。

我国是一个多民族的国家。两千四百多年前，在我国的东南部，以现在江苏省苏州为中心的有吴国，以浙江省绍兴为中心的有越国。吴国的统治者大概是从西北来的，传说和周王是一个家族。至于越国，那里的人们“断发文身”，头发剪得短短的，身上刺着花纹，显然和吴人是两个不同的民族。

当时的政治形势，许多国家分立，其中西北的晋国（今山西一带），南方的楚国（今湖北、湖南、安徽一带）最为强大。东方的齐国（今山东一带）曾经很强大，称霸诸侯，但这时候已经衰落了。晋、楚两国争夺领导诸侯的霸权，经常打仗。晋国为了要战胜楚国，便派人联络吴国。越国原来是楚国的一部分，楚国也派人到越国去，例如越王勾践的谋臣范蠡、文种都是楚国人。相反，楚国杀了伍子胥的父兄，伍子胥逃亡到吴国，作吴国的大将，带兵打败楚国。吴、越两国，吴帮晋国，越帮楚国，在政治上是敌对的两个国家。

在生产上，吴国比越国先进，公元前585年吴王寿梦即位以后，吴国日渐强大。第二年晋国的使臣到了吴国，教会了吴人使用兵车和训练军队的方法，劝他们进攻楚国。吴人接受了中原地区的先进的生产技术和文化，和中原诸国的来往也日渐加多了。越国的地势比较低洼，农业生产也比较落后。

从吴王寿梦到吴王阖闾这九十年间，吴国的生产日益发展，地域日益扩大，从当时许多铸剑的传说看来，铁已经应用到生产上来了，也很可能吴人已经学会了炼钢的技术，制造成锋利的宝剑。

公元前496年，吴王阖闾带兵进攻越国，兵败负伤而死。临死前要他的儿子夫差为他报仇。

吴王夫差练了三年兵，公元前494年大败越兵，越王勾践只剩下五千多兵，被围困在会稽山上，派文种求和，伍子胥主张灭掉越国，劝吴王拒绝，文种用美女珍宝买通了吴王的宠臣太宰嚭，替他求情，伍子胥虽然坚决反对，吴王还是听信了太宰嚭的话，许和退兵。

越王勾践夫妇和范蠡被吴国拘囚了三年，勾践替吴王养马，受尽了屈辱。最后还是用贿赂通过太宰嚭说服吴王，吴王夫差拒绝伍子胥的谏诤，把越王君臣放回越国。

越王勾践回国之后，发愤图强，苦身焦思，夜晚睡在柴草里，办事的地方放一个苦胆，经常尝胆的苦味，也经常告诫自己："你忘掉会稽山的耻辱吗?"生活刻苦，自己参加农业劳动，夫人织布，吃饭只吃一样菜，穿的衣服也很朴素。和百姓同甘共苦。对有才德的贤人十分尊重，厚待过往的宾客，百姓有穷困的加以救济，生病和死亡的亲自慰问。和大臣们经常研究讨论问题，有好的意见立刻接受。

特别注意农业生产，开垦荒地，充分利用人力，适应农业季节，采用先进生产技术，这样做的结果，仓库充实了，百姓有余粮了，国家富足了。

在经济发展的基础上，修改了法律，缓刑薄罚，减少农民的负担，人民富足了。

为了人口蕃殖，增加人力的来源，法令规定青年人不许娶年纪太大的女人，老年人不许娶青年女子；女孩子十七岁不嫁，男孩子二十岁不娶，父母都要受罚。临产的派医生看护，生双胎男的送一壶酒一只狗，生双胎女的送一壶酒一只猪，生三个的公家给奶妈，两个的公家给养一个。

经过十年的积极生产，粮食和人口增加了，便转到军事训练方面，号召青壮年参加军队，铸造武器，练习战阵，更重要的是让全体人民都明白发愤图强的道理，"明耻教战"，上下一心，越国的落后情况完全改变了，后来人总结这二十年的经验为八个字："十年生聚，十年教训。”越国成为强国了。

为了孤立吴国，越国采取结齐、亲楚、附晋的方针，齐、楚都是吴的敌国，晋国呢，吴国自恃强大，要和晋国争霸。越国和齐、楚、晋三国都建立友好关系，同时，又对吴国表面上十分尊重，要粮食送粮食，要木材送木材，要美女送美女，使敌人麻痹，失去警惕。

和越王勾践相反，吴王夫差从战胜、臣服越国以后，便骄傲自满起来，自以为十分强大，向北发展，要在中原建立霸主地位。公元前484年，发兵北攻齐国，大败齐军。伍子胥反对攻齐，结怨邻国，吴王逼令自杀。伍子胥死后，吴国朝廷上便再也没有提不同意见的人了，吴王越发刚愎自用，尽情享乐，政治腐败，民生困苦。两年以后，公元前482年又亲自率领大军，北上到黄池（今河南封丘县南）大会诸侯，和晋国争霸。吴国这些年来，虽然打了多次胜仗，但是军队中的精锐部分都已消耗，人民负担重，过日子很困难，表面上看来很强大，实质上国力却已经衰弱了。

正当吴军北上的时候，越王乘虚发兵攻入吴都，俘虏了吴国的太子。吴王赶紧回兵援救，抵抗不住，只好向越国求和。公元前473年，越兵攻灭吴国，吴王夫差自杀。替越王说好话的太宰嚭自以为有功，也被越王所杀。越国从此称霸诸侯，和中原地区的先进生产技术、文化，有了更多的接触，越国的经济、文化面貌有了新的发展。一些不同的生活习俗，例如上面提到过的断发文身，也相应地改变了。以后，经过长期间的融合，越人就成为汉族的一部分，过去曾经存在过的民族间的差别、隔阂，日益消除，团结成为一个民族了。

正因为历史上曾经存在过吴、越两国敌对交战的史实，所以后来人往往形容敌对关系为“吴越”，例如孙子上说：“吴人与越人，相恶也。当其同舟济而遇风，其相救也如左右手。”

越王勾践立下雄心大志，发愤图强，他的卧薪尝胆的故事，两千多年来为人民所喜闻乐道，成为很著名的有教育意义的优良遗产。

（原载《光明日报》，1961年1月11日）

夫人城

中国历史上有许多妇女英雄人物，她们以自己的勇敢、智慧，反对侵略，保卫人民利益，在战争中立了功劳，为当时以及后代人民所尊敬怀念。夫人城的故事就是一个著名的例子。

公元四世纪后期，南北分裂，北方的前秦苻坚建都长安，军事力量十分强大，东晋建都南京，军力衰弱。

太元三年（公元 378 年）二月，苻坚发兵包围东晋的军事要地襄阳，统帅是尚书令苻丕，率领部将慕容暐、苟苌等步骑兵七万为主力，大将杨安领樊、邓一带军队作前锋，屯骑校尉石越率精骑一万出鲁阳关，大将慕容垂、姚苌出南乡，大将苟池和强弩将军王显带劲卒四万从武当继进，诸军大会汉阳，驻师沔水之北，准备进攻襄阳。

东晋襄阳的守将是南中郎将梁州刺史朱序，义阳（今河南新野）人，他父亲朱焘作过南蛮校尉、益州刺史，是个有名的将军。朱序世代将门，立了不少战功，坐镇襄阳。他得到前秦大军压境的消息，知道前秦军队没有船只，过不了沔水，也就不放在意下。谁知石越的骑兵竟自游马过沔水，攻陷襄阳外城，俘获了一百多条船，苻丕大军陆续乘船过沔水，攻破外城，朱序只好固守中城，等待外援。东晋派车骑将军桓冲领兵七万声援，看到前秦军队强大，不敢进兵。

朱序的母亲韩夫人当年跟着朱焘打过仗，富有军事知识和经验，襄阳一被围攻，她就亲自登上城墙，观察形势，检查防御工事，走到西北角的时候，看出这一段形势不好，是防御的薄弱环节，最容易被敌军突破。便立刻带领家中一百多婢女和城中的妇女一起，在西北角的内线，再斜筑一段二十多丈的城墙，由于她亲自带头，城中妇女十分上劲，不多几天便修成了。过了些日子，西北角果然被敌军突破，襄阳守军坚守新城，敌军累攻不下，只好退兵，襄阳人民喜欢极了，叫这段新筑的城为夫人城。

朱序守军屡次战败敌军，西北城一战，苻丕战败退兵，朱序便骄傲起来，认为敌军不会再来进攻，放松了警戒。

前秦方面，苻坚因为苻丕率领大军久攻襄阳不下，派黄门郎持节到军中，严厉谴责苻丕，并且说："来春再要攻不下，你便自杀，不必再见我了！"苻丕大会诸将，决定战略，把大军团团围住襄阳，阻绝外援，断其粮运，昼夜攻城，前仆后继。

太元四年（公元379年）二月，正在前秦激烈进攻的时候，朱序部将督护李伯护阴谋投降，开门引进秦军，襄阳遂为前秦所占，朱序被俘送到长安，苻坚用为度支尚书。李伯护自以为有功，苻坚命令斩首示众，以为不忠之戒。

朱序陷身前秦，设法潜逃南归，没有成功。

公元383年苻坚亲自率领百万大军南攻东晋，攻陷寿春，兵临淝水。苻坚派朱序到东晋，劝说东晋主将谢石投降，苻坚原来是要朱序夸耀兵威，不战服人的。朱序却告诉谢石，苻坚主力尚未到达，要是全军到达，无论如何是敌不住的。现在应该趁这机会，要求速战，只要挫败他的前锋，便可决胜。泄露了前秦的军事机密。到两军交战时，苻坚前锋稍为退却一点，朱序便在军中大呼，苻坚打败了，前秦军队惊惶失措，一齐溃退，苻坚军大败。朱序乘机回到东晋，重新带领军队。393年死。

朱序的母亲韩夫人建立夫人城的史实附见于《晋书》卷八十一《朱序传》，她的事迹留传下来的虽然只有这一件事，但是，也可以想见她的英雄气概。从朱序的经历看来，公元365年以前朱序已经升迁到鹰扬将军、江夏相，年纪不会很小了。十三年后他奉命守襄阳，至少应该在四十岁左右，从朱序的年龄推算，这年韩夫人大概已经是六十岁左右的人了。以六十高年的妇女，在敌军围城的时候，亲自检查防御工事，看出缺点，并且亲自带头，领导家人和城中妇女增建防御工事，在旧城被突破后，便凭着这新建工事坚守，并且挫败敌军，这是一件了不起的事，是韩夫人的功劳，也是襄阳妇女的功劳。这种英勇抗敌、保家卫国的英雄气概，是我国人民光荣的悠久的传统，不只在无量数的英雄人物身上体现出来，也在韩夫人和襄阳的广大妇女身上体现出来。

其次，襄阳的失陷是由于内部李伯护的叛变，堡垒是最容易从内部攻破的。朱序被俘后仍然千方百计要逃回来。到被派劝降谢石时，他报告了前秦的军事机密。到两军交战时，又大喊苻坚军败，动摇和破坏前秦士气，造成溃败形势，终于脱身重新回到东晋。就朱序的经历看来，他的一切军事活动是和韩夫人这样一个英雄母亲的教育分不开的，韩夫人是英雄，也教育儿子成为英雄，母子都热爱自己的民族和国家，这样的历史人物是值得后人怀念和尊敬的。

(原载《光明日报》，1961年11月2日)

宣文君

宣文君是苻坚时代的女学者。宣文是宣扬文化，君是尊称。前秦时的学术界拿这个称号来称呼一个高年的妇女，正可以说明被授予这称号的人，在当时学术界的地位。

首先应当提出，在印刷术发明之前，经典著作的流传只能靠抄写、靠记诵，其他的办法是没有的。抄写、记诵都需要较长的时间，一般靠自己劳动过日子的人们是很难做到的。这样，就出现了一批抄写记诵的专家，精通一经或几经的学者。学生向学者受学要送学费，有一些学者就靠学费过日子。

其次，当时没有印出的书籍、报纸、杂志以及广播等等设备，学生受学只能通过学者的面授、口授。不同的学者对某些问题自然会有不同的理解、看法，这样，也就形成了师承、家法以至学派等等。

正是由于这样情况，假如某一地区某一经典失传了，没有人能加以讲解，这门学问也就绝了，失传了。反过来，如有人能够加以传授，这门学问也就保存下来了，宣文君在前秦时期之所以被人们重视，其道理就在于此。

宣文君姓宋，名字失传了，连什么地方人也不清楚。据记载，前秦皇帝苻坚亲临太学在公元362年（东晋穆帝隆和二年①），这一年她已经八十岁了。她生在公元283年（晋武帝太康四年）。

她家世代都研究儒学，从小没有母亲，由父亲亲自抚养教育。到成人时，父亲传授她以《周官音义》，并且告诉她："我们家是世代研习周官的，代代相传。这部书包括了许多政治理论、制度。我

① 此处年号似误，隆和为东晋哀帝年号。公元362年，当为隆和元年。——编者注

没有儿子可传，你要认真学习，不让它绝灭才好。”

这时，天下大乱，不断的战争使人民无法安居乐业，可是宋家父女还在坚持学习，不肯间断。后来被羯族首领石虎强迫搬家到山东，宣文君和她的丈夫韦某推着鹿车，背着父亲给的书，到冀州，投奔胶东富人程安寿，安寿见她有学问，很照顾他们。

宣文君的儿子韦逞，年纪很小，宣文君白天上山斫柴，晚上纺织，成天劳动，还教育韦逞学习，程安寿看了很感动。韦逞由于母亲的认真教导，有了学问，成了名，作前秦太常的官。

公元362年，前秦皇帝苻坚很注意提倡学术文化，亲自到太学了解情况。太学博士卢壶对他说：“学校荒废已久，书籍不全，经过这些年的搜访、编缀、撰述，正经差不多了。只有周官礼注，还没有合式的人可以讲授。太常韦逞的母亲宋氏是周官专家，承受了她父亲的学问，有《周官音义》一书。今年虽然八十岁了，眼睛耳朵都好，除了她，谁也讲不了这门课。”苻坚就派了一百二十个学生，在韦家建立讲堂，请宋氏主讲传授。大家都尊称宋氏为宣文君，周官学这门学问从此又流传开了。

当时人也叫宣文君作韦氏宋母，名气很大。

从宣文君的一生看来，家庭困难没有妨碍她学习，在战争环境中，她坚持学习，她不但自己白天黑夜劳动，还在劳动的间隙认真教育儿子，最后到了八十高年，还能够开立讲堂，传授绝学，使这门学问能够全部保存并流传开来，她个人对学习的努力，对劳动的态度和对文化学术的贡献，是值得后人学习和纪念的。

（原载《人民日报》，1961年3月12日）

洗夫人

洗夫人是六世纪时南越的杰出领袖，她有谋算，勇敢，善于用兵，一生坚持和汉族团结友爱，保障地方秩序安定，从梁大同初年（公元535年左右）到她的孙子冯盎死时（唐贞观二十年，公元646）止，一百一十年中，广东南部一直保持安定局面，她的功绩是值得后人纪念的。《隋书》卷八十和《北史》卷九十一都有她的传。（司马光《资治通鉴》卷一六三、一六四、一六七、一七〇、一七七，都有关于洗夫人的记载。）

她的生卒年都不清楚，只知道她于梁大同初年结婚，陈永定二年（公元558）她的丈夫冯宝死去，儿子冯仆才九岁。隋仁寿初年（公元601年左右）洗夫人死。估计她结婚时为十八岁左右，到601年死，存年当在八十三四岁左右（公元518—601?）。

她是广东高凉（今广东阳江县）人。世代作南越首领，跨据山洞，部落有十几万家。唐杜佑《通典》卷一八四说："自交趾至于会稽七八千里，百越杂处，各有种姓。"洗家是越族的大姓，洗夫人在父母家的时候，就很贤明，善于筹略，抚循部众，能行军用帅，压服"诸越"，是个少年女英雄。

她虽然很能干，英勇，却喜爱和平生活，总是说服族人做好事，很得到本地人民的信任。越族各首领经常互相攻战，洗夫人的哥哥南梁州刺史洗挺也倚恃富强，侵略傍郡，使人民生活不能安定，洗夫人多方规谏，解仇息兵，海南岛的黎族一千多洞都来归附。

公元535年左右，罗州（今广东化县）刺史冯融听说洗夫人的声名，为他儿子高凉太守冯宝求婚，她便嫁给冯宝，开始了自己的事业。

冯融是北燕冯弘的族人，冯弘失败逃奔高丽，派族人冯业带三百人浮海南逃到宋国，留住广东新会。从冯业到他的孙子冯融，世代作罗州刺史。冯家虽然几代都作大官，因为不是本地人，号令不行。从冼夫人嫁给冯宝以后，便约束同族，服从地方政府命令。她自己和冯宝一起审判案件，越族首领犯法，即使是亲戚也依法处理，从此冯家才能施行政令，谁也不敢抗拒了。

梁武帝太清二年（公元548）八月，侯景反。大宝元年（公元550）高州刺史李迁仕派人叫冯宝去见他，冯宝正准备出发，冼夫人劝他不去，说："刺史无缘无故，不会找你去。一定是要你和他一起造反。"冯宝说："你怎么知道?"冼夫人指出："刺史奉召援救南京，可是称病不去，一面又铸造武器，集合人马。找你去，无非是把你扣留，作为人质，调发你的部队。且不忙走，过几天看形势发展再说。"不到几天，李迁仕果然反了，派大将杜平虏领兵北上，和梁都督陈霸先的部队交战。冯宝听到消息，冼夫人出主意："杜平虏一时回不来，李迁仕在州出不了什么花样，你自己去，必然会打起来，不如卑辞厚礼，说你一时离不开，让我代你参见，他必然不会防备。"冼夫人就带了千把人，挑了礼物，说是到州送礼。李迁仕很高兴，叫人侦察，果然都是挑着担子的，便不设防了。冼夫人的人马进了城，便发动攻击，迁仕大败逃走。冼夫人乘胜和陈霸先会师，回来告诉冯宝："陈都督不是常人，很得众心，一定能够平息叛乱，你要好好交结他，大力供应物资才是。"冯宝从此和陈霸先友好。公元551年陈霸先擒杀李迁仕，557年陈霸先称帝，是为陈朝。

陈永定二年（公元558）冯宝死。这时广东一带地方秩序混乱，冼夫人团结百越，地方安定。派九岁的儿子冯仆率领各酋长到丹阳朝见，陈霸先封冯仆为阳春太守。

太建二年（公元570）二月广州刺史欧阳纥反，陈朝派车骑将军章昭达讨伐。欧阳纥派人召冯仆到高安，要他共同起兵，冯仆遣使告诉冼夫人，夫人说："我忠贞报国，已经两代，不能为了你，就有负国家。"立刻部署军队拒守，并带领百越酋长迎接章昭达，内外夹攻，欧阳纥的人都溃散了，欧阳纥自杀。陈朝因为冼夫人立了功，封冯仆为信都侯，加平越中郎将，转石龙太守。派使持节册封冼夫人为中郎将，石龙太夫人，送她绣缋油络驷马安车一乘，鼓吹一部，和麾幢旌节，卤簿和刺史一样。

公元584年左右，冯仆死。589年陈为隋所灭。岭南地区几个郡共举冼夫人为主，号为圣母，保境安民。隋文帝派柱国韦洸来安抚，陈将徐璒拒守，韦洸不敢进。隋晋王杨广叫陈后主叔宝写信给冼夫人，告诉她陈国已亡，要她投降隋朝，并把她先前送给陈叔宝的扶南犀杖和兵符作为信验，冼夫人得信，知道陈朝已亡，只好召集首领几千人，哭了整天，派孙子冯魂迎接韦洸到广州，岭南安定。隋朝封冯魂为仪同三司，册封冼夫人为宋康郡夫人。

隋文帝开皇十年（公元590）番禺少数民族首领王仲宣起兵抗隋，岭南各族首领大部分起兵响应，包围南海，韦洸战死。隋文帝派给事郎裴矩巡抚岭南，到了南海。冼夫人派孙子冯暄带兵救援韦洸，冯暄和王仲宣部将陈佛智是好朋友，不肯进兵，冼夫人大怒，逮捕冯暄囚于州狱。另派孙子冯盎带兵进攻，杀了陈佛智，会合隋军击败王仲宣，广州终于保全了。冼夫人亲自被甲，骑高头大马，张着锦伞，带着骑兵，护卫裴矩巡抚诸州，各地首领都来参拜，受隋朝官爵，岭南地方从此安定。隋文帝极为惊异，封冯盎为高州刺史，并赦免冯暄，封为罗州刺史。追封冯宝为广州总管、谯国公，册封冼夫人为谯国夫人，开谯国夫人幕府，置长史以下官属，给印章，许其发部落六州兵马，如有紧急情况，可以便宜行书。还写信表扬她的功绩，送丝织品五千段。独孤皇后也送她首饰和宴会服装。冼夫人把这些东西都装在金匣子里，和梁朝、陈朝所送的东西，分别收藏在库房里，每到过年过节，把这些东西陈列出来，训示子孙，要他们忠于国家，并说自己经历了三个朝代，只是一味好心，所以能够保存这些东西，子子孙孙都要这样做才好。

番州（今广东广州）总管赵讷贪财残虐，俚族、僚族人民忍受不了，纷纷逃亡。冼夫人派长史张融到长安，提出安抚各族人民的意见，并指出赵讷的罪状，像这样人是不能办好团结少数民族的事的。隋文帝派人查办，证实了赵讷的罪行，依法处死。就便派冼夫人安抚各族人民，冼夫人亲自拿着诏旨，自称使者，巡历了十几个州，慰问各族人民，俚、僚各族人民都欢欣鼓舞，归附隋朝。这时洗夫人已经八十多岁了。隋文帝很高兴，赐她临振县（今海南岛）汤沐邑一千五百户，并追封冯仆为崖州总管，平原郡公。

仁寿初年（公元601年左右）洗夫人死。隋朝送赙物丝织品一千段，谥为诚敬夫人。

孙冯盎英勇善战，隋亡，尽有广州梧州海南岛一带二千方里的地方，有人劝他自立为南越王，坚决不肯。唐武德五年（公元622）以岭南二十州地归唐，唐高祖任为上柱国、高州总管，封越国公。子智戴为春州刺史，智彧为东合州刺史。智戴也知名当世，勇而有谋，官至左武卫将军。

唐玄宗时的宠臣高力士，本来姓冯，是冯盎的曾孙。

洗夫人是我国古代少数民族越族的著名领袖，她的一生，少年英雄，老当益壮，英勇善战，沉着有谋，致力于和汉族团结，国家统一的事业，对内部主张和平安定，劝阻各族互相攻战，对叛乱和贪残官吏则决不容情，加以讨伐和揭发。在她一生从领兵到死亡的七十年中，是广东南部维持安定和平的主要力量，她作了对人民对国家有利的事业。由于她的教育和榜样，她的子孙也都是英勇善战，致力于民族团结和国家统一的名将，从她到冯智戴的一百十几年中，冯家的历史是和广东南部各族人民的和平安定生活的历史分不开的。由于她和她子孙的努力，安定了地方，发展了生产，对祖国的民族融洽和发展作出了卓越的贡献。

洗夫人是我国越族的杰出人物，也是我国历史上最杰出的妇女之一，她对当时当地的人民生活安定和生产发展有贡献，对祖国各民族的团结、统一有贡献，这样的人物是应该肯定的，应该歌颂的。故事剧里有《穆桂英挂帅》、《佘赛花》、《百岁挂帅》、《杨门女将》等剧目，我要向戏剧家们建议，为什么不写洗夫人呢？她的一生是值得也应该写成历史剧的。我这样要求，也希望戏剧家们会接受这个建议。

1961年1月11日，于北京

（原载《光明日报》，1961年1月14日）

隋末农民领袖窦建德

隋朝末年，爆发了规模巨大的农民起义。

起义的目的是推翻隋炀帝的残暴统治。爆发的导火线是隋炀帝动员全国力量对高丽进行的战争。

隋炀帝大业七年（公元611）二月命令在山东东莱（今山东掖县）海口造大船三百条，官员们亲自监督，工人白天黑夜都站在水里干活，死的人多到百分之三四十；征调各地军队，不管远近，都在涿郡（今河北涿县）集中；征调江淮以南水手一万人，弩手三万人，岭南小稍手三万人。五月，又要河南、淮南、江南造兵车五万辆作载运盔甲帐幕之用，都要兵士推车。发河南、河北民夫替军队运输。七月间发江、淮以南民夫和船运粮食到涿郡，船跟船接着有千把里长。来回在路上的经常有几十万人，道路上走满了人，白天黑夜不断，民夫们因被虐待、饥饿和疾病，到处是死人，臭气触鼻，全国骚动。

这时，山东、河南都闹大水，有三十几个郡受灾。

运粮到前方去的，往往连车连牛都回不来，兵士也死亡过半。种田地的农民被征发去当兵当民夫，田地无人耕种，很多都荒废了。加上又闹灾荒，粮价飞涨，百姓活不下去了。

在这样骚乱的时刻，隋炀帝又调发六十多万民夫，两人推一小车，运粮三石到指定地点，路途很远，三石米还不够两个人在路上吃的，到达以后，交不出军粮，就只好逃亡了。加上隋朝官吏的贪污残暴，百端勒索，百姓穷困，饥寒交迫，没有别的道路可走，唯一的活路是参加反隋的起义军。

窦建德就是当时农民起义军的领袖之一。

窦建德（公元573—621），贝州漳南（今山东恩县）人，家世务农，他身体好，力气大，会武艺，答应了的事一定做到，爱打抱不平。有一天，他正在耕田，听说同村子的人死了父亲，穷得买不起棺材，他很感慨，手头没有钱，便把牛送给这家子办丧事。有一晚，强盗来抢他家，建德毫不惊慌，站在大门背后，强盗进来一个打死一个，一连打死三个，剩下的不敢进来了，哀求把死尸还给他们，建德想了一想，知道有诈，便叫他们丢绳子进来收尸，建德抓住绳子跳出，又杀了几个。从此，他仗义勇敢的名声便四处传开了。

大业七年隋朝政府募兵到辽东作战，建德被派为队长，带二百人，准备出发。

同县人孙安祖的家被水淹没，老婆孩子都饿死了。县官看上安祖骁勇，硬派他从军，安祖诉说家庭穷困，备不起军装行粮，县官不由分说，把他打了一顿，安祖气极，刺杀县官，投奔窦建德家。建德劝安祖："看天下情况，必然有变。丈夫不死，当立大功，逃来逃去中甚用？附近的高鸡泊有几百里宽，芦苇丛生，可以隐蔽，何不到那里去，看局面变化，再作计较。"替他招集逃兵和无业贫民几百人，带着到高鸡泊（在山东恩县西北）起义，孙安祖自称将军。

这时，到处有起义队伍，张金称聚兵万余人沿清河立寨，高士达聚兵一千多人在清河边界活动。这些起义队伍到处杀富济贫，打家劫舍，只是不犯窦建德的家乡。地方官认为他一定和起义军勾结，便把他全家杀光。建德正在河间，听说一家子都被杀光了，立刻带领部下二百人投奔高士达，士达自称东海公，以建德为司兵。不久，孙安祖为张金称所杀，部下几千人都来投奔建德，部队扩大到一万多人。建德和士卒接近，同甘共苦，同劳共逸，士卒很喜欢他，只要一声命令，便冲锋陷阵，勇往直前，士气极为旺盛。

大业十二年（公元616）隋朝派兵万多人来攻，高士达自己认为智谋不如建德，请建德作军司马，统兵迎敌。建德设计大破敌军，斩杀敌将。不久，隋朝大将杨义臣攻杀张金称，乘胜进攻高鸡泊。建德劝士达："杨义臣很会用兵，如今乘胜而来，其锋不可当。不如避免接触，使其求战不得，空延岁月，将士疲倦，再乘便袭击，可以取胜。”士达不听，率兵迎击，打了个把小胜仗，就摆酒席庆祝。建德说糟了，东海公轻敌如此，必然大败。便留人守塞，自己带精兵守住险要，接应士达。过了五天，杨义臣果然大破高士达军，士达战死。隋军乘胜进攻，高鸡泊守军溃散，建德只带了百多个骑兵逃到饶阳（今河北饶阳），发见饶阳城没有守军戒备，乘机攻陷，招集当地贫民和收集散兵，又建立一支三千多人的队伍，自称将军。

当时，各地起义军抓到隋朝官吏和士族子弟，一律诛杀。建德采取了不同的策略，对这些人加意款待，分别任用。得饶阳后，待饶阳县长宋正本为上客，和他商议军机。这样，附近各地的隋朝官吏纷纷投降，疆土日广，声势日盛，兵力也发展到十几万人，成为一支可以独立作战的军事力量了。大业十三年正月在河间乐寿（今河北献县）自称长乐王，建立了政府机构。

接着又用计击败来攻的三万隋军。建都乐寿，号为金城宫，唐武德元年（公元618）建国号称夏。

唐武德二年，杀害隋炀帝的宇文化及在魏县（今河北大名）称帝。建德发兵攻擒化及，把这一批叛乱的首恶都杀了，被宇文化及裹胁的隋朝的官员很高兴，有不少人在夏国做官。八月，取洺州（今河北永年），迁都洺州，号为万春宫。建德重视农业生产，劝导百姓种好庄稼，栽桑养蚕，政治清明，境内安定，没有盗贼，作买卖的和来往旅客都可以放心在田野过夜。境土日益扩大，西接洛阳王世充，并和唐朝通好。

武德三年七月，唐秦王李世民率兵进攻王世充，王世充向夏国求救。有人建议，如今唐在关内，王世充在河南，夏有河北山东，形成三方鼎足之势。唐攻河南，王世充挡不住，唇亡齿寒，接着被攻的必然是夏国。应该出兵救援王世充，两家合力，必败唐兵。再看形势，吃掉王世充，进攻关中，可以取得天下。四年正月，建德打败了另一支起义军孟海公，增加了军事力量，出兵三十万，西救洛阳。

建德生活朴素，不喜欢吃肉，吃的是粗米饭蔬菜。攻下城市，所得财物都分给将士。喜欢倾听别人意见，很得人心。缺点是好话坏话都听，晚年听信谗言，杀了勇将王伏宝，和敢说直话的宋正本，从此，打仗不那么顺利了，官员们也不敢提意见了。新破孟海公以后，将士骄傲起来了，和唐军对垒两个月，不能前进，士卒也日夜想回家，士气低落。谋士凌敬劝他全军渡河，直取怀州（今河南沁阳）、河阳（今河南孟县），过太行，入上党，抄唐军的后路。这样有三个好处，第一乘虚突击，可保万全；第二开拓领土，增加人口；第三洛阳之围，不救自解。建德认为是好主意，准备接受。王世充的使臣日夜哭求进兵，部下将士得了王世充使臣的贿赂，主张决战，建德只好改变主意，听从诸将的意见，进攻虎牢关，连营二十里。唐将李世民按军不战，建德的军队列阵半天，士卒又饿又倦，坐在地下抢着喝水。李世民趁这机会，亲自带领轻骑冲锋，大军随后，漫山遍地响起一片杀声。这时，夏国的许多官员正在建德处议事，唐军突然冲到，官员们纷纷挤到建德周围，建德下令叫骑兵迎敌，骑兵来了，被官员们挡住过不去，建德又令官员们避开，一来一往之间，唐军进入阵后，高举唐军旗帜，夏军望见，惊惶溃退。建德受了伤，被唐军俘掳。七月，被杀于长安。

窦建德之死，离开现在已经一千三百四十年了。一直到今天，河北曲阳还有他的庙，说明人民对于这个了不起的农民领袖的怀念。

杰出的学者玄奘

唐僧取经的典故，由于吴承恩的《西游记》的渲染，已经成为我国人民尽人皆知的故事了。作为一个虔诚的宗教徒，作为一个著名的旅行家，唐僧的声名是无需介绍的。但是，作为一个勤勉努力，用毕生的力量追求知识，在哲学领域内达到很高成就的学者，一般人就比较生疏了。神话小说的《西游记》特出地描写了唐僧的宗教热诚和旅行艰苦方面，至于学术成就方面，根本没有提到（也无需提到），我看，这就是作为一个杰出的学者的唐僧，不甚为人所知的原因。

不只如此，唐僧的性格，如《西游记》所描写的，忠厚老实，耳朵有些软，打不定主意，容易偏听偏信，有时也会发一点牛脾气，就小说的人物性格塑造来说是很成功的。但和历史人物的唐僧则恰好相反，历史人物的唐僧是非常坚强的，勇敢的，不怕困难，不怕艰险，百折不回，是个仁慈，厚道，博学多能，辩才无碍的英雄人物。

“取经”这一个大家熟悉的名词，在今天的现实生活中常被引用。一般的理解是对某一方面的知识不懂或不够，去向懂的人或知道较多的人学习。这样理解当然不错，但还不够确切。从唐僧的历史看来，应该是已经对某一方面知识作了专门的研究，学得越多，积累的问题便越多，为了解决这些问题，丰富和提高知识，学术水平，才下决心去取经。相反，没有进行充分的准备工作，不了解这一问题的研究所已经达到的广度和深度，应该和必需解决的问题，遇到困难，一开口便是取经，无的放矢，这是种懒汉态度，是取不到经的，即使取到了，也会驴头不对马嘴，没有用处。同样，取了经以后，放在一边，或者没有研究、消化，囫囵一口吞下去，像猪八戒吃人参果那样，也是无益的。唐僧把取来的经用半生的精力把其中主要的译为汉文，成为自己的东西，丰富了祖国的文化，在我国学术史上是一个光辉的典范。

不谈宗教徒和旅行家的唐僧，谈学者的唐僧。

玄奘法师（公元602—664）俗姓陈，名袆，河南缑氏（今河南偃师县）人。少年时家庭贫困，二哥长捷法师在洛阳净土寺出家，把他带在身边，诵习经典。十三岁这一年隋朝政府在洛阳度僧，名额很少，学的经多来考试的有好几百人，他学的经少，站在门外很羡慕，刚巧被考试官看见，一谈话，发现他有志气，聪敏，便录取了，出了家。

净土寺有位景法师讲《涅槃经》，玄奘跟着学习，连吃饭睡眠都忘记了。又跟严法师学《摄大乘论》，越学越喜欢，听一遍就差不多记得，再读一遍，就完全掌握了。老师们叫他上讲台复讲，讲得抑扬流畅，大家都很佩服。

隋末战乱，玄奘和长捷离洛阳到长安，经子午谷到成都，从道基、宝暹二法师学《摄论》、《毗昙》，从震法师学《迦延》。他爱惜寸阴，努力学习，在两三年时间里，掌握了佛教哲学的基本知识。

二十一岁时在成都学《律》。这地方的著名经师他都已经受过教了，有些问题得不到解决，便想再到长安访师求友，但哥哥不答应，他便偷偷和商人结伴，逃出成都，乘船过三峡到荆州，在天皇寺讲《摄论》、《毗昙》各三次，很受欢迎。北游到相州，从休法师学《杂心》、《摄论》，质难问疑。到赵州，从深法师学《成实论》。到长安，从岳法师学《俱舍论》，都是听了一遍就完全懂得，读了一遍完全记得。那时候我国的雕板印刷术还没有发明，研究学问的方法一是听讲，二是抄写，其他的办法是没有的。玄奘不但勤听勤抄，还能够在领会的基础上，进一步发挥自己的见解。

接着他又从当时最有名的法常、僧辩二大师学《俱舍》、《摄大乘论》，从玄会法师学《涅槃经》，学问日益精进，名誉日渐传开了。

贞观元年（公元627），他学得越多，便越不满足。因为所学经论，不同的经师有不同的理解，传抄的经典也有讲不清楚的，他要

“分条析理，广彼前闻，截伪续真，开兹后学”，便决心到印度游学，解决疑难，求得《十七地论》（即《瑜珈师地论》），提高学术水平。困难是语言、文字的隔阂，一个穷和尚到外国去，怎么可能有翻译人员帮助工作呢？下定决心学习梵文，当时长安有很多外国人游学、经商，他跟着学习语文，专心致志，不久就学会了。

贞观三年，玄奘二十九岁，约了几个同伴，写信给皇帝请求出国。这时，国内经济还未恢复，边境也还不十分安定，政府命令禁止百姓出国。请求被拒绝以后，别的人都放弃了，玄奘奋勇不回，政府不许就私逃，同伴没有就一个人走。他知道路上是十分艰险的，十分困难的，便假想种种苦难，自问自答有把握一定可以克服，下定决心出发。

他从贞观三年八月离开长安，经秦州、兰州、凉州、瓜州，过玉门关，渡莫贺延碛（沙漠），到高昌，历经西域诸国，游历了今阿富汗、尼泊尔、印度、巴基斯坦诸国，经过一百几十个地方，历时前后十七年，到贞观十九年（公元645）才回到长安，这年他已经四十四岁了。

途中的困难，正如他所预料，是数说不完的。到凉州时，凉州都督要强迫他回长安，便连夜逃走，昼伏夜行，到了瓜州。好容易找到一个引路的，在玉门关上流偷渡过去后，引路的怕艰险，又跑掉了。剩下孤身一人，偷渡边界五个烽火台，骑马通过沙漠。在沙漠中看到回光反影的幻象，千奇百怪，他虽然错认为妖鬼，却毫不动摇。莫贺延碛长八百多里，上无飞鸟，下无走兽，也没有水草，一人一马走了一百多里，找不到泉水，喝带来的水，不料一失手，皮袋掉在地下，水全倒掉了，前面还有七百里沙漠，没有水是走不过的，只好折回取水，走了十几里，又一转念，立下誓不到印度，终不东归一步，如今一遇挫折，便走回头路，怎么可以呢？又折回来，继续前进。在途中晚上看到的是幻影的火光，白天呢，惊风拥沙，口眼难开，四五天没有水喝，人马都困乏不堪，走到第五夜半，实在不行了，躺在地下，天快亮时，忽然有凉风吹来，通身轻快，马也能起来了，勉强前进，走了十几里，发见有青草、泉水，人马大吃大喝一顿，休息了一天，装满了水，又走了两天，才走出沙漠。

经过高昌（今新疆吐鲁番），得到高昌王麹文泰资助盘费、随从和马匹，还写了许多介绍信，要求所经诸国给以方便。但不久又遇到困难，过葱岭时，高山冰雪皑皑，风雪杂飞，蹊径崎岖，寒冷彻骨，悬釜而炊，席冰而睡，走了七天才出山，随从的人员冻饿死了将近一半，牛马死的更多。又过大雪山，凝云飞雪，途路艰危，比葱岭更险。

入北印度境波罗奢大林中，碰着五十几个强盗，一行人的衣服资财全被劫夺，被赶到一个干枯的池子中，要加杀害，玄奘和一小沙弥从水穴逃出，奔告村人齐来解救，同伴才幸免于死。

在殑伽河船行时，又被十余贼船抢劫，这些强盗是信奉邪神的，每年秋天要杀一个相貌端美的人祭神，看见玄奘仪容伟丽，便在树林中辟地设坛，两人拔刀牵玄奘上坛要杀，忽然黑风四起，折树飞沙，河流涌浪，船只漂覆，强盗很迷信，问玄奘从何处来，众人说是从中国来求法的，大吃一惊，连忙把玄奘放掉，把抢走的东西也都还给本主。自然气候的变化，救了玄奘的命。

玄奘经历了无数艰险，百折不回。同样，对于安乐的环境，也不肯久留，过高昌时，高昌王要留他住下，劝其不必西行，愿以一国供养，玄奘坚决不肯。高昌王威胁要么留下，否则就送回长安，玄奘痛哭辞谢，绝食三天，到第四大还不肯进食，高昌王才许他西行，请他复食，玄奘不相信，高昌王和他约为兄弟，要求回来时留住三年，才资送玄奘西行。（公元640年唐灭高昌，玄奘回来时，高昌已灭，不能践约了。）

在印度那烂陀寺（今印度比哈尔邦伽雅城的西北）两次留学七年，学问成就以后，准备回国，寺中同学反复劝说，要他就住在印度，不要回国了。玄奘坚决不肯，最后同学闹到长老戒贤法师面前，戒贤问玄奘意见，玄奘说："这个地方我并非不喜欢。只是我的来意是为求得学问，从到寺以后，蒙法师讲授《瑜珈师地论》，解决了疑难，和各学派深奥的道理。私心非常高兴，没有虚此一行。现在我要把学到的东西，回去翻译，让别的有疑难的人，也能够得到学习，报答老师的教诲，以此不愿留在此地。”戒贤听了很高兴，说：很对，这也就是我所期望于你的。叫诸人不要苦留，让他回国。

在十七年的旅行中，他随时随地访求著名学者，虚心学习。①

在那烂陀寺，请戒贤法师讲《瑜珈论》、《顺正理》、《显扬》、《对法》、《因明》、《声明》、《集量》、《中论》、《百论》等论，学婆罗门书，钻研各学派经典和学梵文，历时五年；

又到伊烂拿国，从怛他揭多鞠多、羼底僧诃二师学《毗婆沙》、《顺正理》等论；

到南憍萨罗国，有婆罗门善解《因明》，从读《集量论》；

到驮那磔迦国，从苏部底、苏利耶学《大众部根本阿毗达磨》等论，他们也从玄奘学《大乘》诸论；

到建志补罗，遇到僧迦罗国（锡兰）的和尚，就问《瑜珈》的要义；

到钵伐多罗国，住了两年，学《正量部根本阿毗达磨》、《摄正法论》、《教实论》等。

又回到那烂陀寺，从般若跋多罗学《声明》、《因明》，从胜军论师学《唯识决择论》、《意义理论》、《成无畏论》、《不住涅槃论》、《十二因缘论》、《庄严经论》和《瑜珈》、《因明》等疑义，首尾两年。

那烂陀寺是印度最大的寺院，经过六代国王的不断营建才建成的。僧徒主客常有万人，研究《大乘》兼十八部，以及《俗典》、《吠陀》等书，语言文字学、逻辑学、天文学、医学、术数等科。寺中通经论二十部的有一千多人，三十部的五百多人，五十部的十人，其中之一就是玄奘。长老戒贤法师是印度当时最伟大的学者，精通一切经典，玄奘从他受学，成为高足弟子。

---

① 曾到缚喝罗国，从磔迦国小乘三藏般石羯罗读《毗婆沙论》；到迦湿弥罗国，从称法师学《俱舍》、《正理》、《因明》、《声明论》；到磔迦国，从长年婆罗门学《经百论》、《广百论》；到至那仆底国，从毗腻多钵腊婆学《对法论》、《显宗论》、《理门论》等；到阇烂达那国，从旃达罗伐摩学《众事分毗婆沙》；到禄勒那国，从阇耶鞠多学《经部婆沙》；到秣底补罗国，从毗多斯那学《辩真论》、《随发智论》等；到羯若鞠阇国，从毗离耶犀那三藏读《佛使毗婆沙》、《日胃毗婆沙》。

玄奘回寺后，同学师子光讲《中论》、《百论》，破《瑜珈论》，玄奘兼通二论，和会二宗，著《会宗论》三千颂，戒贤法师和全寺同学都齐声道好。有一个婆罗门外道立义四十条挂在寺门，并声明有人能破一条，斩首相谢。玄奘叫人把榜取下撕掉，和他辩论，立义明确，婆罗门理屈辞穷，说我输了，把头给你。玄奘说不必，你跟我为奴吧，婆罗门很喜欢。玄奘研究小乘所制的《破大乘义》七百颂，有几个地方有疑问，就问所伏婆罗门有没有研究过，说听过五遍。玄奘就要他讲，弄清楚了，写成《破恶见论》一千六百颂，申大乘义，破小乘义，戒贤法师和全寺同学都称赞“以此穷核，何敌不亡”。玄奘便赦免了所伏婆罗门，让他自由。婆罗门到东印度，向鸠摩罗王宣扬玄奘的德义，鸠摩罗王很钦佩，立刻派人来请玄奘去讲学。

玄奘在鸠摩罗王处住了个把月，戒日王也发使来邀请，问到秦王破阵乐，玄奘一一陈说。又读了玄奘的《破恶见论》，非常欣赏，叫全国学者讨论，无人能破。便决定召集诸国学者，在曲女城（今印度北方邦巴雷利城）举行辩论大会，讨论玄奘的著作。

这个会规模非常大，有十八个国王参加，大小乘学者三千多人，婆罗门及尼乾外道二千多人，那烂陀寺也来了一千多人。请玄奘作论主，宣扬大乘，并由那烂陀寺明贤法师当众宣读《破恶见论》，又写一本挂在会场门外，征求不同意见，一直过了十八天，没有一个人发言。最后按照当地习惯，玄奘乘大象巡游会场，随从高唱：“中国法师立大乘义，破诸异见，过了十八天，没有不同意见，大家要知道。”到场学者替玄奘起名字，大乘学者称为摩呵耶那提婆，汉译大乘天。小乘学者称为木叉提婆，汉译解脱天。中国学者在国外得到这样高的学术荣誉，这是破天荒的第一次。

玄奘在印度所发表的论文都是用梵文写作的。马鸣的《起信论》有汉文译本，印度倒失传了。玄奘答应印度学者的要求，把汉文本的《起信论》译为梵文，流传五印度。回国以后，又奉唐太宗的命令，译《老子》为梵文，玄奘邀集了许多道教学者，讨论研究，译成梵文，流传印度。

贞观十七年（公元643）玄奘辞别戒日王归国。戒日王除了供给沿途费用以外，还派人通知所经各国供应人马，一直到达唐境，归途比之来的时候是顺利多了。到于阗后，派人送信到长安报告唐太宗以归国情况，唐太宗很喜欢，要他立刻回长安，沿路都着地方官迎候。贞观十九年正月，玄奘回到长安，百姓听说他回来了，夹道欢迎，万人空巷，连路都走不通了，只好住在城外，第二天才能进城。他带回来经典五百二十箧，六百五十七部。

从贞观十九年三月起，一直到麟德元年（公元664）二十年中，玄奘用全力作翻译工作。唐朝政府从各地调来证义学者通解大小乘经论的十二人，缀文学者九人，字学学者一人，证梵语梵文学者一人，和记录、抄写人员，帮助他工作。显庆元年（公元656）又特派朝廷大官于志宁、来济、许敬宗、薛元超、李义府、杜正伦等帮助看阅译文，有不稳便处，随手润饰。范义硕、郭瑜、高若思等文人也参加了翻译工作。

玄奘对工作非常认真，爱惜时间，连一分钟也不轻易放过，每天都按计划工作，万一白天有别的事延误了，一定要在晚上补足。晚上睡得很少，五更便起床读梵文原本，用朱笔标点次第，准备好当天的译文。到黄昏时，还对学生讲授新得的经论。

翻译的方法也有了改变。过去译经的办法，梵文是倒写的，第一步照样直译，第二步再把文字倒过来，符合汉文语法，第三步由文人整理词句，往往任意增损，有时会把整段或者主要的意思漏掉。玄奘对汉、梵文都有很高的造就，翻译时由梵本口授汉译，意思独断，出语成章，文人笔录，便可披玩，不但正确译出意思，文词也斐然可观，翻译的水平也大大提高了。

对梵文底本也采用多本互校的方法，如《大般若经》梵本总有二十万颂，玄奘得到三个本子，翻译的时候，遇到文有疑错，便用三本互校，仔细对比，方才定案，这种审慎的态度，也是前人所不曾有过的。

他所译的《大般若经》一共有六百卷，耗费了很长的时间和精力。译完了这部书，又开始另一部大经典的翻译，他感觉到精力不行了，译了一部分，实在支持不下去，只好叹口气停笔，和同事们告别，不多几天就死去了。

经过二十年的努力，玄奘译出经论七十四部，总共一千三百三十五卷。就译书的数量说不只是空前的，在他以后的翻译家，也很少有人能够相比。

玄奘用一生的力量学习和介绍佛教哲学思想和语言文字学、逻辑学等学问。他在取经以前，用十七年的时间，奔走各地，求师学习，打下了扎实的基础，并学习梵文，排除语文隔阂的障碍。在这个基础上，发见了经论中许多问题，为了解决问题，提高知识、学术水平，下决心去取经。在出国往返的十七年中，克服了一切困难，到处努力学习，勤学勤问，解决了疑难，求得了新知识，发表了独创性的学术论文，取得了国际上学术界的崇高地位，为祖国争取了荣誉。取了经回国以后，又以二十年的时间专心一意作翻译工作，就质量数量说都达到很高的水平。通过他的努力，丰富了祖国的文化，对哲学、语言文字学、逻辑学、文学各方面都起了有益的作用。此外，他的游记《大唐西域记》翔实地记录了经行各国的各种情况，对研究这个时期我国新疆境内各民族，和葱岭以西诸国的历史、地理、物产、交通、宗教信仰等等，具有极为重要的价值，这是他又一方面的贡献。

玄奘是虔诚的佛教徒，当然是唯心论者，这一点应该说清楚。作为一个历史人物，他对当代文化提供了有益的贡献，对中国和外国的文化交流做出巨大的成绩，他千方百计寻求知识，永远不满足于已有的成就，正视困难，勇于克服困难，艰苦奋斗，终于取得胜利，这种顽强、勇敢、聪明、智慧的美德，体现了我国民族的优良传统。他是我国历史上杰出的学者，永远值得后人怀念和学习。

3月31日

（原载《人民文学》，1961年6月号）

况钟和周忱

一、从《十五贯》说起

1956年浙江昆苏剧团上演了改编的昆曲《十五贯》之后，各地其他剧种也纷纷改编上演，况钟这个封建时代的好官，逐渐为成千上万的观众所熟识了。这戏中另一个好官周忱，是况钟的上司和同乡，也被赋予和况钟不同的性格，成为舞台上的人物。

《十五贯》成功地塑造了况钟这个历史人物，刻划了他的性格、思想感情。他通过具体分析，进行现场调查研究，得出正确结论；终于纠正了主观主义、官僚主义的错误判断，平反了冤狱，为人民办了好事。这个戏形象地突出了反对主观主义、反对官僚主义这个主题，是具有现实的教育意义的，是个好戏。

但是，《十五贯》这个故事，其实和况钟并不相干。

《十五贯》的故事出自《宋元话本》的《错斩崔宁》，大概是宋朝的故事。明朝末年，有人把这故事编在一部书里，题名为《十五贯戏言成巧祸》，清初的戏剧家朱素臣又把它改编为《十五贯传奇》。现在上演的本子，是根据朱素臣的本子改编的。从故事改编的发展来说，一次比一次好，迷信成分去掉了，复杂的头绪减少了，人物的形象更典型了，深刻了，也就更生动了；艺术感染力量更强烈了；教育主观主义、官僚主义者的效果也就更好了。

那么，问题就来了，《十五贯》既然是宋朝的故事，况钟却是明朝人，从宋末到明前期，相差有一百几十年，为什么戏剧家一定要把这故事算在况钟名下呢？

这是因为况钟的确是历史上的好官，也的确替当时负屈的老百姓伸过冤，救活了不少人命，在当时人民中威信很高。其次，朱素臣是苏州人，对《十五贯》的故事和况钟这个人物的传说都比较熟悉。戏剧家为了集中地突出故事情节，集中地突出历史人物，把民间流传已久的《十五贯》故事，和当时民间极有威望的好官况钟结合起来，一方面符合人民对于清官好官的迫切要求，一方面也反映了一定时期的历史情况，是完全可以允许的艺术处理。

正因为如此，这故事不但得到广大人民的喜爱，连况钟的子孙也认为确有其事了。况钟九世孙况延秀编的《太守列传编年》上说：

> 折狱明断，民有奇冤，无不昭雪。有熊友兰、友惠兄弟冤狱，公为雪之，阖郡有包龙图之颂，为作传奇，以演其事。惜一切谳断，不能尽传于世。

二、况青天

封建时代的官僚，被人民表扬为青天，是很不容易的事。

由于封建统治阶级一贯剥削、虐待人民，和人民对立，老百姓在平常时候，是怕官的。老百姓和官的关系是，一要完粮，二要当差，三呢，遭到冤枉要打官司。这三件事都使老百姓怕官，一有差错，就得挨板子、上夹板，受到种种非刑，关进班房，以至充军、杀头等等，老百姓怎能不怕？

但是，一到了阶级矛盾十分尖锐，老百姓忍无可忍，团结起来暴动的时候，情况就完全改变了。人民自己已有了武装，也有了班房，那时候，老百姓就不再怕官了，害怕发抖的是官。以此，历史上每次农民起义，矛头总是首先针对着本地的官员，口号总有杀尽贪官污吏这一条。

由于封建统治阶级的统治基础是建立在对广大农民的剥削、掠夺上面的，封建官僚是为了地主阶级利益服务的；一切政治设施的最后目的，都是为了巩固和加强封建统治。这样，也就不难理解在封建官僚的压迫、奴役下，广大人民对于比较清明、宽大、廉洁政治的向往，对于能够采取一些措施，减轻人民负担，伸雪人民冤枉的好官的拥护了。对于这样的好官，人民作了鉴定，叫作青天。

也正由于封建时代的青天极少，所以历史上屈指可数的几个青天，也就成为箭垛式的人物，许多人民理想中的好事都被堆砌到他们身上了。像宋朝的包拯，明朝的况钟和海瑞，都是著名的例子。

也还必须指出，尽管历史上出现了几个青天，是当时人民给的称号。但是，也决不可以由此得出结论，以为青天就是站在人民立场的政治家。不是的，恰恰相反，他们都是为封建统治阶级利益服务的官僚，在这一点上，也和当时其他封建官僚一样，是和人民对立的。不过，由于他们的出身和其他关系，比较接近人民，了解人民的痛苦，比较正直，有远见，为了维持封建统治阶级的长远利益，缓和阶级矛盾，在不损害封建统治阶级的根本利益前提下，有意识地办了一些好事。这些好事是和封建统治阶级的长远利益一致的，也是和被压迫被剥削的广大人民当前利益一致的，对当时的生产发展，对历史的进展有好处的。因此，他们在当时被人民叫作青天，在历史上也就应该是被肯定的，值得纪念的，在某些方面，还是值得今天学习的人物。

况钟（公元1383—1442），江西靖安人。从公元1430年起任苏州知府，一直到1442年死在任上，连任苏州知府十三年。

苏州地方殷富，人口稠密，土地集中，人民贫困，阶级关系比较紧张。在况钟以前，作知府的不要说久任，连称职能够作满任期的也没有一个。况钟以后，也还出过几个好官，不过都比不上他这样有名，为人民所爱戴歌颂。

从唐宋以来，封建王朝任命官僚，主要是用科举出身的人，上过学，会写一定格式的诗、文，通过考试，成为叫做进士或者举人的知识分子。一般在衙门里办事的吏（科员），地位很低，只能一辈子作吏，是作不了官的。明朝初期，科举出身的人还不够多，官和吏的区别还不十分严格，以后就不同了。况钟的父亲是一家地主的养子。况钟从小也念过一点书；但没有考上学校。到成年以后，公元1406年被选作靖安县的礼曹（管礼仪、祭祀一类事务），一直作了九年的吏。他为人干练精明，通达事务，廉介无私，为县官所重视。也正因为他作了多年的吏，直接和人民打交道，不但了解民间痛苦，也深知吏的贪污害民行径，到后来作了官，便有办法来制裁这些恶吏了。

靖安知县和当朝的礼部尚书（管礼仪、祭祀、考试的部长）是好朋友，当况钟作满九年的吏，照例要到吏部（管任免、考核官员的部）去考绩的时候，靖安知县便写信给这个朋友，推荐况钟的才能。礼部尚书和况钟谈了话，也很契重，便特别向皇帝推荐。明成祖召见况钟，特任为礼部仪制司主事，以后升为郎中，一连作了十五年京官。

在这十五年中，况钟和当时许多有名的政治家来往，成为朋友，交换了对政治上许多看法。其中主要的是江西同乡的京官。在封建时代，交通很不方便，官僚们对同乡是很看重的，来往较多，政治上也互相影响，这种关系称为乡谊，是一种封建关系。况钟的同乡中有许多是当权的大官，有声名的政治家，况钟深受他们的影响，在况钟以后的政治活动中，也得到他们的支持。

明成祖在打到南京，作了皇帝以后，任命七个官员替他管理机密事务，叫作“入阁”，后来叫作“拜相”。这七个人中有五个是江西人，其中泰和人杨士奇和况钟关系最深，南昌人胡俨、湖北石首人杨溥也是况钟的朋友。此外，江西吉水人周忱和况钟也很要好。

明成祖死后，三杨当国，三杨就是原来七人内阁中的三个，是杨士奇、杨溥和杨荣。这三人都是有能力的政治家，在他们当国时期，政治是比较清明的。

公元1430年，明封建王朝经过讨论，为了进一步加强统治，增加财政收入，认为全国有九个大府，人众事多，没有管好，其中特别是苏州府，交的税粮比任何一省都多，政治情况却十分不好，官吏奸贪，人民困苦，欠粮最多，百姓逃亡。要百官保举京官中有能力而又廉洁的外任作知府，来加强控制。礼部和吏部都推荐况钟，首相杨士奇也特荐况钟作苏州知府。为了加重况钟的权力，明宣宗还特别给以“敕书”（书面命令），许以便宜行事，并特许他可以直接向皇帝写报告，提建议。

我国在过去漫长时期是农业国，封建王朝的经济基础是农业。王朝的全部收入百分之九十以上出自农民交纳的粮食，服兵役和无偿劳役的也主要是农民。要是农民交不起粮或者少交粮了，农民大量逃亡外地，不当差役了，便会发生严重的政治危机，危害封建王朝的统治地位。

由于宋元以来的历史发展，东南地区的农业经济大大发展了，显出一片繁荣气象。况钟所处的十五世纪前期，正是明王朝的全盛时期。但是，这个地区的繁荣，这个时期的全盛都只是表面上的，内部却包含着严重的危机。

危机是农民负担过重。

就东南一带而说，农民负担之重居全国第一。这时全国的实物收入，夏税秋粮总数约三千万石，其中浙江一省占二百七十五万多石，约占全国收入十分之一弱。苏州一府七个县却占二百八十一万石，比浙江一省交的粮还多。松江府一百二十一万石，也很重。以苏州而论，垦田数只有九万六千五百零六顷，占全国垦田数百分之一点一，交纳税粮呢，却占全国税收的百分之九点五。

为什么江南地区的农民负担特别重呢？这是因为从南宋以来，由于这一带土地肥沃，经济发展，贵族、官僚用种种方法兼并土地，到了政治局面发生变化，旧的贵族、官僚被推翻了，他们所占有的土地就被没收为官田，经过多次变化，官田就越来越多，民田就越来越少了。到明太祖取得这带地方以后，又把原来的豪族地主的田地没收为官田，并且按私租收税，这样，这带地方的官田租税就特别重了。

民田的租税虽然也很重，但是，农民向地主交租，多在本地，当天或者几天就可以来回，一改为官田，不但田租特别重，而且收的粮食要交官了，得由农民运送到指定的仓库交纳。在交通不便的情势下，陆运、水运，要用几个月以至更多时间，不但占用了大量劳动力，不能投入生产，而且，交纳一石官粮，往往要用两三石以至四五石的运费，有时候遭风翻船了，或者被人抢劫，都得重新补交，所有这些巨大的运费和意外的赔垫，都要由农民负担，农民怎么负担得起？苏州农民因为官田特别多，负担就特别重。

苏州七个县完纳的二百八十一万石税粮中，民粮只有十五万石，官田田租最重的每亩要交三石粮。官粮中有一百零六万石要远运到山东临清交纳，有七十万石要运到南京交纳，运到临清的每一石要用运费四石，运到南京的也要六斗。这样残酷的剥削使人民无法负担，在况钟到苏州以前，四年的欠粮数就达到七百六十多万石。老百姓完不了粮是要挨板子、坐班房的，农民要活下去，就只好全家逃亡，流离外地了。

占全国税粮近十分之一的苏州，欠粮这样多，人口大量外流，是不能不严重地影响到封建王朝的统治基础的。首相杨士奇提出补救方案：蠲免欠粮，官田减租，清理冤狱，惩办贪官，安抚逃民，特派知府等六项措施。况钟就是在这样情况下，被特派到苏州执行这些措施的。

官田减租是得到明宣宗的同意，用诏书（皇帝的命令）下达全国的。但是，有人认为，减掉了租，就减少了王朝的收入，遭到封建统治阶级内部的反对，没有能够贯彻，蠲免欠粮，也同样行不通。隔了两年，还是没有解决。尽管明宣宗和杨士奇为了缓和阶级矛盾，巩固统治基础，下了极大决心要办，并且严厉申斥户部官员，不奉行减租免粮命令的就要办罪，还是办不了，办不好。

况钟在苏州坚决执行封建王朝的政策，在巡抚周忱的支持下，他多次提出官田减租和蠲免欠粮的具体办法，都被户部批驳不准。况钟并不妥协，坚持要办，一直到宣德七年（公元 1432 年）三月，才得到批准，减去官田租七十二万一千六百多石，荒田租十五万石，官粮远运临清的减去六十万石，运到南京的改为驻军到苏州自运，连同其他各项，每年减省了苏州人民一百五十六万石的负担，假如连因此而省掉的运费、劳力计算，数目就更大了。这对苏州人民来说，确是一件了不起的大好事，对明王朝的统治来说，也确是起了巩固作用。而且，官田虽然减了一些租，因为不欠粮了，王朝的实际收入，比上前几年反而增加了。

由于官田田租减轻了，逃民回来后复业的就有三万六千六百多户。人民的生活虽然还是很苦，但是毕竟比过去稍微好了一些，生产情绪也提高了。他们欢欣鼓舞，感谢况钟的恩德，到处刻碑纪念这件好事。

况钟在人民中间的威信日益提高，主要的是他还办了以下这几件事：

第一是惩办贪吏。况钟是从吏出身的，精于吏事。在上任以后，却假装不懂公事，许多吏拿着案卷请批，况钟问他们该怎么办，都一一照批。吏们喜欢极了，以为这知府真好对付，以后的事好办了。况钟在经过充分的调查研究，弄清情况以后，过了一个多月，突然叫官员和吏们都来开会，当场宣读“敕书”，其中有“属员人等作奸害民，尔即提问解京”的话，就问这些吏，那一天你办了什么事，受了多少贿赂，对不对？一一问过，立时杀了六个。官员中有十二个不认真办事，疲沓庸懦的，都革了职。另外有几个贪赃枉法的，拿到京师法办。这一来，官吏们都害怕了，守法了，老百姓也少吃苦头了。人们叫他作青天。

苏州人民好容易有了一个青天，松了一口气。第二年，况钟的继母死了，按封建礼制辞官回家守孝。这一来，苏州的天又黑了，风气又变了，官们吏们又重新做坏事了，百姓又吃苦头了。他们想了又想，都是况钟不在的缘故，三万七千多人便联名请求况钟回来。隔了十个多月，况钟又被特派回到苏州，这一回用不着调查了，立刻把做坏事的官吏们都法办了，天又变好了，况钟更加得到人民的支持。

第二是清理冤狱，苏州有七个县，况钟每天问一个县的案，排好日程，周而复始，不到一年工夫，清理了一千五百多件案子，该办的办，该放的放，做得百姓不叫冤枉，豪强不敢为非，老百姓都叫他是包龙图再世。现在舞台上演唱的《十五贯》，虽然事实上和况钟无关，但确也反映了他在这一方面的工作作风，取得的成绩和威信，是符合历史实际的。

第三是抑制豪强。明朝制度，军民籍贯是分开的，军户绝了，要勾追原籍本家男丁补缺。封建王朝派的清军御史蛮横不讲道理，强迫平民充军，弄得老百姓无处诉冤，况钟据理力争，免掉一百六十个平民的军役，免掉一千四百多平民的世役，只是本身当军，不累及子孙。七县的圩田设有圩长圩老九千多人，大部分都是积年退役（在衙门做过事的）恶霸，这制度和这些人得到大官的支持，为非作恶，况钟不管上官的反对，也把它一起革除了。沿海沿江有些地方的军官，借名巡察河道，劫掠商船，为害商旅，况钟都一一拿办。

第四是为民兴利。苏州河道，淤塞成灾，况钟把它疏浚了，成为水利。人民因粮重贫困，向地主借高利贷，弄得卖儿卖女，况钟想法筹划了几十万石粮食，建立济农仓，每到农民耕作青黄不接的时候，便开仓借贷，每人二石，到秋收时如数偿还，遇有灾荒，也用这粮食赈济。又推广义役仓制度，用公共积累的粮食，供应上官采办物料的赔垫消费，免去中间地主们的剥削和贪污，从而减轻人民的负担。

况钟刚正廉洁，极重视细小事件，设想周密，不怕是小事，只要有利于百姓就做，对百姓有害的就加以改革。兴利除害，反对豪强，扶持良善，百姓敬他爱他，把他看作天神一样。第一次回家守孝，百姓想念他，作歌说：

况太守，民父母，众怀思，因去后，愿复来，养田叟。

又有歌说：

众人齐说使君贤，只剪轻蒲为作鞭，
兵仗不烦森画戟，歌谣曾唱是青天。

三年任满，到京师朝见，百姓怕他升官，很担心，到回来复任，百姓又唱道：

太守朝京，我民不宁，太守归来，我民忻哉！

到九年任满，又照例到吏部候升，吏部已经委派了新的苏州知府了，苏州人民不答应，有一万八千多人联名保留况钟，结果，况钟虽然升了官，又回到苏州管知府的事。

况钟作了十三年知府，死的时候，老百姓伤心痛哭，连作生意的也罢市了。送丧的沿路沿江不绝。苏州和七个县都建立了祠堂，画像祭祀，有的人家甚至把他的画像供在家里。

生性俭朴，住的房子没有什么陈设，吃饭也只用一荤一素。作官多年，没有添置过田产，死后归葬，船上只有书籍和日用器物，苏州人民看了，十分感动。作官办事，不用秘书，一切报告文件都亲自动手，文字质直简劲，不作长篇大论，说清楚了就算。在请求官田减租的报告上，直率批评皇帝失信，毫不隐讳。

和巡抚周忱志同道合，他每次有事到南京，上岸时虽然天黑了，周忱也立刻接见，谈到深夜。况钟在苏州办的许多好事是和周忱的支持分不开的，周忱在巡抚任上办的许多好事，也有况钟的贡献在内。

三、周　忱

周忱（公元1381—1453）从公元1430年任江南巡抚，一直到1451年，前后共二十一年，是明朝任期最长的封疆大员，最会理财最能干的好官。

他是进士出身，在刑部（管司法、审判的部）作了二十多年的员外郎（官名，专员），不为人所知。直到大学士（宰相）杨荣推荐为江南巡抚、总督税粮，才出了名。

周忱不摆官僚架子，接近人民，倾听群众意见，心思周密，精打细算，会出主意，极会办事，人民很喜欢他。

江南其他各府县，也和苏州一样，欠了很多税粮。周忱首先找老年农民研究，问是什么缘故。农民们说，交粮食照规矩得加“耗”（附加税），因为仓库存的粮食日子久了分量就减少了，加上麻雀老鼠都要吃粮食，这样，就会有耗损。官府把预计必有的耗损分量在完粮时附加交纳，叫作“耗”。但是，地主们都不肯交纳，光勒措农民负担全部耗损，农民交纳不起，只好逃亡，税粮越欠越多了。

周忱弄清原因，就创立平米法，把完粮附加的耗米，合理安排，不管是地主是农民，都一律负担。又进一步由工部（管工程的部）制定铁斛，地方准式制造，凡是收放粮食都用同一的标准量器，革除了过去大斗进小斗出的弊病。农民交粮，一向由粮长（地主）经手存放运输，制度紊乱，粮长巧立名目，从中取利，农民负担便越发重了。周忱经过细心研究，制定一套办法，大大减少了粮长做坏事的机会，也减少了耗损。又精打细算，改进了粮食由水路运到北京的办法，节省了人力和粮食，把这些节约的粮食和多出的附加耗米单独设仓贮存，叫做余米，逐年积累，作为机动用费。又和况钟举办了济农仓，减免了苏州和其他各府的官田租粮。经过亲自考察，发见松江、嘉定、上海一带的河流淤塞，就用余米动工疏浚，兴办了许多水利工程。通过这些措施，人民负担减轻了，加上遇有天灾，可以得到及时的救济，不但荒年不必逃荒，连税粮也不欠了，仓库富足了。民生也安定了。

周忱遇事留心研究，找出关键问题，提出解决办法，随时改革不适用的旧办法，适应新的情况。他有便宜行事的职权，地方性和局部性的问题，可以全权管理，以此，他在江南多年，先后办了不少好事。

他有良好的工作习惯，每天都记日记，除记重要的事项以外，也记下这一天的气候，阴、晴、风、雨。有一回，有人谎说，某天长江大风，把米船打翻了。周忱说不对，这一天没有风，一句话把这案子破了。又有一回，一个坏人故意把旧案卷弄乱，想翻案。周忱立刻指出，你在某天告的状，我是怎么判决的。好大胆子，敢来糊弄人！这个坏人只好服罪。江南钱粮的数目上千上万，都记得很清楚，随时算出，谁也欺骗不了他。

也有全局观点，对邻近地区遇事支援。有一年江北闹大饥荒，向江南借米三万石，周忱算了一下账，到明年麦子熟的时候，这点粮食是不够吃的，借给了十万石。

1449 年 10 月瓦剌也先败明军于土木（今北京怀来县），明英宗被俘，北京震动。当国的大臣怕瓦剌进攻，打算把通州存的几百万石粮食烧掉，坚壁清野。这时恰好周忱在北京，他极力主张通州存粮可以支给北京驻军一年的军饷，何不就命令军队自己去运，预支一笔军饷呢？这样，粮食保全住了，驻军的粮饷也解决了。

周忱还善于和下属商量办事，即便对小官小吏，也虚心访问，征求意见。对有能力的好官，如苏州知府况钟、松江知府赵豫、常州知府莫愚、同知赵泰等，则更是推心置腹，遇事反复商量，极力支持，使他们能够各尽所长，办好了事。正因为他有这样好作风，他出的主意，想的办法，也都能通过这些好官，贯彻执行下去。

他从不摆大官架子，有时候有工夫，骑匹马沿江到处走，见到的人不知道他是巡抚。在江南年代久了，和百姓熟了，像一家人一样，时常到农村去访问，不带随从，在院子里，在田野里，和农夫农妇面对面说家常话，谈谈心，问问有什么困难，什么问题，帮着出主意。

周忱最后还是被地主阶级攻击，罢官离开江南。他刚离开，户部立刻把他积储的余米收为官有，储备没有了，一遇到灾荒、意外，又到处饿死人了。农民完不起粮，又大量欠粮了，逃亡了。百姓越发想念他，到处建立生祠，纪念这个爱民的好官。

过了两年，周忱郁郁地死去。

（原载《人民文学》，1960年9月号）

明代民族英雄于谦

有一首《石灰吟》：

千锤万击出深山，烈火焚烧若等闲，
粉骨碎身全不惜，要留清白在人间。

这首诗是明朝民族英雄于谦写的，经过千锤万击，不怕烈火焚烧，不怕粉骨碎身，要留下清白在人间，写的是石灰，同时也象征了于谦自己的一生。

于谦（公元1398—1457），字廷益，浙江钱塘（今杭州）人。小时候很聪明，性格坚强。明成祖永乐十九年（公元1421）二十四岁时中了进士。明宣宗宣德初年（公元1426）作了御史（监察官），明宣宗的叔父汉王高煦在山东造反，明宣宗亲自带兵讨伐，高煦投降，明宣宗叫于谦当面指斥高煦罪状，于谦义正词严，说得有声有色，明宣宗很赏识他，认为是个了不起的人才。接着于谦被派巡按江西，发见有几百件冤枉的案件，都给平反了。

宣德五年（公元1430），明朝政府为了加强中央的权力，特派中央比较能干的官员去治理重要的地方，五月间派况钟、何文渊等九人为苏州等府知府。到九月又特派于谦、周忱等六人为侍郎（中央的副部长），巡抚各重要省区。明宣宗亲自写了于谦的名字给吏部，破格升官为兵部右侍郎（国防部的副部长），巡抚河南、山西两省，宰相也支持这主张。明朝制度，除了南北两直隶（以北京和南京为中心的中央直辖地区）以外，地方设有十三个布政使司，每个布政使司（通称为省）设有布政使管民政赋税，按察使管刑名司法，此外还有都指挥使管军政，号称三司，是地方上三个最高长官，职权不同，彼此都不能互相管辖。布政使是从二品官，按察使是正三品官，都指挥使是正二品官，兵部右侍郎虽只是正三品官，却因为是中央官，又是皇帝特派的，奉有敕书（皇帝的手令）可以便宜行事，是中央派驻地方的最高官员，职权就在三司之上了。

于谦作河南山西巡抚，前后一共十九年（公元1430—1448），除周忱连任江南巡抚二十一年以外，他是当时巡抚当中任期最长的一个。

于谦极重视调查研究工作，一上任便骑马到处视察，所到地方都延请当地有年纪的人谈话，了解地方情况，政治上的得失利弊，老百姓的负担、痛苦，该办的和不该办的事，一发见问题，立刻提出具体意见，写报告给皇帝。遇有水灾、旱灾，也及时上报，进行救济。他对地方的情况很清楚，政治上的措施也很及时，因之，得到人民的歌颂和支持。

明英宗正统六年（公元1441）他向皇帝报告，为了解决缺粮户的暂时困难，当时河南、山西仓库里存有几百万石粮食，建议在每年三月间，由州县官调查，报告缺粮户数的所需粮食数量，依数支借，到秋收时归还，不取利息。对老病和穷极不能归还的特许免还。还规定所有州县都要存有预备粮，凡是预备得不够数的，即使任期满了也不许离任，作为前一措施的物质保证，这一款由监察官按时查考。皇帝批准了这一建议。这样一来，广大的缺粮户，在青黄不接的时候，就可以免除地主的高利贷剥削了，他为穷困的农民办了好事。

黄河经过河南，常常闹决口，造成水灾。于谦注意水利，在农闲时动用民力，加厚堤身，还按里数设亭，亭设亭长，负责及时督促修缮。在境内交通要道，都要种树、凿井，十几年间，榆树、柳树都成长了，一条条的绿化带，无数的水井，使行道的人都觉得阴凉，沿途都有水喝。

大同是边上要塞，巡按山西的官员很少到那里去，于谦建议专设御史监察。边地许多将领私自役使军人，为他们私垦田地，国家的屯田日益减少，边将私人的垦田却日益增加，影响到国家的收入和边防的力量，于谦下令没收边将的私田为国家屯田，供给边军开支。

于谦作了九年巡抚，政治清明，威信很高，强盗小偷都四散逃避，老百姓过了比较安定的生活。由于他政治上的成就，明朝政府升他为兵部左侍郎，支二品俸禄，仍旧作巡抚的官。

在这九年中，于谦的建议到了北京，早上到，晚上就批准，是有其政治背景的。原来这时的皇帝是年青人，明英宗当皇帝时才十岁，太皇太后和皇太后（皇帝的祖母和母亲）很敬重元老重臣三杨：杨士奇、杨溥、杨荣，这三个老宰相都是从明成祖时就当权的，比较正直，有经验，也有魄力，国家大事都由他们作主张。他们同意于谦作巡抚，对于谦很信任，于谦有了朝廷上三杨的支持，才能在地方办了一些好事。到了正统后期，正统五年（公元1440）杨荣死，七年杨士奇死，太皇太后死，十一年杨溥死，三杨死后，朝廷上不但没有支持于谦的力量，反对于谦的政治力量反而日益增加了，于谦的政治地位动摇了。

反对于谦的政治力量主要来自两方面，一是宦官，一是权贵。

宦官王振是明英宗的亲信，英宗作了皇帝，他也作了内廷的司礼监太监（皇帝私人秘书长）。英宗年轻，什么事都听他的，只是宫里有老祖母管着，朝廷上有三杨当家，王振还不大敢放肆。到了正统五年以后，太皇太后死了，杨荣也死了，杨士奇因为儿子犯法判死罪不管事，杨溥老病，新的宰相名位都较轻，王振便当起家来了，谁也管不住了，英宗叫他作先生，公侯勋贵叫他作翁父，专权纳贿，无恶不作。他恨于谦不肯逢迎，正统六年三月，趁于谦入朝的时候，借一个题目，把于谦关在牢里，判处死刑。关了三个月，找不出于谦的罪状，只好放了，降官为大理寺少卿。

另一种反对于谦的力量是权贵。照例地方官入朝，是要送礼以至纳贿赂给朝廷权贵的。于谦是清官，在山西、河南十九年，父母和儿子住在杭州，老婆留在北京，单身过着极清苦的生活。每次入朝，不但不运礼、纳贿，连普通的人事也不送，空手去，空手回，他有一首著名的诗，为河南人民所传诵的：

手帕蘑菇与线香，本资民用反为殃，

清风两袖朝天去,免得闾阎话短长。

他这样做,老百姓虽然很喜欢,朝廷权贵却恨死他了。

虽然如此,山西、河南的官吏和百姓却非常想念于谦,到北京请愿要求于谦回去的有一千来起。河南的周王和山西的晋王(皇帝的家族)也说于谦确是好官,朝廷迫于民意,只好让于谦再回去作巡抚。

这时,山东、陕西闹灾荒,流民逃到河南的有二十几万人,于谦请准朝廷,发放河南、怀庆两府的存粮救济,又安排田地和耕牛、种子,让流民安居乐业。

这十九年中,于谦的父母先后死了,照当时礼法,应该辞官在家守孝三年,父母两丧合计六年。朝廷特别命令他"起复",不要守孝,回家办了丧事便复职。

正统十三年(公元1448)于谦被召入京,回到兵部左侍郎任上。

第二年发生"土木之变"。

瓦剌是蒙古部族之一,可汗脱脱不花,太师也先,知院阿剌各拥重兵,以也先为最强,各自和明朝通好往来,也经常和明朝发生军事冲突。照规定,每次来的使臣不超过五十人,明朝政府按照人数给予各种物资,也先为了多得物资,逐年增加使臣到两千多人,明朝政府要他减少人数,也先不肯。瓦剌的使臣往来,有时还沿途杀掠。到正统末年,也先西破哈密,东破兀良哈,威胁朝鲜,军事力量日益强大。明朝使臣到瓦剌的,也先提出各种无理要求,使臣怕事,一一答应,回来后又不敢报告,也先看到使臣所答应的事都没有下落,认为明朝背信,极不高兴。正统十四年也先派使臣三千人到北京,还虚报名额,交换的马匹也大多驽劣,礼部(管对外工作和朝廷礼仪的部)按实有人数计算,对提出要求的物资也只给予五分之一,还减了马价,也先大怒,决定发兵入侵。

正统十四年(公元1449)七月,瓦剌大举入侵,脱脱不花攻辽东,阿剌知院攻宣府(今河北宣化市),也先亲自领军围大同,参将吴浩战死,羽书警报,不断送到北京。

军事情况紧急，王振决策，由明英宗亲自率领军队阻击，朝廷大臣以吏部尚书王直和兵部尚书邝埜、兵部左侍郎于谦为首坚决反对，王振不听，命令英宗的弟弟郕王留守，带领朝廷主要官员和五十万大军向大同出发。邝埜随军到前方，于谦留在北京管理部事。

王振的出兵是完全没有计划的。他根本不会打仗，却指挥着五十万大军。大同守将西宁侯宋瑛、武进伯朱冕、都督石亨等和也先战于阳和（今山西阳高），为王振的亲信监军太监郭敬所制，胡乱指挥，全军覆没，宋瑛、朱冕战死，石亨、郭敬逃归。明英宗的大军到了大同，连日风雨，军中夜惊，人心恟惧，王振还要向北进军，郭敬背地里告诉他敌军情况，才决定退兵。路上又碰着大雨，王振原来打算取道紫荆关经过他的家乡蔚州（今河北蔚县），请明英宗到他家作客的，走了一程，又怕大军过境，会糟蹋他家的庄稼，又下令取道宣府，这样一折腾，闹得军士晕头转向。到宣府时，也先大军追上袭击，恭顺侯吴克忠拒战败死。成国公朱勇、永顺伯薛绶带四万人迎战，到鹞儿岭，敌军设下埋伏，又全军覆没。好容易走到土木堡（今北京市官厅水库附近），诸将商量进入怀来县城据守，王振要保护行李辎重，便下令就地宿营。这地方地形高，没有荫蔽，无险可守，掘地两丈还不见水，也先大军追到，把水源都占据了，军士又饥又渴，挤成一堆。第二天，也先看到明军不动，便假装撤退，王振不知是计，立刻下令移营，阵脚一动，瓦剌骑兵便四面冲锋，明军仓皇逃命，阵势大乱，敌军冲入，明军崩溃，死伤达几十万人，明朝政府的高级官员五十多人都被敌军所杀，王振也死在乱军中。明英宗被敌军俘掳。这次不光彩的战役就叫“土木之变”。

土木败报传到北京，北京震动。达时明军的精锐都已在土木覆没了，北京空虚，形势极为危急。翰林院侍讲（为皇帝讲书的官）徐珵是苏州人，在土木变前，看到局面不好，就打发妻子老小回苏州去了。败报传到后，郕王召集文武百官商量对策，徐珵大声说，从天文看，从历数看，天命已去了。只有南迁，才能免祸。这个主意是亡国的主意，当时要照他的意见办，明朝政府从北京撤退到南方，瓦剌进占北京，黄河以北便会全部沦陷，造成历史上南北朝和金宋对立的局面。于谦坚决反对说，北京是全国根本，一动便大事去了，宋朝南渡的覆辙，岂可重蹈。并且说主张南迁的人应该杀头。大臣胡濙、陈循和太监金英都赞成于谦的主张，郕王也下了坚守的决心，徐理不敢再说话了，从此恨死了于谦。

明朝政府虽然决定坚守，但是北京剩下的老弱残兵不满十万人，上上下下都胆战心惊，怕守不住。于谦建议征调各地军队到京守卫，分别部署前方要塞军事，人心才稍稍安定。郕王十分信赖于谦，升他为兵部尚书（国防部长），领导北京的保卫战。

王振是土木败军的祸首，群臣提出要追究责任，王振的党羽马顺还倚仗王振的威风，当面叱责提出这主张的人，引起了公愤，给事中（官名，管稽察六部和各机关的工作）王竑抓住马顺便打，群臣也跟着打，把马顺打成肉泥，朝班大乱，连守卫的卫士也呼噪起来了。郕王吓得发抖，站起来要走，于谦赶紧上前拉住，并教郕王宣布马顺有罪应该处死，这才扭转了乱纷纷的局面。退朝时，于谦穿的衣裳，袖子和下襟都裂开了。吏部尚书（管选用罢免官员的部长）王直看到他，拉住手叹口气说，国家只靠着你！像今天的事，一百个王直也办不了。从此，郕王和朝廷大臣，京城百姓都倚靠于谦，认为他有担当，可以支撑危局。于谦也毅然决然把国家的事情担当起来。

英宗被俘，他的儿子还是小孩子，当时形势，没有皇帝是不行的。大臣们商量立郕王为皇帝，郕王再三推辞。于谦说，我们是为国家着想，不是为了任何个人。郕王才答应。九月，郕王即位为皇帝，是为明景帝。

于谦建议景帝，瓦剌得胜，一定要长驱南下。一要命令守边诸将协力防守；二要分道招募民兵；三要制造兵器盔甲；四要派遣诸将分守九门，结营城外；五要迁城关居民入城，免遭敌军杀掠；六要派军队自运通州存有的大量粮食作为军饷，不要被敌人利用。又保荐一些有能力的文官出任巡抚，军官用为将帅。景帝一一依从，并命令于谦提督各营军马，统帅全军。

也先带着明英宗，率军南下，每到一个城池，便说皇帝来了，要守将开门迎接，守将遵从于谦的指示，说我们已经有了皇帝了，拒不接受。也先利用明英宗要挟明朝政府不成功，很丧气。明朝北部各个城池虽然因此保住了，明英宗却也因此对于谦怀恨在心。

瓦剌大军突破紫荆关，直入包围北京。都督石亨主张收兵入城，坚壁拒守。于谦反对，认为怎么可以向敌人示弱，使敌人越发轻视呢。下令诸将统兵二十二万分别在九门外拒守，亲自率领石亨和副总兵范广、武兴列阵德胜门外，和也先决战。通告全军，将不顾军，先退者斩其将，军不顾将，先退者后队斩前队。将士知道只有决战才有生路，都奋勇争先。由于于谦保卫北京的主张是和北京人民的利益一致的，获得了广大人民的支持。也先原来认为北京不战可下，一见明军严阵以待，便泄气了，派人提出要大臣出迎明英宗，要索金帛，和于谦等大臣出来商议等条款，都被拒绝，越发气沮。进攻德胜门，明军火器齐发，也先弟中炮死。转攻西直门，又被击退。进攻彰义门，当地的老百姓配合守军，爬上房顶呐喊，投掷砖石，又被击退。相持了五天，敌军始终没有占到便宜，听说各路援军就要到达，怕归路被截断，只好解围退兵，北京的保卫战就此胜利结束。景帝以于谦功大，加官为少保（从一品），总督军务。

景泰元年（公元1450）大同守将报告也先派人来讲和，于谦严令申斥守将，从此边将都坚决主战，没有一个人敢倡议讲和的。

也先看到明朝有了新皇帝，不承认明英宗，便在蒙古重立英宗为皇帝，来和明朝对抗，结果明朝政府置之不理，这个法宝也不灵了。俘虏到皇帝，不但没有用处，还得供养，成了累赘，便另出花招，派使臣声明愿意送还皇帝，制造明朝统治阶级的内部矛盾。明朝大臣都主张派使迎接，景帝很不高兴，说我本来不愿作皇帝，是你们要我当的。于谦说，皇位已定，不可再变。也先既然提出送回皇帝，理当迎接，万一有诈，道理在我们这面。景帝一听说皇位不再更动，忙说依你依你。派大臣接回英宗，一到北京，就把这个皇帝关在南宫里。

从景泰元年到景泰七年（公元1450—1456），于谦在兵部尚书任上，所提的意见，明景帝没有不同意的。朝廷用人，也一定先征求于谦意见，于谦不避嫌怨，有意见便说，由此，有些作不了大官的人，都恨于谦，有些大官作用比不上于谦的，也恨于谦，特别是徐理，他一心想作大官，拜托于谦的门客，想作国子祭酒（大学校长），于谦对景帝说了，景帝说，这人倡议逃亡，心术不正，怎能当这官，败坏学生风气。徐理不知于谦已经推荐，反而以为是于谦阻挠，仇恨越发深了。改名有贞，等候机会报复。大将石亨原先因为打了败仗削职，于谦保荐领军抗敌立了功，封侯世袭。他嫌于谦约束过严，很不乐意。保卫北京之战，于谦是主帅，功劳最大，结果石亨倒封了侯爵，心里过意不去，写信给景帝，保荐于谦的儿子作官。于谦说国家多事，做臣子的照道理讲不该顾私恩。石亨是大将，没有举荐一个好人，一个行伍有功的，却单单举荐我的儿子，这讲得过去吗？而且我对军功，主张防止侥幸，决不敢以儿子冒功。石亨巴结不上，反而碰了一鼻子灰，越发生气。都督张轨打仗失败，为于谦所劾。太监曹吉祥是王振门下，也深憾于谦。这批人共同对于谦不满，便暗地里通声气，要搞倒于谦，出一口气，作升官的打算。

于谦性格刚直，处在那样一个时代，遇事都有人出来反对，只靠景帝的信任，做了一些事。他在碰到不如意事情的时候，便拍胸叹气说：这一腔热血，竟洒何地？他又看不起那些庸庸碌碌的大臣和勋臣贵戚，语气间时常流露出来，恨他的人便越发多了。他坚决拒绝讲和，虽然明英宗是因为明朝拒和，也先无法利用才被送回来的，心里却不免有些不痛快。这样，在明景帝统治的七年间，在表面上，于谦虽然权力很大，在另一面，却上上下下都有人对他怀恨，只是不敢公开活动而已。

于谦才力过人，当军务紧急，顷刻变化的时候，他指挥若定，眼睛看着报告，手头屈指计算，口授机宜，合于实际，底下的工作人员看着，不由得不衷心佩服。号令严明，不管是勋臣宿将，一有错误，便报告皇帝行文申责，几千里外的守将，一得到于谦指示，无不奉行。思虑周密开阔，当时人没有能比得上的。忧国忘身，虽然立了大功，保住了北京城，接还了皇帝，却很谦虚，口不言功。

生性朴素俭约，住的地方才蔽风雨，景帝给他一所西华门内的房子，几次辞谢不许才搬过去。土木之变后，索性住在办公室里不回家。晚年害了痰病，景帝派人去看，发见他生活过于俭约，特别叫宫内替他送去菜肴。有人说皇帝宠待于谦太过了，太监兴安说，这人日日夜夜为国家操心，不问家庭生活。他要去了，朝廷哪儿能找得这样的人！死后抄家，除了皇帝给的东西以外，更没有别的家财。

景泰八年正月，明景帝害了重病，不能起床。派石亨代他举行祭天仪式。石亨认为景帝活不长久了，便和徐有贞、曹吉祥、张軏等阴谋打开南宫，迎明英宗复位，史称夺门之变。明英宗第三次作了皇帝，办的第一件事就是把于谦和大学士（宰相）王文关在牢里。石亨等诬告于谦、王文谋立外藩（明朝皇帝的本家，封在外地的），法司判处谋逆，应处死刑。审案时，王文据理申辩，于谦笑着说，这是石亨等人的主意，申辩有什么用。判决书送到明英宗那里，英宗还觉得有些过意不去，说于谦实在有功。徐有贞说，不然，不杀于谦，夺门这一着就说不出名堂来了。于谦、王文同时被杀，明景帝也被绞死，这一年于谦六十岁，明景帝才三十岁。

于谦死后，家属被充军到边地。大将范广、贵州巡抚蒋琳也因为是于谦所提拔的牵连被杀。还刻板通告全国，说明于谦的罪状，这个板子一直到成化三年（公元1467）才因有人提出意见毁掉。

曹吉祥是于谦的死对头，可是他的部下指挥朵儿却深感于谦的忠义，到刑场祭奠痛哭，曹吉祥大为生气，把他打了一顿。第二天，朵儿又去刑场祭奠了。都督同知陈逵冒着危险，收拾于谦的尸首殡葬，过了一年，才归葬杭州。

广大人民深深悼念于谦，当时不敢指名，作了一个歌谣：

鹭鸶冰上走，何处觅鱼嗛？

鱼嗛是于谦的谐音，这个民族英雄的形象是永远留存在人民的记忆中的。明末抗清民族英雄张煌言有一首诗：

国亡家破欲何之？西子湖头有我师，
日月双悬于氏庙，乾坤半壁岳家祠。

于谦的事迹直接教育了这个有骨气的好汉，宁死勿屈，保持了民族的正气。

石亨的党羽陈汝言代于谦作兵部尚书，不到一年就撤职抄家，有很多金银财宝，明英宗叫大臣们参观，并说，于谦在景泰朝极被亲信，死后没有一点家业，陈汝言怎么会有这么多！石亨听了，说不出一句话。过些日子，边方传来警报，英宗很发愁，恭顺侯吴瑾在旁边说，要是于谦在的话，不会有这情况。英宗听了也说不出一句话。

于谦的政敌都先后失败，徐有贞充军云南，石亨下狱死，曹吉祥造反灭族。

明宪宗成化初年（公元1465），于谦的儿子于冕遇赦回家，写信给皇帝申冤，明宪宗恢复了于谦的官位，派人祭奠，祭文中说："当国家之多难，保社稷以无虞，惟公道之独持，为权奸所并嫉，在先帝已知其枉，而朕心实怜其忠。"这几句话，传诵一时。于谦的名誉恢复了。明孝宗弘治二年（公元1489）谥于谦为肃愍，并建立祠堂，号为旌功。明神宗万历时又改谥忠肃。杭州、开封、山西和北京的人民都建立了他的祠堂，广大人民永远纪念这个保卫北京城的民族英雄，永垂不朽！

于谦的著作流传到今天的有《于肃愍公集》八卷，《少保于公奏议》十卷。演绎他的故事的小说有孙高亮所著的《于少保萃忠全传》十卷。

（原载《新建设》第6期，1961年）

海　瑞

海瑞（公元1514—1587），广东琼州（今海南岛海口市）人。是明朝，也是我国历史上有名的清官，好官。

他的一生经历正好和况钟、周忱相反。

况钟和周忱在苏州和江南的政治措施，是执行封建王朝巩固统治基础、缓和阶级矛盾的政策的，在执行中，不但得到朝廷当局的支持，还得到皇帝的特别命令，可以便宜行事。在推行以后，不但增加了封建王朝的财政收入，也适当地减轻了农民的负担，以此，也获得了人民的拥护，歌颂。虽然也遭遇到专管财政收入的户部的阻挠、反对，和部分地主的攻击、抗议以至污蔑，但是，那毕竟是少数，不是主要的潮流。

海瑞的经历便不同了。虽然他的主要政治生活，任江南巡抚和周忱相同，驻地在苏州和况钟相同，得到人民拥护、歌颂，被叫作青天，也和两人相同。他的政治措施的目的，也是为了巩固封建王朝统治基础，缓和阶级矛盾，是封建统治阶级的忠臣、良臣，但是，他却遭受到和况钟、周忱不同的对待，他不但得不到朝廷当局的支持，皇帝的保护，却反而遭到反对、排挤，他被地主阶级集中攻击、诬蔑，终于罢官，不能够贯彻他的政治主张。虽然也有些官僚、地主、青年知识分子支持、鼓励他，但是，那毕竟是少数，不是主要的潮流。

况钟作了十三年苏州知府，周忱作了二十一年江南巡抚。海瑞呢，只作了半年多江南巡抚，便被自己的阶级代表撵下台了。

为什么海瑞遭受到和况钟、周忱不同的对待？却又受到人民同样的拥护、歌颂？

这是因为，第一，时代不同，第二，地主阶级的利害不同，第三，人民得到了好处。

说时代不同。况钟、周忱所处的十五世纪前期，正是明封建王朝的全盛时期。经过十四世纪中期二十年的长期战争以后，明王朝采取恢复、鼓励生产的政策，把荒废的田地分配给有劳动力而缺地少地的农民耕种，经过了三四十年，到十五世纪前期，生产恢复了，发展了，地主阶级通过经济压力，政治力量，兼并分散的农民土地。这时期，土地正处于从农民手中逐步被地主阶级兼并的过程中。土地基本上还是分散的，高度集中的现象还没有形成。其次，苏州、松江等地区虽然有大量官田，苏州的官田甚至比民田多许多倍，这些官田名义上的地主是以皇帝为代表的封建统治阶级，但耕种的却仍然是分散的农户，官田虽然租额特别重，但皇帝并没有直接经营。同时，也正因为这一地区，官田比例较大，一般地主的兼并手段便不能不受到限制，集中的过程便比较缓慢了。

正因为当时土地比较分散，大地主的数量还不是很多，在政治上代表中、小地主利益的朝廷当局，也就不能不较多地考虑中、小地主和富农、自耕农的利益，采取了一些和缓阶级矛盾的措施。这些措施在历史上被称为政治修明，博得史家的赞叹。

到了海瑞的时代，情况不同了。他生在明封建王朝从全盛走向衰落的时代。他生于明武宗正德九年，死于明神宗万历十五年，经历了正德、嘉靖、隆庆、万历四个王朝。这几十年中，社会情况发生了很大变化，土地更加集中了。皇帝大量侵夺百姓的田地，建立了无数皇庄，后妃、亲王、公主、宦官和勋戚、将军、大官僚都有许多庄田，直接派庄头经营，有的还非法收税，亲王的庄田从几千顷以至到几万顷，有的亲王占有的田地跨越好几个省。嘉靖时的宰相严嵩、徐阶都是当时最大的地主。万历初期有一个地主的田地多到七万顷。农民的田地被地主所侵夺，沦为佃客、庄客，过着牛马般的生活。庄园的庄头庄仆，作威作福，欺侮百姓。贵族和官僚家里养着无数的奴仆，有的是用钱买的，更多的是农民忍受不了田租和差役的负担，投靠来的。他们终年为主人服役，除家庭劳役以外，有的学习歌舞，演奏戏剧，有的纺纱织布，四出贩卖，有的经营商业，开设店铺，没有工资，没有自由，世代子孙都遭受同样命运。无处投靠的便只好逃奔四方，寻找活路，大量人口脱离了原来户籍，流移各地。这样，被抑勒为私家奴仆的、逃亡外地的人口越来越多，封建王朝户籍上的人口便越来越少，当差服役的人相应的也就少了。同时，田地册上的土地数字也大大减少了，这是因为农民土地大量地集中到地主手中，地主隐瞒不报，逃避租税；因为庄田数量越来越大；因为农民大量逃亡，土地无人耕种，闲置荒废。这样，封建王朝的地租收入便自然日益减少了。收入不够用，只好使用加税的办法解决，租税越重，中小地主、自耕农不能负担，便更多地采用隐蔽手段，投靠在大地主名下，大地主土地越多，势力越大，把自己名下的赋税和差役都尽量设法分摊给农民，农民的负担便越重，阶级矛盾便越尖锐。

这个时期是阶级矛盾日益尖锐的时期。

反映在政治上，当权的统治阶级既然本身就是大地主，当然要为大地主阶级的利益服务，凡是不利于大地主阶级利益的政治措施，也就不能不遭遇到他们的代表的坚决的反对了。相反，更多的更重的剥削，不择手段的剥削，皇帝对官僚、大官对小官、上级对下级的种种勒索，便成为理所当然的了。贪污成为风气，凡事非钱不行，是这个时期的政治特点。

第二，地主阶级的利害不同。十五世纪前期况钟、周忱在苏州和江南的主要政治措施，是减削官田过重的租额，官田的地主代表是皇帝，但是，皇帝并没有直接经营这些土地，以此，官田减租并不损害到一般地主的利益。而且，减了租，缓和了阶级矛盾，是和整个地主阶级长远利益相符合的，以此，不只是没有遭遇到地主阶级的联合反对，相反，却得到支持和鼓励。当时，明摆着的事实是：照旧收高租而大量拖欠，逼不出来，弄得田荒民逃，收入更加减少好呢？还是适当减轻，少取而多收，比例上减少而实质上如数收到，名为减租而实则增加收入，粮不欠，民不逃好呢？地主阶级是最会打算盘的，一算账就明白了。尽管户部反对，还是办通了。

至于海瑞的措施，便不同了。他鉴于土地过分集中、农民无地或少地耕种而主张均田。均谁的田呢？当然是大地主。这就直接损害了大地主阶级的利益，他们当然要坚决反对，行不通。

均田一时行不通，海瑞便主张要大地主退还一部分非法侵占的田地给被剥夺侵占的农民。这办法，是符合大地主们的长远利益的，但是，却严重地损害了他们的眼前利益，地主们的眼光是只能看到眼前，看到自己的儿孙的，当然坚决反对。在大地主们的联合反对下，通过他们在朝廷的代表，内外夹攻，海瑞终于被逐出统治阶级，以失败而告终。

同时，海瑞坚决主张贯彻一条鞭法，这个办法虽然普遍地损害了地主阶级的一些利益，增加了一些负担，减少了一些收入。但是，一来，并没有动摇大地主阶级的根本利益，相反，还起了巩固作用。二来，普遍推行，并不特别针对某些个别特大地主的利益，以此，便行通了，人民得到了好处，封建王朝也增加了收入。

第三，人民得到好处。尽管况钟、周忱、海瑞都是站在封建统治阶级立场，为了巩固封建统治，缓和阶级矛盾，在政治上做了一些改良工作，他们做的是符合封建统治阶级的长远利益的。但是，也和广大人民的当前利益一致，人民得到好处，田租和徭役的负担减轻了，生产情绪安定了，尽管还是被剥削、压迫，毕竟比过去轻了一些了，尽管还是过苦日子，但是，毕竟可以不必逃亡转徙，卖儿卖女了。人民是讲理的，能够分清是非好坏的，他们怎能不高兴，不拥护、歌颂？

海瑞出生于官僚家庭，祖父作过知县，父亲在海瑞四岁时就死了。家境不很宽裕，只靠祖传十多亩田地，又没有劳动力，光收些租子，母子两人是不够过日子的。他母亲很能干、刚直，做些针线贴补生活，教育海瑞很严格。海瑞和穷苦人民接触，同情他们，对大地主的无情剥削，抱有反感。另一面，受了多年的封建教育，脑子里装满忠君爱国的思想。

中了举人以后，作了几年福建南平县学的教谕（校长），升任浙江淳安县知县。

淳安山多地少，地方穷苦。地主占好地，地多，出的田租少；

贫农耕坏地，地少，田租负担反而重，由之富的越富，穷的便越穷了。徭役出银子，每丁少的出一两二钱，多的要十几两，海瑞解决的办法是清丈和均徭，清丈实有土地面积，重新按土地等级规定租额；均徭按负担能力多少，没有力量的不负担。这样，农民的负担才减轻了些，地主们可不乐意了。

当时，奸臣严嵩作首相，总督胡宗宪和巡盐的都御史鄢懋卿都是严嵩的党羽，作威作福，无官不怕。总督的儿子路过淳安，嫌供应不好，吊打驿吏。海瑞没收了他带的大量银子，还报告总督说，这个恶棍冒充总督公子，败坏总督名誉。总督怕海瑞张扬出去，发作不得，只好算了。鄢懋卿到各地巡查盐政，一路贪污勒索，铺张浪费。海瑞写一封信说，淳安地方小，百姓穷，容不下都老爷的大驾。把这个大官顶回去，不来淳安了。

因为得罪了大官僚，海瑞虽然升了官，又被降职作江西兴国知县。

南昌有个作过兵部尚书的张鳌，在家养老，是个恶霸地主。他有两个侄子到兴国买木材，为非作恶，害得老百姓气苦得很。海瑞调查了情况，叫他们来，不肯来。一天，忽然又跑到县衙大闹。海瑞叫人拿下送到府里，反而判处无罪。海瑞要追究，张鳌便出面写信求情，又四处托人，这两个坏蛋居然摇摇摆摆回家了。海瑞大怒，写信向上官力争，终于把两个坏蛋依法判罪。

公元1564年，海瑞调到北京作官。

两年以后，海瑞写信给嘉靖帝，提出了严厉的批评。说他迷信道教，妄想长生，多年不上朝办事，又自以为是，拒绝批评，弄得君道不正，臣职不明，吏贪将弱，政治腐败，语气很尖锐。嘉靖帝看了，气极，丢在地下，又捡起来看。想要杀海瑞，一听说海瑞在写信前已经托人买了棺材，并不怕死，倒愣住了。把海瑞关了几个月，嘉靖帝死后，被赦出狱。

隆庆三年（1569年）六月，海瑞被任命为江南巡抚，管理现在江苏安徽大部分地方，巡抚驻在苏州。

这一年，江南遭到严重水灾，田地被淹，粮食涨价，农民逃荒，情况很严重。

江南是鱼米之乡，号称全国最富庶的地方。但实际上百姓生活很困苦，原因是田租、徭役的负担特别重。土地集中在大地主手里，特别是松江，乡官（退休的官僚）田宅、奴仆之多，全国找不出第二个，乡官中以前任首相徐阶家为第一，他一家就有田四十万亩。

闹水灾的原因，经过亲自勘察研究，是因为多年水利不修，吴淞江淤塞了，太湖的水排不出去，一遇特大雨量，便泛滥成灾。海瑞想法子张罗了一些粮食，采工赈办法，救灾和治水并举，让灾民做工疏浚。他坐上小船，到处巡视督促，灾民很兴奋，不到一个月就完工了。这项工程不但没有向人民要钱，还救了灾，变水害为水利，对生产好处很大，人民很是喜欢，感激。

解决人民生活问题的关键，海瑞认为一条鞭法是好法子。这办法已经有好几十年历史了，各地具体做法也不尽相同。主要的是把过去数不清的种种赋、役名目，都编成一条，通算一省的田租，人丁，通派一省的徭役，官收官解，除秋粮以外，一律改折银两交纳。把复杂的制度简化了，把实物赋税的大部分改为货币赋税，不只可以减轻农民的负担，并且，在经济发展过程中，也具有进步意义。例如，过去南粮北运，运费由农民负担，往往超过正税很多，现在改折银两，省去运输费用，人民的负担也就相应减轻了。又如徭役，只要交了钱，由官府雇工应差，农民就可以安心生产，不必再受徭役的牵累了，而且，徭役的编派，人丁居四分之一，田租居四分之三，农民人口多，大地主田租多，这样也就减轻了贫、中农的负担，对生产是有好处的。只是对地主们不好，因为实行新法，地主的有些负担确是加重了。地主们有意见，海瑞坚决要办，终于办成了，成绩是田不荒了，人不逃了，田租也不拖欠了，当时的人民很高兴，很感激。后代的史家也称赞是永久的利益。

最困难的还是限制是大地主的过分剥削。海瑞决心强迫大地主退田，首先是徐阶。徐阶当年作首相，海瑞坐牢的时候，曾经在嘉靖帝面前，替海瑞说过好话，对海瑞有恩。但是，海瑞知道徐家是恶霸地主，便坚决不顾私人关系，执行退田法令，徐阶知道海瑞刚直，不讲情面，勉强退出一部分，海瑞不满意，亲自写信，要退出一半以上，才算了事。

这一来，乡官们大地主们都吓慌了，有的逃到外地躲风头，有的只好忍痛退田。徐阶恨极了，想尽法子，派人到北京，买通了当权的太监和同乡京官，同乡京官告海瑞“纵容刁民，鱼肉乡官”。说老百姓像虎像狼，把乡官吃惨了。大地主阶级联合反攻，终于把海瑞赶出了江南巡抚衙门，回到海南岛，一直闲住了十六年。

公元1585年，海瑞已经七十二岁了，被起用到南京作官，他虽然年老，却不肯放弃着实作一点好事的机会，一到任就革除了一些弊政，把多年来各个衙门要商户无偿供应物品的陋规禁止了。他严惩贪污，反对浪费，生活朴素，主张节俭。有个大贪污犯怕被揭发，诬告海瑞许多罪状，骂得不像人。引起了一批青年知识分子和有正义感的官僚的抗议，攻击的和为海瑞说公道话的吵开了，统治阶级内部发生了争论。由于海瑞为大地主们所痛恨，虽然他做的一贯是好事，名气极大，当国的宰相却两面都不支持，一直到这个大贪污犯罪行被揭露以后，才把他免职，这已经是海瑞死后的事了。

海瑞是死在南京任所上的。同官替他清点遗物，发现他十分清苦，只好凑钱办理丧事。临死前三天，送来薪俸多算了七钱银子，立刻退回去。作官几十年，没有买过田地。添了一所房子，是用历年官俸积蓄买的。作知县时候，母亲生日，特地买了两斤肉，有人听说，大为惊奇，作为新闻，到处传说。

海瑞从作知县起，就重视刑狱，审案着重调查研究，注意科学证据和人情事理，平反了许多冤狱，其中一些案件的判决书编在他自己的文集里。后来的小说家、戏剧家选取了一些，加以渲染，《大红袍》、《小红袍》、《生死牌》、《五彩舆》这一类作品在民间流传很广，叫作公案小说。

人民是爱戴他的。他在苏州罢官的时候，老百姓沿街哭着送别，有些人家画了他的像供在中堂里。死在南京任上，老百姓非常哀痛，市面停止了营业，白色衣冠送葬的行列，夹着江岸悼祭哀哭的百里不绝。

人民喜欢他，大地主反对他。他为人民办了许多好事，在大地主们看来，却是坏事。他忠于封建统治阶级，一心一意要为自己阶级的长远利益服务，却和本阶级某些代表人物的当前利益发生矛盾，他不能理解，也不可能解决这个矛盾。他在统治阶级内部，为一部分人所反对，却同时又为另一部分人所支持，骂他的人说他“鱼肉乡官”，支持他的人说他“卵翼穷民”，这是因为他的作为虽然损害了这一部分地主的当前利益，却符合了另一部分地主的长远利益。他主张减少剥削，却决不反对剥削，他反对贪污、浪费、繁文，主张并且实行廉洁、节约，减省文牍，他重视人命，反对豪强，一生反对坏人坏事，不屈不挠，从不灰心丧气，连骂他的大地主也不能不说他是铁铮铮一汉子，说他为国为民，说他爱民。这样的历史人物是应该肯定的，值得后人纪念和学习的。

（原载《新建设》第10、11期，1960年）

献身于祖国地理调查研究工作的徐霞客

要做好任何工作，都要有调查，有研究。

我国古代有不少著名学者，他们之所以能够取得成就，就是因为认真做好了调查研究工作。

十七世纪前期的地理学家徐霞客，以他的一生贡献给地理、地质科学的调查研究工作，写的《徐霞客游记》不但科学性强，文艺水平也很高，是研究祖国自然面貌的最珍贵的遗产。

徐霞客（公元1586—1641），名宏祖，字振之，霞客是他的别号，江苏江阴人。他家世世代代都是大地主，曾祖分家时分得田一万二千五百九十七亩，到祖父时家道中落，父亲和母亲时又成为大地主。霞客因为家庭生活优越，才能和当时的许多名人学者结交，收藏很多书籍，旅行各地，专心作地理、地质科学的调查研究工作。

霞客从二十二岁（公元1607）这年开始，便出外旅行，到过太湖、泰山、北京、南京、落迦山、天台山、雁宕（荡）山、白岳、黄山、武夷、九曲、庐山、仙游、嵩山、太华山、太和山、荆溪、勾曲、福建、罗浮山、盘山、五台山、恒山、江西、湖南、广西、贵州、云南等地，其中有些地方还去过多次，一直到死前几个月才因病从云南回家。概括地说，他的调查研究工作一直坚持了三十四年之久。

他有文学修养，文章和诗都写得好，但是，和一般地主家庭子弟不同，不参加考试，也不想做官。从儿童时起便喜欢读书，特别是地理书籍，心想到长大了便去游历名山大川，增长知识。到成年以后，认为过去的山经、地志，其中有些记载，由于没有经过实际调查，错误不少。特别是边疆地区，问题更多。要认识祖国的真正面貌，科学地记录地形地貌，一定要经过亲身观测考察。怀抱着这样的志愿，他开始了长期的艰苦的旅行生活。

他身体瘦长，面孔黑黑的，平时说话很少，但只要谈到山经、水脉、地理形势，便滔滔不绝了，像换了个人似的。有人告诉他什么地方应该去，他不说一声，第二天拔腿就走，过些日子回来，人家才知道他又旅行了一次了。在途中每天都写日记，详细记载这天所看到的事物，有时连续赶路，来不及每天写，也是抓住间息的机会补写。从他的游记看，五十二岁那年，还每天记千把字。当时著名学者钱谦益劝朋友印他的书，赞扬他："闻其文字质直，不事雕饰，又多载米盐琐屑，如甲乙账簿，此所以为世间真文字，万万不可改换，失却本来面目也。"从游记的文字看来，确是文字质直，生动流利，够得上世间真文字的评价。至于多载米盐琐屑如甲乙账簿，则不是事实。

潘耒序他的游记也说："向来山经地志之误，厘正无遗；奇踪异闻，应接不暇。然未尝有怪迂侈大之语，欺人以所不知，故吾于霞客之游，不服其阔远而服其精详，于霞客之书，不多其博辨而多其真实。"精详、真实、实事求是地记录所见，是徐霞客研究学问最可宝贵的特色。

当时交通条件是很困难的，除了水路坐木船，陆路有时可以骑马以外，主要是靠步行。霞客身体好，很能走路。一根手杖，一副被服就上路，不一定走官路，只要有值得去的地方，便迂回屈曲去找，先看清山脉如何去来，水脉如何分合，了解大势以后，再一丘一壑，支搜节讨。登山不一定要有路，荒榛密菁，穿着过去；渡水也不一定在渡口，冲湍恶泷，走着过去；越是危峰，越要爬到峰顶；越是深洞，也不放过一个支洞，像蛇行猿挂那样，都要走到；走到没有路时也不害怕，耽误了时间不后悔；没地方睡就睡在树底下，石头边边，饿了吃草木的果实；不避风雨，不怕虎狼，不算时间，也不要伴侣；也能忍饿几天，不挑嘴吃，什么东西都可以吃饱。遇见困难不丧气，在西南旅行时，几次被强盗抢劫，跟的人也偷跑了，盘缠没有了，也不肯半途而废。同游僧静闻被强盗杀伤病死，遗嘱希望葬在云南鸡足山，不管怎样困难，他完成了亡友的志愿。沿途遇见正直的文人、官吏、僧侣都一见如故，政治品质不好的便拒绝来往。盘缠断绝了，接受朋友的馈赠，但是，有一个官僚要送他使用国家交通工具的邮符（免票），却毫不迟疑地拒绝了。

徐霞客有坚定的决心和毅力，不达目的决不罢休。游雁宕（荡）山时，拿一根手杖，在深草中攀援，一步一喘，爬到顶上。游黄山时，山上很陡，雪很深，背阴处结了冰，滑得无法上，他首先上去，拿手杖凿冰，凿了一个孔，容一只脚，再凿一个容另一只脚，就这样，一面凿孔一面上，终于上了最高峰。游武夷山时，看到一个岩山很奇怪，上下都是绝壁，只有一个横坳可以通过，他便伏身蛇行，盘旋而入，胸背都抵住岩石，毕竟爬过去了。游嵩山时，到了炼丹台，再上便是石脊，没有寸土，危崖万级，他手脚并用，爬了七里，才到主峰。游湖南时，为了调查潇郴二水的水源，上了三分岭石麓，峻削得站不住脚，只好攀援深菁，不能抬头，也不能平行，爬了十里路，天快黑了，只好找棵松树，除去丛菁，开辟块巴掌大地方休息。山高没有水，有火也煮不了饭，只好砍除大木，烧起营火，到天黑时，吼风大作，火星飞舞空中，火焰忽高忽低，忽左忽右，确是奇观，连肚子饿也忘记了。一会儿下雨了，雨越大，风越强，伞遮不住，幸亏火大，还受得住，一直下到快天亮，火也灭了。这一年霞客已经是五十二岁的人了。到云南游石房洞，远远看到层崖上面，有个东向的洞，想爬上去没有路，不上去呢又舍不得，还是决心仰攀而上，崖面陡削，爬了半里之后，土松站不住脚，就用手攀草根，过一会草根也松了，幸而有了石头，可是不扎实，踩着就碎，抓住也碎，费了好大事，爬上一块稍粘的石壁了，全身贴着，一动也不能动，要上抓不住东西，想下也下不来。霞客一辈子经历过多少危险，都比不上这次，因为别处有峭壁，却没有这样松的土，流土也有，却没有这样松的石头。紧张了好一会，试着两手两脚挨的石头都不动了，才悬空移一只手，跟着悬空移一只脚，再接着移一只手、一只脚，幸好石头不松了，但是，全身力气却使完了，要掉下来了，这时，霞客使尽全身力气，拼命攀登，最后，他上去了。

他不信神鬼，例如游茶陵麻叶洞时，找了向导，拿了火把，却没有人敢带路，说是洞里有神龙奇鬼，没有法术是进去不得的。最后用很多钱说服了一个向导，要脱衣服时，向导知道霞客是读书人不是法师，吓了一跳说：我以为你是法师，才敢领路，你不是，我这条命赔不起！又不干了。霞客不管，就自己拿火把进去，作了精密的观察。回到洞口时，火把也灭了，在洞口看的几十人都说奇怪，以为霞客好久不出来，准是被鬼吃掉了。霞客向众人道了谢，却认为这个洞入口虽窄，里面的情况，却好到从来没有见过，不知道本地人为什么这样害怕。游郁林白石山时，记载说山北有漱玉泉，靠晚时庙里敲钟打鼓，泉水就会沸腾起来，钟鼓声停，泉水就安定下来了。霞客认为奇怪，到了白玉寺，才知道寺里的人连漱玉泉的名字都不知道，更不用说泉水沸腾了。

曲靖的白石江，流量少，只有几丈宽，霞客在亲身检验了以后，指出历史记载明初沐英在这里战败敌军，关于地势险要的描写是夸大的，不符合实际的。

在西南地区的考察，广西、贵州、湖南西南部、云南东南部的山都是纯质石灰岩，支水多潜流，山成圆锥形，他用“石峰离立，分行竞奋”来形容这种现象。从南宁到新宁的水路，他注意到：“不特石山最胜，而石岸尤奇，盖江流击山，山削成壁，流回沙转，云根迸出，或错立波心，或飞嵌水面，皆洞壑层开，肤痕縠绉，江既善折，岸石与山辅之恐后，益使江山两擅其奇。”说出了河流侵蚀的原理。

经过实地调查研究，他写了有名的《盘江考》，有了新的发见，改正了过去记载的若干错误。又指出腾越的打鹰山，山顶有潭，是火山的遗迹。

由于到云南丽江、大理等地的考察，他第一次发见礼社（红河）、澜沧、潞江是三个江，分道入南海。知道了金沙江的北源。订正了旧记载上许多水系的错误。特别是他的《江源考》第一次指出金沙江是扬子江的上游，是我国地理学地图学上最重要的发见。综合这些发见，他指出弄清水系的一条原理：“分而歧之名愈紊，会而贯之脉自见。”

徐霞客是个乐观主义者，在云南各地旅行时，曾两次绝粮，毫不着急，有朋友请他喝酒，他回信说，一百杯酒抵不上一升粮，还是送点吃的吧。爬石房山这一天，他只有三十个铜钱，只够一天吃的。不料爬山下来，钱丢光了。只好拿身上的褶、袜、裙三件东西，挂在寓所门口拍卖。等了好久，才有人拿二百多钱买了绸裙子去。霞客很高兴，立刻买酒买肉，吃饱了，又趁傍晚去探尖峰之胜了。

在云南鸡足山时，跟他多年的顾姓家人，突然把他的所有东西都卷逃了，有人劝派人去追，他说：“不必，一来追不上，二来追上了也不能强迫使其回来，只好算了。只是离家三年了，两人形影相依，忽然把我丢在万里之外，也未免太狠心了。”据游记的题记说，游记有一段缺了十九天，这些天的情况，曾经问过霞客从游的人。由此看来，这个顾姓是逃回家去的，徐霞客回去以后，看来也没有对这件事加以追究。

徐霞客的一生精力，完全用于地理、地质科学的调查研究上，他细心，认真，实事求是，刻苦钻研，走遍万里路，扩大了眼界，提高了当时这门科学的水平，正如潘耒所称赞的：“亘古以来，一人而已。”又说他在西南地区的考察，“实中土人创辟之事”，是前人所从来没有做过的事业。

今年是徐霞客逝世的三百二十周年，我们纪念这个著名的学者，就应该学习他的献身于学术研究，认真作调查研究工作，实事求是，努力提高科学水平的优良学风，和文字质直、生动流利的文风。

（原载《北京日报》，1961年5月5日）

论历史的真实性

——读《义和团故事》、纪念义和团运动六十周年

今年是义和团运动的六十周年，很高兴读了《义和团故事》这本好书。

义和团运动是中国人民，主要是华北人民反对帝国主义侵略的正义的武装斗争，是五十年后中国人民伟大胜利的奠基石之一。

这个运动从山东开始，进入直隶、天津、北京，声势愈来愈大。开头反对教民，反对教士，反对地方官府，到后来，直接和帝国主义的侵略军队展开面对面的英勇无比的斗争。虽然由于武器的悬殊，用大刀长枪对快枪机关枪作战，更重要的是遭到腐朽到顶的清朝政府的出卖，帝国主义和封建军队的夹击而遭到失败，但是，他们没有屈服，更没有投降，以宁死勿屈的精神抵抗到底，留下来的一部分仍然不屈不挠地进行斗争，高举反帝的火把，照耀着北方的大地。

正是这种英雄气概，使侵略者深刻地认识到“中国人民含有无限蓬勃的生气”。中国人民是欺侮不得的。

也正是这种英雄气概，阻止了当时帝国主义瓜分中国的阴谋，中国是中国人民的国家，中国人民是永远不会、永远不可能被屈服的。

也正是这种英雄的传统，被继承、发扬，中国人民有了共产党的领导，经过长期的武装斗争，消灭了封建主义、官僚资本主义，赶走了帝国主义，取得伟大的胜利，建立了中华人民共和国。

义和团运动是一部可歌可泣的英勇的悲壮的史诗。

但是，义和团运动一向被人们歪曲、诬蔑、辱骂。说他们是拳匪，是乱民，杀人放火，抢劫，残暴，诸如此类的坏话。

道理很简单，记载义和团事迹的人是哪一些人呢？是清朝的官僚、地主、知识分子。这些人都曾经是义和团反对的对象，武装斗争的对象，从他们的笔下，怎么会有好话呢？设想他们会把敌人描写得真实恰当，那是过于天真了。

但是，也不尽然。义和团的敌人中间也存在着矛盾。尽管他们是从头到尾都反对义和团的，在骂义和团的一百句话中，有时候也会露出一两句真话。那是因为拿义和团和他们的官军比较，那是因为他们想钻空子利用义和团的力量。从这些话中，使我们认识了义和团的真实面貌。

例如关于义和团运动爆发的起因，光绪二十六年（公元1900）五月二十四日给事中李擢英折就说：

> 外洋欺侮中国，据我土地，夺我权利，干预我政事。且或借传教为名，纵教民以欺压平民。民间积怒既深，日思报复而无术，于是山东起有义和团，畿辅一带应之。

五月二十七日御史刘家模折也说：

> 方今天下强邻虎伺，中土已成积弱之形，人心愤激久矣。每言及中东一役（甲午战争），愚父老莫不怆然泣下。是以拳民倡义，先得人和，争为投钱输粟，倡始山东，盛于直隶，现传及各省，所至之处，人多赢粮景从，父兄莫可拴束，妻子不能阻挠，独悻悻以杀乱致果为心。

清楚说出是因为第一帝国主义欺侮中国，侵占我土地，干预我内政。第二清朝政府腐败，甲午海战大败，不能抵抗外侮。第三帝国主义的特务传教士和他们的奴仆教民，倚仗帝国主义势力，欺侮中国人民。中国人民忍无可忍，才自己组织起来，进行规模广大的反帝武装斗争。

为什么不起于别的地方，而是起于山东呢？这是因为德国占了胶州湾，强修铁路，直接和山东人民为敌。德国教士更倚仗德国军队的势力，加重压迫，剥削中国人民。迫使中国人民非起来用自己的力量保护自己不可，非起来反对帝国主义的走狗汉奸，非反抗帝国主义的侵略不可。光绪二十五年十一月二十四日翰林院侍讲学士朱祖谋折说：

自德人占有胶澳，直以山东为其所有。入其教者以护符密迩，日益鸱张，鱼肉乡邻，无所不至。地方官又皆奉命唯谨，一味庇教而抑民，以至良懦者赴诉无门，狡黠者蓄谋潜煽，如大刀会、义和拳、神拳等名目，所在多有。始止私相传习，徒侣无多，近因教堂肆虐，官不为理，乃借仇教为名，广为纠结，小民以自卫无术，往往入拳会以求保护，闻自山东之西境，南连豫皖，北接畿疆，蔓延四布，声息连属，大都与教为难。

为什么中国人民反对教堂、教士、教民呢？光绪二十二年（公元1896）六月二十四日山东巡抚李秉衡片说：

民教之所以积不相能者，则以平日教民欺压平民，袒护教民，积怨太深，遂至一发而不可制，其酿乱之由，有不可不亟图挽救者。

自西教传入中国，习其教者率皆无业莠民，借洋教为护符，包揽词讼，凌铄乡里；又或犯案惧罪，借为逋逃之薮，而教士则倚为心腹，结作爪牙。凡遇民教控案到官，教士必为间说，甚已多方恫吓，地方恐以开衅取戾，每多迁就了结，曲直未能胥得其平，平民饮恨吞声，教民愈志得意满，久之民气遏抑太甚，积不能忍，以为官府不足恃，惟私斗尚可泄愤，于是有聚众寻衅，焚杀教堂之事，虽至身罹法网，罪应骈诛而不暇恤，是愚民敢于为乱，不啻教民有以驱之也。

虽然他把善良的人民诬蔑为愚民，反帝斗争诬蔑为“为乱”，立场很清楚。但是说的事实都是真实的情况。两年后，光绪二十四年闰三月二十八日山东巡抚张汝梅折又继续阐明这一点：

入教之始，不加选择，入教之后，遇事多所偏袒，于是抢劫之犯入教者有之，命案之犯入教者有之，负欠避债因而入教者有之，自揣理屈恐人控告，因而入教者有之。甚至有父送忤逆，子投入教，遂不服传讯者有之。一经入教，遂以教士为护符，凌轹乡党，欺侮平民，睚眦之仇辄寻报复，往往造言倾陷，或谓某人毁谤洋教，或指某人系大刀会匪，教士不察虚实，遽欲怵以兵威，不知教士之势愈张，则贫民之愤愈甚。

蒋楷《平原拳匪纪事》说：

其恶教民也有同心，其仇外洋也亦公愤。

教民多无赖，其所谓会长又无赖之尤，平日倚势欺凌平民，以为莫敢我校，而不知积怨众且久，一遇激煽，如水之奔壑，火之燎原也。

柳堂的《东平教案记》和《宰惠纪略》也说：

盖教民犯法，州县官不敢过问。

中国受外国凌侮，平民受教民欺压，人人衔恨，无以制之。

吴永《庚子西狩丛谈》说：

自耶教传入中国，地方莠民辄挂名教籍，倚外势横乡里，教士借口保护，以袒庇为招徕，动辄挺身干预，官吏但求省事，遇有民教讼案，往往屈民而右教，教民骄纵益甚，乡间良懦十九受鱼肉，因之衔恨刺骨，则相率投入八卦教，以与之相抗，因该教中稍有团体组织，冀以众为势，缓急可资援助也。

民间感于历来国耻，以及各处教士蛮横，排外之心甚热，亟愿得相当机会，合心并力，以一雪其夙愤，以故邑中有识士绅，亦津津乐道其事。

说这些话的人是清朝政府的巡抚、知州、知县，也都是偏袒教士欺压平民的官吏，但是，他们也毕竟不能不承认义和团的反帝斗争是正义的，是感于历来国耻，是公愤，是为了自卫，是为了保卫国家主权和人民利益，是爱国主义的武装斗争。

义和团的纪律严明，也由清朝统治者证实了。如光绪二十五年十一月二十一日翰林院侍讲学士朱祖谋折说：

该拳会等为徒虽伙，未闻扰害平民，劫掠官府。

二十六年五月十五日守护西陵大臣奕谟等折：

拳民仇教，胆敢戕官毁道，其罪诚无可逭。然查其积衅之由，实系地方官偏袒教民，不能持平，衔恨已久。故虽日聚日众，从无扰累平民。

五月十七日御史郑炳麟片：

臣闻义和团风声日恶，专以仇杀教民洋人为事，每至一处，焚毁教堂，秋毫无犯，故民心易于翕服。

五月十八日协办大学士刚毅等折：

臣抵良乡县城，传集绅董，详加询访，据称各乡镇均设有拳厂，声言灭洋。虽烧符降神，迹近邪术，然市面买卖照常，尚无骚扰。据闻拳民所食，仅小米粗粮，不茹荤酒，持戒甚严。

连光绪帝也不能不承认由于义和团的纪律好，广大百姓是畏兵爱“匪”的。他在罪己诏里招供：

涞水拳匪既焚堂毁路，急派直隶军弹压，乃练军所至，漫无纪律，戕虐良民。而拳匪专恃仇教之法，不扰乡里，以至百姓皆畏兵爱匪，匪势由此大炽，匪党亦愈聚愈多。

封建统治者口中的“匪”，却得到广大人民的爱，相反，他们的兵，却被人民所畏，两个阶级的对立，不是很清楚吗？义和团的性质也不是很清楚吗？

从这些清朝政府各级统治者所提供的史料，完全可以肯定义和团的斗争是正义的爱国的反帝武装斗争，完全可以用以驳斥一切对义和团的恶意歪曲、诬蔑、辱骂。但是，这些史料并不是突出的、正面的，而是被淹没在数量大几千百倍的反对义和团的文献中，比之反面材料来，只是汪洋大海的一粟，虽然具有极可靠的历史真实性，但很不容易为广大人民所掌握、理解。

以此，从正面来理解义和团运动的意义，从正面来叙述义和团的活动，使广大人民从中受到教育，认识帝国主义是中国人民的死敌，世界人民的死敌，帝国主义的本质是不会也不可能改变的，揭露帝国主义贪婪丑恶残忍蛮横的面貌，发扬义和团英勇反帝宁死勿屈的伟大精神，激发广大人民坚决反对帝国主义的意志，认清只有用正义的战争才能反对非正义的战争，认清只有人民有了武装，才能保家卫国，保卫世界和平的巨大意义，是非常必要的。

《义和团故事》这本书的出版，正是为了这样一个目的。

这本书搜集了四十三个故事，都是人民当中的口头传说，其中有些讲述者还是当年曾经参加过这一伟大斗争的老战士。他们根据自己的目见耳闻提供了生动鲜明的史料，这是第一手的史料，没有经过歪曲窜改的真实的史料，是来自人民中间的最可靠的史料。当然，其中有些神话，并不是现实生活中可能的现象，但是，从这些神话中，也透露出当时人民的爱和恨，所赞成的和反对的，和善良的真诚的愿望，因此，也就确当地反映了历史的真实性。

《老大造反》记录二毛子平白要占老大的地，县官问二毛子："你是'教民'呀？还是'平民'呀？""是教民。"县官就说："行啦。你先在衙门里歇着吧：准保把地断给你。"

《铁打的旧城》："旧城南边，五里远，有个赵家庄。这村有个洋教堂。教堂的二毛子可恨人啦！他们仗着洋毛子的势力，横行霸道，无恶不作，看谁不顺眼，张口就骂，扬手就打，在大街上晃着膀子走道，谁要碰一下，就得吃苦受罚，可恶透啦！除了洋毛子、二毛子祸害人以外，当地的绅士们组织的那个局子，也是捐多税重，扣得家家锅底朝天。人们被逼得没活路啦！"

《劫洋马队》讲东安县的人民想办法打水鸭子：

> 你说怎么着，也不知怎么叫县官知道了。他说："地涝了不叫他们封粮，打鸭子得叫他们拿税——按枪杆拿：一杆大抬杆每月拿一百两银子，一杆火枪每月拿五十两银子。"
>
> 这下子人们打得可淡性了，怎么说呢，打了半天，自己吃不着，卖了刚够纳税的。
>
> 净官家要税还不离儿，末了东安县城里来了洋人。他们敢情爱吃这玩艺儿——水鸭子。他们来到河边上，见船上有鸭子就拿，拿了就走，谁也不敢管。
>
> 这湾子的人们倒了血霉了：打了鸭子就叫洋人给拿去。到

月头官家要税没有还不行，自己打的成船的鸭子连一个也吃不着。这真应了那句话了——“卖席的睡土炕，开肉铺的吃猪尾巴。”你说谁不恨洋人哪！谁不恨官家哪！

《沾天主的光》描写：

有个姓刘的小子，仗着是奉教的，净在集上胡来。到了小摊儿上，一把抓起牛肉就往嘴里塞，吃了人家绿豆丸子，碗一扔，叫一声：

“沾天主的光哦！”

他不给钱还不算，还把人家铜钱抓一大把拿走，做小生意的孩子胆小，不敢惹他。怕他说“见神甫去！”你瞧，外国大胡子，就是大老爷也怕他三分哩，谁惹得起啊。奶奶的！“沾天主的光”就这么横！

够了，举这么几个例子，多生动，多具体，你叫中国人民怎么不恨！也就是这些被欺侮被凌辱的勤劳朴素的人们，拿起了武器，虽然都是原始的武器，大刀、长枪、斧头、锄头，却以大无畏的精神，惊天动地的气派，吆喝一声，一齐动手，杀教士——帝国主义派遣的特务，杀教民——中国人民的败类、汉奸，帝国主义的走狗，官府要镇压，就杀官府，帝国主义的军队来打，就跟他们打，这样，就高举了反帝的大旗，惊动了整个中国，整个世界。

也就是这些善良的人们，发出豪言壮语：“洋兵多，官兵多，中国人吐口唾沫就成河！”

也就是这些善良的人们，大喝一声：“不许洋毛子占中国，不许官兵祸害人！不在乎他们的洋枪和炮——打！”

其中，有几个故事是揭露一些恶霸地主混入义和团为非作恶的，如《大盐水和二盐水》这一篇，这两个啃人骨头嚼人腿的恶霸：

打听着这一带的义和团都上阵杀洋毛子去了，心中暗喜，想趁这时机抢一家伙。他俩就出了个主意：让两个打手的头目当大师兄和二师兄，让这些打手也都扎起红包头、腰系红带子，也使红缨大刀和红缨扎枪，也设坛上法——他们变成“义和团”

了。那时候，义和团是杀洋人，除贼官，斩恶霸，老百姓都说他们是“救世的神仙”，巴不得自己村里来住义和团，有什么事也不瞒义和团。可是这伙子“义和团”到哪村以后，先上法，上法以后就连杀带抢。这么一来不要紧，义和团的名声可就一败涂地了。人们又是恨“义和团”又是怕“义和团”。

义和团的名誉就是被这样的假团闹坏的。这样的假团很多，清朝政府招抚了他们，叫做义民。真的义和团不服招抚的就被称为野团。《大师兄闹衙门》这一故事的注里说得很清楚：

据讲述者董万成——武清县农民，七十多岁，和当地老人张燕谋介绍，董福祥是清朝一个最大的武官，带兵守北京，当时清朝一个庄王爷很信服他。义和团一闹起来的时候，董福祥就派人到大兴县、安次县、武清县来招抚义和团——服他招抚的就到北京去“挂号”，庄王爷亲封亲赏，就留下来保护北京城；不服招抚的就是造反，就拿住下狱。当时，有的就受招抚，保北京去了；有的就不受招抚，官家来拿就打。招抚的义和团就被封做“义民”，不服招抚的叫“野团”，可是“义民”不如“野团”多——八国联军的时候，从天津至廊坊以西，据介绍，说跟洋人和官兵打仗的都是“野团”。

顺便指出，按语里说：“所称庄王爷即荣禄”是错误的，庄王名载勋，是清朝的宗室，荣禄则是西太后那拉氏的宠臣，是两个人，不是一个人。

由此可见，义和团中确有一些由地主伪装的假团，尽做坏事，连杀带抢，大部分不受招抚的“野团”，则一直维持原来的组织和纪律，对帝国主义的侵略军和清朝官兵打到底，这两者是应该严格区别开来的。官僚地主们写的义和团历史，把假团或“义民”的罪状，一古脑儿都算在“野团”账上，把义和团运动脸上抹黑，是不公道的，不符合历史的真实性的，是必须纠正的。

《义和团故事》一书是对那些封建统治阶级所写的歪书的最好的反驳，从人民的立场，严肃地记录了义和团运动这一段英勇斗争的历史。

从此也可以得出结论，只有从人民口中所传述的历史才是真实的，百年以前的记录的历史，由于记录者的阶级立场，是不能轻易相信的，要去粗存精，去芜存真，得费很大的努力。但是，近百年的历史，却还有人证在，有不少老年人是曾经经历过当年的斗争的，还有口头传说在，这些口头传说，是一辈辈传下来的，虽然比较朴素质直，但是反映了历史的真实性，是历史的最可贵的素材。

以此，我们必须用一切力量，搜集这些时代证人和传说的资料，不止是义和团，义和团以前的，和义和团以后六十年间的历史资料都应该努力搜集，来写好我们时代的人民的历史。

《义和团故事》是一个极可喜悦的开始，让我们共同努力吧！

1960年10月15日，于北京

（原载《民间文学》第11期，1960年）

神仙会和百家争鸣

去年夏天，我参加了几十天神仙会，飘飘然作了几十天神仙。

1958年以来，我参加了一系列的学术讨论会，不但发了言，有的时候还写了文章，申述自己的观点。

读了四十多年书，教了一二十年大学，也写了几本书，似乎也可以算个知识分子了。

具备有这三重身份，谈一点神仙会和百家争鸣的不成熟的看法。

总的看法是神仙会开得好，百家争鸣呢，不大好。

为什么？

神仙会之妙，妙在在开会之前，大家都不知道神仙怎么当法，怀着鬼胎去开会。一到会场，谈的都是当前这样那样的问题，说不懂的呢都懂一点，说精通呢又并不。反正随便谈，我谈一点，你谈一点，他谈一点，这会儿谈，那会儿谈，谈来谈去，原来不懂的东西懂了一些了，懂得不多的多了一些了，知识丰富起来了，于是开始飘飘然起来了。

神仙会之妙，不只是通过互相启发，提高认识，还妙在通过不同意见的申述，发现问题，提出问题。许多人在开会前从没想过，或者想过而没有想透的事，一谈，问题出来了。哦，原来是这么一回事！有的大吃一惊，过去想的全不对头，幸亏谈出来，纠正了错误认识，解决了思想问题。这样，就达到了自己提出问题，自己分析问题，自己解决问题的目的。开了几十天会，当了几十天神仙，鬼胎不见了，带着仙味，至少解决了某些问题回去。

神仙会之妙，妙在和风细雨的精神得到彻底贯彻。解决问题在于启发教育而不粗暴，细致说服而不压服。这样，把鬼胎打掉了，神仙当上了，心平气和，情怀舒畅，有得便说，畅所欲言了。

但是，归根结底，最重要的是神仙会的方法，先通过自己提问题，讨论、研究、分析问题，眼睛要看文件，脑子要思索，嘴巴要说话，在说之前要多想一想，有一个自己学习、讨论、思索再思索的过程，也就是实践的过程，理论联系实际的过程。这样，认识深化了，问题摆出来了，这是一个非常重要的根本的方法。经过这一段，再听某些重要的解决问题的报告，把报告的主要论点和自己原先所想所说的一对照，哪些是错的，哪些是对的，认识便又进一步深化了，理论水平也从而提高了一步，对国际和国内的当前的实际的认识也更明确了，不只是纠正了错误认识，巩固和提高了正确论点，并且还看清了前途，大好形势的前途，在光芒万丈的三面红旗照耀下，所有的成绩都有自己的一份，思想感情不由得不起了变化，这是一个深刻的思想改造的过程，也是最有效的思想改造的方法。

一层层的神仙会，一直开到基层，越到基层，会开得越好，因为不只有了经验，有了骨干，也还因为基层的成员都是在实际工作中，接触实际，问题更具体，更突出，更集中，因此，收效也较大。

自从有了神仙会之后，人人想当神仙了，许多教师、研究员、专家都提出，为什么学术讨论、百家争鸣不可以采用神仙会的方法呢？他们在这个场合当过神仙，还要求在学术领域内也当神仙。我看，这个要求很好，我们完全可以用神仙会的方法来展开百家争鸣的局面，促进、推动学术界的进一步的繁荣。

这个方法教研室、研究室，各种学会、讨论会都可以用。

我说过去一个时期百家争鸣鸣得争得不大好，为什么？

从我所参加的一些讨论会、座谈会看来，大致有几种情况。

一种是比较好的，讨论某一个具体问题，参加的人事前都做过深入的准备工作，各人有各人自己的见解，说出来以后，大家讨论，互相启发，最后得到一致意见，解决了问题。

一种是中常的，意见有，但是由于没有事先作好准备工作，对某些问题，少数人有自己的看法，多数人呢，却只能人云亦云，似乎谁说的都对，开得不热闹，意见不集中，有时还对不上口径，你说你的，我说我的，交不上锋，虽然都说了一大套，但不解决任何问题。

还有一种是很不好的，有少数人当众背书，他很认真，把马克思、恩格斯、列宁、斯大林、毛主席有关的话照抄下来了，并且照着背，一字不错，完全正确。但是，他自己的意见呢？很抱歉，没有。对这问题的看法呢？也还是很抱歉，没有。这样，背了几次，没有鸣，更没有争，垮了。

我说不大好，是因为第一种会比较少，而后两种呢，却较多。

争鸣的前途有了阻力。

怎么办？

我说学习神仙会的方法，可以减少阻力，促进争鸣。

争鸣得不大好的原因何在呢？也曾经接触过不少人，研究、分析其原因。

一种是确有自己的看法而不愿说，不敢说，原因是他们顾虑学术问题和政治问题的界线划不清，会把学术上的错误当作政治上的错误来对待，受不了，不说为妙，三缄其口。

其实，这种顾虑是多余的，学术和政治的界线是可以划分的，只要认真学习毛主席《关于正确处理人民内部矛盾的问题》这一历史文献，就可以自己划清界线，那就是凡是符合于六条政治标准的什么话都可以说，什么意见都可以提，什么文章都可以写。相反，那就不同了。这条线很清楚，有什么可以顾虑的呢？

也有人顾虑怕暴露自己某些资产阶级学术观点，说了会成为白色专家，不说呢至少颜色可以含糊一些。我看，这也是不必要的顾虑。我们这些人受的都是资产阶级教育，生活、工作在旧社会多年，哪一个的头脑中是干干净净的？没有一点资产阶级味道的？应该老实承认，不只是有，而且多得很，刚费了好大的劲，把这个搞掉了，一会儿，在那个什么问题上又冒出来了。对事物的看法，有时候清楚，有时候糊涂，远一些的清楚，近一些的糊涂，别人的清楚，自己的糊涂。这些坏东西，不扔掉怎么行！怎么扔，只有摆出来才能扔，长久包藏起来是会发霉发臭，最后中毒的。也只有摆出来了，大家争论，才能辩明是非，分清正确和错误，从而取得一致的结论，改造和提高自己，推动学术工作的前进。

而且，有了资产阶级观点并不是罪恶，并不是政治上的错误。因为过去我们学的就是这些东西嘛！退一步说，假如是罪恶，是政治上的错误，也应该由我们学习的那个时代负责，写和教那些书的人负责，不该由我们负责，这是很清楚的。但是，另一面，不能认识这些脏东西的要不得，反而要推广它，宣传它，坚持错误，反对真理，那就是我们自己的罪过了，是政治上的错误了。

以此，可以肯定，不解除这样那样的顾虑，百家争鸣是很难开展的，有效的方法是通过神仙会，首先解决这些思想顾虑，扫清百家争鸣前进道路上的阻力。

属于以上情况的人只是少数。

更大多数呢？像我一样，是知识不多，这是问题的症结所在。

说是知识分子而知识不多，岂不奇怪？说穿了一点也不怪。

以我为例，我搞了二三十年历史，应该有点历史知识了，是的，确实有一点，但是不多，而且，除了很少的一点历史知识以外，其他方面的知识是极为贫乏的，至于劳动生产的知识，那就不用说了，一穷二白。

不谈别的，光谈文字知识，自然科学不懂不必说了，在社会科学范畴内，文学、哲学、经济学等等知识是少得可怜的。就谈历史吧，外国史我是史盲，没有研究。中国史呢，除了几个朝代比较熟一些以外，绝大部分是生疏的。就是在这几个朝代里，也是有些事情比较熟悉，有些比较生疏，以至完全生疏的。知识的实际情况如此，怎能说多？

以这样的知识情况，对历史上有些问题，没有下过一个时期的苦功，充分掌握了资料，弄清了情况，如何能鸣？更如何能争？

当然，在有的会上，我也曾发过言，那是因为过去曾经下过点工夫，有点自己的看法。或者在事前作了准备，多读了些书，从大量资料的分析得出自己的看法。但是，也曾经在不少会上，只能听，没有发言权，原因很简单，知识不够。

我想，我这样情况，是有代表性的，不敢说比例数，因为并未经过调查，但大体说来，可能很大一部分知识分子和我有同样的情况，那就是知识不够，没有发言权。

试想，集合一堆知识不够的知识分子，争鸣他们所鸣不出来的东西，这个局面怎么会展得开？

解决的办法是什么？增加知识，从头学习。

我认为，只有老老实实承认自已知识不够，才有可能认真学习，增加知识，知识的领域是无限的，我们的学习也是无限期的。要和无知作斗争，和愚昧作斗争，这个斗争也应该是知识分子改造内容之一。

以此，我不同意有些人的看法，他们说，我们这些人只是马克思列宁主义水平差一些，至于业务，那是没问题，或者问题不大。我认为，我们这些人，不只是马克思列宁主义少，专业知识也少，而且还少得可怜。我的意见是，知识分子的改造，要学理论，也要学专业，要反对那种光会背经典著作不联系实际的说教者，也反对那种强不知以为知，专业知识贫乏而自封专家、权威的银样镴枪头。必须有老实的态度，承认一穷二白，丢掉知识分子的臭架子，从头学习，既要学理论，也要充分掌握专业知识，理论联系实际，只有这样，才能摆脱不学无术的可怜状态，成为真正又红又专的知识分子。

这样看来，用神仙会的方法来推动百家争鸣，确是一个好主意。办法是好的，不过，我从自己的情况看来，还得加上一条，作好充分准备，要展开某一学术问题的争论之前，必须在较长时期，例如几星期或几个月前，发出通知，号召参加的人深入调查研究，充分掌握资料，有了丰富的知识，自己的意见，然后再用神仙会的方法，展开争论，这样，就会做到百家鸣，百家争，在不断争鸣中不断提高我国的学术水平，繁荣学术创作，提高教学质量，为当前的社会主义建设事业有效地服务，更好地服务。

（原载《光明日报》，1961年2月25日）

再谈神仙会和百家争鸣
——并答吴大琨同志

很高兴，读了吴大琨同志《关于神仙会和百家争鸣》的文章，高兴的是由于我前些日子写了《神仙会和百家争鸣》的文章，不成熟的意见，抛砖引玉，把大琨同志的玉引出来了，鸣起来了，有了不同意见，大家共同商榷，这是一件大大的好事。学术上的问题各人有各人看法，把不同的看法都摆出来，用神仙会的方式展开论争，不管经过多少回合，总是可以得到一致意见的。每一个问题的讨论，只要是认真的，深入的，理论联系实际的，经过讨论，必然可以提高一步，推动学术工作的前进。

但是，读了大琨同志的文章以后，于高兴之余，又感到不足。这是因为我们两人虽然都把意见提出来了，鸣了，却没有争。从我来说，我是同意大琨同志的意见的，反过来，也是如此。

为什么这样说？因为大琨同志除了“有些意见，我是十分赞同的”以外，他提出的问题是“但吴晗同志既承认我们的学习是‘无限期’的，又主张‘知识不够，没有发言权’，那就难免使人不发生要无限期没有参加百家争鸣的可能的想法了”。“知识不够，没有发言权的话，仿佛其中包含有一个知识够不够的资格问题在内……增加一些目前学术界人士的顾虑。”我仔细思索，又把我写的文章再三检查，确乎没有这样意思，又再三想想，自己脑子里确也没有这样的主张。看来，还是文章写得不清楚，引起大琨同志和别的同志的误解。

我原来文章是这样说的，过去一个时期百家争鸣争得不大好，分析我所曾参加过的争鸣的活动，有三种情况：一种是好的，一种是中常的，一种是很不好的，因为后两种会比较多，所以我说不大好。

分析原因，一种是顾虑较多，办法是要解除这样那样的顾虑。

“更大多数呢？像我一样，是知识不多，这是问题的症结所在。”

后来我又说："可能很大一部分知识分子和我有同样的情况，那就是知识不够，没有发言权。"

这里，我没有主张知识不够，没有发言权。也没有说知识够不够的资格问题，我只是说，自己由于知识不够，对有些问题没有发言权，鸣不起来。我说的是自己过去参加一些争鸣的会个人的体验和分析。

为了说得更清楚，我不举别人的例子，还是现身说法吧，这几年来学术界争鸣的若干问题，其中如历史分期问题，农民战争性质问题，历史上的民族关系问题，封建社会土地所有制问题等等，对每一个问题我都多少有一些知识，要是夸夸其谈的话，每一个问题都可说上几个钟头。但是，实事求是地说，对每一个问题我都没有作过专门的深入的研究，掌握大量的充分的，经过审查，而又能为人所理解的史料。例如农民战争，我就没有就历史上某一次或几次战争作过研究。这样，我对农民战争的看法就不能不是笼统的，肤浅的，人云亦云的，提不出自己的看法，鸣不起来。要是冒充专家的话，任何人一句话就可以考住，这次农民战争的特点是什么，和那一次有什么不同？当然，也还不是完全不能招架，程咬金的三斧头也还能抵挡一阵，但是，再一追问，也就黔驴技穷，只好落荒而走了。我这样说，决不是夸大，而是认真了解自己的家底。同样，在我参加了一些有关的座谈会以后，发见不少人的发言是和我有相同的情况的，只有三斧头，再多，没有了。因为实际情况如此，这几年有许多杂志报纸要我写这方面的文章，我只好敬谢不敏，不能鸣，更不用说争了。尽管如此，编辑们记者们还是不相信，硬说我有研究，非写不可，这笔账到现在还是还不了。趁此机会，我要向所有向我约过这些方面稿子的编辑和记者同志们道歉，目前确是没有研究，没有知识，不能写。将来呢？我想只要认真学习，有了较多知识了，一定能写。

从以上的分析，可以看出，我那篇文章的意思只是说，在过去有些学术讨论中，像我这样的人，对某些问题知识不多的人，鸣不起来，争不起来，有些争论之不能开展，其原因就是这样。相反，我并没有主张知识不够，就不能争鸣。也没有说知识够资格了才能争鸣的话。在这里指出有这样的事实和提出这样的主张是有极大的区别的。

附带的也要说说，我也并没有说我因为知识不多就不能参加争鸣。我在那篇文章中说："当然，在有的会上，我也曾发过言，那是因为过去曾经下过点工夫，有点自己的看法。或者在事前作了准备，多读了些书，从大量资料的分析得出自己的看法。"我鸣过，也争过。在有些比较熟悉的学术问题上，还曾经写过不少文章，希望通过自己意见的提出，引起学术界的讨论和批评。

大琨同志说我谦虚，其实，我只是在说老实话。我这样想，作学术研究工作的人必须老实，强不知以为知的风气是要不得的，必须反对。同样，只有老实承认自己在哪方面的知识不够，才有可能抓紧学习，求得进步。"学而时习之"这句老话是千古不磨的真理。

我从自己的了解，承认对某些问题"知识不够，没有发言权"。大琨同志提出"不如仍借用毛主席说的话，即'没有调查，就没有发言权'，来得妥当"。意思是一样的，我完全同意。

在这里，我也想和大琨同志商讨，大琨同志提出用神仙会的方式提倡百家争鸣的几个应该注意的问题，一是会议的时间宜长不宜短。在我看来，这是有问题的。因为学术界的工作性质不完全和民主党派相同，时间的安排是要受工作性质的一定限制的，民主党派的专职干部完全有可能开较长时间的会议，而在学术界，例如教师要按时上课，研究工作者要按期完成规划所规定的任务，过长时间的会议，对于他们来说是有一定困难的。当然，在同一单位内就情况不同了，可以在不妨碍工作的情况下，开得较长。但是，如果是有不同单位参加的会议，那就宜短不宜长，事前可以有较长期的准备，开会时间集中提出不同论点，展开争论。在一个时期内连续开多少次，一直到大家都把意见说透为止。准备时间长，开会时间短，讨论机会多，开会次数多，但不宜于一次会时间开得过长。（放假时期当然可以。）第二题目宜大不宜小。这也要看情况，不能一概而论。一般说来，在展开讨论的初期，大一点的题目是可以的，必需的，但是，在谈了一两次以后，就必需深入，从具体事实出发进行讨论，要不然，就会纠缠于名词、概念的争执，谈得无边无际，接触不到问题的实质。相反，只有通过具体问题，理论联系了实际，才能进一步展开，才有可论，才有可争。最近北京历史学会正在讨论封建社会土地所有制问题，第一次会开得很好，不同的意见都摆出来了，在讨论结束时，大家都同意这个会还应该继续开，但讨论的题目却必需小一些，一次会集中谈一个时期的土地所有制问题。农民战争也是如此，准备先讨论明末李自成起义，一个问题谈透了，再转到另一个题目。这个经验我看各方面的讨论是可以吸取的。第三参加讨论的人数宜少不宜多，便于讨论的集中和深入，这一点我完全同意。至于讨论历史上某些问题，“就都有必要吸收经济学界的人士去参加，这样就会使讨论更加丰富深入”。我不但赞成，还一向如此主张，我认为通史必需和专史结合，不但要和经济史结合，也应该和自然科学史、法制史、政治史、文化史、军事史、文学史、建筑史等专史结合，遇到有关的问题，都应该邀请有关方面来参加，不单是为了讨论的丰富深入，而且，这样做，可以解决某些实际问题，好处是很大的。

此外，还要再强调一下，讨论会在事先必须多做一些准备工作，准备得越充分，会便可以开得越好。不召开无准备的会，这一条原则是必须坚持的。

大琨同志提的不管知识的究竟是否足够，先参加到百家争鸣的讨论会中去，边“鸣”边“学”的意见，我是十分赞成的。这和我所说的过去有些会由于自己知识不多，鸣不起来的实际情况，并不矛盾。这是因为知识的够不够，或多不多，永远是相对的，知识是无止境的，也可以说任何人都不能有知识已经够了，多了的时候，活到老，学到老，学问虽无止境，却必须有雄心大志，攀上最高峰！让我们每个人都鼓足干劲，力争上游，发挥首创精神，把毛泽东思想的红旗插遍每一个学术领域的高峰去吧！

这些意见也还不是成熟的，知识还是不多，请大琨同志指教。

（原载《光明日报》，1961年3月21日）

三家村札记

（吴晗作品）

说明：

“三家村札记”是20世纪60年代初北京《前线》杂志的一个杂文专栏，主要撰稿人是邓拓、吴晗、廖沫沙三人。发表文章时，三人取了一个共同的笔名：吴南星。吴是吴晗的姓，南是邓拓笔名马南邨的南字，星是廖沫沙笔名繁星的星字。三人不定期为专栏撰稿，1961年9月至1964年7月，共发表杂文62篇，其中吴晗写作21篇。此外，该杂志的编辑李筠等人也在此发表5篇。这些文章后来结集取名《三家村札记》由人民文学出版社出版，林默涵为之作序，写道：“三位作者用杂文的形式，介绍了一些古人读书治学、做事做人、从政打仗等方面的经验得失；针砭了现实生活中一些不良倾向和作风；赞扬了社会主义社会的新人新事；还介绍了一些可供借鉴的各种知识。”这些文章内容丰富，文情并茂，受到了广大读者的欢迎。

但是，林彪、“四人帮”出于篡党夺权的反革命目的，在批判吴晗的《海瑞罢官》之后，对“三家村”和《三家村札记》也掀起了声势浩大的批判，诬蔑他们是叛徒、特务，是“三家村反党集团”，诬指他们写的文章是“经过精心策划的、有目的、有计划、有组织的一场反党反社会主义的大进攻”。在林彪、“四人帮”的残酷迫害下，1966年5月，邓拓愤而自杀，年仅54岁；1969年10月，吴晗惨死狱中，年仅60岁；廖沫沙从1966年在北京被关押八年，之后“流放”江西三年；当时北京市委多位领导和《北京日报》、《前线》杂志、《北京晚报》的负责人和编辑人员多人，都因此横遭迫害。粉碎“四人帮”以后，1979年8月，经党中央批准，北京市委为“三家村”冤案彻底平反。

因“三家村札记”专栏广泛深远的影响，故将吴晗这21篇文章特别编为一辑，收入《吴晗全集》，留作纪念。

——编者注

古人的业余学习

在封建社会里，学术文化是掌握在地主阶级手里的。因为只有他们才有时间，读得起书，才有钱，抄或买得起书，和请得起老师，付得出束脩。

农民、手工业者和其他的穷苦人，这样也没有，那样也没有，读不起书，更谈不到掌握学术文化。

这是封建社会阶级关系的一种表现，教育被垄断，绝大多数人民被排除在学术文化领域之外，是普遍的基本的现象。说是普遍的基本的现象，也还是有不少的例外。

历史上有不少穷困的农民、穷人，发愤图强，克服困难，顽强学习，成为著名的学者。例子很多，现在只举列入儒林传的一些人，顺便指出，正史里名列儒林传的大体是后一时代认为在某一学术领域有成就、有贡献的学者。

后汉桓荣年轻时和哥哥元卿在田里做活，一到休息时候，桓荣便打开书本，朗诵起来。哥哥笑他，白费气力讨苦吃，中什么用？后来桓荣成为学者，哥哥才叹口气说，像我们这样农民，哪能知道念书有这样好处呢！另一学者兒宽，从名儒孔安国受业，也是家里穷，只好为人佣作，带经而锄，上学以后，给同学做杂事维持生活。虞溥《江表传》记张纮居贫，躬耕稼，带经而锄，孜孜汲汲，夜以继日，至于弱冠，无不穷览。晋徐苗白天耕种，晚上念书。梁沈峻家世农夫，他发愤好学，白天黑夜，努力钻研，到困极时便拿棍子打自己，后来博通五经，尤长于三礼。孔子袪耕耘樵采时，还带着书念，一到农闲，越发努力，成为古文《尚书》学者。北齐李铉春夏务农，冬闲入学，成为当代经师。

也有的是看猪、放羊、放牛的苦孩子，经过刻苦努力，成为学者的。著例如后汉的承宫，七岁时替人放猪，同村《春秋》学者徐子盛正在讲学，承宫每次经过，在门下偷听。主人发见了，要打承宫，徐子盛的学生出来阻止，承宫就此留在徐家，替学生们砍柴做杂活，一面学习，终于有了成就。晋朝王育替人佣工牧羊豕，住的地方靠近学堂，他便趁空捡些柴火，卖了钱请人抄书，晚上用蒲叶学写字，终于博通经史。前燕张悕也靠牧牛过活，他和王育一样，捡柴请人抄书，在树叶上写字，成为学者的。

他们解决生活和学习的矛盾的方法，是边劳动，边学习，没有书，便自己抄，如梁朝袁峻家里穷，买不起书，便向人借书，自己抄写，每天抄五十张纸，不抄完不休息。任孝恭向人借了书，每读一遍，讽诵略无所遗。《三国演义》里诸葛亮舌战群儒，对手之一的阚泽，是替人抄书出身的，他抄了一遍，便记得了。

上面所举的只是极少数的几个例子。由此看来，在历史上，尽管封建地主阶级包办了学术文化，但是学术文化却不尽出于封建地主阶级，穷苦农民和牧猪牧羊的孩子只要有坚定的决心，持久的毅力，不懈的学习，是可以克服一切困难，攀登当时学术的高峰的。当然，这些人在成为学者以后，或者有了田地，或者做了官，阶级成分变了，那是另一回事。

克服困难，勤劳学习，这是我们祖先的优良传统，是值得发扬的。

业余学习之风，古已有之。不同的是古人只能凭个人的努力，而今天呢，有各种各样业余学习的机会，党和政府为愿意学习的人们准备了一切条件，看看我们先人的榜样，不是值得我们思之重思之吗？

（原载《前线》第19期，1961年）

谈读书

题目好像很奇怪，只要认识三五千汉字，便可读所有用汉字印刷的书了，书人人会读，何必谈？

然而问题并不如此简单，能读书是一回事，善于读书又是一回事，并不是所有认得若干汉字的人都善于读书，能和善，相差只是一个字，实际距离却不可以道里计，问题就在这里。

经常有些青年人，也有些中年人，其中有学生、教师，也有编辑工作者等等，他们提出问题，怎样做才能读好书，作好学术研究工作？特别是当前各个高等学校学生都在奋发读书的气氛中，这个问题也就显得很突出了。

要具体地谈各个学科，各个年级的学生该读什么书，或者研究什么题目，该读什么书，这是各个教研组和研究导师所应该答复的。这里只能谈一点基本的经验。

首先是方法问题，用老话说，有两种不同的方法，一种是寻章摘句式的，读得很细心，钻研每一段，以至每一句，甚至为了一个字，有的经师写了多少万字的研究论文。其缺点是见树木而不见森林，拣了芝麻、绿豆却丢了西瓜，对所读书的主要观点、思想却忽略了。另一种是观其大意，不求甚解式的，这种人读书抓住了书里的主要东西，吸收了并丰富、提高了自己，但是不去作寻章摘句的工作。明朝人曾经对这两种方法作了很好的譬喻，说前一种人拥有一屋子散钱，却缺少一根绳子把钱拴起来。后一种呢，却好相反，只有一根绳了，缺少拴的钱。用现代的话说，这根绳子就是一条红线。这两种方法都有所偏，正确的方法是把两种统一起来，对个别的关键性的章节、词句要深入钻研，同时也必须领会书的大意，也就是主要的观点、立场，既要有数量极多的钱，也要有一条色彩鲜明的绳子。

在学习理论的时候，还必须联系实际，才能学得深，学得透。

其次是先后问题，先读什么，后读什么。是先读基础的书呢，还是先读专业的书呢？例如学习中国历史，是先学好中国通史，还是先学断代史或专门史呢？有不少人在这个问题上走了冤枉路，把先后次序颠倒了，不善于读书，其实道理极简单，要修一所房子，不打好基础，这房子怎么盖呢？你能把高楼大厦建筑在沙滩上吗？以此，要读好书，必须先打好基础，读好了基础书，才能在这基础上作个别问题的钻研，基础要求广，钻研则要求深，广和深也是统一的，只有广了才能深，也只有深了才要求更广。

“读书百遍，其义自见。”这话是有道理的。有的书必须多读，特别是学习古典文，那些范文最好是能够读到可以背诵的程度。除了多读之外，还得多抄，把重点、关键性的词句抄下来，时时翻阅，这样便可以记得牢靠，成为自己的东西了。多读多抄，这个二多是必须保证的。

第三是工具问题，认识了字并不等于完全了解这个那个名词的具体意义，有些专门术语随着时代的变化而具有不同的意义，并不是每一个人都容易理解的。解决的方法是善于利用工具书，也以学习历史作例，不懂得使用《辞源》、历史人名辞典、历史地名辞典、历史地图、历史年表和历史目录学，在研究历史科学的康庄大道上，也还是寸步难行的。

要多读书，用功读书，但是还得善于读书。

（原载《前线》第23期，1961年）

谈《三字经》

《三字经》是本好书，可惜已经被冷落了几十年，没有人去理会它了。

说是好书，因为这本小书是旧时代普及知识的读物，内容涉及面非常广泛，三字一句，文字浅明，句子短容易懂，其次，每两句押韵，容易念也容易背，可以巩固记忆。因此，从这本书编纂以来，公元十三世纪后期一直到二十世纪初期，六百多年来，成为儿童启蒙的必读书，发生了深远的广泛的影响。

全书共三百七十八句，一千一百三十四字，就旧时代所有的书来说，是一部最短的书，但是内容却非常丰富，有人说是“袖里通鉴纲目”，意思是极小型的中国通史。有人说这书：“天开地辟，星斗日月，山川河海，人物草木，鸟兽昆虫，古帝昔都，贤奸邪正，无不备载。”也有人说这书：“天人性命之微，地理山水之奇，历代帝王之统绪，诸子百家著作之原由，以及古圣昔贤，由困而亨，由贱而贵，缕晰详明，了如指掌。”是一本小型百科全书，评价都是很高的。

说它是小型中国通史，因为作者用极简练的手法，把历史上王朝的兴衰更迭都说清楚了。为了介绍内容，把这一段的一部分抄录如下：

自羲农，至黄帝，号三皇，居上世。
唐有虞，号二帝，相揖逊，称盛世。
夏有禹，商有汤，周文武，称三王。
夏传子，家天下，四百载，迁夏社。
汤伐夏，国号商，六百载，至纣亡。
周武王，始诛纣，八百载，最长久。

周辙东，王纲堕，逞干戈，尚游说。
始春秋，终战国，五霸强，七雄出。

以下还有七十六句，一直讲到清太祖，一共一百零八句，三百二十四字，把整个历史，不止是把主要历史变化，朝代名号，开国帝王，统治年数等等交代了，连何时分裂，何时统一也讲清楚了。

当然，这本书是有它的立场的，封建统治阶级的立场。有它的教育目的的，巩固封建统治的目的。如教忠教孝，讲三纲、五常、十义等等，是打上了它自己的阶级烙印的。但就教育的方法说，这书主张人性本善："苟不教，性乃迁，教之道，贵以专。"而且提出家庭教育和学校教育的关系："养不教，父之过，教不严，师之惰。"又说："子不学，非所宜，幼不学，老何为？玉不琢，不成器，人不学，不知义。"都是有道理的。至于属于知识性的范围，从认识数目到三才、三光、四时、四方、五行、六谷、六畜、七情、八音、九族、四书、六经、三易、春秋三传、五子和许多勤奋学习的故事，最后结论是："蚕吐丝，蜂酿蜜，人不学，不如物！"又说："勤有功，戏无益，戒之哉，宜勉力！"都是符合于封建社会的教育目的的。

《三字经》的作者，据公元1884年三义堂刻本《三字经注解摘要》，是南宋王应麟所著的。但查《宋史》卷四百三十八《王应麟传》，列举了王应麟所著书的所有目录，其中并没有《三字经》。有一本书叫《订讹类编》，指出王应麟在所著《困学纪闻》中，对三国时代是尊蜀抑魏的，而《三字经》的写法却是"魏蜀吴，争汉鼎"。魏蜀平列，认为《三字经》非王应麟所著。看来因为王应麟名气大，又讲究小学，著有《蒙训》、《小学绀珠》、《小学讽咏》等书，所以把《三字经》的著作也附会在他身上。真正的作者其实是宋朝末年的区适，据屈大钧《广东新语》："宋末区适子撰《三字经》，适子广东顺德人，入元抗节不仕。"区适工于文辞，以博学多闻著称，家乡人跟他受教育的有几百人。续补的是明初的黎贞，据清人邵晋涵诗《读得黎贞三字训》自注："三字经，南海黎贞所撰。"黎贞字彦晦，明初新会人，洪武初署本邑训导，以事被诬，戍辽阳十八年，从游者甚众。放还卒。有《秫坡诗稿》。到清朝又经过几次补订，这便是书中元朝以后一段历史的来历。

从《三字经》的写作历史看来，从宋末到清朝，教育工作者是很重视知识的普及工作的。写作和续补的都是在地方讲学的学者。从受教育者方面来看，也是极为重视这本书的，因为没有例外，凡是在这七百年中初受教育的儿童，都读过这本书。可不可以由此得出结论，这份遗产值得批判地继承呢？譬如学习《三字经》的写作方法，用通俗流利、明白易晓的文字，用韵文，不一定拘于三字，五字、七字也可，写出我们这个时代的农业七字经、工业七字经、基础知识七字经或五字经等等，来对广大人民进行社会主义建设和共产主义道德的教育呢？我看不但可以，而且是必要的，可能的。当然，还必须附上必要的精美的插图，做到图文并茂，读起来音调铿锵。普及知识的方法要多样化，就算这是其中的一种吧！希望教育工作者们、作家们，和各方面的专家们，能够花点时间，踊跃地参加这个工作，把知识普及给人民的具有伟大意义的工作。

（原载《前线》第1期，1962年）

赵括和马谡

我国历史是无比丰富的宝藏，其中包括有成功的经验，也包括有失败的经验。

只有书本知识，缺乏或者没有生产、阶级斗争知识的知识分子，是半知识分子。这种人的特点是不从具体出发，不联系实际，夸夸其谈，卖弄书本上的知识，哗众取宠。等到一接触实际，用书本知识生搬硬套，根据主观的愿望、想象去改变客观的实际，结果没有一个不摔跟头的，结果不但害了自己，还害了别人，害了国家。

这里举赵括和马谡两个例子。

赵括的父亲赵奢是赵国的名将，公元前270年，秦攻韩，围阏与，赵救韩，赵奢大破秦军，立下赫赫的战功，赐号为马服君。

十年以后，公元前260年，秦军又大举攻赵，赵国派老将廉颇拒秦军于长平（今山西高平县西北二十里王报村）。廉颇看到秦军攻势凶猛，便下令坚守，秦军挑战，廉颇也不肯应战。廉颇富有军事经验，决定坚壁固守，等到秦军士气疲惫，再找秦军的弱点进攻，这个主张是完全正确，符合双方实际情况的。秦军看到这种形势，不能取胜，便派间谍造谣说，秦军最怕的是马服君的儿子赵括，此人为将，秦军必败，赵王听了，便召回廉颇，派赵括作拒秦的大将。

赵括小时很聪明，学习兵法，说得头头是道，没有人能超过他。有时候和他父亲辩论，赵奢也说他不过。赵奢很不以这个儿子为然，对老婆说：打仗是有关生死存亡的大事，可是赵括说得那样轻易，今后赵国不用赵括作将军，倒也罢了，如用作将军，破赵军的一定是他。赵奢死后，赵括的母亲牢牢记住这番话。

赵王用赵括作大将，大臣蔺相如已经病重，极力反对，对赵王说：你用虚名使赵括为将，正像要鼓瑟却把弦和瑟柱用胶粘合了。

赵括只会读他父亲的书传，只有书本、理论知识，却不会在实践中运用、变化，万万不可。赵王不听。

赵括的母亲也坚决反对，对赵王说赵括不可为将，理由是赵奢为将时和将吏团结得很好，所有赏赐都分给军吏士大夫，受命以后，不问家事。现在赵括呢？受命以后，威风得很，会见诸将，诸将不敢仰视，大王赏赐的金帛，都收在家里，成天买田产、房子。你看他比得上他父亲吗？父子两条心，请你不要让他带兵。赵王说，你别管，我的主意打定了。赵括的母亲便提出，你一定要让他去打仗，打了败仗，可不要连累我。赵王答应了。

赵括一到前线，就改变了廉颇的战略、军令，换了领军大将。秦将白起知道了，便派出一支奇兵，假装败走，却从后方断绝了赵军的粮道，把赵国大军切断为二，赵军士卒离心，过了四十多天，军粮断绝，士卒挨饿，赵括只好亲自带领精军搏战，秦军射杀赵括，赵军大败投降，白起下令把赵军一律坑杀，赵军前后损失四十五万人，这便是历史上著名的长平之战。

赵括的母亲因为有言在先，没有因为儿子军败被杀。

另一个例子是马谡，京戏里演的《失街亭》，就是他的故事。

街亭在今甘肃秦安县东北，地势很险要。

蜀建兴六年（公元228），诸葛亮率兵出祁山攻魏，军威很盛，天水、南安、安定诸郡都响应蜀军，蜀军先锋是马谡，魏遣大将张郃拒战。

马谡字幼常，襄阳宜城人。才器过人，喜欢谈论军事。建兴三年诸葛亮进军云南，马谡建议用兵之道，攻心为上，光用兵力消灭对方，不只不人道，而且军退之后，云南人民又会起来反抗的，主要的要做到使南人心服，才能巩固后方。这意见很对，诸葛亮很重视。对孟获的战争就是根据这个策略解决的。但是刘备却看出马谡的弱点，临死前嘱咐诸葛亮：马谡言过其实，不可大用，你要注意。诸葛亮不以为然，用马谡作参军，和他谈论军事，有时谈到天亮。

街亭之役，军中都认为大将魏延、吴壹等有战争经验，该作先锋。诸葛亮不听，以马谡为先锋。这年马谡三十九岁。

马谡没有战争的实际知识，也没有指挥军队、临机应变的经验，自以为精通兵法，不听诸葛亮所指授的军事措施，率军抢据街亭山头，远离水道，军令前后不一，举措烦扰，副将王平据理力争，也坚决不听。魏将张郃率军隔断了蜀军的水源，四面包抄，蜀军大败，只有王平所领千人，整顿部队，大擂战鼓，张郃疑有伏兵，不敢进逼，王平领军徐徐而还。这一仗打败了，诸葛亮进无所据，只好退军回到汉中。追究战败责任，按军法把马谡杀了，诸葛亮十分痛惜，哭了一场，军士们也禁不住哭了。

这两件事都是历史上有名的教训，赵括和马谡都是好人，不是坏人，他们的主观愿望都是要办好事情的。却吃了主观主义的亏，吃了教条主义的亏，自以为是，光凭书本知识、理论知识，不顾客观形势，不听有实践经验人们的劝告，结果是摔了大跟头。这是典型的知识分子空谈因而失败的教训，知识分子不联系实际，结合实际的教训，知识分子缺乏实际斗争经验，光凭书本上的理论，自以为是，因而失败，害己、害人、误国的教训。时间虽然隔得很久了，今天来重温这些教训，看来还是有益的。

（原载《前线》第2期，1962年）

讨论的出发点

这几年来，各个学术部门先后组织了学会，经济、哲学、历史、医药、建筑、园艺等等学会，在百家争鸣、百花齐放政策的指导和贯彻下，发表了许多论文，举行了很多次学术讨论会，参加的人畅所欲言，各抒己见，蓬蓬勃勃，学术气氛活跃起来了，这是十分可喜的现象。

问题呢？问题也还是有的，例如，就某些讨论而说，就发生讨论的出发点问题。

不久前，在武汉举行的辛亥革命五十周年学术讨论会上，提出了几十篇论文，分组讨论，其中有若干篇是讨论矛盾的，开头几次还谈得很热烈，后来谈不下去了，因为这些篇论文一般都引用许多马克思列宁主义经典作家的词句，却很少联系中国的历史实际，结果是从理论到理论，理论是正确的，但是中国的历史实际呢？因为写得很少，很不具体，认真一推敲，就谈不下去了，只好不谈了。

这种现象虽然是个别的，不是学术讨论的普遍情况，却也应该引起注意。而且，追溯历史，这种现象也并不是现在才有的，而是好几年前就已存在的不良学风。

回忆前几年的情况，大致曾有过以下几种问题：

一种是对不上口径。讨论的人们引的都是经典著作，但是各人有各人的理解，有一些名词例如土地国有制，这个国究竟是什么意义，讨论者的理解就不尽相同。甚至对奴隶社会、封建社会的具体内容，讨论者也是各执一词，谈来谈去谈不到一起。又如资本主义萌芽问题，什么是萌芽呢？有的人把它等同于资本主义，一等同，萌芽就被摧折了，从历史实际上抹煞了。也有相反的论据，不但等同了，而且把它的历史时期拉得很早，唐、宋、元时代都有，明代后期已经成熟了。这样一来，中国早已进入资本主义社会，就不免使很多人彷徨起来，近百年来的半封建半殖民地社会往哪儿摆呢？到底存在不存在呢？既然不存在，反封建、反帝国主义的斗争又从何讲起呢？

另一种呢，张冠李戴。根据是人类社会的发展规律应该是一致的，一声开步走，不论哪个地区、哪个国家、哪个民族都得一二三四，齐步走。既然欧洲的封建社会时期很晚，中国又怎能那样早？既然马克思、恩格斯都说过东方存在着土地国有制，中国也是东方呀，怎么能够例外，当然非有不可！如此等等。

第三种呢，空谈对空谈。例如历史上的农民战争，少说些也有几百次，规模小的不说，大规模的也有十几次。各个历史时期的经济基础不同，历史情况不同，这次农民战争和那一次农民战争无论如何不会是双胞胎，一模一样的。但是说来却也奇怪，无论是教科书或是有些论文，却总是引用经典作家的话，把它们一般化了，总是那么几句，农民不堪封建统治者的残暴的剥削、压迫，起而反抗，推翻了旧王朝，新的王朝接受了教训，对农民作某些让步等等。这些话当然都是正确的，但是并没有说清楚具体的历史实际。在有些讨论会上，所听见的也主要还是这一套，很少有人就某一次的农民战争作过具体的分析，从中引出结论，和另一次农民战争作比较，有何不同，新提出哪一些问题等等。

争论也还是有的，但大体上也还是论对论的争论，甲引了经典作家这一句话，乙引了那一句，因而大争特争，事实上双方都没有弄清楚这一句话是在什么情况下、什么时间、什么条件下说的。结果也就争不出一个名堂来。

以上的情况，究其根源，问题只有一个，那便是讨论的出发点。

研究、讨论问题应该从原则、概念出发？还是从具体事物、革命实际出发？历史实际出发？请看马克思是怎样说的：

> 我并不是从概念出发，从而也不是由价值概念出发，所以也不曾要把它“分割”。我由以出发的，只是劳动生产物在今日社会内依以表现的最简单的社会形态，这就是“商品”。①

① 《资本论》，第一卷，108页。

恩格斯在《反杜林论》中也说：

> 原则不是研究的出发点，而是它的终了的结果；这些原则不是被应用于自然界和人类历史，而是从自然界和人类历史中抽象出来的；并不是自然界和人类要适合于原则，而是相反地，原则只有在其适合于自然界和历史之时才是正确的。

毛泽东同志在《改造我们的学习》中指出：

> 马克思、恩格斯、列宁、斯大林教导我们说：应当从客观存在着的实际事物出发，从其中引出规律，作为我们行动的向导。为此目的，就要像马克思所说的详细地占有材料，加以科学的分析和综合的研究。

问题不是很清楚吗？不应从概念出发，不应从原则出发，而应该从客观存在着的实际事物出发。马克思写《资本论》，是从商品出发的，应用于历史研究、讨论，当然应该从客观存在着的历史实际出发。而且必须详细地占有材料，加以科学的分析和综合的研究。

对于喜欢乱戴帽子的人们，列宁有一段话是值得深思的，他说：

> 从来也没有一个马克思主义者在什么地方论证过：俄国“应当有”资本主义，“因为”西方已经有了资本主义等等。①

至于论和史的关系，恩格斯说得好：

> 不把唯物主义的方法当作研究历史的指导线索，而把它当作现成的公式，将历史的事实宰割和剪裁得适合于它，那末唯物主义的方法就变成和它相反的东西了。②

这段话对我们初学唯物主义的人来说，是当头的警钟，是指路的明灯，澄清思想的良药。

由此，可以得出结论，我们必须正确体会以上这几段话，反复思考，见之行动，无论是研究，是讨论，都必须从具体事物出发，

---

① 《列宁全集》，第一卷，171页。

② 恩格斯：《给保尔·爱因斯特的信》，见《马克思恩格斯论艺术》（一），178页。

从革命实际出发，从历史实际出发，也就是从实践提高到理论，再回来指导实践的这一著名公式出发，这样才会有正确的讨论出发点，从而养成有的放矢的、实事求是的马克思列宁主义的学风，达到真正的百花齐放、百家争鸣，促进学术的繁荣和昌盛。

（原载《前线》第3期，1962年）

论开会

人们决定要办一件事情，往往要找些人来商量、琢磨，大家出主意，正面的支持，反面的辩论，左右推敲，直到大家都认为是符合实际情况，应该作，也行得通，才能一致通过，作出决议，与会的人分工合作去做，这叫做开会。

要办好事情，就得开会，会是非开不可的。

但是，并不一定无论什么事情都得开会，譬如一些已经分工而又性质明确的工作，没有特殊情况，就不必开会。要是不分别事情的大小、轻重、性质，有必要和没有必要，一律开会，那就会使得会议泛滥成灾，不但与会的人疲于奔命，而且，这样做的结果，会使不必要的会冲掉必要的会，这样的会是开不得的。

必要的会一定要开，不必要的会一定不要开，这个道理看来很清楚。但是，可惜得很，我们中间有些人就是不清楚，好像有开会癖似的，不管三七二十一，一来就是开会，二来也还是开会，开无穷无尽的会，却从来不仔细考虑开会的意义和作用。不只他自己成天、成月、成年局促于会议室中，也拖进一批以至大批的人，和他共命运，应该说，这种情况是不很正常的。

这种有开会癖的人，喜爱开会的原因是多种多样的：一种是把开会看作是解决一切问题的唯一的灵丹妙方，凡事都依靠会议来解决。甚至有这样的人，如果不开会，他就像失了业似的，感到没事可干了。另一种呢，负了一定的领导责任，却实在分不清什么是主要的，次要的，以至不必要的，西瓜和芝麻、绿豆一般大，一齐搬到会议桌上来。又一种呢，优柔寡断，不敢大胆负责，明明是已经成熟和他分内该做必做的事，也拖一些人来左说右说。原因虽然不同，而根源却是一个，不了解开会的意义。

由于对开会的意义的不了解，对会前的准备工作自然也就忽视了，有的准备得不是很好，有的甚至没有准备。与会的人往往是到了会场才知道讨论的题目，事先没有思想准备，也就很难发表意见，一定要说，也苦于说不出一个名堂来。大多数人都提不出什么意见，这种会又如何能开好？甚至有过这样的笑话，有一次一个单位开了五六小时的会，过了晚上十二点了，与会的人都精疲力竭，忽然有人提出问题，就讨论涉及的主题来看，有好几个方面，我们今天倒底是讨论什么，解决什么问题呀？这时候，主席也惶恐了，说我也弄不清楚。这个例子当然是个别的现象，但是确实发生过。

这种不重视开会的开会癖者，在思想认识中存在一系列问题，首先他不知道什么问题应该解决，如何解决，只是为了开会而开会。其次，就工作作风来说，也不能说是民主的，他找人来开会，却事先并不告诉人开什么会，解决什么问题，和这些问题的资料。这样，自然达不到集思广益的目的。对与会者呼之即来，挥之即去，也不是平等待人的态度。第三，尽管耗费了大量时间，却不解决问题，推进工作。他不尊重别人的劳动，不爱惜别人的时间，化有用为无用，这种作风，对社会主义的建设事业，无论如何也不能说是有益的。

总之，在我们中间，有一些人虽然开了一二十年的会，却还没有学会如何开会。

毛主席教导我们在军事上不打无准备之仗，同样，在政治生活中也不许可开无准备之会，首先要学好矛盾论，善于抓主要的矛盾，研究如何解决矛盾；问题提出来了，就需要事前作好充分的调查研究工作，对问题的资料、性质和解决的方法，作到心中有数。同时，还必需认真学习党的方针、政策，研究所提的解决方法是不是符合党和人民的要求。其次，要先期发出通知，包括讨论的题目和有关资料，使与会者能有充分的时间研究和考虑，准备意见。只有这样，提出了问题，经过会议的充分的讨论，不同意见的阐述，才能集思广益，发扬民主，从而解决问题，推进工作。

不开不必要的会，不开无目的的会，不开无准备之会，有所不为才能有所为，这样，会的次数可以大大减少，必要的会也才能开好。要重视开会，也要善于开会。

（原载《前线》第 7 期，1962 年）

说道德

道德是不是永恒的，终极的，从此不变的，万古一致的？

恩格斯对这个问题作了科学的回答。他在《反杜林论》中说：

> 所有已往的道德论，归根到底都是社会当时经济状况的产物。而因为直到现在社会是在阶级对立之中发展，所以道德总是阶级的道德；它或者是为支配阶级的统治和利益辩护，或者是当被压迫阶级足够强大之时，它表现对于这个统治的抗争，而代表被压迫者的将来的利益。①

所谓阶级的道德也就是统治阶级的道德，它是为统治阶级利益服务的，统治阶级利用道德来说服、控制、剥削被压迫的臣民，并通过各式各样的办法进行它们的“道德”的宣传、教育。这种统治方法有时候比严刑重罚更有效，这是因为：“支配着物质生产资料的阶级，同时也支配着精神生产的资料，因此，那些没有精神生产资料的人的思想，一般地是受统治阶级支配的。”② 这样，统治阶级的道德论在一般情况下，也就成为被统治阶级的道德论，巩固统治阶级的统治了。

在我国漫长的封建社会里，地主阶级建立了巩固的统治权，不管换了什么朝代，是姓刘或姓李的作皇帝，不管是哪个民族取得统治权，是汉族还是女真、蒙古，统治阶级的道德并没有改变，道理很简单，因为变来变去，还是地主阶级的统治。

地主阶级道德论的核心，就是阶级的统治，要严格维持阶级秩序，从理论到房屋、衣服、车马、称谓、法律等等，都按照这个原

---

① 恩格斯：《反杜林论》，96页，北京，人民出版社，1961。

② 马克思、恩格斯：《德意志意识形态》，见《马克思恩格斯全集》，第3卷，52页。

则，丝毫不许紊乱。

著名的孔夫子就要人们维持君君臣臣父父子子的阶级秩序。教忠，教孝，修身齐家、治国平天下。因为他的学说是维护封建秩序的最有利武器，所以被称为圣人，两千多年来，任何王朝都崇敬他，让他永远在孔庙里吃一块冷猪肉。

孔子和他的后继者的学说，成为教育全国人民的经典，许多世代以来，人们都把他的学说作为判别是非的准绳。

妇女在参加生产劳动的时候，是有社会地位和政治权利的。但是在封建社会里，妇女只能参加家务劳动，甚至不参加劳动，社会和政治地位都大大降低了。到了宋朝，儒家们又提倡妇女守节，高大的石头牌坊，就不知道逼死了多少青年妇女，和难以数计的寡妇在礼教的压迫下，度过凄凉寂寞的岁月。

小说戏剧里经常说的“君要臣死，不得不死，父要子亡，不得不亡”，便是封建社会道德论最集中的表现。

现在，社会变了，地主阶级的统治一去不复返了。它们的道德论也随之而失去时代的意义和作用了。这是不容怀疑的。

问题是封建社会的道德论的某些部分，有没有值得今人批判地继承的地方？

我以为是有的。

例如忠，过去要忠于君主，今天呢，难道不应该忠于国家，忠于人民，忠于社会主义建设事业？

又如孝，对父母要好，父母年老了，丧失劳动力了，子女难道不应该照顾父母？

至于诚实、勤劳、勇敢、刻苦耐劳、雄心壮志这些美德，难道不都可以移用在今天？

不止是封建道德，就是资产阶级的道德，精打细算，多方赚钱，难道不应该成为社会主义经营管理企业的一条重要原则？当然，本质改变了，资产阶级靠剥削工人，为自己个人赚钱，社会主义的企业经营管理则在工人的自觉努力下，为国家，为人民增加财富，改变一穷二白的面貌。

由此看来，道德是阶级的道德，道德是随着阶级统治的改变而改变的。但是，也还有另一面，那就是无论是封建道德，还是资产阶级道德，无产阶级都可以批判地吸取其中某些部分，使之起本质的变化，从而为无产阶级的政治、生产服务。

在文学艺术领域中，牵涉到古代历史的时候，要求古人具有今天的社会主义道德，无疑是错误的。但另一极端，以今人的道德水准去衡量古人，以为古人一无足取，没有值得批判继承的东西，看来也是不正确的。至于目前在争论中的，封建时代的农民有没有这种那种观点的问题，我看，读读上面所引的马克思、恩格斯这两段话，也就可以解决了。

（原载《前线》第10期，1962年）

说谦虚

“谦受益，满招损”，这两句经过无数世代、无数次实践总结出来的经验，流传到今天至少有两千多年了。这是普遍真理，任何地区、时代都适用的真理。这条真理指出了人们成功和失败的道理。但是，可惜得很，并不是所有的人们都能从这两句话受到教益。

人们对事物的认识是需要一个过程的，对于新的事物，总是从不认识到认识一些，认识得更多一些，从无知到有知，这是一个不可违反的客观规律。先知先觉，对新萌芽的事物，一露头便能认识其全部意义、内含规律的人是不存在的。相反，所贵于先知先觉的，正是因他们具有丰富的实践经验，能够认识这是个新事物，是萌芽，对之采取欢迎、扶植、研究的态度，时刻注意，逐步增加认识、理解，达到更多的更完全的认识，使之成为人们共有的知识，都能认识的事物。先知先觉之所以能够这样做，正是因为他们首先有了很多知识，而又承认自己知识不够：“吾生也有涯，而知也无涯。”对新事物采取谦虚、谨慎、严肃、认真的态度。

当然，有更多的人并不是这样对待新事物的。他们满足于已有的知识、经验，满足于当前的环境，对新事物的出现，一看脸孔陌生，不是采取怀疑的态度，不加理睬，不去注意，就是大喝一声，哪里来的异端！一棍子打死。这样的例子举不胜举，在自然科学发展的历史中，有不少科学家认识了真理，并且坚持了真理，结果被过去愚昧的统治者杀死、烧死，他们的学说、著作也被禁止、焚毁。但是，人可以被处死，书可以被烧毁，真理却是杀不死、烧不坏的，不但一直流传下来，而且愈来愈发出灿烂的光辉。

不过，话也说回来，人们对新事物的认识也还不是一帆风顺的。正因为不认识，所以很容易犯错误。人们总是从不断犯错误中增长知识的，“吃一堑，长一智”便是这个道理。认识有个深化的过程，需要时间，更需要不断的试验，在这个问题上害急性病，要求在很短时间，不经过试验，不犯一些错误，就能全部掌握新事物的规律，这种人只能是主观主义的唯心主义者。

社会主义建设事业对于我们来说，是个全新的事业。要认识、掌握建设的规律、法则，是需要一个认识深化的过程的。在建设工作中，犯一些错误，有一些缺点，是难免的。问题是对待错误、缺点的态度。只要能够不断发现错误、缺点，而又能够不断改正这些错误、缺点，从错误、缺点中学会新的知识、本领，便可以达到知识、经验的不断深化、完全的过程，从而逐步掌握规律，达到胜利。

研究学问也是如此，没有一个学者是全才全能的，像旧小说所写的“诸子百家，无所不晓，九流三教，无所不通”。这样的人物只能是虚构的。在科学日益发达的今天，学术分工愈益细密了，以此，不但通晓所有各种科学的人并不存在，就是对于自己所专门研究的学科来说，也还是有大片的空白园地，广大的未知的领域存在。不认识这一点，学术的进步、提高就会受到损害。以此，学术研究工作者也必须抱谦虚、谨慎、严肃、认真的态度，首先要承认自己知识不够，才能去探索、研究这未知的领域，并且要下定决心，不怕失败，要从不断失败中丰富知识，把未知的领域逐步缩小，从而提高学术研究的水平。在这个问题上，采取自满的态度也是不行的。

总之，在任何工作中，都要记住这两句话：“谦虚使人进步，骄傲使人落后。”

（原载《前线》第13期，1962年）

再说道德

《说道德》一文发表后，好几位热心的朋友写信来，提出了一些意见。这是非常值得欢迎的。

在《说道德》一文中，有这样一段："由此看来，道德是阶级的道德，道德是随着阶级统治的改变而改变的。但是，也还有另一面，那就是无论是封建道德，还是资产阶级道德，无产阶级都可以批判地吸取其中某些部分，使之起本质的变化，从而为无产阶级的政治、生产服务。"

这个论点有一些人不赞成。主要的理由是无产阶级怎么能、怎么可以继承封建地主阶级、资产阶级的东西？要是能、要是可以的话，阶级立场到哪儿去了？

这里应该说明几点：

我们所说的继承，应该是批判地继承，是继承其中好的部分，决不可以认为连地主阶级的剥削、压迫也继承下来。

批判地继承是完全必要的。无产阶级若不善于吸取过去统治阶级某些优良的东西，甚至完全摒弃，那么，看来只有向古代的无产阶级继承，或者自己来凭空创造了。问题是在古代，无产阶级并不存在；自己凭空创造呢，也不大可能，列宁不是说过吗？"无产阶级文化并不是从天上掉下来的，也不是那些自命为无产阶级文化专家的人杜撰出来的。这完全是胡说。无产阶级文化应当是人类在资本主义社会、地主社会和官僚社会压迫下创造出来的全部知识发展的必然结果。"① 在广义的范畴来说，道德是属于文化范围的。

最根本最重要的是封建地主阶级的道德有没有值得批判地继承

---

① 列宁：《青年团的任务》。

的问题。

这里只举两个例子，一个是孟子，一个是文天祥，这两个历史人物的阶级地位很清楚，决不是无产阶级，也不能算人民大众，而是标准的典型的封建地主阶级的代表人物。

孟子和他的学生讨论大丈夫的定义："景春曰：'公孙衍、张仪岂不诚大丈夫哉！一怒而诸侯惧，安居而天下熄。'孟子曰：'是焉得为大丈夫乎？子未学礼乎？丈夫之冠也，父命之。女子之嫁也，母命之，往送之门，戒之曰：往之女家，必敬必戒，无违夫子。以顺为正者，妾妇之道也。居天下之广居，立天下之正位，行天下之大道，得志与民由之，不得志独行其道，富贵不能淫，贫贱不能移，威武不能屈，此之谓大丈夫。'"①孟子斥责公孙衍、张仪为妾妇之道。他认为大丈夫的标准应该是个这样的人：富贵不能淫，贫贱不能移，威武不能屈。这是封建时代的道德，也是我们中华民族的光辉传统，在古代历史上曾经有过这样标准的无数伟大人物，在近现代的革命史中，也出现过符合这个标准的无数烈士和英雄人物。

文天祥在他有名的《正气歌》中，指出：

时穷节乃见，一一垂丹青：
在齐太史简，在晋董狐笔，
在秦张良椎，在汉苏武节，
为严将军头，为嵇侍中血，
为张睢阳齿，为颜常山舌，
或为辽东帽，清操厉冰雪，
或为出师表，鬼神泣壮烈，
或为渡江楫，慷慨吞胡羯，
或为击贼笏，逆竖头破裂。②

在环境特别困难时，在是和非，忠和逆，正义和不义的抉择中，这些历史人物（包括文天祥在内）都牺牲或者敢于牺牲自己的生命，

① 《孟子·滕文公下》。
② 文天祥：《文山全集》卷十四。

保持了孟子所说的大丈夫的品德。这些人物虽然都是地主，都是官僚，但是，在和恶势力斗争中，他们却都是大丈夫。

从这些封建时代的言论和人物的表现中，对照我们无产阶级的道德标准，不是可以看到道德是可以批判地继承么！

（原载《前线》第16期，1962年）

谈火葬

火葬自古有之，不从今日始。有人以为直到现在我们才提倡火葬，这是错误的。

有的人认为火葬只是佛教徒习用的丧葬方法，自佛教传入以后，非佛教徒才跟着学的。例如《搜采异闻录》就说："自释氏火葬化之说起，于是死而焚尸者所在皆然。"这是不对的。因为根据文献材料，从佛教传入以前，或者佛教并未流行的地区，就已经有火葬的习俗了。例如《列子》里说，秦国的西面有个义渠国，人死了，堆积柴火，把他烧化，柴烟上升，叫作"登遐"，这样，才称为孝。《荀子》也说，氐、羌地区的人民，不怕别的，就怕死后不给他烧化。由此看来，在古代，我国西部的一些少数民族是习惯于火葬的，认为火葬是好事。

契丹族的平民也有火葬的习俗，如宋张舜民《画墁录》在记了辽使死后的葬法以后，就说"贱者则燔之以归"。五代石晋是沙陀族，石敬瑭的皇后李氏和妃子安氏在被俘到建州病死后，也都是火葬。

汉人中有一些地区也有火葬的习俗，古代的文献虽然无可查考，但至少在十世纪左右是有明文记载的。例如史书记载山西地区地狭民稠，最亲近的人死了，也用火葬。韩琦镇并州（今山西阳曲）时，用公家的钱买了几顷地，提倡土葬。但是，看来民间还是沿用火葬的方法，因为不久以后，公元1091年，范纯仁镇太原的时候，还是"河东地狭，民惜地不葬其亲"。范纯仁只好叫他的下属收拾无主的烧掉的骨头分别男女安葬，达几万具尸骨之多。由此可见，火葬在这个地区是很流行的。

东南地区也是如此。《宋史》记："绍兴二十七年（公元1157

年）禁民间火葬投水中者。”由政府颁布法令禁止火葬，可见火葬流行之广。但是这条法令并没有得到贯彻，《宋史·礼志》说：“绍兴二十八年，户部侍郎荣薿言：比因臣僚陈请禁火葬，令州郡置荒闲之地，使贫民得以收葬，诚为善政。臣闻吴越之俗，葬送费广，必积累而后办。至于贫下之家，送终之具，唯务从简，是以从来率以火葬为便，相习成风，势难遽革。况州县休息之久，生齿日繁，所用之地，必须宽广，仍附郭近便处，官司以艰得之故，有未行标拨者。既葬埋未有处所，而行火化之禁，恐非人情所安。欲乞除豪富士族申严禁止外，贫下之民并客旅远方之人，若有死亡，姑从其便……诏依。”由此看来，经济条件是决定当地人民葬俗的根本因素。山西、江苏、浙江等地，人口稠密，耕地不够，除了贵族、官僚、地主以外，一般贫苦百姓，是葬不起土葬的，甚至中等以上的人家，也乐于火葬，如宋周辉《清波杂志》所说：“浙右水乡风俗，人死，虽富有力者不办蕞尔之土以安厝，亦致焚如。”正如《中说·天地篇》所说的：“古者不以死伤生，不以厚为礼。”死人不应该和活人争地，火葬是节约农业用地的好办法，广大人民是乐于采用的。

正因为火葬在民间有深厚的经济基础，政府有禁令也不管事。公元1260年，吴县尉黄震还写报告，请求把通济寺烀人空亭取消。并且说：“自宋以来，此风日盛，国家虽有漏泽园之设，而地窄人多，不能遍葬，相率焚烧，名曰火葬，习以成俗。”元朝也是盛行火葬的，《明通纪》载：“洪武三年（公元1370年）令天下郡县设义冢，禁止浙西等处火葬水葬。凡民贫无地以葬者，所在官司择近城宽闲之地，立为义冢。敢有习徇元人焚弃尸骸者，坐以重罪。命部著之律。”黄瑜《双槐岁钞》也有相同记载，并说是明太祖和陶安登南京城楼，闻到焚尸气味以后，才决定下禁令的。但是，有了法律条文禁止也还是不发生作用，黄汝成在《日知录》火葬条的案语说：“火葬之事，杭城至今犹沿其俗。”便是证明。

（原载《前线》第19期，1962年）

论修清史

每一个国家、民族，都有它自己的特征。我们伟大的祖国也同样有许多自己的特征。特征之一是从有文字记载以来，私人和国家编修的国家历史，一直沿续下来，从来没有中断过。

孔子修《春秋》，虽然文字简略，却概括地记录了一个历史时期的史实。左丘明从而编写《左传》，史实内容便更丰富了，文笔也更美，更生动了。司马迁继承了这个传统，编写了从远古一直到他自己所处时代的通史——《史记》。他所创制的体例，本纪，世家，书(志)，表，列传，为以后史家所继承。任何一个王朝初起时，要办的大事之一，便是组织编写力量，建立史馆，总结前朝的经验，以国家的名义，颁布或刊印前朝的断代史。这个好办法，尽管王朝不断更替，却一直被保存下来，是我们国家的好传统，也是历史特征之一。

过去封建王朝，为什么特别重视历史呢？简单得很，他们要从前朝历史的总结中，得出成败兴亡的经验、教训，来加强、巩固自己的阶级专政。因此，司马光编写的从三家分晋以来的通史，宋神宗题名为《资治通鉴》，说明这部书是对统治有用的，是一面镜子，经常照镜子，和前朝的经验、教训对比，对巩固统治是有好处的。

封建统治阶级十分重视总结历史经验，无产阶级该不该这样做？答案是不但应该，而且要比他们更重视，不止是要重新写历史，而且要以马克思列宁主义的观点、立场、方法，用毛泽东思想去总结，批判地继承这一份珍贵的遗产。

解放后，我国历史学的研究，已经走上了蓬勃发展的道路，为清朝以来历史的研究做了一些有益的工作。现在，可能提出这样的问题，清史该修了，民国，这一段北洋军阀混战的历史，也应该总结一下了。

历史，总是时代越近的，越和现实生活关系密切。清朝这几百年统治，在整个中国历史上占什么地位？哪些地方有功，哪些地方有过？清朝的统一和今天国家版图的关系；特别是近百年来半封建半殖民地历史的发生、发展的过程，我国人民前仆后继地进行反封建、反帝国主义侵略压迫斗争的光辉史迹，无论从哪一点来说，都是和近现代革命斗争的历史分不开的，我们继承了前人的事业，创造性地完成并且超过前人所要争取完成的事业。

当然，决不会有人来反对总结这一历史时期的经验，写成我们这个时代的清史、民国史等等。问题如何来总结，来写？

困难是有的，例如史料极多，要用很大的力量来整理、研究；有些问题不止要钻研自己的资料，也还必须运用外国的历史资料；研究这个历史时期的专门家队伍还没有形成，研究力量十分薄弱；旧的史书体例不能应用，新的体例如何建立等等。

办法也还是有的，史料多，特别是有关的档案，数量十分庞大，固然整理起来很吃力，但是，另一面，多了是好事，决不是坏事，只要组织一支数量相当的研究队伍，花较长的时间，不管有什么困难，终归是可以整理好，提要钩元，做出科学的总结的。外国资料也是如此。

人力薄弱，也是可以解决的。问题在于培养，设想组织对祖国历史研究有经验的专门家若干人，带上几十个或更多的大学历史系毕业的高材生，大家一起来阅读，整理，研究，分析、总结史料，花上十年八年时间，在较长的实践中，专门家的队伍不是就建成了吗？

以后再用十年八年时间写，十年八年时间改，我们时代的清史、民国史是可以写成，而且可以写好的。（明史修了一百多年，用二三十年的时间修清史，决不算多。）

至于体例，那是需要从实践过程中解决的事，在没有掌握、研究大量史料之前，空谈体例是没有条件的，没有意义的。

要用我们的方式来继承我国历史上的特征，总结前一历史时期的经验、教训，批判地继承遗产，并从整理、研究、编写清史和民国史的过程中，培养出又红又专的这几方面的专门家来，这个工作是必须做的，而且还应该尽快地做。

（原载《前线》第3期，1963年）

谈北京城

北京城是全世界最古老的城市之一。

计算城市的历史，有两种方法：一种是作为建成政治中心来计算的，如封建王朝的建都；一种是以开始建立居民点来计算的，也就是从什么时候开始有人口聚居算起。

从前一种算法，辽太宗会同元年（公元938）以幽州为南京，到现在已经有一千多年了。从后一种算法，前年北京大学考古学专业在十三陵水库附近发现新石器时代遗址，最少也应该有一万年以上的历史了。

一个城市成为部分的或者全国的政治中心，不但对城市本身的营建、发展、繁荣有密切关系，而且，也对它的毗邻地区的经济、文化发展有着一定的影响。前者例如金、元、明、清的定都北京，都会使这个城市的规模、设计、建筑符合自己统治的需要，成为同一时期的世界名城，特别是明代初期营建的北京，就其布局、街道和当时最先进的下水道设计来说，都是那个时期世界上少有的；后者例如各个封建王朝为了保卫这个政治中心的安定和物资的供应，在军事设施、交通运输、农、工业生产各个方面，在毗邻地区进行了一些建设，促进了这些地区的经济发展。

但是，也还必须指出，尽管北京城的建都有了一千多年的历史，今天的北京城却决不是辽、金时代的北京城。辽、金时代的北京城，在今天北京城的西面和西南面，都早已毁灭了，一点影子也没有了。明初营建的北京城，也不尽和元代的北京城相同，明代北京城的北城比元代的北京城向南缩五华里，现在德胜门外五里的土丘，就是元代北城的遗址，元代南城就是现在的东西长安街，明代把它向南扩展了。至于外城则是公元1550以后修建的。从以上历史发展的情况来说，历史上都市的建设不是不可以改变的，相反，各个时代都为了符合自己的需要，进行了重建或扩建。今天的北京城并不是历史上各个王朝北京城的原样，不但位置不同，规模、设计、建置也不相同。

同样，作为政治中心的中心，统治者在那里发号施令的宫殿，也是如此，不但辽、金时代的宫殿没有了，就是元朝的也被拆除了。清朝的宫殿虽然大体上继承明朝的规模，不过就每一个建筑来说，尽管形式相同，本质却并不相同，这是因为在漫长的历史时期，由于没有避雷设备，有某些高大的建筑物被雷击焚烧了；消防工作不完备，失火焚烧了；更多的是宫廷里的人盗窃财物，为了掩饰罪过，放火焚烧的。每失火一次，就得重建一次。以此，现在保留下来的清朝的宫殿，不但不是明朝的原来建筑，而且，也不完全是清朝原来的建筑。当然，作为一个古代建筑艺术品，应否保留以及如何保留，是一个可以研究的问题，不过，要是像某些人所说，因为是古代建筑，就绝对不能改变，把事情绝对化了，那也是不符合历史实际情况的。

北京，这个非常古老的城市，解放以后，又成为我们伟大的祖国的首都了。十四年来，进行了一系列改建、扩建的建设工程，新建房屋的面积已经多过原来的一倍半了。城市的面貌日新月异，我们正以豪迈的步伐高歌猛进，为建设现代化的首都而尽一切的努力。全面的规划正有待于研究、设计。为了符合社会主义国家首都的需要，有关各方面进行深入的详尽的调查研究，是必要的，但是，回顾一下过去这个城市的历史，看来也是有益的。北京城的历史发展告诉我们，无论是城市建置、政治中心、街道布局、房屋高低等等，都不是不可改变的。相反的结论是必须改变，随着实际的需要而作相应的改变。我们必需有这样的历史认识，才不致于被前人的阴影所笼罩，才能大踏步地健康地向前迈进。

（原载《前线》第6期，1963年）

论学风

近几年来，学术界的学术研究工作遵循着理论联系实际的方针，发扬了实事求是的良好风气。例如研究水利的，过去只能在狭小的实验室里，假想种种课题，作了一些实验，从书本到书本，从教室到实验室，搞了多少年，也没搞出一个什么名堂来。但是，从官厅、十三陵水库，特别是密云水库兴建以来，不管是年长的教授，或年轻的学生，都投入了改造自然面貌的斗争，从设计到施工，刮风也罢，下雨也罢，他们都和工人一起共同劳动，理论为实际服务，又从实践中总结出经验教训，不只锻炼了人，有效地出色地完成了建设任务，也不断提高了学术水平。农业技术科学也是如此。农科院校的许多师生到田间、地头，他们从选种、施肥、土壤改良、水利灌溉、病虫害防治、果树栽培、防止碱化、机械耕作等等，都努力结合实际，从具体、当前生产出发，作了有成效的研究，提出了许多好的意见，为提高农业生产作出了贡献，这是非常可喜的事情。

社会科学方面的研究工作，也同样有了不少成绩。但是和上述的例子比较起来，就显得有些和国家的要求不相适应了。而且，特别应当引起注意的是有些不健康的倾向，已经在露头了，尽管是少数的、个别的现象，却也值得我们警惕。

举例说，从贯彻保证六分之五的教学、研究时间以来，一方面高等院校的教师们的业务学习空气浓厚了，可是另一方面，却也有少数人，以此为借口，钻到故纸堆里出不来了，对理论学习、政治实践有些放松了。甚或有个别的人，连报纸也不看了，把自己和国内实际、国际实际隔绝起来了。厚古薄今的倾向又再次出现了。

举例说，有些艺术院校的教师，在一味追求什么大的、洋的、古的，对自己的东西，优秀的传统，现代的东西，看成低人一等，一概不感兴趣。其中，个别的人还在吹嘘什么永恒的艺术，如此等等。

举例说，在学术讨论中，有人对孔子的某些论点解释为理论和实践相结合，解释为接触到了自由和必然的辩证法的真理，好像在孔子时代已经有了科学的认识论了，和马克思列宁主义的某些论点没有什么区别了。有些文章甚至把孔子思想说成是超阶级、超时代的永恒的东西，什么时代、什么阶级都可以适用。个别文章还说出这样一种理论，阶级斗争学说在近现代历史上是可以说得通的，但在古代就不一定了。这样，就把阶级斗争的学说，一切都要从阶级分析出发这一真理，从中国哲学史、中国历史中给阉割了。

这一种学术倾向，无论如何不能说成是健康的，正确的，有益的。

把马克思列宁主义理论看成是孤立的事物，不去和中国的当前实际、历史实际相结合；把阶级斗争、阶级关系、阶级分析一概存而勿论；为了论定历史上的人物，“没有唯物主义的批判精神，所谓坏就是绝对的坏，一切皆坏，所谓好的就是绝对的好，一切皆好”。这些错误的东西毛主席早已批判过了。毛主席教导我们，学习历史是为了向前看，而不是向后看，但上述这些倾向，恰好是向后看，而不是向前看。党的百家争鸣的方针，无疑地必须是在马克思列宁主义、毛泽东思想指导下的争鸣，而从这些倾向看来，却显然不是如此。

应该说，这种学风是不好的，不健康的，有害的，应该坚决反对的。

纠正的方法只有两条，一是认真学习理论，一是紧密联系实际。

要注意，要纠正，使我们的社会科学坚决地在马克思列宁主义道路上前进。

（原载《前线》第9期，1963年）

论戏剧改革

建国以来，戏剧改革工作取得了很大的成绩。特别是从贯彻百花齐放的政策以来，各地方剧种纷纷含苞吐艳，剧坛上万紫千红，走上了有史以来所从未有过的百花齐放时代。成绩是肯定的，但是，戏剧改革工作还远远没有完成，许多传统剧目程度不同地存在着毒素，或者不健康的东西。

随便举几个例子：《武家坡》（《红鬃烈马》）这本戏，表现的主题思想是什么东西呢？王宝钏对薛平贵的恋爱，并不是志愿相投，互相爱慕，而是通过迷信，认为这个男人将来有帝王之分，爱的并不是具体的人，而是未来的帝王！尤其恶劣的是，当她苦守寒窑十八年，鸿雁传书，薛平贵回窑，百般调戏侮辱之后，拿出金印，她立即跪下讨封，苦守十八年的目的原来如此！等薛平贵说出已和代战公主结婚，她又甘愿当小老婆："她为正来我为偏。"下贱到这般地步！当然，在"三击掌"这出戏里，写她和父亲王允的斗争，倒有点骨气，还有可取之处。不过这和后来剧情发展是相矛盾的，这点骨气竟被那"荣华富贵"糟蹋得差不多一干二净了。

薛平贵是什么人呢？唐朝的士兵，和西凉作战，被俘投降，作了敌国的驸马，是个叛徒。回来以后，又篡了唐朝的位，作了皇帝，坐上宝座，也还是个叛徒。薛平贵根本不是可以称道的正面人物，他终极的目的只是做皇帝。如此而已，岂有他哉！

历史的根据呢？半点影子也没有。有人说西安附近有寒窑，古迹可证。这又有什么呢？黄土高原一带的窑洞多得很，岂止一个而已。又有人说，可能是影射郭威的事，郭威的老婆姓柴，他也没有投降过敌国，和这个故事毫不相干。

写一个利禄熏心，醉心于皇冠，甘愿当小老婆的女人，写一个无耻地投降敌国，戏弄妇女，彻头彻尾自私透顶的男人，这个戏要达到什么目的，起什么作用，不是很明显吗？因此，这个戏不能照原本演出，必须加以彻底的根本的改造，或者择其善者而存之，把坏的地方统统去掉。

另外，还有一种戏，虽然不像《武家坡》那样有严重的问题，但是却存在很多不健康的东西，或者不能适应于今天的需要，也必须加以改革。如《辛安驿》这个戏，原来的本子据说有黄色趣味，新本子把这些去掉了，干净些了，这当然很好。但是，从演出效果看，还有不少问题，需要继续地改。一个开黑店的女孩子，在发现了被她麻醉倒的旅客是个美貌男人之后，一见倾心，把他弄醒，就要结婚。男的百般推阻，女的又百般挑逗，最后才发现这个男人是女扮男装的，就大生其气。一会儿又来了一个真男人，是女扮男装者的哥哥，她又和这男人结婚去了。成年的女孩子，一看到长得好一点的男人就要嫁，而且马上就成亲，弄错了一个，又偶然碰到第二个，这种饥不择食的情节，对今天的未婚青年男女来说，有什么意义？起的什么效果？这是值得戏剧工作者认真考虑的问题。剧本已经开始改了，好一些了，但是还需要继续努力，再接再厉，不可中途而止。

戏剧工作必须为当前的政治服务，这一前提是不会有不同意见的，问题是如何服务，更进一步是如何更好地服务？

我国的戏剧遗产是无比丰富的。有完全适合今天需要的好戏，也有必须禁演的坏戏，这两部分在整个旧剧目中都占少数，而大量的是精华和糟粕并存，必须加以改革，才能为当前的政治服务，服务得更好。这项任务很复杂，也很艰巨，但现在已是必须提出和解决这个问题的时候了。

至于观众，大家是渴望改革的，对演坏戏是不满意的。也许有少数人会说，某些观众对原来的传统戏听惯了。爱听，因此，可以不改。这条理由是站不住脚的。我们不能迁就少数观众的这种落后情绪，应该从广大群众的需要出发，从文艺的战斗和教育作用着眼，在百花齐放、推陈出新的方针指导下，认真把戏剧改革工作抓起来。比如，首先组织一批力量，改出五十到一百个好戏，就为观众造福不浅了。

（原载《前线》第12期，1963年）

谈学术研究（一）

最近一些日子，有不少高等院校的中年教师来谈话。说是中年，因为他们年龄都在三十到四十岁之间，说是教师，因为包含着不同的级别，有教授、副教授，也有教员。

谈的都是有关高等院校教师学术研究的问题，各人都有自己的看法。

其中之一，两年前经常有学术论文发表的，这两年辍笔了，因为怕人家批评。我说，人家批评对了，应该接受，批评得不对，也应该本着百家争鸣的精神，逐步求得统一的认识，这有什么可怕呢？一个人民教师，由于害怕批评，不作研究工作，这不是无产阶级的作风，不是坚持真理的态度。

另外一个，他认为教师的任务是教好书，教学第一，至于学术研究，那是科学院研究员们的本分，学校教师如做学术研究工作，就是越俎代庖，没有做好岗位工作。我也不禁反问一句，不做结合教学的学术研究工作，教学质量怎能提高？又怎能教好书？要是所有教师都只抱着教材照本宣科，那么，高等院校的每一种课程，国家只要设置一个广播员就可以了，何必要聘请这么多的教师，白吃人民的饭！

第三种看法是要做学术研究，但是只能搞专门的、高级的以至尖端的，也就是说只能做提高工作。至于普及工作，把知识普及于人民，根本不是教学人员的任务。要是做这种工作，那就降低了身份。我也问他，认识你这么多年了，好像还没有看到你的专门著作呀？他只好腼腆地说暂时还没有。我又问，那么你的意思，普及工作由谁来做呢？他想了半天，说没有想过。我又追问，你一不做提高的工作，二不做普及的工作，到底是什么身份呀？他只好王顾左右而言他，把话岔到别处去了。

看来这些朋友都对学术研究有不同的误解。这些朋友所在的院校或系科，可能还没有建立认真作学术研究的良好学风。

必须明确指出，要教好任何一门课程，使学生获得必需的、基础的知识，教师必需付出辛勤的劳动，认真做好学术研究工作。当然，教这门课的教师不一定是这个课程的专门学者，但是他必需具备这样一些基础知识，那就是这个课程发生和发展的过程，哪些学术问题已经解决？是如何解决的？哪些没有解决？争论的中心是什么？哪些问题尚待研究，已经有哪些人在研究，发表了一些什么意见？国际和国内已经达到的水平等等。而要通晓、掌握这些知识，不做学术研究工作又怎么行？不了解这个课程如上所说的基本情况，又从什么地方去提高，经过努力，攀登学术的高峰呢？

认真作了学术研究，把研究成果发表，一方面起交流的作用，一方面也起切磋的作用，通过不同意见的讨论以至争论，认识逐渐明确，从而取得一致，这是一个有效的提高学术水平的必要步骤。

当然，片面地强调学术研究，自封为学者、专家，不去认真备课，以至不认真讲课，那也是不对的，错误的。

教学第一是正确的，但是要切实搞好教学工作，也就必须做好学术研究工作，把两者割裂以至对立起来，无疑也是错误的，有害的。

提高和普及必须结合，在提高指导下的普及，在普及基础上的提高，是相辅相成的。把研究成果以通俗的形式普及给人民，在这个基础上，才有更大更快更多的提高，那种片面强调提高，实际上任何工作也不做的人是站不住脚的。

我认为这些问题必须正确解决，也只有解决了以后，教学质量才能提高，学校才能办好。

同时，也建议高等院校的所有教师，每学期至少必须提出一篇研究论文，升级的业务标准应该是教学质量和研究成绩并重。对于有些教了若干年书，只会依样画葫芦，吃多年前的存货，从来不做研究工作，今后也不打算做的人，建议第一不可升级，第二加强思想教育。这个意见，据说有的院校确是这样做的，但就我所知，还有不少院校并没有这样做，所以还值得在这里提出。

（原载《前线》第15期，1963年）

谈兴趣

为自己个人的兴趣而工作，还是为党的事业、人民的事业、社会主义建设的事业而工作？这个问题，在少数应届的各级学校毕业生和已经参加工作的干部中，并不都是已经解决好了的。

兴趣是什么？是个人的爱好。个人的爱好千差万别，例如就学科说，有的对数学有兴趣，有的却对文学有兴趣，就文学说，有的对古典文学有兴趣，有的却对现代文学有兴趣，也有的对外国文学有兴趣；就生活爱好说，有的爱画画，有的爱唱歌，有的喜爱体育活动，有的爱跳舞，有的爱钓鱼，有的爱打桥牌，如此等等。

兴趣应不应该尊重？只要是正当的，不妨碍工作，当然应该。有人喜爱数学，或者喜爱体育运动，有人在业余时间钻研绘画，休息时间打打桥牌，又有什么不可以呢！

问题是兴趣应不应该成为就业的唯一条件，这就值得讨论、研究了。

我们的国家是社会主义制度的国家，是有计划有领导地建设社会主义的国家，在建设工作中必须有计划，必须分别轻重缓急，这是大家都理解的。因此，在人事安排上，也必须就建设计划规模来合理分配。工业是重要的，但决不可能把所有的人都分配到工业方面去。理由很明显，一来工业方面容纳不了这么多人，也不需要；二来，假如都分配到工业方面去了，其他建设战线的工作谁来承担呢？难道其他部门就可以不继续发展、建设了吗？

个人兴趣应该尊重，但必须服从全局的安排，必须正确处理个人和集体、和全局的关系，和社会主义建设的关系，此其一。

兴趣是可以培养的，任何个人的兴趣，尽管千差万别，却万变不离其宗，都是从实践中培养出来的。天生的兴趣，一出娘胎便带来的兴趣是不存在的。形形色色的兴趣不外是家庭的、学校的、社会的影响的产物，而且会带有阶级的烙印。既然如此，例如一个对文学有兴趣的人，被安排到农村、到山上、到渔场去工作，开头当然不懂，不内行，但是只要思想认识问题弄清楚了，不懂就学，不内行就要通过实践、钻研，变成内行。通过实践，第二兴趣，工作中的兴趣不是便培养出来了吗？而且这第二兴趣并不妨碍第一兴趣，你依然可以保持文学的爱好，业余时间是第一兴趣广泛驰骋的自由天地，把工作中的实际，新事物的认识，用文学形式表达出来，不但满足了自己的兴趣，还可以启发更多的人下乡、上山、下水，这样，文学的兴趣不是就发生了正确的有意义的作用了吗？

从实践中培养工作兴趣，专业兴趣，同时也可以保持原有的兴趣，为当前工作更好地服务，此其二。

更进一步，由于认识的深浅差别，家庭、教育、社会各方面影响的某些偶然性，原来的兴趣也不一定是最终的兴趣。在实践生活中证明，有些人自小爱好音乐，到长大了发现并不适宜于在音乐方面发展，改弦易辙，成为别一方面的爱好者。相反的，有数量众多的革命前辈，他们之中极大多数从来没有学习过军事，只是由于革命斗争的需要，参加了军队，经过长期的锻炼，成为军事统帅，为人民做出了有益的贡献。这不是深切显明的例子吗？又如鲁迅，大家知道他原来是学医的，可是他一辈子没当过医生，在和反革命的文化斗争中，他成为革命文坛的主帅。

由此看来，兴趣是可以改变的，要服从革命的、建设的需要而改变，重要的问题还是对于革命、建设的认识，在于实践，在于善于学习，此其三。

强调个人兴趣，认为是不可改变的，这是错误的。要国家的计划分配，无原则地服从个人的兴趣，不顾全局、国家的利益，则更是错误的。当然，在国家计划分配和个人兴趣相统一的前提下，个人的兴趣得到更有利的发展，是件好事，但是，也决不能保证个人今后就不会因为新事物的发展而改变兴趣了。相反，在国家计划分配和个人兴趣不一致的情况下，只要有全心全意为人民服务的精神，由于接触到前所未曾接触的新事物，就会在实践中培养新的兴趣，从而作出一番新的有益的，甚至是前人所不曾梦想过的事业来。

（原载《前线》第18期，1963年）

谈写村史

中国是最富有历史传统的国家，不但各个朝代的历史没有中断过，而且各种体裁的历史，也是万紫千红，开遍于广阔无垠的历史园地。特别是地方志，从《越绝书》到现在，内容有省志、府志、县志、镇志、山志、庙志、学校志、机关志等等，除了散佚的以外，保存到今天的，还有七八千种之多。这个好传统，真是值得我们自豪，应该批判地予以继承的。

我们现在正在提倡撰写村史、队史、社史、厂史、街史等等。从形式上看来，也是属于地方志范畴的。一方面既有悠久的传统可以批判地继承，一方面又有不少的同志在辛勤写作，看来困难是不会很多的。

但是，问题决不是这样简单，当前我们要写的村史等等，就形式上笼统地说和过去的地方志是一回事，就实质上看却正好是截然不同的两回事。

先说实质，过去的地方志，主要是记录那些卫护封建统治阶级利益的人物，如官僚、文人、节妇、烈女等等，有一部分记录地理形势的，也是偏重风景，如八景、十景之类，没有什么意义。当然，纯属自然地理部分，如物产、赋役、灾异、农民起义等等史料，是有一定的参考价值的。

我们今天要写的村史等等，应不应该照搬这一套呢？当然不可以。恰恰相反，写的是它的反面，我们要写的是生产斗争，即和自然界斗争的历史；要写的是阶级斗争的历史，推翻压在人民头上三座大山——帝国主义、封建主义、官僚资本主义的历史；要写的是科学实验的历史，总结人民的优良经验和经过科学实验的成功经验的历史。我们要拿这些珍贵的东西，教育我们自己和后代子孙，不断革命，不断进步。

就形式说，笼统地说是一回事，具体深入研究一下，却又不全是一回事了。当然也应该有记述地理形势的篇幅和简明的地图，天文分野就可以不要了。八景、十景之类硬凑的庸俗杂烩，当然也可以不要。人物是应该有的，不但要有，还要大书特书，难道对那些流血牺牲的烈士、坚贞不二的无产阶级战士、在生产斗争中的劳动英雄，不该突出地恰如其分地予以记录和歌颂吗？更重要的是必须生动地刻划出生产斗争、阶级斗争、科学实验的实际，这是村史等等的核心，也是和旧地方志根本不同的特征。至于歌颂烈士、战士、英雄们的诗歌，有内容而又有文艺价值的当然也可以搜集一些，作为附录。

如何写法？倒可以百花齐放，不拘一格。流水账，按时间先后，平铺直叙的写法，看来是不行的。主要事件可以用大事纪的写法，按年月先后摘要排列，放在书前、书后都可以。

看来可以分作三个主要部分，阶级斗争、生产斗争、科学实验的历史。

这三个部分可以分别写，也可以穿插着、综合地写，要看具体情况决定。人物不必单写列传（个别的当然可以），有重点地突出地出现在各个斗争中，把人和事结合起来，既可以避免重复，也可以叙述得生动活泼一些。

如何落笔？以事为纲，选择关键性的事件，突出叙述，以点带面，以事叙人，以主带次，是一种写法。以人为纲，选择重点的主要的人物，刻划其斗争经过，以人叙事，阐明党的领导作用，也是一种写法。事，不必只是一件两件，可以叙述很多，但要分清主次轻重。人也是如此。事，要写正面，也要写反面，进行对比，也便于叙述，不然，只写正面，不写反面，斗争便无从说起了。人也是如此，正面人物要有特写，反面人物也要给他画个脸谱。但是，有一条原则，以正面为主，反面的叙述只是起衬托作用，不这样，反面的东西超过正面，那就很不应该了。

文字要力求简练、通俗、明白易懂，偏僻的名词最好避免或少用，非用不可的要加以解释。地方性的语言也是如此。

写好了村史等等，也就为今后的中华人民共和国史打下了良好的基础，这是一桩史无前例、超越前人的伟大著作，是应该得到各方面的支持和鼓励的。我们期待着北京市和其他兄弟省市村史等丛书的出版，并且相信他们的努力一定会得到成功。

（原载《前线》第22期，1963年）

再谈编写村史

如何编写村史，已经谈过一次了，但是不够具体，有的同志看了，认为还应该多说一些。因为当前在广大农村中，除了生根在农村的知识青年以外，还有成千上万下去帮助工作的各个战线上的同志们。他们之中，有的是音乐家，有的是诗人，有的是作家，有的是教授、讲师，有的是文艺工作者，有的是哲学社会科学工作者，有的是机关干部，等等。他们有文化，有政治水平，有工作热情，也大部分都热心于帮助或者自己动手编写村史，但是不一定都有编写历史的训练和经验。为了把村史写得更好一些，多说一些，他们是会热忱欢迎的。

为此，我们最近举行了一次编写村史座谈会，到了三十左右的人，其中有写过村史的，也有没有写过而对写村史有兴趣的，大家谈得很多。这里，把大家所提的意见，综合一下。

第一先谈目的。

编写村史的目的是记录过去和当前的阶级斗争、生产斗争和科学实验，总结经验，把建设社会主义社会新农村的工作，大大地推进一步；是为了教育我们自己，也为了教育我们的下一代，让他们知道、认识眼前的好日子，不是什么人恩赐的，而是经过严重的残酷的斗争，付出了血的代价取得的，必须时刻提高警惕，保卫胜利的果实。同时，尽管日子是过得好一些了，但是离目标还远，离共产主义还远，决不可以满足于已有的成就，而要再接再厉，奋勇直前，克服一切困难，把社会主义的建设事业进行到底。

那么，就要重点突出地记录斗争的史实，作为一条红线，不要平铺直叙，闹个没有中心，啥也都说，啥也说不清楚。

第二谈时限。

写历史总得有时限，从什么时候起，到什么时候止。既然写的是为了进行阶级教育的村史，就要着重写农村发生重大变化的历史，也就是革命的历史，要强调今昔对比，而不要说得太远，离题万里。我国农村长期在封建压迫之下停滞不前，直到解放前后，才发生翻天覆地的、史无前例的变化。以此写村史的时限大约是解放前后的三四十年，上限最好不早于解放前二十年，下限直到最近。当然，在某些地区，例如江西苏区，上限就必须提前一些。但是，无论如何，总不能像旧地方志一样，从夏商周说起。

第三谈内容。

历史和地理是分不开家的。要把村史写好，就得把这个村子的地理环境，也就是物质基础说清楚。例如坐落在什么地方，点清位置，有什么山，有什么河，有多少土地，人口，主要的作物，社会风习，信仰习惯等等。有些村子还得说清楚它和地理上最近的城市的关系。也要说清楚人口中，工人有多少，农民有多少，商业工作者多少，知识分子多少，地主富农多少，点清了阶级情况。这部分综合起来可以叫作概况。当然也可以分开写，例如有的同志就分别标题为山水篇、物产篇、风俗篇等等。

概况谈清楚了，就可以写关键性的大事。

大事可以以事为纲，例如成立互助组、合作社、高级社、公社等等；在某些地区，过去年代曾经英勇地对敌斗争过的，也可以以此为题材，进行革命的传统教育。事是要人做的，从叙事中描写有关的人物和斗争，这种写法，有点像旧史家的纪事本末体。

也可以以人为纲，某些突出的有贡献的模范人物、英雄、烈士，都可以作为传记的主人，通过人的活动来叙述关键性的大事。可以写个人的传记，也可以写几个人的合传，这种体裁，有点像旧史家的传记或人物志，所不同的是我们的传主恰恰是他们传主的对立面，奴役和压迫的对象。以上写事和写人，都可以叫做特写。

有些事情是重要的，但是不一定都写在上面所说的两部分里面，不写呢，又可惜，办法是把所有的大事都按年月先后排列，编成大事记，附在书后。这样，既有重点，又有全面，两者结合，问题解决了。

要把概况和特写、大事记结合，使读者既能了解全面，又能了解各方面情况。有人有事，有血有肉。而不要眉毛胡子一把抓，分不清主次，弄不清先后因果，使人越读越糊涂。

第四谈体裁。

体裁要多种多样化，百花齐放，而不要被拘束在一个框框里，施展不开。

村史的表现形式——体裁，应该根据百花齐放的方针，愿意怎样写就怎样写，怎样写方便就怎样写，不拘一格。可以写编年体，也可以写纪事本末体，可以写人物志，也可以写报告文学，也可以应用电影的“特写”镜头，对某一件事、某一个人的某次活动，在革命斗争中起了关键作用的作重点的突出的描写。

通过村史的写作实践，我们期望将来会出现一种新的社会主义时代的历史体裁，适应于我们这个伟大时代风格的体裁。

第五，要实事求是地写真人真事，而不要有所虚构、夸张，搞得人也不真，事也不真，取消了历史。

历史是只能写真人真事的，特别是写村史，不但给本村人看，还得读给本村人听，要求在群众中核对史实的正确性、科学性。以此，即使写的是真人真事，也必须以严格的科学态度、实事求是地处理所叙述的人和事，绝对不许浮夸，也不许可掩饰。浮夸了，这个人只有七分好，你说十分好；掩饰了，这个人曾经做错某事，你替他遮盖，这样人也不真了，事也不真了，不但群众通不过，也不能从中取得教训、经验，这是很不好的。

当然，文学家们完全有权利根据村史的素材进行加工，有所虚构，夸张，概括，集中，写出动人心弦的文艺作品。但是，毕竟要分别开，一个是文艺作品，一个是历史，有同有异。不加以区别，用写文艺作品的方法来写历史，是不可以的。

第六谈语言。

群众有自己的语言，生动，简练，活泼，在作调查研究，扎根串连，开座谈会的时候，必须把群众的某些有意义的语言记录下来，一方面可以把它应用在作品中，使之更生动、活泼，同时也可以把某些语汇整理，列为专篇。这样做，不但可以丰富祖国的语言，同时也可以使将来的人们，对语言的变化、发展，有了文字记录的材料。不过，应该注意，地方性的语言并不是什么地方的人都能理解的，在应用某些难懂的词汇的时候，必须做一些浅显的注解，不这样做，别地方的人读不懂，村史的作用就不能不为地区所限制而削弱了。

还要善于运用某些地方性的语言词汇，但不要特意在写时塞满了这些东西，把村史搞成语言学的著作，必须运用时要加以适当的注解。

第七，要写好人好事，而且要突出地写，也要写坏人坏事，作为进行斗争的对象来写，作为反面教员来写，而不要本末倒置，主从倒置，把坏人坏事写多了，好人好事写少了。

但反面人物，坏人坏事也必须写，要是不写，你跟谁斗争呢？两个敌对阶级的阶级斗争，而只写一面，那怎么行。但是，问题不在于此，问题在于以哪个为主，以好人好事为主，还是以坏人坏事为主？问题在于写坏人坏事的目的性是什么？是写他们的作恶、残暴、压迫、屠杀、威风凛凛呢，还是揭露阶级本质，把他们作为反面教员，从而进行社会主义教育、阶级教育呢？

此外，民间的特殊艺术和经验，如某些工艺品的制造，温室，盆景，种植经验，农谚，医方等等，都应该在搜集、记录之列，对资料的要求是多多益善，对写作的要求是简练明白，村史里容纳不了的资料，可以作为档案保存起来，迟早是会有用处的。

以上这些意见是提供编写村史的同志们参考的。

（原载《前线》第2期，1964年）

谈写作

小学生也要写作文，有的还写得很不错，北京出版社在过去几年选辑了几批写得较好的文章，出了几本书，很受欢迎。

把这些出版的文章，仔细研究一下，有一个共同的规律，那就是全写的是小学生生活实际中的事情。小学生生活中实际中的事情，无非包括两个方面，一个方面是学校生活：老师、同学、班上、课外活动等等，另一个方面是家庭生活，家里的人：父母、兄弟、姊妹、亲戚、朋友，扩大一点，还有同院的人、街坊、邻舍等等。超过这两个范围，要他们写外地、外国，写工业、农业（农村的小学生当然可以写一些）、商业、部队等就不行了，道理很简单，因为他们不知道，不熟悉，不了解。

写作必须写自己生活实际中的事情，而不去写那些不知道、不熟悉、不了解的事情，这是一个基本的原则，是应该为经常写作的人所理解的。

但是，可惜得很，若干年来，我们有不少作家并不懂得这样简单的道理。特别是不少解放以前就写了不少作品的人，这十几年来，生活在城市里，尽管窗明几净，图书满架，却写不出东西来，很苦恼，有的人错误地认为自己文才衰退了，有的人抱怨找不到合适的题材，其实，都不是这样。道理只有一条，他们脱离了当前火热的斗争，没有实际生活，把自己孤立起来了。

二十二年前，毛泽东同志《在延安文艺座谈会上的讲话》，已经提出了这个问题，并且解决了这个问题。他号召“……必须到群众中去，必须长期地无条件地全心全意地到工农兵群众中去，到火热的斗争中去，到唯一的最广大最丰富的源泉中去”。事实也已经证明这十几年来，出版的较好作品，都是这样一些人写的，他们不是在部队中，就是长期在农村落户的作者，或者，是长期到部队或农村体验生活，有了感性知识的作者。从来没有离开过城市的作家，不是写不出，便是写得很少，或是写得不很好。

现在，情况改变了，全国各地区的作家都响应毛泽东同志的号召，下去了，离开城市了，到火热的斗争中去了。这是一个好现象，可喜的现象。但是还必须要做到长期地而不是短期地，无条件地而不是有条件地，全心全意地而不是三心二意地，要不是这样，下去了也还是写不出好作品来。

下去了，是好事。但还有问题。问题是下去以后，要“观察、体验、研究、分析一切人，一切阶级，一切群众，一切生动的生活形式和斗争形式，一切文学和艺术的原始材料，然后才有可能进入创作过程”。用什么东西来观察、体验、研究、分析呢？社会现象是无比复杂的，有表面现象，有虚假现象，有真实现象，不把表面的、虚假的揭开，是不能得到真实的东西的。同样，发现的问题，也有重要的、主要的、次要的、无关的之分，不能恰当地作出区别，把它颠倒了，也是不行的，即使写出了东西，也不会真实，不会好。

以此，这里还有一个重要的思想武装的问题，必须有正确的立场、观点，必须重新学习毛泽东同志的著作，用以观察、体验、研究、分析事物，才能够真有所得，然后才有可能进入创作过程，写出好的作品。

写作，重要的问题在于学习，一个是在火热的斗争中学习，一个是向毛泽东同志的著作学习。

（原载《前线》第5期，1964年）

谈演戏

戏是演给人看的，这个问题不会有不同意见。

但是，戏是演给什么人看的？为什么人服务？这就值得讨论了。

在旧社会里，无论什么时代，总有那样一批不劳而食的寄生虫，饱食终日，无所用心，一不学习，二不工作，除了吃喝睡之外，消磨时间的方法之一就是看戏。剧作家为了这些人的需要，写的剧本往往多到三四十折，要三四个半天才能演完。这种戏，劳动者，无论农民还是手工业者都是看不起的。相反，在农村里，搭个草台，成本戏也只能演半个晚上，最受欢迎的还是折子戏，一场演几个，费时间不多，却享受到欣赏娱乐的效果。从演戏的折数和时间来说，贵族、官僚和劳动者看的戏是不完全一样的。

演戏的目的是为了单纯地享受文化娱乐，还是有其政治目的？

戏剧是文化娱乐生活的一种，这也是不会有不同意见的。但是有没有特定的政治目的，意见却不一定一致。

无论什么时代，戏剧总是为政治服务的。在封建社会里，统治阶级为了进行封建道德的教育，戏剧的主要题材只能是教忠教孝，假如把旧时代所有剧本作一个统计，便可以发现这类题材所占比重之大。

清朝后期慈禧统治的时代，宫廷的演出剧本，一类是遥远时代的历史戏，另一类则是虚无缥缈的神话戏，目的在于脱离现实政治，脱离当前现实斗争，归根到底也还是为政治服务的。

但是，统治阶级毕竟没有力量作到完全的控制，有些剧作者还是作了相应的斗争。例如南宋初期秦桧主张对金人屈服，反对抗战，有一次演出的短剧就以只坐太师椅，至于二圣还（还，指迎回徽、钦二帝）则置之脑后可也，进行了尖锐的讽刺；又如明朝严嵩当政的末年，有人就写了《鸣凤记》，演出后，看戏的县官怕得要死，直至得到严嵩罢相的消息，才有心思看完终场。这类例子虽然不是很多，但是说明了过去时代的戏剧确是有一部分反映现实政治生活，并且是为当前的政治斗争服务的。

就是神话戏，也应区别对待。例如取材于《西游记》的《大闹天宫》，就包含着深刻的反对封建统治的内容，在人世间反对皇帝的戏是不能演的，在神话戏里就可以演出反抗玉皇大帝和龙王、阎王的戏了。

故事戏也起了这样的作用，封建礼教，男女授受不亲，婚姻只能由父母作主，所谓父母之命，媒妁之言。旧剧《西厢记》，《墙头马上》的主题却是青年男女的自由恋爱，对封建礼教进行了公然的反抗。

由此可见，即使是在旧时代，旧戏剧，演戏的目的，并不单纯地为了文化娱乐，而是赋有一定的政治意义，不是进行封建道德的教育，就是隐蔽地进行反封建的斗争，并且，其中还有一部分是现代戏，针对当前时事，进行政治斗争的。

最近一个时期，各地方剧种都在大力编、演现代戏，这是一件值得欢迎，鼓励的新风气，好现象。

能不能设想，处在社会主义建设时代的新型劳动者，看的戏却是进行封建道德教育或者是进行资产阶级教育的，和现实生活、工作毫不相干，甚至是背道而驰的呢?

必须大量地编写、演出反映当前政治生活，为工农兵服务，为社会主义建设服务的现代戏，这是一条不可动摇的原则。我们的剧作家、艺术家应该有这样的雄心壮志，通过戏剧这一武器，从工农兵中来，到工农兵中去，表扬好人好事，抨击坏人坏事，突出地宣扬新时代的新道德，新风气，鼓干劲，争上游，贯彻总路线的精神，加速社会主义建设的步伐。

只要掌握了这一条，今天的戏是演给工农兵看的，是为社会主义建设服务的，就可以达到艺术为政治服务的目的。

（原载《前线》第8期，1964年）

谈学术研究（二）

最近有不少青年朋友来信、来访，谈的主要是这样一个问题，如何着手作学术研究？

争论之点在于到底应该先作专题研究，从写学术论文开始，来带动通读应该、必需读的书呢？还是相反，先读完一些大部头的、基本的、非读不可的专籍，有了基础知识，再在这个基础上，作专题研究呢？据说两方各有理由，争持不下，书读不下去，专题也没有法子下手研究。

有一个典型材料，某地有一个文史研究所，招收了六七十个大学毕业生，分文、史、哲三部，研究生入所后没有例外地都读《十三经》，读了三年多了，人人读得头昏脑胀，越读越糊涂，现在离结业不到一年时间了，要各就分配的专业，写出研究论文，才着了慌，提出上述问题，争论了好久，得不到解决。

这个问题其实很简单，容易解决。

第一，关于文学、史学、哲学的研究，为什么必需读《十三经》？为什么要花三年多的时间去读？责任在于这个研究机构的领导人。很难理解要研究生读《十三经》的目的是什么？假如是为了过文字关，阅读、理解古代文献必需能够掌握古人所运用的文字的话，那么，选择《古文观止》中较好较有代表性的三五十篇，用半年时间，熟读精读，也就可以了。不这样做，尽管把《诗经》、《书经》背熟了，对阅读秦汉以后的文献，帮助并不太大。假如是为了打好基础的话，《十三经》也并不是研究文学、史学、哲学的基础书籍。

总之，第一步就是错了。

第二，是基础与专题的关系要摆得恰当。谁都知道要盖一所房子必得打好基础，不管是砖木结构，还是钢筋混凝土结构，盖在沙滩上是不行的。房子愈高、愈大、愈重，基础就必需相应地结实、牢固。学术研究也是如此，无论是文，是史，是哲，都要打好基础，扎扎实实读完一批必需读的基础知识的书，这个过程是逃避不了的，是一定要经过的。有了较为广泛、深厚的基础了，第二步才是在这基础上进行专题研究。也还是同第一步一样，仍以盖房子为例，首先要规划好房子的用途、高度、形式，根据实用、经济、美观的原则，作好建筑设计，然后才能备料、施工。换言之，作专题研究也要先有题目，确定研究什么问题，这个问题前人研究过没有，哪些问题已经解决，哪些还没有解决。弄清楚了以后，就得沿着研究的方向阅读大量的可能到手的专门记载，扩大这个方面的知识领域。然后经过细心的认真的综合、比较、分析，才能动手写作。

学术研究本身是愉快的劳动，要掌握大量资料，没有调查研究就没有发言权，不打好基础，尽想偷懒，绕过第一步第二步，一动笔就打算作学术研究，是绝对不行的。

第三，更重要的是用什么立场、观点、方法去研究问题，也就是理论学习的问题。是用古人的封建地主阶级的呢？还是资产阶级的呢？无产阶级的呢？事物的现象是复杂的、纷繁的，有表面现象、假象、真象；并且，也不是孤立的，而是彼此关联的，前后联系的，有发展，有变化；有重要、次要、支节之分；好之中可能有坏，坏之中也可能有好，要做得真正能够提出问题，解决问题，就必需认真学习运用马列主义、毛泽东思想，没有这个武器，这个指导思想，任何学术研究都是做不好的。

结论很简单，作学术研究就要大量地读书，读专业的书，读理论的书。作学术研究必需先打好基础，没有坚实的基础就不能作专题研究。

（原载《前线》第11期，1964年）

长短录

（吴晗作品）

说明：

1962年，为了配合进一步贯彻“百花齐放，百家争鸣”的方针政策，《人民日报》副刊创设“长短录”杂文专栏，希望在表彰先进、匡正时弊、活跃思想、增加知识方面，起到更大的作用。这个专栏的开设，得到夏衍、吴晗、廖沫沙、孟超、唐弢等人的热情支持。1962年5月至12月，这个专栏共发表他们的杂文三十余篇。这些杂文发表后受到广大读者的欢迎，并产生广泛的影响。

“文化大革命”开始后，这三十多篇杂文却被林彪、“四人帮”诬蔑为“反党反社会主义大毒草”，这个专栏也被说成是《燕山夜话》、《三家村札记》以外的一个反党据点，其策划者和编者也被诬指为“引狼入室”，“报社内部反党分子同社会上反党分子的合流”。粉碎“四人帮”后，这一冤案亦得到了平反。1980年2月，人民日报出版社将这些篇杂文结集出版，廖沫沙、唐弢为之作序。

吴晗为《长短录》撰稿，在他的一生中有着重要的意义，是值得记述的一件事。因此，现在将吴晗为《长短录》撰写的五篇杂文特别编为一辑，编入《吴晗全集》，留作纪念。

——编者注

争鸣的风度

百家争鸣，这四个字，好得很！

字只有四个，谁都认得，谁都懂得，谁都赞成，但贯彻这四个字，却并不是容易的事。何以见得？有以下一些例子为证。

一种情况，是只许我有理，不许你有理。在讨论的时候，各家著文立说，各说各的道理，其中有些道理不见得全对，也不一定全不对。要是能够细心分析，吸取、综合各家所鸣的合理部分，是可以解决问题的，即使不能完全解决，暂时搁一下，留待以后有材料发见时再加讨论，也是可以的。但是，有些人却不愿采取这种方法，坚持己见，并且宣称，只有他的道理对，别人的全不对，摆出权威、专家的脸孔，使人望而却步。这样，就使人不敢争，也不敢鸣了。其实，这不是一个好办法，坚持己见，当然可以，但不管青红皂白，完全否定别人的论点，却实在有点不大高明。这种风度，只能是降低、削弱权威、专家的地位而不是加强。

第二种情况，是我的根据对，你的就不对。在争论时各家列举自己论点的根据，摆出事实，越多越好，这是必需的。但也有这种情况，两家摆的是同一件根据，却持有不同看法，争来争去，争不清楚。这时候，争论的一方忽然提出，这条材料应该加一个字，或者减一个字，甚至改一个字，以求符合自己的论点。应该指出，加也罢，减也罢，改也罢，都是主观能动性在发生作用，并没有版本上或其他的证据。这样，问题也就不好说了，不能深入了。这种不科学的风度，确也阻碍了争鸣的展开。

第三种情况，是你说的张三，我说的李四。题目虽同，内容却异。例如历史上土地国有制问题，首先是国的分歧，这个国到底指的是什么，是皇帝个人，还是他的统治集团？其次是应用范围，是指的整个东方国家，还是专指某些国家？第三是有，如何有法？讨论的各方，各有各的一本账，凑到一起，七嘴八舌，总对不上口径。总之，就经典著作的学术名词说，各人理解不同，对结合自己的历史实际说，却又各取所需，越争越糊涂，弄个没完没了，却又谁都不服气。究其根源，还是主观主义在作怪。

第四种呢？道理有些对，态度却不好。绝大多数人在提出自己论点的时候，总不免有个把漏洞，要求每一个新论点，每一篇学术论文，颠扑不破，一丝一毫缺点也没有，是不可能的。总要经过不断讨论、辩驳、修改，逐步完善，逐步提高，这是一个认识新事物的必经过程，也是学术理论水平不断提高发展的必需过程。于此，有的人却不能理解，抓住一个漏洞，大做其文章，道理是对的，态度却不好，冷嘲热讽，不是与人为善的态度，使人读了很不愉快。不久前一篇讨论古人留不留胡子的文章便是一个例子。

由此看来，要使学术争论健康地展开，真真做到百家争鸣，推动学术水平的提高，而又心情舒畅，知无不言，言无不尽，还得讲究一下争鸣的风度，那就是第一大家都平等，有权讲道理；第二道理要科学，能够说服人；第三共同的语言，一致的口径；第四道理要讲透，态度要正确。

（原载《人民日报》，1962年5月9日）

谈写文章

从前有人说过：文章本天成，妙手偶得之。

我说，不对。应该是：文章非天成，努力才写好。

天成的文章是不存在的。即使是妙手，也无从偶得。

妙手当然有，但也决不是天生的，而是经过长期的努力学习，锻炼，在实践中逐步提高。“妙”是努力的结果。妙手写了好文章，也还是要经过努力，而决不是偶然得来。假如说“偶”是灵感，看见了什么，接触了什么，有所感，有所会通，因而写出一点什么好东西来，那也还是要有先决条件，那便是具有一定的文化水平。要不，没有这个水平，即使“偶”，也还是不能“得”的。

要写好文章，必须经过长期的努力学习和实践。

首先是多读书，今人的书要读，古人的书也要读一些。中国的书要读，外国的书也最好能读一些。

生活在现代，写文章当然要用现代的语言，以此，多读一些近现代好文章的道理是无需解释的。为什么要读一点古书呢？这是因为古代曾经有许多妙手，写了很多好文章，多读一些，吸取、学习他们的写作方法，结构布局，遣词造句，对写好文章会有很大帮助。读一点外国的文学名著，道理也是如此。

对初学写作的人来说，我想，选择《古文观止》中三五十篇好文章，读了又读，直到烂熟到能背诵为止，这样便可以初步掌握古文的规律，虚字的用法，各类文章的体裁了。进一步便有条件阅读其他古代文献，有了领会、欣赏的能力了。当然，选读的文章要以散文为主，楚辞、汉赋之类，可以不读。此外，选读几十首唐诗，懂得一点旧诗的组织韵律，也是有好处的。

其次是多写作。在读了大量的近现代文章和一些古文之后，懂得了前人掌握运用文字的方法，但并不等于自己会写文章。要学会写文章，还得通过长期的实践，自己动手写，还要多写。学习两字是联用的，读书是学，写作便是习。不但要多写，还要学习写各种体裁不同的文章，例如写散文，写书信，写日记，写发言提纲，写工作报告之类。

写作要有题目，就是要有中心思想，要有内容。目的性要明确，例如这篇文章是记载一件事情，或提出一个问题，解决一个问题，或发表自己的主张、见解等等，总之，是要有所为而作。无所“为”的文章，尽管文理通顺，语气连贯，但是内容空洞，也只能归入废话一栏，以不写为好。

第三是多修改。一篇文章写成之后，要读一遍改一遍，多读几遍多改几遍。要挑剔自己文章的毛病，发见了就改，决不可存爱惜之心。用字不当的要改，含义不明的要改，词句不连贯的要改，道理说不透彻的要改。左改右改，一直改到找不出毛病为止。必须记住一条原则，写了文章是给别人看的，目的是要使别人都能看懂，以此，只要设身处地，站在别人的地位来看这篇文章，有一点含糊的地方，晦涩的地方就改，尽最大的努力使别人容易懂，这是一个基本的也是最起码的要求，必须做到。

有了这三多：多读书，多写作，多修改，文章是可以写好的。只要坚持不懈，任何人都可以成为妙手。

（原载《人民日报》，1962年5月15日）

论不同学科的协作

协作是件好事，说来谁都赞成。

协作的范围不止是同一部门的，同一性质的工作，也还包含不同部门的，不同性质的工作。

协作搞好了，可以做到事半功倍，反之，就会闹得事倍功半，这个账必须人人会算才好。

以学术研究作例子，这几年来，经常听到这样一些问题，搞文学史、艺术史的人在喊，历史上这个作家、艺术家该怎样评价呀？没个底。搞通史或断代史的人也在喊，这个时代产生了这样一些作家、艺术家，这样一些作品、艺术品，该如何估价，跟时代的关系怎样？跟基础的关系怎样？要说清楚而又能使人信服，这多难呀！

研究经济史的人要讲封建时代的土地制度，哲学史家要讲某些思想家的思想内容和时代关系，同样，讲通史、断代史的人也要讲这些问题。各讲各的，在不少场合，对同一件事，同一个人，却有不同的理解和论断。

不止是社会科学，就是自然科学也有同样的问题，例如研究数学史、物理学史、冶金史、生物学史等等部门，也有个和通史、断代史密切配合的问题。

每一个学科对某些问题的具体处理，都感到有些困难。这是很自然的，容易理解的。原因是一方面，搞通史、断代史的人们不可能对天文、地理、文学、艺术、科学、经济……各个方面都具有专门的深湛的知识，另一方面，搞专门史的人除了专业知识可以拿稳以外，对时代的背景、基础，历史的发展等等方面，就不一定能够完全掌握了。有所执也有所偏，这本来是正常的现象，没有什么值得奇怪的。

问题是如何把两个方面联系起来，建立协作关系。

可不可以这样设想，不同的学科，都把存在的问题算一笔账，和有关学科挂上钩，进行双方的以至多方的学术讨论，从而解决问题，提高学术水平呢？

当然，在讨论中是一定会有不同意见的，看来这种不同意见越多越好，只要有根据、有道理，就都摆在桌面上来，大家反复推敲，这样做，讨论便可以步步深入，逐步提高，到了最后，也可以得出大家一致同意的结论。万一双方意见顶上牛了，不能一致，那也不要紧，搁一个时候，有了新的根据时再谈也可以。

在百家争鸣中要有协作，在协作中进一步贯彻百家争鸣。这两者是可以相成而不是互相矛盾的。

那么，谁来做这种协作工作，我看，各个学会，如历史、哲学、经济学会，各个文化团体，如文联、戏剧家协会、美术家协会等等都可以做，这些学会和文化团体完全可以担负起桥梁的任务，把两头以至几个方面都接通，交换学术研究情况，提出需要各方面协作解决的问题，取长补短，共同提高，好处是很大的。

要事半功倍，符合多快好省的要求，就得搞不同学科的协作。

（原载《人民日报》，1962年5月22日）

戚继光练兵

戚继光（公元1528—1587）是十六世纪后期抗倭的名将，谁都知道。但是他后来在北边十六年，训练边兵，保障国境安宁这一段史事，却为他自己以前抗倭的功绩所掩盖了，不大为人所知。

隆庆二年（公元1568），戚继光以都督同知被任命为总理蓟州、昌平、保定三镇练兵事，负责北边边防。

在抗倭战争时代，卫所官军腐朽了，不能打仗了。戚继光招募浙江金华义乌一带农民，教以击刺法，长短兵迭用；又以南方多水田薮泽，不利于驰逐，就根据地形，制定阵法；讲求武器精利，练成一支敢战能战的精兵，当时戚家军屡战屡胜的威名，是全国皆知的。

现在，他到北方来了，面对的地形有平原，有半险半易的地形，有山谷仄隘，各种地形都有。敌人呢，是擅长骑马射箭的，也和倭寇不同。用在南方打仗的一套办法来对付新的情况行吗？

经过调查研究，深思熟虑，他制定了一套新的训练办法。首先针对边军畏敌、争功的毛病，把军队重新加以组织，节制严明，有功必赏，有过必罚。行伍、旌旗、号令、行军、扎营都逐一规定了制度。每天下场操练，务要武艺娴熟。他指出：“教练之法，自有正门，美观则不实用，实用则不美观。”专拿应付上官检阅那一套来对付敌人是不行的。

为了在防御战上取得优势，他采用了骑、步、车、辎重结合的战术。还制定了阵法，在不同地形都可运用。吸收了和倭寇作战的经验，采用了敌人的武器倭刀和鸟铳，把原来的火器“大将军”、佛朗机、快枪、火箭等都加以改进和提高。长短兵迭用的原则进一步得到发挥。

更重要的是使将士和全军都有共同的目标和信念，在练了两年兵，修筑了防御工事以后，他大会诸将，登坛讲话，三天之内把所有问题都讲透了，要诸将回去以后，传与军士，要人人信服，字字遵守，万人一心。同时编了一部书叫《练兵实纪》分发给每队，每队择一识字人诵训讲解，全队口念心记，充分地做好思想教育工作。

为了给废弛已久的边兵以纪律的榜样，他调来浙江兵三千，刚到便在郊外等候检阅，恰好这天下大雨，从早到晚一刻不停，三千兵像墙一样站着，没有一个乱动的，边军看了，大吃一惊，才懂得什么叫军令、军纪。

在戚继光以前，守边的将军十七年间换了十个，大都是打了败仗换的。戚继光在边镇十六年，敌人不敢入侵，北边安定。他走了以后，继任者继承他的成规，也保持了边方几十年的安定。

经验是从实践得来的，经过总结，提高成为理论。但是实际情况又千差万别，拿此时此地的经验硬应用于彼时彼地，就非碰壁不可。这里又有因时、因地、因人制宜的问题。戚继光在南方、北方军事上的成功，原因是善于从实践总结经验，更重要的是不以成功的经验硬用于不同的地点和敌人，而宁愿从头做起，以具有普遍性的理论原则来指导实践。在这一点上，戚继光练兵的故事在今天说来也还是可以给我们一些启示的。

（原载《人民日报》，1962年5月29日）

反对“花法”

明代名将戚继光在南方练兵时，除了严节制、创阵法以外，特别注意训练士兵的武艺，他的主张是讲求实用，反对“花法”。

所谓“花法”就是华而不实。

他在《纪效新书》里指出：长枪单人用之，如“圈串是学手法，进退是学步法、身法，除此复有所谓单舞者，皆是花法，不可学也……藤牌单人跳舞免不得，乃是必要从此学来，内有闪滚之类，亦是花法……钩镰叉钯如转身跳打之类，皆是花法，不惟无益，且学熟误人”。手法、步法、身法是基本功，必须学好，“花法”只图好看，却万不可学，要讲求实用，才能顶事。

不止士兵学武艺不能学“花法”，就是营阵操练也不能用“花法”。他说：“今之军士，设使平时所习所学的号令营艺，都是照临阵的一般，及至临阵，就以平时所习者用上，则是操一日必有一日之效，一件熟便得一件之利。”“且如各色器技营阵杀人的勾当，岂是好看的？”

反对“花法”的思想，他在后来所写的《练兵实纪》中，总结为两句话：“实用则不美观，美观则不实用。”

戚继光这种军事思想，在当时是违反时代潮流的，是经过斗争才能贯彻实行的，后来的实践证明了他的思想的正确。

我想，戚继光的这种反对“花法”的思想在当前也还有其现实意义。

就教育工作来说，各级学校所用教材的内容，必须明确教育的目的，要培养的是怎么样的人，应该必读哪几门课，每门课又要十分明确必须给以哪些必要的基础知识，如戚继光所说的手法、步法、身法，要少而精，学一门顶一门的事，切不可以多而杂，博而寡要，弄得“花法”超过实用，甚至使教师和学生误认“花法”即实用，那样一来，害处是不可胜言的。

就建筑来说，和打仗不同，实用、美观、经济的结合，一向是我们所坚持的原则。但就具体建筑分析，有个别建筑的所谓美观固然值得研究，经济上的浪费不必说了，单就实用而论，结构和光线、使用面积都不符合建筑目的的要求，这也是“花法胜而对手工夫渐迷”之故。

再说小一点，谈儿童玩具，有一种飞机，孩子们很喜爱，但是一拿上手，便坏了。原因是两个轮子很重，和机身衔接处只有一丁点儿洋铁皮，孩子们在地下一推，轮子便和机身分了家，变成废品了。结果弄得孩子号啕大哭，家长也为之不欢，这是一个不讲求实用最显著的例子，曾经有人画过漫画，我在这里再次提出，请玩具制造工作者特别注意改进，别让孩子们再伤心了。

反对“花法”，讲求实用，我看在一切现实工作中，都应该贯彻这个精神。

（原载《人民日报》，1962年6月26日）

学习集

说明：

《学习集》，这是吴晗自己编辑的第六本杂文集，收杂文 49 篇，自序 1 篇，1963 年 2 月北京出版社出版。其中 8 篇曾收入《三家村札记》，5 篇收入《长短录》。收入全集时，为避免与前面重复，将这 13 篇删去。另，原《学习集》中的《〈海瑞罢官〉序》一文，移至全集第十卷剧作《海瑞罢官》文前。故本卷《学习集》收文共 35 篇。特此说明。

——编者注

自　　序

这个集子收辑的文章，包括了从 1961 年 8 月到今年 8 月所写的和讲的一些东西，时间是一整年。命名为《学习集》。

写的文章，有些是自己出的题目，有些则是编辑同志们出的题目，如《论学习》、《伟大的历史学家司马迁》、《爱国学者顾炎武》、《捻与捻军笔记》，以及纪念朱自清和郑振铎先生的文章都是。命题作文，本来是件苦事，从这一年的写作经验看来，倒也不怎么苦，相反，还很高兴。原因是自己本来对这些题目比较熟悉，接受了任务以后，要写文章，光凭记得的这点知识和认识是不够的，要我读一点书，掌握可能到手的资料，就这样，写文章和读书成为一件事，写作的过程也就是学习的过程，读了些书，写了文章，对人和事的认识都比以前有所提高了，写完了，不但不以为苦，反而很轻松愉快。自己出的题目也是如此，例如北齐斛律光唱有名的《敕勒歌》，和幞头，古人的坐、跪、拜等，都是二三十年前就曾思索过的，就这次写作的机会，又把许多资料重新温读一过，温故而知新，写完以后，回想多年以前对这些问题的看法，自己觉得也还有些新的认识，古人说："每有会意，便欣然忘食。"在写作过程中，有时候也体会到这种欣然的境界。

当然，也还有另一种情况，那就是编辑同志们出的题目，对我说来是陌生的，从来没有接触过，研究过。在这种情况下，不敢强不知以为知，只好坦白承认无知，婉辞谢绝了。要是冒昧承担下来，被强迫说些外行话，那才真是苦事。

讲的一些东西，反映了这一年来青年们努力读书的情况。最后有关学习历史的七篇文章，都会分别对大学生和青年新闻工作者讲过。他们提出的一些问题，对我来说，是很有启发作用的。因为要在讲坛上口头答复，在讲话以前，也不能不想办法读一点书，同样，这应付考试的过程也是我自学的过程。其中有些问题是有共同性的，讲话时却是分别对不同的对象讲的，所引有的例子都是我比较熟悉的，但是在结集的时候，重读一遍，却不免感得有些重复了。原来想删去一些，结果，不行，因为假如删去了一部分形象性的东西，上下文便不联贯了。又打算抽换其中某些重复的引例，结果也行不通，因为原来讲的是这个例子，出集子时又换了另一个例子，是原来没有讲过的，不一定好。以此，就决定索性仍其旧贯，不加改动了。其中也有一些问题是具有特殊性的，大学生和新闻工作者虽然都在努力读书，但是，他们提出的问题各有其重点，讲话时也就不可以不针对个别的重点加以引申，以此，虽然这一组文章的题目和内容的某些方面看来有些近似，或者根本相同，但是，提出的问题却是有所不同的。因为一年来各地有许多青年来信问到这些问题，除了个别答复以外，索性把这些讲话都收在集子里，也许可以提供有同样问题的青年同志作参考。这一组文章里前四篇是记录稿，发表前经过我自己修改，后三篇则是讲了几次以后我自己写的。

关于历史剧和神话剧讨论的一组文章中，有几篇也是杂志编辑同志们的记录稿，于此，也一并向这些同志们表示感谢，没有他（她）们的督促和劳动，这些文章是出不来的。同时，也要说明一下，关于历史剧的争论虽然没有结束，但是，我的意见已经全部写出来了，尽管有不同的以至对立的意见，却并没有把我说服，我还是保留原来的意见。不过，就我自己来说，却不打算参加以后的讨论了，这是因为第一我是以门外汉的身份谈门内的事情，偶一为之，未尝不可，穷年累月讨论下去，却大可不必了；第二我的话已经说完了，没有别的意见可说了，无话可说而又说之说之，岂非废话？第三有别的问题要研究，别的文章要写，理由是很充分的。

这个集子里有一些文章是被称为杂文的。以前我曾说过，杂文和散文的区别到底何在，我并没有弄清楚，人家要我说，我也说不上来。这一年来的感受是，过去自己有点什么看法，写出一些短文，发表以后人家说是杂文，也只好承认了。这一年来呢？有不少报纸、杂志的编辑同志们指定要我写些杂文，却反而下笔彷徨，无所措手了，立意要写点杂文，却反而不大写得出来了，就是写出来也写不好。不经意地写的东西倒是杂文，一心一意要写，却反而不对头了，到底是什么东西在作怪呢？我现在还在思索中，也希望得到写杂文的前辈指教。

孔子说："学而时习之，不亦说乎？"这本集子的文章是我边写边学边习的一年总结，一年来自学的总结，虽然成绩不大，不高，心情却是十分愉快的，是为序。

1962年9月3日于北京

论学习

学习这两个字是孔夫子首先讲的。他是一个伟大的教育家，自己学习十分努力，又有了多年的教学经验，总结了这么一句话："学而时习之，不亦说（悦）乎？"意思是说，学了一些东西，经常温习它，不是很快乐的事情吗？这是学习一词的来源，孔夫子把学和习连系在一起，并指出这是一件很快乐的事。

学和习是两件事，但又是一件事。

任何新的知识，取得的途经只有一条，那便是学，向具有这门知识的人学，向记有这门知识的书本学。但是学了，懂得了，却并不等于掌握了拥有了这些知识。要使它成为自己的东西，就必须习，经常地反复地温习，才能记得住，记得牢靠。以此，学和习又是一件事。光学而不习，所学的知识是不牢靠的。有人不很理解习的重要，学得很多，甚至什么东西都学，但却不肯付出经常温习的时间，结果是随学随忘，收不到成效，对学习的兴趣也就减低了，学不好。

从今天看来，"习"字还有另一方面的意义，就是实习，或者说是实践。就是把学到的知识运用在实际工作中。例如学数学，在懂得了一个公式以后，就必须加以演算，不多做习题而要学好数学是不可能的。学物理、化学，要在实验室做多次实验。学了马克思列宁主义、毛泽东著作中的放之四海而皆准的理论，要在科学研究、具体工作中加以运用。要用学到的东西把自己武装起来，解决实际问题。以此，学和习又是理论和实践统一的过程。学和习必须结合，付诸实践，要不然，光学了理论而不见之于实践，那么理论就会只是理论，不但学不好，也提高不了工作。有的人不理解实践的重要意义，却反而埋怨学习理论没有收立竿见影之效，问题也还是在于他不肯立竿，又如何能见影呢？

最重要的还是这个“时”字，要“时习之”，不是习一次两次，或三次五次，而是要经常地、不断地、坚持地把学到的东西加以温习和实践。古人常说“好学不倦”，好是喜爱，不倦是不厌烦。要把学习看作是人生最快乐的事情，喜爱它，而不是厌烦它，要有恒心，有毅力，有自信，非学好不可，而且一定可以学好，每天学，每时学，随时学，随地学，学了就用，边学边用，边用边学，这样，我们就会时时刻刻得到新知识、新学问，工作越做越好，知识领域也越来越扩大了。要和无知或缺少知识作斗争，向科学进军，改变自己的精神面貌，成为有社会主义觉悟有文化的劳动者。

学习的方法是很多的，可以在学校里学习，也可以在社会上、在工作中学习，也就是业余学习。此地只谈业余学习。业余学习首先要学文化，要认得并能运用两三千个单字，这一关必须闯过，不脱离文盲状态是谈不到进一步的学习的。语文有了基础了，就可以按照自己工作的要求，学习某些基础知识，其中最根本最主要的是马克思列宁主义、毛泽东著作的学习。必须把自己的思想武装起来，才能有正确的立场、观点、思想方法，正确地有效地学习、掌握和运用专业知识。

学习还必须循序渐进，就学习理论来说，首先要学基础的东西、根本的东西。譬如盖房子要打好地基，没有扎实的牢固的基础，房子盖不起来，即使勉强盖起来，也会倒塌的。有了基础以后，再结合自己工作的需要，进行专业的理论学习，例如妇女问题、民族问题、统一战线问题、社会主义建设问题、工农业问题等等。结合具体工作的理论学习，一方面用理论指导、检查具体工作，一方面又反过来从实际工作的进展来检验理论，这种学习方法，可以学得快些，学得好些。

业余学习的最大问题是时间问题，这个问题要从两个方面解决，一方面要领导上大力支持，给以必要的安排和鼓励，东城区妇联的《我们是怎样坚持学习的》的经验，便是很好的例子。另一方面，更主要的是自己的决心和毅力，缺乏这一条，即使有了很好的学习条件，也还是坚持不了的。苑文华和王桂菊两个人自学成功的经验，指出了这一点。

要做时间的主人，妥善安排时间，即使是零碎的时间，十分钟、半小时也不轻易放过，掌握所有空闲的时间加以妥善利用，一天即使只学习一个小时，一年也就积累成三百六十五小时，化零为整，时间就被征服了。有人把这个方法叫作见缝插针，非常之好。

当然，就妇女来说，还有个家务问题。这问题也还是安排问题，安排得好，家务和学习的矛盾是可以减少以至解决的。但是，也还应指出，作为家庭一个成员的男子，也必须给妇女以尽可能的帮助，分担一些可能担任的家务劳动，这样做，不止是直接有助于妇女的业余学习，也会给家庭增加和睦、欢乐、团结的气氛，对个人、对社会、对国家都是有好处的。

对学习，要"说"（悦），要看作是人生最快乐的事情。既要"学"，又要"习"，又要"时"，孔子的话，在今天来说，还是有实际的教育意义的。

（原载《中国妇女》第4期，1962年）

大家都要补课

这半年来，各个高等学校的学生，学习积极性大大增强了，图书馆坐满了人，有的还要一早就去排队，实验室也是一样。认真读书和做实验已经成为风气，这是一桩非常可喜可贺的现象。

随着学生们读书风气的养成，为数众多的青年教师也奋发图强，开始认真读书了。青年教师在钻研中碰到难解的问题，就不能不去请教中年和老年教师，就这样，中、老年教师也非多读书，多做研究工作不可了。一环套一环，后浪催前浪，在全国范围内掀起一个认真读书、认真备课的良好学风。

也正在这个时期，有机会同一些学术界的朋友们接触，讨论各方面的问题。其中谈得最多的是青年教师的补课问题。

青年教师们很紧张，他（她）们绝大多数是解放以后毕业任教的，参加了很多政治运动，端正了立场，提高了认识，一个个生气勃勃，急于要做好自己的工作。但是，许多青年教师书读得不够多，也不够扎实；教学经验少；研究工作还没有入门，其中有的连工具书也不会运用。面对着新的一代在努力学习，怎样才能更好完成教学任务，无愧于人民教师的光荣称号呢？他（她）们一面在加紧学习，一面也不免流露出焦急的心情，这种心情是完全可以理解的，应该同情并且一定要给以全力支持的。

在讨论中，中年、老年教师果然给以这种支持，并且纷纷提出为青年教师补课的各种方案。

听了很多意见以后，我当然完全赞同中、老年教师的意见：一要有计划，先补什么，后补什么；二要有重点，重点先补，次要的后补；三要有时间，不能急于求成，准备用三五年以至更多的时间，使青年教师这一代完全成长起来。

朋友们要我发言，我说了以下一段话：

青年教师补课确是当务之急，这工作必须要做，而且非做好不可。

但是，问题还有另一面，我们这类中、老年人呢，该不该补课？

我说，就以我为例罢。从1937年到1949年这一期间，就没有能够认真地有系统地读过书，做过研究工作。在这个时期，国外也罢，国内也罢，对我所关心的学术问题所达到的水平，是不理解的，不清楚的。道理不必讲了，谁都清楚，和我差不多年龄的人都会有这一段空白之感。建国以后，这十二年以来，通过一系列政治运动，受到了教育，应该可以说或多或少在政治上都有所提高了。但是，认真地有系统地读书和做研究工作这一点，怕也不是每一个人都能做到的吧。在这一点上我们和青年教师之间的区别，无论如何，不会是很大的。

以此，我曾经说过，知识分子不但缺乏实践的知识，连书本子的知识也是很贫乏的。

那么，问题很清楚，我们这一辈人也非补课不可，要加倍地努力，多读书，老老实实地读书，认真地读书，在这个基础上进行独创性的研究工作。只有这样，才能填平过去的空白时期，也才能有效地帮助青年教师补课，也才能真正有助于学术的繁荣和昌盛。

我的意思是大家都要补课。

（原载《前线》第22期，1961年）

从打基础做起

读书，首先要打好基础，循序前进。比如学理论，最好先学辩证唯物主义和历史唯物主义，否则读起《资本论》来就有困难；再比如，学习中国历史，就要先学中国通史，然后再学断代史或专门史。盖房子不能盖在沙滩上；同样，读书必须打基础。

懂得了先学什么后学什么的道理以后，就需要进一步探求学习的方法。学习方法大致有两种：有的书要熟读，像古典文学作品，一些范文最好能够背诵。当然，不是所有的书都要背诵，一部二十四史就无法背诵。还有一种书不一定要熟读、背诵，但却是要多浏览的。浏览的面越宽，知识也就越丰富。对于浏览的东西，要随时做笔记，把要点记下来，这里又要谈到记笔记的方法。依我看，记笔记的方法可以各取所需：一、看完一本书，把这书的大纲、要点记下来；也就是把这书里精华的部分吸收下来，成为自己的东西。不致天长日久就忘得一干二净的。二、写卡片，把这书的主要材料，觉得可以运用的就抄下来。比如搞文学创作的，就应该有意识地将自己所读的书中一些生动的描写、精辟的词句抄下来；研究历史的，就应该把自己所读的书中一些重要的历史史料抄下来。抄录下来是为了巩固自己的记忆，也为了应用时可以随时查考。

简言之，打基础的书要读得熟，读得专；基础外的书要读得多，读得广。

读书，光读、背、抄、记还不行，还得把自己所读、所抄的资料通过实践、运用，牢牢地掌握起来。也就是说需要经过自己大脑的思考，经过整理、分析、研究、综合，写成读书笔记、札记或是大大小小的文章，使所学的东西变为有机的东西。否则原料始终只是原料，不能成为有用的新产品的。

（原载《北京晚报》，1961年12月27日）

多写一点杂文

杂文是一种很锋利的武器。它没有一定的体裁，也不受什么清规戒律的束缚，生动活泼，短小犀利。鲁迅就曾经运用这一武器，在国民党统治的黑暗年代里，进行过韧性的斗争。

不知根据什么理论，似乎有人说，而今不是杂文的时代。

为什么我们这个时代不可以有杂文呢？

我看，不但可以有，还应该多写才是。

不错，鲁迅的杂文，抨击的对象是当时人民的敌人，是帝国主义、封建主义和骑在人民头上的国民党统治集团。他运用杂文，口诛笔伐，“两间余一卒，荷戟独彷徨”，心情是沉重的。“横眉冷对千夫指”，投出匕首时的愤慨，一直到今天，读他的杂文时还不禁为他这种情绪所感染。

据此，确乎也有人振振有词地声称，鲁迅的时代一去不复返了，三座大山已经搬掉了。杂文的对象是敌人呀，敌人没有了，因之，杂文也就没有时代的意义了。你要写杂文，对象是谁呢？

不错，事实确是这样。但道理并不确是这样。

将近十三年来，我们的经济恢复、社会主义改造、社会主义建设的事业取得了伟大的成绩，这是任何人也不能怀疑的。

但是，帝国主义及其走狗国民党反动派只是被赶走而已，并没有被消灭。在我们的脑子中，有时候还有封建的、买办的东西在作怪。不止是世界没有太平，连我们自己的脑子也还没有太平呀！

对外打击敌人，对内开展批评与自我批评，这难道不是我们当前主要的任务？

当然，我们的时代不是鲁迅的时代，面对的也不完全是鲁迅所面对的敌人，因此必须区别对待，也是可以区别对待的。

我们斗争的对象是针对自己工作中的错误和缺点，是人民内部问题。因此，第一要弄清事实，第二要讲清道理，第三要抱与人为善的态度。相反，冷嘲热讽，指桑骂槐，隐蔽曲折的作风都是不必要的，也是不可以的。至于对真正的敌人，那倒无妨狠一些，越狠越好。

我想，假如作家们能够多写一些杂文，抓住问题，对症下药，是能够起改进工作、提高工作的效果的。通过杂文，推动批评和自我批评的开展，好处是说不胜说的。

当然，也应指出，被批评的单位或个人必须认识到作者与人为善的心情，不是存心为难，而是帮助改进、提高工作。要以有则改之、无则加勉的态度来对待善意的批评。要不是这样，一篇杂文发表了，这个提意见，那个忙于辩解，另一个则认为作者有意中伤，这样做的结果，杂文被扼杀了，批评也就没有了，决非好事。

我建议，多写点杂文。

（原载《文汇报》，1962年6月30日）

谈框框

框框之说，自古有之。

“不以规矩，不能成方圆。”规和矩都是画方画圆的工具，没有这些标准工具是画不成方圆的。

“谨守绳墨”，也还是同一个意思，过去无论大、小木作工人，要处理一条木材，或是画一条直线，都得用蘸着墨的一条长绳子，按需要把绳子两头钉死，轻轻拉起墨线一弹，一条黑的直线便形成了。除了这个法子，要用别的办法取直线是很不容易的。

规矩也罢，绳墨也罢，都是一种工具，人们经过长期的实践创造出来，为人们的不断提高生活水平服务的。

这几句话在我的思想中，已经根深蒂固了，成为框框了。不料最近看了几个现代化的木材厂，这个框框打破了。

原来处理木材工作已经机械化、半机械化了。规矩没有了，代之以新的工具，绳墨也没有了，一台锯木机，把木头卡进去，喀嚓一下，许多片长木板出来了，要多厚就多厚，要多宽就多宽。旧的框框被新的框框所代替了。

旧的被淘汰了，新的建立起来了。但是，我的思想中，规矩、绳墨这些字眼还是有时冒出来，不是用老名词去看待新事物，就是用老名词去等同新事物，呜呼！框框之惰性作用，一至于此！

由此，也顺便想到，小说、戏剧，以至史书里描写古代某些人，身长七尺，腰大几围云云，心里总在纳闷，我们的祖先那样高大，多威风，可是到了我们这一代，为什么平空都矮了一截，很少看到像古书上所描写的大人物呢？后来读的书多了一些了，仔细研究，原来古尺比今尺短，大体上古尺只当今尺十分之七。这样，就明白过来了，古人身长七尺，不过只是今尺的四尺九寸，也还和今天的人差不多。问题也还是框框在作怪，不过，倒过来了，我是以今天市尺的长度去衡量古人的身高，这样，就不能不把自己压矮了一大截了。据以类推，量器、衡器、容器也都是古小于今，短于今，所谓千里之国，百亩之家，饮酒三爵等等，也就清楚了。

由此，可以看出，在日常生活和工作中，我们总不免以过去的框框来束缚自己，或者相反，以今天的框框去硬套古人。说是有意呢，倒也未必。但危害性确也不小，因为这么一来，把事物的真相都弄混淆了，明明新事物出现了，你还是抱着旧脑袋瓜傻想，甚至要维持旧的，抹煞新的。过去的人物明明和我们一般高，你却总是把它夸大，让前人的阴影罩住自己，寸步不能前进，成为事物向前发展的阻力，这问题该有多严重！

社会总是前进的，虽然不可避免会有迂回，有曲折，但是总是向前。宇宙万事万物皆变，随时在变，永远在变。框框在任何时代，任何社会总是需要的，不能设想，在什么时候会没有尺度来衡量长短。问题是哪一个社会有哪一个社会的尺度，社会变了，尺度也变了，框框也非变不可，研究过去，认识今天，都必需认识这一点，不这样，我看是不行的。

框框要不要呢？当然该要，办事总得有个章程，没有章程，就会办不好事。章程从实践而来，提高到理论，又回来指导实践。不通过实践的章程或框框是行不通的，办不好事情的。

旧框框要不要呢？不要，有的也要。要看具体情况，有些旧框框还适合于现在情况的，为什么不要？不适合的，为什么要？以此，笼统地说打破一切旧框框，道理并不是很充分的，有的旧框框就打不破，打了也不破。更多的呢，不打也破了，因为时代变了。

打破旧框框，还得立新框框，要不然，旧的没有了，新的也没有，怎么办事呢？有破必有立，破之中就有立，旧和新的关系也不一定是截然对立的，只有善于破的人，才能从旧的东西中发现新的因素，加以发展、提炼，建立新的东西。

以此，空谈打倒一切旧的，是没有意义的。旧的必然死亡，新的一定成长，要善于批判地去继承发展，必需重视新生事物，但对旧的也要分析研究，区别对待，只有这样，在工作中才能不犯或少犯错误。

（原载《光明日报》，1962 年 2 月 3 日）

说　　浪

好几年没有去北戴河了，今年有机会带着孩子去住了半个月，写了几篇文章。

孩子从没见过海，一见到海，喜欢极了，她说，海是绿的，发光的，和天连在一起，多美呀！

以后，每天带着孩子下海学游泳，上午十时左右，正是潮来的时候，孩子站在水里，一个浪头像雪球似翻翻滚滚而来，一下把孩子冲倒了，灌了一口水，赶紧拉起来，第二个更大的浪头又来了，这次孩子有经验了，紧紧拉住我的手，高兴地喊第二个、第三个、第四个……后浪催前浪，一个接着一个，高兴得不得了。到晚上要睡的时候，还在说浪啊，浪啊，真好玩。

带着对浪的浓厚兴趣回来，和各级学校的师生接触，他们也在说浪，一个浪催一个浪，很紧张，也很兴奋。

这个浪是读书的浪，勤学的浪，求知的浪。

这半年多来，特别是高等学校的学生，勤学读书已经成为风气，图书馆座无虚席，不管白天、黑夜都是满座，有的学校学生多，图书馆座位少，甚至要排队；有的图书馆，某些书虽然增加了很大数量，仍然不能满足学生的要求。人人都用功读书，这股浪头可真大。

学生多读了书，知识多了，问题也就多了，自己解决不了，就得问老师。老师绝大多数是青年，对有些问题也解答不了，又去问自己的老师。就这样，一浪催一浪，后浪催前浪，劲头越来越大，问题也越钻越深了。

青年教师要教好书，辅导好学生，积极性很高，学生勤奋读书的浪头一来，很紧张，兴奋，也大读其书，随之，中年和年长一辈也卷入这个可喜的浪头里来了，滚滚滔滔，无穷无尽。

这真是学术文化界的大好形势。

青年教师的紧张是完全可以理解的。缺少经验，喝一口两口海水也是势所必然的。喝了一两口以后，有了经验，稳稳站住，以后就不会再喝了。

我看，问题倒在于中年和年长一些的教师。

在参加了多次学术性会议之后，我对老教师和老专家这两个名词发生了怀疑。

三十岁左右的青年人，开口闭口说我们老教师如何如何，我在大吃一惊之余，敛容正襟，请教你贵庚啊，说二十八九，我说你年龄并不能算老啊！怎么会是老教师？说任课好几年了，都是这么叫的！我说，那么，教龄有三四十岁的怎么称呼呢？说也还是老教师。我很不以为然，只好直言不讳地说，你们未免老得太早了一点！

老专家的情况也是如此，曾经和十几年前上过我的课的学生谈话，这些学生都已经是教授或副教授了，年龄没有一个超过四十岁的，可是都被称为老专家了。我提了几个问题，第一，三四十岁的人能不能称老？大家都说不能。第二，专是学有专长，你们的专长是什么？说谈不上有什么专长，也没有发表过什么专门论文、专门著作。第三，家要有一家之言，有独创性的见解。你们有没有呢？说惭愧得很，说不上。我说，问题清楚了，一不老，二未专，三还不成家，你们怎么可以接受老专家的称号呢？大家说，这都是别人封的，自己想想也不对劲。我说，别人冒叫，你们又怎么可以冒应呢？冒叫固然不对，冒应也不好哇！大家商量了一阵，同意我的意见。

问题就是这样，我们的国家是一个年轻的国家，不但是青年人，就连老年人也朝气蓬勃，勤勤恳恳地工作，不肯服老，才三四十岁的人怎么可以说老？

只有收起老教师老专家的招牌（当然，确是教龄长，有丰富教学经验和专长的老年人除外），承认自己经验还不多，学问还没成熟，“学然后知不足”，和青年人一起，发愤读书，努力做科学研究工作，日积月累，将来是一定可以成为专家的。不这样做，浪头越来越大，我看，也要像我的孩子那样，要多喝几口海水，甚至被浪头冲倒。

要下定决心，努力学习，迎接新的1962年！

（原载《光明日报》，1962年1月1日）

古人的坐、跪、拜

年轻时候看旧戏，老百姓见官得跪着，小官见大官得跪着，大官见皇帝也得跪着，跪之不足，有时还得拜上几拜，心里好生纳罕，好像人们长着膝盖就是为着跪、拜似的，为什么会有这种礼节呢？

后来读了些书，证明戏台上的跪、拜，确是反映了古代人们的生活礼节。例如清末大学士瞿鸿禨的日记上，就记载着清朝的宰相们和皇帝、皇太后谈话的时候，都一溜子跪在地上，他们大多数人都年纪大了，听觉不好，跪在后边的听不清楚皇帝说的什么，就只好推推前边跪的人，问到底说的是什么。有的笔记还记着这些年老的大官，怕跪久了支持不住，特地在裤子中间加衬一些东西，名为护膝。而且，不止是宫廷、官府如此，民间也是这样的，如蔡邕《饮马长城窟行》："长跪读素书，书上竟何如？"古诗："上山采蘼芜，下山逢故夫，长跪问故夫，新人复何如？"《后汉书·梁鸿传》说，孟光嫁给梁鸿，带了许多嫁妆，过门七天，梁鸿不跟她说话，孟光就跪在床下请罪。《孔雀东南飞》："府吏长跪答，伏维启阿母。"可见妇女对男子、儿子对母亲也是有长跪的礼节的。

这到底是什么缘故呢？

原来古代人是席地而坐的，那时候没有椅子、桌子之类的家具，不管人们在社会上地位的高低，都只能在地上铺一条席子，坐在地上。例如汉文帝和贾谊谈话，谈到夜半，谈得很投机，文帝不觉前席，坐得靠近贾谊一些，听取他的意见。至于三国时代管宁和华歆因为志趣不同，割席的故事，更是尽人皆知，不必细说了。正因为人们日常生活、学习也罢，工作也罢，都是坐在地上的，所以跪、拜就成为表示礼节的方式了。宋朝朱熹对坐、跪、拜之间的关系，有很好的说明。他说："古人坐着的时候，两膝着地，脚掌朝上，身子坐在脚掌上，就像现在的胡跪。要和人打招呼——肃拜，就拱两手到地；顿首呢，是把头顿于手上；稽首则不用手，而以头着地，像现在的礼拜，这些礼节都是因为跪坐着而表示恭敬的。至于跪和坐又有小小不同处：跪是膝着地，伸腰及股，坐呢？膝着地，以臀着脚掌，跪有危义，坐则稍安。”①

从朱子这篇文章看来，宋朝人已经弄不清跪、坐、拜的由来了，所以朱熹得作这番考证。

有人不免提出疑问，人们都坐在地上，又怎么能工作和吃饭呢？这也不必担心，古人想出了办法，制造了一种小案，放在席上，可用以写字、吃饭。梁鸿和孟光夫妻相敬如宾，吃饭的时候，孟光一切准备好了，举案齐眉。把案举高到齐眉毛，这个案是很小很轻的，要不然，像今天一般桌子那样大小，孟光就非是个大力士不可。

因为古代人们都是坐在地上的，所以就得讲清洁卫生，要不然，一地的灰尘，成天坐着，弄得很脏，成何体统？

到了汉朝后期，北方少数民族的一种家具——胡床，传进来了，行军时使用非常方便，曹操就曾坐在胡床上指挥作战。后来从胡床一变而为家庭使用的椅子，椅子高了，就得有较高的桌子，从此人们就离开了席子，不再席地坐，改为坐椅子、凳子了。家庭也罢，机关也罢，内部的陈设也随之而改变了。

人们的生活环境起了很大的变化，但是，根据席地而坐孳生的礼节，跪和拜却仍旧习惯地继承下来，坐和跪拜分了家，以此，跪和拜也就失去了原来生活上的意义，单纯地成为表示敬意和等级差别的礼节了。

由此看来，不是我们的祖先喜爱跪拜，而是由生活方式、物质条件决定的。辛亥革命以后，不止革了皇帝的命，也革了跪、拜的命，不是很好的说明吗？

（原载《人民日报》，1962年8月5日）

---

①《朱文公文集》卷六十八，《跪坐拜说》。

从幞头说起

人们自从脱离了原始、野蛮状态，物质生活不断提高，有了文化以后，没有例外，都要穿衣戴帽，这是常识，用不着多说的。但是，应该而且必须注意，随着时代的改变，生活习惯的改变，封建等级制度的建立，人们的服装是具有时代的特征的，不同时代的人们有着不同的服装，不同的民族也有不同的服装，服装是适应人们生活、工作的需要而不断改变的。

演出古代历史故事的话剧、电影，历史博物馆里的历史图画和历史人物画像，和以插图为主的历史连环画，附有插图的历史小丛书以及古代人物的塑像，等等，都牵涉到古代人物的服装问题，把时代界限混淆了，颠倒了，把不同历史时期的服装一般化了，都会使观众有不真实的感觉，效果是不会很好的。

京戏和昆剧的戏装大体分成两类，一类是清朝的，马褂、补服、马蹄袖、红缨帽等等，表现了满族服装的特征。除此以外，清朝以前的服装则一概是汉人服装，官员戴纱帽，穿红、蓝袍，宽衣大袖；农民则一般都是穿短衣服，戴笠，或小帽；武将戴盔扎靠，这是符合于一般情况的。问题是这种服装把整个清朝以前的历史时期一般化了，不管什么时代的人物，都穿一样的服装。当然，观众也能够理解，这两个剧种的古代服装只能一般化，假如要求他们按每个不同时代的历史，分别制成不同时代的服装，这是不可能的，不合实际的。但是，也还有一个界限，那便是满汉的服装不容混淆，假如让汉、唐、宋、明的人物穿上清朝的服装，那就会哄堂而散，唱不成戏。

话剧、电影等等对服装的要求就要比京戏和昆剧严格些，因为话剧、电影并不像京戏、昆剧那样有固定的服装，而是随故事需要特制的，既然是为了表现历史真实性而特制，那就不可以一般化，或者颠倒时代了。至于历史人物的图画、雕塑等等，根本无需制造服装的费用，标准自然更应该严格一些了。

话剧、电影、历史图画等等的历史人物的服装，必须能够表现某个特定历史时期的特征，这个要求是合理的，不应该有不同意见的。但是，在具体工作中，由于对某个时代的了解不够深，服装的发展、变化缺少研究，也往往出现一些一般化以至颠倒时代的现象。

有关服装的问题很多，不能都谈，这里只举幞头作例。

幞头就是帕头，古代汉人留着长头发，为着生活和工作的方便，用一块黑纱或帛、罗、缯等等裹住头，不让头发露在外面，正像现在河北农民用一块白毛巾包头一样，是上上下下都通行的一种生活习惯。也叫做巾或幅巾或折上巾的。裹头时裹得方方正正，四面有角。到南北朝时，周武帝为了便于打仗，把裹头的方法改进了，用皂纱全幅，向后束发，把纱的四角裁直，叫做幞头。看来有点像现在京戏里太平军的装束。

唐太宗制进德冠，赐给贵臣，并且说：幞头起于周武帝，是为了军中生活的方便的。现在天下太平，用不着打仗了，这个帽子有古代风格，也有点像幞头，可以常用。可是进德冠似乎并不受欢迎，当时人还是用幞头，大臣马周还加以改革，用罗代绢，式样也有所改变，百官和庶民都喜欢戴它。武则天时赐给臣下巾子，叫作“武家样”，又有高头巾子。唐玄宗时有“内样巾子”。裴冕自制巾子，名为“仆射巾”。这些幞头都是软的，太监鱼朝恩作观军容使，嫌软的不方便，斫木作一山（架）子在前衬起，叫作军容头，一时人都学他的样子。

幞头四角有脚，两脚向前，两脚向后。唐朝中期以后，皇帝们弄两根铁线，把前两脚拉平，稍向上曲，成为硬脚，从此，这种样式的幞头，就成为皇帝的专用品，一般官员和平民都不许服用了。宋朝朱熹所见唐玄宗画像，戴的幞头两脚还很短，后来便越来越长了。唐朝末年，在农民大起义的斗争浪潮中，宦官、宫娥来不及每天对镜装裹，想出简便的法子，用薄木片作架子，纸绢作衬里，做成固定的幞头，随时可以戴上。五代时帝王多用“朝天幞头”，两脚上翘。各地方军阀称王称帝的也多自创格式，有的两脚翘上又反折于下，有的做成团扇、蕉叶模样，合抱于前。蜀孟昶改用漆纱。湖南马希范的幞头两脚左右长一丈多，叫作龙角。刘知远作军官时，幞头脚左右长一尺多，一字横直，不再上翘，以后的幞头，就以此为规格，变化不大了。

幞头唐末用木胎，到宋朝改用藤织草巾子为里，用纱蒙上，再涂以漆。后来把藤里去了，只用漆纱，用铁平施两脚，便越发轻便了。据沈括的记录，当时幞头分直脚、局脚、交脚、朝天、顺风五种，其中直脚（也叫平脚）一种是贵贱通用的。幞头的脚不管平、交，都是向前的，到北宋末年，又改而向后。到明朝初年，幞头有展脚（即平脚）、交脚两种，成为官员公服所必需的一项东西了。

幞头的出现，是由于现实生活的需要。宋儒胡寅叙述幞头的历史意义说：从周武帝开始用纱幞，成为后代巾、帻、朝冠的起源。古代宾礼、祭礼、丧礼、燕会、行军所戴的帽子各有不同，纱幞一出来，这些帽子便都废了。从用纱到加漆，两带上结，两带后垂，后来又把垂的两带左右横竖，顶则起后平前，变化越来越多了。朱熹也曾和他的学生讨论过幞头的历史发展，并说漆纱是宋仁宗时候开始的。明李时珍则以为幞头是朝服（官员的制服），周武帝始用漆纱制造，到唐朝改成纱帽，一直沿用到明朝。他把幞头和纱帽看成一样东西，从《图书集成》的插画幞头公服、展脚幞头、交脚幞头、乌纱帽对比看来，确是一个系统，李时珍的话是可信的。

幞头的历史发展，从北周到明这一长时间的历史时期，变化是很多的。假如不问青红皂白，颠倒前后，让南北朝以前，周秦两汉魏晋的人们戴上平脚幞头，能够不说是历史错误吗？或者把唐代后期帝王专用的直脚上翘的幞头，混淆为官僚庶民通用，那也是不可以的。

无论历史戏剧、图画、雕塑，当然，最主要的是内容要反映历史时期的真实性，但形式也不可以不讲究，因为内容尽管符合于客观历史实际，但是形式的表现却是虚构的、以后拟前的、一般化的、违背历史实际的，就会收到不好的效果，这一点我看戏剧家们、艺术家们、雕塑家们是必须注意的。

关于古代服装的记载是很多的，留传到今天的古代的人物画、壁画、墓葬壁画、砖画也很不少。组织人力，从事于古代服装发展、变化的研究，进一步建立服装博物馆，用穿着各个历史时期不同的服装的蜡人表演历史故事，对广大人民进行历史教育；为历史戏剧、历史电影、历史图画的创作提供参考资料，也为吸取古代优美的文化传统，改进、美化今天人民的服装，提供历史基础，我看是值得做的一件好事。

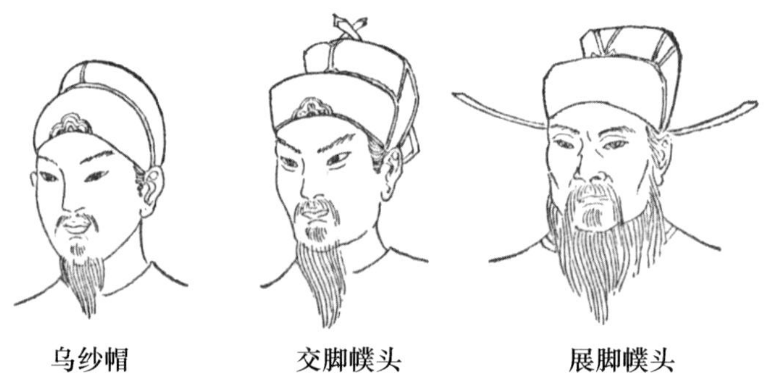

乌纱帽　　**交脚幞头**　　**展脚幞头**

（原载《人民日报》，1962年1月21日）

汪辉祖论做州县官

在旧时代，老百姓最怕见官。老百姓和官的关系，第一是要完钱粮；第二是要打官司。官很多，有各种各样的官。这里所说的官是州、县官。州、县以上的官是只管州、县官的，并不直接治理百姓。因此，州、县官被称为父母官，也叫作牧令。牧是看牛羊的人，把州县官比作牧人，老百姓比作牛羊，挥鞭一吆喝，老百姓就得跟着走。

经过几千年官的统治，历史上出现了很多坏官，也有一些好官，其中有些人还总结了作官的经验，写了书。汪辉祖的《学治臆说》就是其中之一。

汪辉祖（公元1730—1807），浙江萧山人。当了三十年的幕友，后来考中了进士，也作了县官、州官。初任河南宁远知县，这个地方老百姓欠钱粮的很多，又好打官司，他和百姓说清楚，审官司的责任在官，完钱粮的责任在民，立下章程，十天内以七天审官司，两天收钱粮，一天办文件，把地方治理得很好，百姓很喜欢。

《学治臆说》的主要内容讲的是审案和收钱粮的经验，以及对待幕友、隶役、上官的方法。书里没有一条讲到农业生产；至于工业，那就更不用说了。书中对文化事业也未提及，偶尔提到教育，如创办书院，他也主张“事慎创始”，不必举办。汪辉祖是个好官，好官的经验如此，其他的更可想而知了。我想，从这部书里，也可以领悟到中国封建社会长期停滞的原因。

有些经验也还有意思，如《尽心》条讲：“名为知县、知州，须周一县一州而知之，有一未知，虽欲尽心，而不能受其治者。”必须了解情况，才能办事。《初任须体问风俗》条说：人情风俗，各处不同，不可以凭主观见解办事。要解决某一问题，就得在群众中找有经验的人，征求他们的意见，再作出决定。这样，一天解决一个问题，一百天就可解决一百个问题，不要几个月时间，就可以学会办事了。这种着重征求当地群众意见的办法是对头的。《宜因时地为治》条说：有才有识是可以办好事情的，但是才要练达，识要明通，碰到彼此殊尚，今昔异势的，就要因时、因地，筹其所宜。不要倚恃才识，独行其是。这是说要因地、因时制宜，不要专靠老经验。譬如医生用药，不知道切脉加减，只靠成方，没有不坏事的。《须为百姓惜力》条说："欲资民力，必先为民惜力。"这也是句好话。

像《学治臆说》这样的书，流传下来的还很多。读些这样的书，不但可以进一步了解过去的政治、社会情况，也还可以从中汲取某些有用的东西。

（原载《文汇报》，1962年7月6日）

葬花诗和《白头吟》

多年来养成习惯，喜欢读一些杂七杂八的书。

有一次，读了唐刘肃《大唐新语》，卷八有一条：

> 刘希夷一名挺之，汝州人。少有文华，好为宫体，词旨悲苦，不为时所重。善搊琵琶。尝为《白头翁咏》曰："今年花落颜色改，明年花开复谁在?"既而自悔曰："我此诗似识，与石崇'白首同所归'何异也。"乃更作一句云："年年岁岁花相似，岁岁年年人不同。"既而叹曰："此句复似向谶矣。然死生有命，岂复由此?"乃两存之。诗成未周，为奸所杀。或云："宋之问害之。"后孙翌撰《正声集》，以希夷为集中之最，由是稍为时人所称。

读完了，对这四句诗印象很深，随手在书上眉批，此《红楼梦》林黛玉葬花诗所出。前几天和一位老同志闲谈，他认为曹雪芹在《红楼梦》里写的曲子还可以，诗却不很当行。可是葬花诗却很特出，记得以前看过什么书，好像是有所本的。我说，我也有同样的看法，而且确切记得是在什么书上的，还作过眉批。回来一查就查出水了，并且把刘希夷原诗抄寄给他。信中说，林黛玉"年年岁岁花相似，岁岁年年人不同"诗是出自刘希夷的《白头吟》的。到晚上再翻阅《红楼梦》，才发见葬花诗中并没有这两句，是记错了。但是，也说明一个问题，在我多年来的印象中，是把《白头吟》和葬花诗密切联系起来的，认为这两首诗有血肉关系。这个看法对不对，自己也没有把握。

刘希夷的《代悲白头翁》(一作《白头吟》)，见《全唐诗》卷八十二，全诗如下：

> 洛阳城东桃李花，飞来飞去落谁家？洛阳女儿好颜色，坐见落花长叹息，今年花落颜色改，明年花开复谁在？已见松柏摧为薪，更闻桑田变成海。古人无复洛城东，今人还对落花风，年年岁岁花相似，岁岁年年人不同。寄言全盛红颜子，应怜半死白头翁。此翁白头真可怜，伊昔红颜美少年，公子王孙芳树下，清歌妙舞落花前。光禄池台开锦绣，将军楼阁画神仙，一朝卧病无相识，三春行乐在谁边？宛转蛾眉能几时，须臾鹤发乱如丝，但看古来歌舞地，惟有黄昏鸟雀悲。

这和《红楼梦》第二十七回《埋香冢飞燕泣残红》，黛玉的葬花诗中：

> 柳丝榆荚自芳菲，不管桃飘与李飞，
> 桃李明年能再发，明年闺中知有谁？

和末一段：

> 试看春残花渐落，便是红颜老死时，
> 一朝春尽红颜老，花落人亡两不知。

虽然文字不同，但遣词造意，却是有一脉相通之处的。当然，过去诗人咏落花的很多，词意相同的也不在少数，但是，全篇情调如此近似，却不能不造成我上边所说的错觉。

刘希夷的事迹，元代辛文房的《唐才子传》记载较详：

> 希夷字延芝，颍川人。上元二年郑益榜进士，时年二十五，射策有文名。苦篇咏，特善闺帷之作，词情哀怨，多依古调，体势与时不合，遂不为所重。希夷美姿容，好谈笑，善弹琵琶，饮酒至数斗不醉，落魄不拘常检（中段大体和《大唐新语》相同）。舅宋之问苦爱后一联，知其未传于人，恳求之，许而竟不与。之问怒其诳己，使奴以土囊压杀于别舍，时未及三十，人悉怜之。有集十卷，及诗集四卷，今传。

可见刘希夷还为这两句诗送了命。上元二年是公元675年，由此知刘希夷的存年当在公元651年至680年间。

《大唐新语》这一段记载，也被引用于《太平广记》卷一百四十三。

（原载《人民日报》，1962年4月1日）

伟大的历史学家司马迁

公元前126年的春天，一辆马车，载着一个二十岁的青年，驭者不断挥动丝鞭，四匹雪白的骏马撒开着腿飞跑，走遍了祖国大江南北的著名城市。

这个青年生得眉清目秀，长身玉立，衣着朴素整洁。随身带着许多竹简、木板，准备把所看到听到的事情，随时记录下来。他这次旅行的目的是访求古代史书，向老人们访问古代遗事，调查了解各地情况，是一次学术旅行。

他叫司马迁（公元前145—前86?），字子长，左冯翊夏阳（今陕西韩城县南）人。父亲司马谈，作汉朝太史令的官。太史令在政府中是专管天文历法的官员，司马一家从很古时代就专管天文历法，到周宣王时代（公元前827—前782）还兼管周朝历史资料的保管和编写。到了司马谈，除了继承世代相传的天文历法和历史的家学以外，又跟著名天文学家唐都学天文，有名的学者杨何学《易经》，黄子学道论。精通各家学说，学问很好。他很钟爱这个儿子，一心一意要教育司马迁继承世代相传的家学，亲自讲授指点，在闲暇时，还和儿子讲论诸子百家流派，所见所闻的史事。司马迁读书非常用功，儿童时从师就学会了当时所通行的文字，十岁就念古文——《左传》、《国语》、《世本》等书，到二十岁时已经博通群书，有了广泛的知识，很扎实的基础了。

这一年，司马谈为他儿子安排了一次学术旅行，接触实际，扩大眼界，增长知识，结交朋友。

根据司马迁所著《史记》里有关这次旅行的记载，大致情况是这样的：他到过长沙，在《屈原贾生列传》里说：我读了《离骚》、《天问》、《招魂》、《哀郢》，很为他的志向所感动。到了长沙，又亲眼看了屈原投水自杀的地方，想象中有这么一个形容憔悴、满腔抑郁的爱国诗人，在这儿行吟、踯躅，他忠于君主，热爱人民，热爱祖国，却落得这样下场，徘徊沉思，不禁伤心落泪。顺便看了九疑山，传说中舜安葬的地方。到江西庐山，考察了夏禹疏浚九江的情况。在山顶独坐，恍惚看到平原上浊流滚滚，洪水滔天，老妇幼儿，随波呼号，牲畜家具，互相挤撞的惨象。一会儿又看到一群短衣赤脚的汉子，其中有一个身材特别高大的在指手划脚，他摩顶放踵，治水十三年，三过家门而不入，采用疏浚的办法，导水入河，终于战胜了洪水，这是何等的勤劳、智慧和毅力啊！接着到浙江会稽（今浙江绍兴），参观传说中的禹穴。① 到江苏姑苏（今江苏苏州），游览了五湖，领略了烟波浩渺、一望无际的内湖景色。② 参观了楚国春申君黄歇的故城，发出“宫室盛矣哉”的感慨。③ 到淮阴，当地人民说：淮阴侯韩信在当老百姓的时候，志向就和众人不同，母亲死了，虽然很穷，备不起棺椁，却找了一个高敞空旷的地方葬下，准备日后在墓旁可以安置万数人家。司马迁听了，就跑去看，果然是这样情况。④

北上到山东，沿途考察了许多河流的水利情况。在过去齐国、鲁国的都城，和一些戴着高高的帽子，宽大的衣袖的学者们，商讨学问，反复辩论，观察孔子的遗风余韵。到曲阜时，还看了孔子的庙堂和保存着的车服礼器，看到学生们在那里按时学习礼节，仪容端正，队伍整齐，看了又看，竟舍不得走。⑤ 在薛，看到地方上的青年人，大多数有点粗野，和邹、鲁地方文绉绉的风气不一样，便打听缘故，说是从前孟尝君在的时候，招致了各地方任侠的有各种本领的人到薛来，有六万多家。从这件事证明，孟尝君以好客自喜，确是名不虚传啊！⑥ 在汉高祖发迹的丰、沛地区，访问了许多老人，

---

① 《史记·自序》。
② 《史记·河渠书》。
③ 《史记·春申君列传》。
④ 《史记·淮阴侯列传》。
⑤ 《史记·孔子世家》。
⑥ 《史记·孟尝君列传》。

谈了旧事。还看了汉初功臣萧何、曹参、樊哙、滕公等人的故居,他和樊哙的孙子他广是朋友,他广也告诉了他汉初功臣许多轶事。① 西向经梁、楚,这是战国时代战争频繁的地区。在大梁之墟,访问信陵君时代的夷门,原来就是城的东门。徘徊门下,仿佛想见当年信陵君亲自执辔,车骑簇拥,夷门监者侯生,一个七十岁白须白发的穷老头子,在车上高坐,信陵君执礼愈恭,路人聚观,从骑窃骂的情景。② 当地人都说,秦国攻魏国的都城,引河水灌城,城墙坏了,守不住了,魏王只好投降,秦就灭掉魏国。人们的意见,认为因为魏国不用信陵君,所以国家削弱,以至于亡。司马迁研究了当时历史情况,不同意这种意见,他认为秦灭魏是当时人民要求统一的必然结果,魏王即使有伊尹那样的贤臣辅佐,也还是抗拒不了的。③

在《史记・龟策列传》里,司马迁说:我到江南,了解南方人的生活习惯,访问了许多年纪大的长老。他们说沿江一带人们有养龟的习惯。很有意思,我也是南方人,四十年前在一个朋友的家里,看到院子的水池里就养着许多大大小小的龟。隔了两千多年了,江南人民还保持着这种习惯,可见司马迁观察事物是很细心的。

在山东地区游历的时候,他从泰山一直到琅邪,东到海边,看到这一带两千里之间肥沃的土壤,和当地人民接触,发现他们很有气概,不大暴露聪明,他认为这是和当地的地理环境有关系的。④

在这次旅行以后,不久他就作了郎中的官,有机会跟从汉武帝到各地游历。公元前112年,他跟皇帝西到空同(今甘肃岷县西)。公元前110年又奉使到四川南部,看了秦时蜀郡守李冰所凿的离碓(今成都都江堰)。回来复命后,又跟皇帝东封泰山,从碣石一直到辽西一带,经过北边九原(今内蒙古乌喇特、茂明安二旗之地),回到甘泉(今陕西淳化县)。在这次旅行中,他观察了秦朝将军蒙恬所修的长城,和秦朝所修从九原到甘泉的直道(公路),在《史记・蒙恬列传》里

① 《史记・樊郦滕灌列传》。
② 《史记・魏公子列传》。
③ 《史记・魏世家》。
④ 《史记・齐太公世家》。

说：我到北边，从直道回来，看到蒙恬所修筑的秦长城，和亭、障，他们把山凿开了，把谷填平了，工程非常浩大，所用的人力可真是不少啊！第二年又跟皇帝到河南、山东，上泰山。这一年黄河决口泛滥，水灾严重，汉武帝亲自在河北濮阳县黄河决口处主持堵口工程，随从人员从将军以下都参加劳动，背着柴木堵口，司马迁也参加了。决口堵塞以后，汉武帝很高兴，就在堵口处建造一所宫殿作纪念，叫作宣房宫。通过这次实践，司马迁认识了水的利和害两个方面，后来就特别在《史记》里写了《河渠书》的专门记载。公元前107年，又跟皇帝到河北涿鹿，和当地父老们谈论古代黄帝、尧、舜的传说。①

司马迁一生所游历的地方很多，他不是为了游山玩水，而是有一定的目的——作历史的调查研究工作。他注意地理环境，人民生活习惯，历史传说，和著名人物的遗闻轶事，他到处访问地方长老，随时记录，很用功，也很细心，观察力又很敏锐，就这样，通过长期的多次的游历，不但丰富了文章的词藻，壮大了文章的气势，展开了自己的眼界，开阔了自己的心胸，也积累了无数的宝贵的历史资料。

为了求得历史的真实性，司马迁还通过和史事有关人物的谈话，来核对史实。例如赵王迁的情况，在《史记·赵世家》里，司马迁说：我听冯王孙说，赵王迁的母亲原来是妓女，赵悼襄王很宠爱她，把嫡子嘉废了，立迁为王。赵王迁品德很不好，又喜欢听一些没有根据的话，把最好的将军李牧杀了，用无能的郭开作将军，结果，赵国为秦所灭。这段故事指出了赵国宫廷的情况，和赵王迁的家庭教育影响。又如荆轲刺秦始皇的真实情形，当时目击者有秦始皇的侍医夏无且，司马迁父亲的朋友公孙季功、董生都曾和夏无且交游，《史记》这部分记载看来就是司马迁从父亲那儿听来的，所以写得非常生动，精彩。又如《史记·郦生陆贾传赞》说：平原君（朱建）的儿子和我是好朋友，所以我才能谈论这件事。《田叔列传赞》说：田叔的小儿子田仁是我的好朋友，我所以一并谈论他。《卫将军骠骑列传赞》说：苏建对我说，他曾批评大将军（卫青）地位那样高，可是国内的贤士大夫没有

① 《史记·五帝本纪》。

称道大将军的。希望大将军能够像古代名将那样注意选择贤人，结交朋友才是。通过卫青部下将领苏建的话，指出卫青的短处。有些历史人物的特征，则是听朋友说的，如《项羽本纪赞》说：我听周生（周霸）说，舜的眼睛重瞳，项羽也如此。留侯（张良）的相貌，则是看了他的画像，《留侯世家》说：我以为这个人的相貌一定是魁梧奇伟的，谁知道看了画像，样子却像个漂亮的妇女。孔子说过，用相貌来衡量人的品德，对子羽（澹台灭明字子羽，是孔子的学生，长得很丑，品德却很好）就不适用。我看留侯也是这样。有些历史人物则是根据他自己的直接接触来描写的，例如《史记·李将军（李广）传赞》说：我看李将军，样子老老实实像个庄稼人，嘴里说不出话。司马迁和李广的孙子李陵同为郎官，所以有机会见到李广。又如《游侠传赞》说：我看郭解，长得不比平常人好，谈话也不怎样出色。但是全国不管是好人、坏人，知道他和不知道他的人，都仰慕他的名声，讲游侠的都拿他作榜样。司马迁是夏阳人，郭解也曾经逃亡在夏阳住过一个时期，因此，司马迁不止认识了郭解，了解了郭解，还替他写了传，通过对郭解的叙述，表达了他对当时社会现象的愤慨。

在到处游历访问的同时，司马迁还跟当时著名的学者受学，例如孔子的后代孔安国作博士（教授）的时候，司马迁向他学习古文《尚书》。（《尚书》有古文、今文两种本子，今文是汉朝当时通行的隶书，古文则是蝌蚪文字。学者讲解两种本子，各有流派师传。）《史记》里所记《尧典》、《禹贡》、《洪范》、《微子》、《金縢》这些篇，用的都是古文家说。又如董仲舒是当时著名的《春秋》学者，《史记·太史公自序》讲孔子作《春秋》的缘故，就是听董仲舒说的，可见司马迁也是跟董仲舒受过教的。在朋友中，贾谊的孙子贾嘉最为好学，和司马迁通信；壶遂是个天文学家，和司马迁同事，讨论过历史问题。

公元前110年，司马迁从四川奉使回来，这时汉武帝正要东封泰山，司马谈是太史令，照例是应该从行的。不料生了重病，留在洛阳。司马迁回到洛阳见了父亲，司马谈拉着儿子的手，哭着说：我的祖先是周朝的史官，远祖专管天文历法，很有名气。后来中间衰落了。你如能够再作太史令，那就可以继承祖先的事业了。我死后，你一定会作太史令的！作了太史令，不要忘了我想要讨论、著作的事。作一个好儿子，首先是对父母好，其次是对君主好，但最重要的是做一个堂堂的人，能够站得住。要做好事情，使声名传到后代，使人们知道这是他父母的好教育，这是最大的孝。人们都在歌诵周公，因为他做了好事，表达了他先人的成就。以后到孔子，论《诗》、《书》，作《春秋》，讲学问的人到现在还以他为榜样。孔子死后四百多年了，各国互相兼并，历史也没有人记载了。现在汉朝建立，全国统一，有多少应该记载的可歌可泣的历史啊！我作太史令多年，可是没有着手做，让国家的历史断绝了，我非常之着急，恐慌，你要记住这件事才好！司马迁低头流泪，对父亲说：儿子虽然不成材，一定要把祖先和你所谈论的记录下来，不让它有一点遗漏。他对父亲立下了编写国家历史的庄严誓言。

不久，司马谈就死去了。三年以后，公元前 108 年，司马迁果然继承了父亲的工作，作了太史令。这一年司马迁三十八岁。

石室、金匮是国家藏书的地方，司马迁作了太史令，尽情阅读了国家的藏书，特别是古代各国的史记，他的历史知识越发丰富了，对历史发展的看法也日益成熟了，作了编写《史记》的充分准备工作。这里应该指出，远在两千多年前，那时候，纸和印刷术都还没有发明，所有的书都是用竹简或者木板抄写的，抄写一部书要用很多时间，费用很贵，数量也很大。一般人读书只能听老师口授和笔记，要读很多部书是极不容易的事情。司马迁生在世代掌管编写历史的家庭，有特别优越的条件，能够阅读家藏的史书，现在又有更多更好的机会阅读国家藏书了，他的著作之所以能够取得伟大的成就，除了他的家庭教育，好学勤读，游历访问，作了充分的调查研究工作之外，指出这一点也是必要的。

公元前 104 年，司马迁和公孙卿、壶遂建议改定历法，奉命造太初历，这个历法也就是“夏历”，一直通行到今天。从这一年开始，司马迁用全部力量编写国家的历史，从有史以来一直到当代的通史，总结了过去时期的经济、社会、政治、军事、文学、科学、艺术等等各方面活动的经验。

五年以后，公元前 99 年，汉将军骑都尉李陵战败投降匈奴，司马迁说了几句公道话，触怒了汉武帝，被处宫刑。

事情的经过是这样的，李陵是名将李广的孙子，勇敢果决，善于作战，奉命率领五千步卒出击匈奴，在浚稽山（今蒙古人民共和国喀尔喀土喇河及鄂尔浑河之间）为匈奴骑兵三万所包围，全军力战，杀伤匈奴兵几千人，且战且退，原来配备的援军没有来到，匈奴方面又增加了八万的兵力，经过几天的激战，又杀伤了匈奴兵几千人，最后退入山谷中，匈奴骑兵从山上射箭，矢如雨下，李陵军士卒死伤惨重，箭射完了，援兵还没有影子，势穷力竭，投降了匈奴。李陵战败的消息到了长安，满朝官员都骂李陵辱国，汉武帝问司马迁的意见，司马迁以为李陵兵力少，和兵力大十几倍的强敌死战，转战千里，后无援兵，杀伤敌兵近万，这样英勇，古代的名将也不过如此。他虽然力竭投降，还可能找机会立功报答国家的。李陵投降敌人当然是不好的事情，但是司马迁根据敌我情况，作了如实的说明，他不是肯定李陵，而是希望李陵以后能有机会作出报效国家民族的表现，不料汉武帝大怒，以为司马迁替李陵说情，立刻把他关进监牢，处以重刑。（下蚕室，去掉睾丸。）

司马迁的身体虽然残废了，汉武帝还是爱惜他的才学，改官为中书令，这个职务掌管接受百官报告，转达给皇帝，是个宫廷的机要工作。

李陵案件，对司马迁是极为严重的打击。但他没有灰心，下定决心要活下去，无论如何，要完成国家历史的编写工作。公元前93年，他在答复朋友任安的信里说道：我受了这样可耻的重刑，所以隐忍苟活是有原因的。多年来搜集全国历史事迹，考察比较，研究其成功、失败、兴起、灭亡的道理，写了一百三十篇，目的是要弄清人类和自然界的关系，阐述古代到现代的发展、变化，建立一家之言。不料工作还没有完成，便遇到这件惨祸，为了写完这部书，便只好忍受这种刑罚。反之，假如早已成书，传布开了，就是死一万次，也是不会后悔的。信写得十分愤慨激昂，非常动人，说出了司马迁对历史著作的严肃、郑重、负责的态度，和百折不挠完成事业的奋斗精神。

司马迁的死年，历史上没有记载，根据史料估计，大概死在公元前86年左右，存年约六十岁。

司马迁的时代，是我国历史上最杰出的皇帝——汉武帝在位的时代（公元前141—前87）。经过秦朝末年农民战争的历史教训，汉朝初期的统治者采取了一些缓和阶级矛盾的措施，让农民能够休养生息，发展生产。经过几十年的统一、安定局面，经济发展了，社会繁荣了，国家富足了，军事力量强大了。汉武帝是一个雄才大略的政治家，他在这个基础上，几次出兵打败多年来经常侵扰北方边境的匈奴，打通河西走廊，和西方许多部落建立了联系，交换了物资。并且通过各种方式，扩大了国家的疆域。把煮盐、冶铁、铸钱三大工业收为国有，使政府的收入大为增加。汉武帝在位的时代是汉朝的全盛时代。

也正是这个时代，阶级矛盾更加尖锐化了。地主无休止地剥削、兼并农民，地主愈富，农民愈加贫困；商人囤积货物，勾结官吏，放高利贷，剥削中小地主和农民。封建统治集团也越来越腐化了，官吏欺凌、奴役人民，老百姓有冤无处诉，社会上出现一些游侠，为受苦难的人们打抱不平的人物。

司马迁以自己敏锐的观察力，忠实地、科学地用富有文采的动人描述，概括地记录了这个时代。他同情农民战争，歌颂陈胜、吴广起义；对项羽和刘邦的斗争，感情也是偏向项羽一面的。他谴责酷吏，赞扬游侠。对皇帝的缺点，从汉高祖的无赖到汉武帝的妄想长生、封禅、求仙，都直笔不讳。对广大人民的痛苦生活，一再表示同情。特别是对封建官僚的龌龊生活，寡廉鲜耻的行为，“侯之门，仁义存”，只有作官的人才有道理的不平现象，予以有力的揭露和抨击。他通过人物、事件本身的叙述，表达了自己的观点，也通过历史家的笔法，用自己的口气，“太史公曰”，提出自己的意见和评价。他注意社会生活、活动的各个方面，对当时经济情况作了详尽的记录和分析，也注意到人和人的关系，对那种不公道、不合理的社会现象，发出了忧时的感慨和愤怒。他的爱和憎是分明的，对是和非是毫不含糊的。在他的著作中，充满了对祖国的热爱和歌颂，也对坏人、坏事作了有力的暴露和谴责。

他的著作原名《太史公书》，后人称为《史记》，内容分十二本纪，十表，八书，三十世家，七十列传，共一百三十篇，五十二万六千五百字。《史记》的学术地位是极高的，汉代大学者扬雄推许《史记》为实录，实录是真实的记录，是历史著作的基本要求。史学家班固说：刘向、扬雄两人都博极群书，都称赞司马迁有良史之材，佩服他善于叙述事理，辨而不华，质而不俚，其文直，其事核，不虚美，不隐恶，所以称为实录。宋代史学家郑樵更是推崇，说司马迁继承孔子的意图，把有史以来下至秦、汉的历史，编成一部通史，分成五种体裁：本纪是帝王的编年史，世家是诸侯的家族史，表扼要记事，书记典章制度，传详叙人物，这五种体裁的奠定，后代的历史家都不能改变。学者离不开这部书，六经之后，只有这部书！清代史学家王鸣盛说司马迁自己说写这部书是述而非作，其实是以述兼作的，是有创造性的。赵翼说《史记》是史家的最高准则，在过去的历史时期，没有任何一部历史著作曾经超过《史记》。这些评论都是公允的，符合实际的。

当然，也还必须指出，《史记》不止在历史著作方面占有极高的地位，在文学艺术方面，也是有其光辉灿烂的成就的。他写人物都栩栩如生，呼之欲出，写事件简明扼要，生动活泼。《史记》不止是一部极为优良的历史著作，也是一部极为优良的文学作品，在历史和文学两个方面，都占着历史时期第一流的地位。在我国的历史著作中，史学和文学一向是统一的，这个优良的传统，经过司马迁的努力而更加发扬光大，永远值得后人继承、学习和敬仰。

司马迁是我国的伟大的历史家和文学家。

、 1961年12月26日

（原载《人民文学》第2期，1962年）

《敕勒歌》歌唱者家族的命运

《敕勒歌》是歌唱我国北部朔漠风光的绝唱，歌词是这样的：

敕勒川，阴山下，天似穹庐，笼盖四野。天苍苍，野茫茫，风吹草低见牛羊。

原歌是用鲜卑语唱的，记录时译为汉字，歌唱人是敕勒部名将斛律金。

斛律金（公元488—567）生性质直，不识汉字。原名敦，官做大了，要用汉字签署文件，嫌敦字难写，才改名为金。可是写金字也还是有困难，同事司马子如教他，金字像个房子，照房子那样画就行了，才学会了写这个字。

斛律金擅长骑射，善于用兵，具有丰富的军事经验。他一看尘土，就能知道敌军骑兵、步兵多少，一嗅土地，就可判断敌军距离远近。北魏封为第二领民酋长，秋天到京师朝见，春天回到部落，号为雁臣。后来跟随鲜卑化的汉人军事首领高欢打仗，立下很多战功。公元535年，北魏分为东、西魏。537年西魏宇文泰率李弼等十二将攻东魏，东魏高欢将兵二十万迎击，渡黄河，涉洛水，两军会战于沙苑。西魏兵少，东魏兵争先进击，无复行列，西魏李弼等率铁骑拦腰截击，东魏兵中绝为二，全军崩溃。高欢还想收兵再战，派人拿兵簿到各营点兵，无人答应，回来报告说：部队都跑了，兵营全空了！高欢还不肯走，斛律金说：“军心离散，不能再打了，得赶紧撤到河东！”高欢还据鞍不动，斛律金就用马鞭赶马，这才撤退。达一仗丧失了八万甲士，要不是斛律金坚决主张撤退，几乎要全军覆没。

东魏武定四年（公元546年）九月，高欢率大军进围西魏重镇玉壁（今山西稷山县西南），西魏名将韦孝宽坚守不下。高欢用尽一切攻城之术：断水源，起土山，凿地道，用攻车，烧城楼。孝宽随机防御，东魏苦攻了五十天，士卒战死和病死的七万人，高欢弄得智力交困，气得生病，只好解围撤兵。回师后军队中讹传韦孝宽以定功弩射中高欢。西魏知道了，也趁机会造谣，发布命令说："劲弩一发，凶身自殒。"东魏军心越发不安，高欢只好勉强起来，和诸大臣将领见面，叫斛律金唱《敕勒歌》，这个须发斑白的老将军，用苍劲高昂的音调，唱出这首质朴、自然、优美的歌词。唱完了，所有的人都被这首歌的情调迷住了，不出一声。高欢也用鲜卑话和唱了一遍，哀感流涕。

武定五年（547年）正月高欢病死。临死前吩咐儿子高澄：敕勒老公斛律金生性遒直，可以依靠。你所用的汉人很多，有说这老公坏话的，千万不要相信。七年（549年）八月，高澄正准备作皇帝，在密室议事时被俘虏的奴隶刺杀，弟高洋继位，550年废了东魏皇帝，自立为帝，国号为齐。557年西魏宇文觉也废了西魏皇帝，自立为帝，国号周。

高洋篡魏称帝，他母亲很不赞成。高洋派人征求斛律金的意见，斛律金亲自来见高洋，竭力反对。高洋不顾一切，还是作了皇帝，封斛律金为咸阳郡王，以功升右丞相，迁左丞相。高洋晚年昏暴，任意杀人，有一次忽然骑着马，手执长矟，三次奔向斛律金，要刺杀他，斛律金挺立不动，高洋只好作罢。567年斛律金死，年八十。

斛律金有两个儿子，长子光，字明月，次子羡，字丰乐，都是当时名将。两人从小就跟父亲学习骑射，每次出去打猎，回来后斛律金检查猎得鸟兽，小儿子猎得的多，却总是挨打，大儿子猎得虽少，却被夸奖。旁人看了不懂，就问为什么这样不公平？斛律金说：明月猎得虽少，他射的鸟总是背上中箭，丰乐不然，是随处下手的，猎得虽多，不如他哥哥远矣。有一次叫子孙一起练习射箭，看完以后，斛律金禁不住哭了，说：明月、丰乐用弓不如我，诸孙又不如明月、丰乐，我这一家一代不如一代，看来要衰落了。斛律光有一回跟皇帝打猎，天上有大鸟飞扬，斛律光引弓一射，正中其颈，大鸟盘旋落地，形如车轮，细看原来是个大雕，当时称为落雕都督。

斛律光（公元515—572）长得马面彪身，不多说话，也不轻易发笑，以军功积官到大将军，父死袭爵咸阳郡王，拜左丞相。在东魏和西魏，北齐和北周的战争中，他多次领兵作战，军营未定，不入幕帐休息，有时整天不坐，不脱盔甲，打起仗来，总是在前敌指挥。士卒有罪，只用杖挝背，从不乱杀人，以此士卒都乐意服从指挥，勇敢作战。他从青年时代参加军队，从未打过败仗，深为北周将士所畏惮。居家严肃，虽然官位很高，门第极盛，一家里一个女儿作了皇后，两个女儿作了太子妃，娶了三个公主，子弟都封侯作将军，却生性节俭，不营财利，杜绝贿赂，门无宾客。平时很少和朝士交谈，也不肯干预政事。有会议时，总是最后发言，讲的都有道理。570年周军围洛阳，斛律光率步骑三万大破周军。第二年又大破周韦孝宽军于汾水，得了四个周军要塞。凯旋回邺城，大军还在路上，齐帝高纬便下令把军队解散，斛律光认为军队刚打了胜仗，还没有慰劳赏赐就散了，很不好，写了报告，请求仍让军队回京，一面整队前进，驻营近郊待命。高纬知道大军已到郊外，心里很疑忌，派人召见了斛律光，同时遣使慰劳，解散军队。这样，斛律光就触犯了皇帝，统治阶级内部的矛盾由此一步一步地深化了。

高纬是个极端昏庸无能的皇帝，宠信小人祖珽、穆提婆等专擅政事，政治腐烂，贿赂公行。祖珽品德卑劣，朝野不齿，斛律光很讨厌他，有一次远远看到就骂：多事乞索小人，又要做什么坏事？又曾和诸将说："以往边境消息，军事处分，政府经常和我们商量。自从这个盲人（祖珽眼睛坏了）掌管了国家机密以后，就全不商量了，怕会误国家大事！"斛律光有一次在朝堂，垂帘而坐，祖珽不知道，骑马经过，斛律光大怒说："此人敢如此无礼！"又一次，祖珽在朝房高声说话，斛律光恰巧走过听见了，又大发脾气。祖珽知道斛律光生气，就用钱买通斛律光的家奴，家奴告诉他，从祖珽当权以后，斛律光经常叹气，说盲人当权，国家要完了！祖珽由此下了决心，要害斛律光。

穆提婆也恨斛律光，他求娶斛律光的庶出女儿，斛律光不答应。

高纬赐给穆提婆晋阳一片田地，斛律光说：这片土地从高欢以来都栽植饲料养马，要是给了人，军事上不便。高纬又赐给穆提婆邺城的清风园，这个园子原是公家种菜的，穆提婆租给了别人，公家没有菜吃了。斛律光说："此菜园赐提婆是一家足，若不赐提婆，便百官足。"话传出去了，穆提婆越发恨死，便和祖珽勾结，专等机会陷害斛律光。

斛律羡从564年任都督幽州刺史，当着抵御突厥入侵的军事任务。他把边境二千多里间，凡险要处或斩山筑城，或断谷起障，设立了五十多个军事据点。又兴修水利，导高梁河的河水北合易京，会于潞河，灌溉田地，公私都受到利益。在州养马二千匹，部曲三千，突厥人很害怕他，称为南面可汗。他生性谨慎耿直，因为家门太贵盛了，不但不骄傲，反而时常忧虑，怕出事故。570年上书皇帝请求解职，不许。这年封荆山郡王。

在齐、周两国交兵对峙，战争不断的情况中，高洋在位初期，军力强大，周人怕齐军在冬天偷渡黄河，常在冬月椎黄河冰。到高纬时，政治紊乱，凿黄河冰的不是周人，而是齐人了。只是靠着有斛律光这样名将，经常在边境经营军事据点，统军防御，才能勉强支持。北周名将韦孝宽要拔掉这个前进的障碍，便编造了谣言："百升飞上天，明月照长安。""高山不推自崩，槲树不扶自举。"派间谍到邺城传播，街上小孩到处歌唱。祖珽趁机会对高纬说：百升是斛，明月是斛律光小字。斛律家累世大将，明月声震关西，丰乐威行突厥，女为皇后，男娶公主，谣言很可注意。又使人诬告斛律光要造反。并叫一个丞相府的小官密告，上次斛律光西征凯旋时，不肯散军，原来是要造反的，只是皇帝派人去慰劳、下诏解散，才没有成功。现在他经常和兄弟丰乐、儿子武都处有信息往还，阴谋起事。外边的谣言和祖珽的阴谋，就决定了斛律光家族的命运。武平三年（572年）六月，祖珽叫高纬赐斛律光一匹骏马，第二天斛律光到宫中道谢时，力士刘桃枝从后面扑击，斛律光挺立不动，回过头来说：刘桃枝常作如此事，我不负国家！桃枝和力士三人用弓弦绞杀斛律光，这年斛律光五十八岁。同时派使臣到幽州杀斛律羡和他的五个儿子，光子武都镇守外地，也被杀害。

斛律光死后，祖珽派郎官邢祖信抄没他的家产。祖珽问抄了什么东西，祖信说：得弓十五张，宴射箭一百，贝刀七口，赐矟二张。祖珽又厉声问还有什么，祖信说：得枣子枝二十束，凡是奴仆和人斗殴的，不问曲直，就用以杖之一百。祖珽满面羞愧，只好大声说：朝廷已加重刑，郎中何可分雪？邢祖信出来时，人家说他太直了，祖信说：好宰相都死了，我何惜余生！

周武帝听见斛律光死了，极为高兴，下诏大赦境内。577 年周军灭齐，占领邺城时，追封斛律光为上柱国崇国公，周武帝还指着追封诏旨说："此人若在，我怎么能到邺城！"

斛律金家族的命运，也代表着封建帝王统治下良将忠臣的命运，统治阶级内部的矛盾，在任何时候都是不可调和的。唐朝的郭子仪只是因为一味退让，不过问国事，才幸免于祸；宋朝的岳飞一心要恢复中原，迎还二帝，结果就非死不可。

一千三百九十年过去了，斛律金父子的事迹似乎也不大被人知道了，但斛律金所唱的《敕勒歌》，却在我国文学史上，永保其灿烂的光辉。

1962 年 7 月 26 日

（原载《人民文学》第 9 期，1962 年）

文天祥的骨气

我们中国人是有骨气的。

有骨气是我们优良的民族传统，历史上有数不清的有骨气的人物，文天祥是其中之一。

公元1276年，元将伯颜统军进攻临安（今浙江杭州，南宋首都），驻军皋亭山（离杭州三十里）。宋朝宰相陈宜中逃跑了。文天祥受命于民族危机最严重的时刻，拜右丞相，奉命到元军讲和，他毅然决然到敌人军中，和伯颜当面争论，被拘留押送去大都（今北京）。途中经过镇江，设计逃脱，经历了许多艰险，回到浙江台州，又立刻招募军队，进行抗敌的坚决斗争。

南宋景炎二年（1277年）七月，文天祥兵败于江西永丰空坑，妻女都被俘虏。但他并不丧气，跌倒了，爬起来，揩干血迹，再干。又组织队伍，继续斗争。祥兴元年（1278年）十二月从广东潮阳移驻海丰的途中，被敌军袭击，军溃被俘。

文天祥早有了准备，宁死也不肯屈服。被俘后立刻服了脑子（毒药），他原来害眼病，不料大泻了一场，不但没有死，连眼病也好了。

在从广州被押解到大都的路上，他绝食了八天，没有死。过长江时，设计逃跑没有成功。到大都后，被囚在一个低窄的土室里，阴暗污浊，下雨时水漂床脚，暑热时像个蒸笼，秽气触鼻，人不能堪，他就在这里被拘囚到至元十九年（1282年）十二月，始终没有低头，在柴市就义。

被俘后，元将张弘范要他写信招降宋将张世杰，天祥说："我不能救国，难道还能教人叛国？"弘范还是强迫他写，天祥就写了一首《过零丁洋》诗，末两句是："人生自古谁无死，留取丹心照汗青。"

弘范只好作罢。

崖山军溃，陆秀夫、张世杰殉国，宋亡。张弘范大会诸将庆功，劝文天祥说，宋已亡了，你的责任也尽了。要是你能够以事宋的忠心来事元朝，元朝的宰相不是你，还有谁呢？天祥痛哭流涕，誓死拒绝。

在大都被拘留期间，元朝派宰相孛罗、阿合马，劝他投降，最后派投降的宋朝皇帝瀛国公来，都说不动他。宋朝降官留梦炎求说降，被文天祥痛骂一顿。至元十九年（1282年）十二月初八日，元朝皇帝忽必烈亲自来当说客了，说，“汝在此久，如能改心易虑，以事亡宋者事我，当令汝中书省一处坐。”答应他当宰相，天祥答以不愿事二姓。忽必烈问他愿作什么，天祥说：“愿与一死足矣。”第二天，他便被杀了。衣带中藏有预先写好的赞：“孔曰成仁，孟曰取义，惟其义尽，所以仁至，读圣贤书，所学何事？而今而后，庶几无愧！”

文天祥是宋朝的状元宰相，声望很高。他一向生活豪侈，自奉甚厚，歌儿舞女，不离左右，到了元军大举过江，临安危急的时候，立刻改变生活方式，朴素节约，把所有家产都作为抗元军费，一心一意保卫家国，屡败屡起，毫不气馁，对当时的知识分子和爱国人民号召力很大。元朝政府想利用他的声望，许以高官厚禄，来收拾南宋的人心，减少抵抗，文天祥却不为所动，第一坚决不投降，第二只要求一死，对于连死都不怕的人，敌人的一切威胁、折磨、利诱的手段，便毫无作用了，在这一点上，失败的是元朝政府，文天祥是胜利者，表现了我们民族的英雄气概。

文天祥不止在政治大节上表现了坚强的骨气，在礼节和生活上也和敌人进行了顽强的斗争。

在封建社会里，幼少对尊长，下属见长官，跪拜是当然的礼节。

但是文天祥藐视敌人，无论如何不肯屈膝。在皋亭山和元将伯颜见面时，只是长揖。被俘后见张弘范，断然决然地说，我只能死，不能拜，弘范只好以客礼相见。到大都后，见孛罗丞相，要他跪，他说：南人不能跪。孛罗的左右按着他跪，他索性坐在地上，许多人按他的脖子，牵他的手，用膝盖顶他的背，还是不跪。阿合马来说降，只是长揖。阿合马说：你知道我是谁？天祥说：他们说是宰相。阿合马说：既知是宰相，何以不跪？天祥说：南朝宰相见北朝宰相，为什么要跪？阿合马对左右说：此人生死尚由我。天祥说：亡国之人，要杀便杀，道甚由你不由你。阿合马只好默然而去。最后和忽必烈见面，还是长揖不拜，卫士们一定要他跪，按着他不行，用金挝敲他的膝盖，天祥受了伤，还是坚立不动。他在强大的敌人面前，始终一贯地表现了英雄气概。

甚至在生活上也进行了斗争，他不吃敌人供应的饭。

他一到大都，元朝政府十分款待，住的吃的都像对上宾一样。天祥不睡不吃，坚决抵抗。后来囚在土室，敌人把他所带的银钱封存，每天从他自己的存款中拨钞一钱五分为饮食费，就这样过了四年。宋朝降官王积翁感他的忠义，经常给他送钱。宋福王与芮也托王积翁送来一百两银子。王积翁还向忽必烈建议说：文天祥是宋朝状元宰相，忠于所事。假若把他放了，好好礼待，亦可以为人臣好样子。忽必烈想了一会，说：且令千户所好好与茶饭者。天祥知道了，叫人告诉王积翁：我几年来都不吃敌人供应的饭，你这样做，我只好绝食了！王积翁怕他真的绝食，再也不敢说了。

总之，文天祥在被拘囚的几年内，利用一切机会，对敌人进行了顽强的不屈的斗争，表现了伟大的民族气节。

孟子说过："富贵不能淫，贫贱不能移，威武不能屈，此之谓大丈夫!"这三句话文天祥是完全当之无愧的，他是我国历史上的大丈夫，是继承民族优良传统的有骨气的人，是民族英雄。

（原载《中国青年报》，1962年9月4日）

爱国学者顾炎武

今年是伟大的爱国学者顾炎武逝世二百八十周年。

关于顾炎武的历史评价，全祖望写的《顾先生炎武神道表》最后一段话很中肯。他说：离开顾炎武的时代逐渐远了，读他的书的人虽然很多，但是能够说出他的大节的人却很少。只有王高士不庵曾说：炎武抱着沉痛的心，想表白他母亲的志向，一生奔走流离，心里的话，几十年来也没有机会说出来。可是后起的年轻人，不懂得他的志趣，却只称赞他多闻博学，这对他来说，简直是耻辱，只好一辈子不回家，客死外地了。这段话很好，可以表他的墓。我读了也认为很好，可以使人们对顾炎武这个人有更好的了解。

顾炎武首先是有气节的有骨头的坚强的爱国主义者，其次才是有伟大成就的学者。

顾炎武（公元1613—1682），字宁人，原来名绛，明亡后改名，有时自称为蒋山佣，学者称为亭林先生，江苏昆山人。他家世代有人作官，藏书很多。祖父和母亲对他的教育十分关心，六岁时母亲亲自教他《大学》，七岁跟老师读《四书》，九岁读《周易》，接着祖父就教他读古代军事家孙子、吴子的著作，和《左传》、《国语》、《战国策》、《史记》等书，十一岁读《资治通鉴》，到十三四岁才读完。十四岁进了县学以后，又读《尚书》、《诗经》、《春秋》等书，打下了很扎实的学术基础。母亲更时常以刘基、方孝孺、于谦等人的事迹教育他，要他作一个忠于国家、忠于民族的人。

炎武受教育的时代，也正是明王朝政治日益腐化，统治阶级内部分崩离析、互相倾轧，人民负担日益加重，民不聊生；东北建州（后称满族）崛起，明王朝接连打败仗，丧师失地，满汉民族上层统治集团矛盾最尖锐，汉族人民和统治集团矛盾最尖锐的时代。炎武的祖父教炎武读军事学书籍和史书，是有很深的用意的。

当时东南地区的知识分子组织了一个团体叫复社，吟诗作文，议论时事，名气很大，炎武和他的好友归庄也参加了。两人脾气都有些怪，就得了“归奇顾怪”的外号。

炎武的祖父很留心时事，那时候还没有报纸，有一种政府公报叫《邸报》，是靠抄写流传的，到崇祯十一年（公元1638）才有活版印刷。炎武跟祖父读了泰昌元年（公元1620）以来的《邸报》，对国家大事有了丰富的知识。二十七岁时考乡试没有录取，他“感四国之多虞，耻经生之寡术”，发愤读书，遍览二十一史和全国州县志书、当代名人文集、章奏文册等等，单是志书就读了一千多部，抄录有关材料，以后还随时增补，著成两部书，一部叫《天下郡国利病书》，一部叫《肇域志》。《天下郡国利病书》着重记录各地疆域、形胜、水利、兵防、物产、赋税等资料。《肇域志》则记述地理形势和山川要塞。他晚年游历北方时，用两匹马、两匹骡装着书，到了关、河、塞、障，就访问老兵退卒，记录情况。说的有和过去知道不符合的，就立刻检书查对，力求记载的真实。他这种从实际出发，研究当前现实的学风，一反那个时代空谈性命，不务实际的学风。他这种治学精神、方法，为后来的学术界开辟了道路，指出了方向。

炎武从三十岁以后，读的经书、史书，都写有笔记，反复研究，经过长期的思索、改订，写成了著名的《日知录》。

顺治二年（1645年）五月，清兵渡长江，炎武到苏州参加了抗清斗争。清军围昆山，昆山人民合力拒守，城破，军民死了四万多人，炎武的好友吴其沆也牺牲了。炎武的母亲绝食自杀，临死时嘱咐炎武不要作异国臣子，不要忘了祖父的教训。炎武在军败、国亡、母死的惨痛、悲愤心情中，昂起头来，进行深入的隐蔽的反清斗争。这时期他写的诗如《秋山》：“北去三百舸，舸舸好红颜。”记录了清军掳掠妇女的惨状。“勾践栖山中，国人能致死，叹息思古人，存亡自今始。”以勾践复国自勉，表明了他爱国抗清的坚决意志。在以后的许多诗篇中，也经常流露出这种壮烈情感，如《又酬傅处士（山）

次韵》：“时当汉腊遗臣祭，义激韩仇旧相家。”“三户已亡熊绎国，一成犹启少康家。”如《五十初度时在昌平》：“远路不须愁日暮，老年终自望河清。”又如：“苍龙日暮还行雨，老树春深更着花。”都表明了他至老不衰的英雄气概。

明宗室福王由崧在南京称帝，改元弘光，任命炎武为兵部司务，炎武到过南京。福王被俘，唐王聿键在福建称监国，改元隆武。鲁王以海也在绍兴称监国。唐王遥授炎武为兵部职方司主事，炎武因母丧未葬不能去，不久，唐王也兵败被杀。鲁王流亡沿海一带。1647年秋天，炎武曾到沿海地方，和抗清力量联系。地方上有汉奸地主要陷害他，炎武不得已伪装成商人，奔走江、浙各地，前后五年。《流转》诗中说：“稍稍去鬓毛，改容作商贾，却念五年来，守此良辛苦，畏途穷水陆，仇雠在门户，故乡不可宿，飘然去其宇。”便是这几年间的事。

1655年发生了陆恩之狱。

陆恩是炎武家的世仆。在炎武出游时，投奔到官僚地主叶方恒家。炎武家庭经历丧乱，缺钱使用，把田产八百亩卖给叶家，叶方恒存心想吞并顾家产业，掯勒只给半价，这半价还不给钱，炎武讨了几年才给了一点。恰好陆恩得罪了主人，叶方恒便叫他出面告炎武通海，通海指的是和沿海抗清军事力量勾结，在当时是最大的罪名。炎武急了，便和家人设法擒住陆恩，扔进水里淹死了。陆恩的女婿又求叶方恒出面告状，用钱买通地方官，把炎武关在叶方恒家奴家里，情况十分危急。炎武的好友归庄只好求救于当时赫赫有名的汉奸官僚钱谦益，谦益说，这也不难，不过要他送一门生帖子才行。归庄知道炎武决不肯这样做，便代写了一个送去。炎武知道了，立刻叫人去要回来，要不回来，便在大街上贴通告，说并无此事。谦益听了苦笑说，顾宁人真是倔强啊！后来炎武的另一朋友路泽溥认识兵备道，说明了情由，才把案子转到松江府，判处为主杀家奴，炎武才得脱祸。

叶方恒中过清朝进士，作过官，有钱有势，炎武和他结了仇，家乡再也住不下去了。1657年炎武四十五岁，决定到北方游历，一来避仇，二来也为了更广泛地结纳抗清志士，继续进行斗争。

从这一年起，炎武便仆仆风尘，奔走于山东、河北、山西、陕西等地。他的生活情况，在与潘次耕（耒）信中说："频年足迹所至，无三月之淹，友人赠以二马二骡，装驮书卷，一年之中，半宿旅店。"旅途的艰苦，《旅中》一诗说："久客仍流转，愁人独远征，釜遭行路夺，席与舍儿争，混迹同佣贩，甘心变姓名，寒依车下草，饥糁锸中羹……买臣降五十，何处谒承明？"他的心境，在《寄弟纾及友人江南》诗中说："自昔遘难初，城邑遭屠割，几同赵卒坑，独此一人活，既偷须臾生，讵敢辞播越，十年四五迁，今复客天末，田园已侵并，书卷亦剽夺，尚虞陷微文，雉罗不自脱。"是十分沉重、紧张的。

在游历中，结识了孙奇逢、徐夜、王宏撰、傅山、李中孚等爱国学者，李因笃、朱彝尊、毛奇龄等文人，观察了中原地区和塞外的地理形势，并且在山东章丘买了田产，在雁门之北，五台之东，和李因笃等二十多人集资垦荒，建立庐舍，作为进行隐蔽活动的基地。

1663年，南浔庄氏史案发，炎武的好友吴炎、潘柽章牵连被杀，炎武所藏史录、奏状一二千本借给吴潘两人的，也随同散失。庄廷钺修史时，也曾托人邀请炎武参加，炎武看了情况，知道庄廷钺没有学问，不肯留下。书刻版时没有列上炎武姓名，这才幸免于死。

五年后，莱州黄培诗狱案发，炎武又被牵连，从北京赶到山东投案。案情是莱州人姜元衡告发他的主人黄培写逆诗（反对清朝的诗），又揭发吴人陈济生所编《忠节录》，说这书是顾宁人编的，书上有名的牵连到三百多人。李因笃听到消息，立刻赶到北京告急营救，炎武的许多朋友也到济南帮忙，这时朱彝尊正在山东巡抚处作幕僚，几方面想法子，炎武打了半年官司，居然免祸，可也够危险了。

炎武虽然饱经忧患，跋涉半生，却勤勉好学，没有一天不读书，没有一天不抄书，蝇头行楷，万字如一。朋友们有时终日宴饮，他总是皱眉头，客人走了，叹口气说：可惜又是一天白白度过了。读的书越多，游历的地方越多，写的书也越多，名气也就越大。1671年熊赐履要举荐炎武助修《明史》，他当面拒绝说："果有此举，不为介推之逃，则为屈原之死矣。"1678年叶方霭、韩菼又打算举荐炎武应博学鸿儒科，炎武坚决辞谢，一连给叶方霭写了三封信，表明态度，叶方霭知道不能勉强，方才作罢。为了避免这类麻烦，炎武从此再也不到北京来了。

公元1677年，炎武已经六十五岁了。从山东到陕西华阴，住王宏撰家。王宏撰替他盖了几间房子，决定在此定居。两年后写信告诉他的侄子说：陕西人喜欢经学，看重处士，主持清议，和他省人不同。在此买水田四五十亩，可以维持生活。华阴这地方是交通枢纽，就是不出门，也可以看到各方面来的人，知道各地方的事情。一旦局势有变化，跑进山里去守险，也不过十来里路。要是志在四方呢，一出关门，就可以掌握形势。从这封信可以看出，炎武之定居华阴，是和他的一生志愿抗清斗争密切相关的。

这时候，炎武的三个外甥都已做了大官，徐元文是顺治十六年（公元1659）状元，康熙十八年（公元1679）任《明史》监修总裁官，第二年任都察院左都御史。徐乾学是康熙九年（公元1670）探花，徐秉义是康熙十二年的探花。三兄弟在青年时都曾得到过炎武的资助和教育。他们看到舅父年老，流离外方，几次写信迎接炎武南归，答应给准备房子和田产，炎武回信坚决拒绝。他不但自己不肯受这几个清朝新贵的供养，连他的外甥要请他的得意门生潘耒去作门客，也去信劝止。义正词严地指出这些人官越大，门客越多，好巴结的人留下，刚正方直的人走开，他们不过要找一两个有学问的人在身边来遮丑而已。应该知道香的和臭的东西是不可以放在一个盒子里的，要记住白沙在泥，与之俱黑的话，不要和狎客豪奴混在一起才是。从这两件事，可以看出炎武的生性刚介和气节。

和他的为人一样，炎武做学问也是丝毫不苟的，总是拿最严格的要求来要求自己，从不自满。所著《音学五书》，前后历时三十多年，所过山川亭障，没有一天不带在身边。稿子改了五次，亲自抄写了三次，到刻版的时候，还改了许多地方。著名的《日知录》，1670年刻了八卷，过了六七年，他的学问进步了，检查旧作，深悔过去学问不博，见解不深，有很多缺点，又渐次增改，写成二十多卷。他很虚心，朋友中有指出书中错误的地方，便立刻改正。又十分郑重，有人问他近来《日知录》又写成几卷了，他说，别来一年，反复研究，只写得十几条。他认为知识是无穷无尽的，过去的成绩不可以骄傲，未来的成就更不可以限制自己。做学问不是一天天进步，便会一天天退步。个人独学，没有朋友帮助，就很难有成就，老是住在一个地方，见闻寡陋，也会习染而不自觉。对于自己在学术上的错误，从不宽恕，在给潘耒信上说：读书不多的人，轻易写书，一定会害了读者，像我《跋广韵》那篇文章便是例子。现在把它作废，重写一篇，送给你看，也记住我的过失。我生平所写的书，类此的也还很多，凡是存在徐家的旧作，可以一字不存。自己思量精力还不很衰，不一定就会死，再过些年，总可以搞出一个定本来。

对搜辑资料，也付出极大的努力。例如他在《金石文字记序》所说：我从年轻时就喜欢访求古人金石文字，那时还不很懂。后来读了欧阳修的《集古录》，才知道可以和史书相证明，阐幽表微，补阙正误，不止是文字之好而已。这二十年来，周游各地，所到名山、大镇、祠庙、伽蓝，无不寻求，登危峰，探窈壑，扪落石，履荒榛，伐颓垣，畚朽壤，只要发现可读的碑文，就亲手抄录，要是得到一篇为前人所没有看到的，往往喜欢得睡不着觉。对写作文字，态度也极为谨严，他立定宗旨，凡是文章不关联到学术的，和当代实际没有关系的，一概不写。并且慨叹像韩愈那样的人，假如只写《原道》、《原毁》、《争臣论》、《平淮西碑》、《张中丞传后叙》这几篇，其他捧死人骨头的铭状一概不写，那就真是近代的泰山北斗了！可惜他没有这样做。

他主张为人要“行己有耻”。有耻就是有气节，有骨头，做学问要“好古敏求”，要继承过去的遗产，努力钻研。对明代末期和当时的学风，他是很不以为然的，在《与友人论学书》里说："呜呼！士而不先言耻，则为无本之人，非好古而多闻，则为空虚之学。以无本之人而讲空虚之学，吾见其日从事于圣人而去之弥远也。"也正因为他这样主张，这样做，所以有些人叫他为怪，和他合不来。

炎武于康熙二十一年（公元1682）正月，因上马失足坠地，病死于山西曲沃，年七十岁。

（原载《人民日报》，1962年2月7日）

史学家万斯同

万斯同（公元1638—1702），字季野，学者称为石园先生，浙江鄞县人，是清初著名的历史学家。

现在二十四史里的《明史》，是从清顺治二年到乾隆四年（公元1645—1739），经历了九十多年的长时间，由政府设局纂修，组织了各个时期各方面的学者修成的。从表面看，这是一部经过长时期用集体力量编成的史书，但在实际上，《明史》的底稿是王鸿绪的《明史稿》，而王鸿绪的《明史稿》则是根据万斯同所写的明史底本（包括本纪列传四百六十卷）改头换面而成的。

《明史》的主要编纂人是万斯同。

斯同少时就很聪明，读书过目不忘，八岁时就能够对人背诵扬子《法言》，终篇不失一字。十四五岁时读完了家藏的明朝史料。师事当时著名学者余姚黄宗羲，博通诸史，对明朝掌故特别熟悉。

黄宗羲的儿子，斯同的同学黄百家，记载斯同努力学习的情形说：丙午丁未间（康熙五至六年，公元1666—1667），他们在一起读书，斯同向人借读二十一史，连眼睛都读肿了。己酉（康熙八年，公元1669）以后几年，斯同又在越城姜定庵家，尽读姜家所藏明列朝实录，有时读得高兴，连睡眠也忘记了。因为学习专心，明朝的十五朝实录几乎可以背诵。此外，还博览《邸报》、野史、家乘，知识积累得十分丰富，随便举一人一事问他，都能详述始终，分别是非，使听者忘倦。他没有别的嗜好，从清早到黑夜，全部时间都用在读书上，而又记性好，过目不忘，真是博闻强识的人。

斯同也曾告诉过方苞，自己搜集和辨别史料的经验。他说，我少年时在姜家，读所藏明朝实录，默识暗诵，不敢漏掉一句话、一件事。年纪大了，游历各地，也是想尽法子，到有藏书的人家访求遗书，找有年纪的人考问往事，遍读地方志书、杂家、志传之文，搜罗所有材料，而以实录为依据。因为实录根据体例是直载言、事，比较可靠的。根据时代弄清楚事件情况，说的话的可靠性，这样做，历史人物的真相也就十得八九了。实录不详细的我用别的书来补充，别的书记得不正确的我用实录来校正，总之是要弄清是非，成为信史。

斯同用一辈子的时间读书，研究明朝历史，其中一些基本书籍，还读到能够背诵的地步，经过长期的努力，他成为当时著名的历史学家。

他不止是主张史实的正确性，还要求历史记载的文艺性，他说："史之难为久矣。非事信而言文，其传不显。"事信就是正确性，言文就是文艺性，写史书而不具备这两个条件，这种书是没有人读的。

康熙十八年（公元1679）他应徐元文之聘到北京，以平民身份参加《明史》的编纂工作，不列名，也不拿薪俸。当时学者以修史集中在北京的很多，凡是某一古典、故事，不知道出处的，去问斯同，他立刻用纸条写明此事在某书某卷某页，据以查对，连一页也不差。

从这一年起，一直到康熙四十一年，前后二十四年，斯同以全部力量编修《明史》，一直到死。

他的明史底稿，前些年传说已经在浙江发见了，我希望能够影印出来，丰富我国的历史记载。

（原载《北京晚报》，1961年11月22日）

论民族英雄

我们的国家是英雄的国家，我们的民族是具有英雄气概的民族。今天是这样，在过去的漫长历史时期中，也是这样。我们这一代人继承了并发扬了先人所留下的最光辉的优秀传统。

历史上的民族英雄，在国家、民族遭遇到外来侵略的严重关头，就挺身而出，不计个人的利害、得失，甚至牺牲自己的生命，也不向敌人低头屈膝；他们全心全意，用尽一切力量，为保卫国家、民族的利益、安全，进行坚韧的斗争，不达目的，决不罢休，尽管他们出身于贵族、官僚、地主阶级，和人民是有矛盾的，但在保家卫国这一点上，却和广大人民利益一致，他们的光辉业绩，无数世代以来，都为人民所讴歌、颂戴。

我们有数不清的民族英雄，流传下说不完的可歌可泣的英雄事迹。其中有些人是在斗争中取得胜利的，也有一些人是在极为强大的敌人面前，尽了最大可能的努力，还是不能扭转失败局势，英勇不屈的。前者例如汉朝的霍去病，明朝的于谦和戚继光，后者例如宋朝的文天祥。

霍去病（公元前140—前117）是汉武帝时的大将。

从秦朝起，我国北方的匈奴族就日益强大，以风驰电掣的骑兵部队向南方袭击，掳掠人口财物。秦始皇为了防止匈奴的侵略，把过去燕、赵等国的长城连接并扩展，作为抗拒匈奴侵袭的国防要塞。汉朝兴起后，匈奴也更强大了，袭击边地的战争，不时发生。汉高祖在一次防御战里曾被匈奴包围，形势非常危急。从汉初到汉武帝元光年间（公元前206—前129），七十多年中，北边的居民经常遭受到匈奴杀掠的威胁。

经过七十多年的休养生息，汉朝的农业生产恢复了，商业繁荣了，国家富足了。在这个基础上，汉武帝一反过去对匈奴屈辱求和的局面，进行了多次的大规模的反击战争，最后终于把匈奴战败，确保了北方边境和人民生活的安定。

在对匈奴的多次战争中，霍去病是大将中最出色的一个。

霍去病是青年将军，十八岁时就以剽姚校尉带领八百轻骑兵和匈奴作战，他勇敢剽疾，打仗时总是在最前线。在对匈奴的六次战役中，有四次是以将军身份出击的，独当一面。战绩是消灭敌人十一万多人；接受匈奴浑邪王的投降，开河西、酒泉之地，祖国西方从此就不像过去那样经常遭受匈奴袭击了。

表现他英雄气概的是这样一件事：他立了功，封了侯。汉武帝给他盖了一所府第，叫他去看看。霍去病说："匈奴未灭，无以家为也。"敌人还没有消灭，怎么能想到安家呢？这志气多豪迈！多英勇！先国家，后私人，听了的人谁不感动？

于谦（公元1398—1457）是明朝景泰帝时保卫北京城，扭转严重民族危机的军事统帅。

公元1449年7月，北方的瓦剌（蒙古部族之一）进军包围山西大同，明英宗听了太监王振的话，亲自统帅军队迎敌，这两人都不懂军事，在土木堡（今北京官厅水库附近）被敌军包围，五十万大军全军覆没，明英宗也被敌人俘虏走了，这次不光彩的战役，历史上叫"土木之变"。

失败消息传到北京，明朝的大官们吓坏了。有的人打发家眷逃难，有的人主张放弃北京，逃到南边去。在这严重关头，只要走错一步，政治中心离开北京，瓦剌就可能长驱而下，席卷黄河以北，形势是非常危急的。

朝廷官员中只有于谦力主抗战，反对逃跑。他的主张得到另外几个有见识的官员和明英宗弟弟郕王（明景泰帝）的支持，便被任命为兵部尚书（国防部长），领导北京的保卫战。

于谦立刻着手城防工作，他招募、调遣、训练部队；修理防御工事；制造武器；迁移城外居民入城；运入大量粮食；分派诸将守城任务，并通令边地各军事据点守将，敌人要是带着老皇帝来，要坚守迎敌，不可开门接纳。

瓦剌带着明英宗向北京前进，满以为可以不战而取得各个城市，谁知道各地守将都说，我们已经有了皇帝了，拒绝接纳。到了北京城外，一看军事守备坚强，更是丧气。包围了五天，被于谦率军奋击，打了几个败仗。他们占不到便宜，又怕各地援军来到后，归路被截断，只好解围退兵。北京城保全了，黄河以北的广大地区也因之而保全了。

于谦不止是勇敢，有见识，有担当，他还很谦虚，虽然保全了北京城，打退了敌人，却口不言功。生性朴素俭约。在土木变后，军务紧急，就索性住在办公室里，日夜工作，连家也不回去了。他的这种努力工作的精神，使接近他的人都为之感动。

戚继光（公元1528—1587）是明朝后期的名将。

在明朝的两百几十年历史中，外边，日本海盗寇掠沿海各地，当时叫作倭寇；内部，北方蒙古族的不断南侵，当时叫作“北虏”，是两件最大的威胁。戚继光在消灭入侵倭寇和镇守北边的防御工作中，都表现了卓越的军事才能和英雄气概。

日本海盗从元朝末年就不断侵掠中国沿海一带，到明朝嘉靖年间，便越发猖獗了，浙江、福建、广东沿海地区被抢劫、屠杀、焚烧，壮丁被俘虏，妇女被奸淫，有的城市甚至被攻陷、占据，情况十分严重。明朝的卫所军队已经腐化，没有战斗力，经常打败仗。

戚继光认为要使军队能够保卫国家，首先要练好兵。

从嘉靖三十六年（公元1557）起，戚继光招募了以勇敢著名的浙江金华、义乌兵三千人，教以武艺，长武器和短武器迭用；申明军纪，号令严明；提高了作战武器的质量，又根据南方水田多的特点，创制了鸳鸯阵法；各兵种互相配合，经过认真的训练，这一支军队成为最有战斗力的强大力量，称为戚家军。

公元1561年戚继光用这支军队在浙江抗击入侵的倭寇，九战九胜。接着又破倭寇于江西、福建，收复了倭寇据点横屿，解兴化之围。凯旋后，兴化又被倭寇占据，继光又再度出兵收复，消灭窜犯浙、闽的倭寇余部，保障了东南沿海广大地区人民的生命安全和生活安定，他为人民立下不朽的功勋。

十年以后，公元 1567 年，戚继光被赋予了新的任务，调到北边，镇守蓟州，防止蒙古族的侵犯。

在戚继光到蓟镇以前，十七年中间换了十个镇守大将，都是因为执行任务不好被撤换的。继光守边十六年，整顿了防御工事，重新训练了军队；又因不同地形创制了新的步、骑、辎重的综合阵法；采用了新式武器，边境驻防部队精神面貌为之一新，敌人不敢入侵，虽然没有立下赫赫战功，却做到边境安定，人民乐业，后继的大将按照他的成法，也还保持了边境几十年的安宁。

像霍去病、于谦、戚继光这样的民族英雄，以自己的勇敢、机智、毅力、决心，胜利完成保家卫国的任务的，历史上多得很。同样，也有相反的情况，没有完成任务的民族英雄，尽管他们失败了，但是他们表现了中国人民的骨气，同样为当代和后代人民所崇敬。

文天祥（公元 1236—1282）就是这样一个人物。

他二十岁时中了状元，到元兵渡江南下，包围宋朝首都临安的时候，他受命于国家、民族危机最严重的时刻，以右丞相到元军中讲和，和元将伯颜反复争论，被拘送往大都（今北京）。途经镇江时，设计逃脱。经历了许多艰险，回到浙江，立刻号召组织义兵，保卫乡土，反抗元兵的南下。

元兵实力强大，天祥率众苦战，南宋景炎二年（公元 1277 年）七月，被元兵追击，兵溃于江西永丰空坑，天祥的妻女都被俘虏，天祥幸而逃脱。

虽然打了败仗，但是文天祥决不屈服，再接再厉，又组织军队，起兵抗元。祥兴元年（公元 1278 年）十二月，元兵追到广东潮阳，天祥被执，服毒药不死，被送到大都囚禁。

在囚禁期间，元朝的宰相、宋朝的投降大官，甚至宋朝被俘的皇帝都来劝文天祥投降。他坚决拒绝，不为所动。一直囚禁到元至元十九年（1282 年）十二月，最后连元朝皇帝忽必烈也亲自出马劝降了，许以只要肯投降，便让他作宰相，文天祥还是不理，只求一死，第二天被杀于柴市。死后发见他衣带中写有一赞，文曰：“孔曰成仁，孟曰取义，惟其义尽，所以仁至，读圣贤书，所学何事？而今而后，庶几无愧！”

他在被囚期间写了一首有名的《正气歌》，中间有两句话：“时穷节乃见，一一垂丹青”，以下列举许多历史上这类人物。时穷指的是环境十分困难、艰险的时刻，只有在这种场合，才能考验人们的骨气，节就是节操，就是骨气。我们中国人是有骨气的，文天祥是有骨气的代表人物，他表现了我们民族的英雄气概。

这样一些历史人物的英雄气概，是值得我们引为自豪，值得我们学习、继承、发扬光大的。

但是，也还必须指出，我们一方面要向古代的民族英雄学习、继承，另一面却又必须和我们今天所说的革命英雄主义区别开来，把两者混同起来，是不正确的，错误的。

上面说过，古代的民族英雄在他们英勇地进行保家卫国的斗争方面，是和广大人民的利益一致的。但他们毕竟是贵族，是官僚，是地主，是骑在人民头上的统治者，和人民有着不可调和的阶级矛盾。至于革命英雄主义则只是无产阶级才能具有的，无产阶级的革命英雄出自广大人民，为广大人民的切身的长远的利益而斗争，和古代的民族英雄，有着阶级本质的差别，此其一。古代的民族英雄，尽管在保家卫国的斗争中，起着保卫国家、人民的客观效果，但是在主观认识上，他们只能局限于忠君，忠于一个家族、一个王朝的事业，不可能有为人民服务的思想，这和无产阶级的革命英雄主义，忠于人民，为了人民的事业，有着立场、思想的根本差别，此其二。古代的民族英雄对于国家民族的前途，不可能有明确的认识，他们的世界观是狭隘的、褊窄的，归结到底还是个人的名誉和家族的利益。至于革命的无产阶级，有了马克思列宁主义学说的指导，认清了解放自己和解放全人类的任务，个人服从全体，局部利益服从整体利益，目前利益服从长远利益，不但为解放自己民族而奋斗，并且为解放全人类被压迫民族而奋斗，最终的目的和任务和古代的民族英雄也有着根本的差别，此其三。

虽然如此，对于我国历史上的民族英雄，我们还是要怀着崇敬的心情，研究、学习他们，把他们作为榜样，批判地继承他们的某些优良品质，这是历史工作者的任务，也是我们中华人民共和国全体人民特别是解放军官兵的光荣任务。

1962年9月13日

（原载《解放军报》，1962年9月30日）

他们走到了它的反面
——朱自清颂

毛泽东同志在《丢掉幻想，准备斗争》一文中说：

> 为了侵略的必要，帝国主义给中国造成了数百万区别于旧式文人或士大夫的新式的大小知识分子。对于这些人，帝国主义及其走狗中国的反动政府只能控制其中的一部分人，到了后来，只能控制其中的极少数人，例如胡适、傅斯年、钱穆之类，其他都不能控制了，他们走到了它的反面。①

朱自清先生（公元1898—1948）就是这样一个具有典型性的人物，在帝国主义和中国的反动政府残酷压迫下，他走到了它的反面。

我认得朱自清先生是在1934年。那时候他是清华大学中国文学系主任，我是历史系四年级的学生。因为没上过他的课，路上碰见时不过打个招呼，谈不到友谊。恰好在燕京大学任教的郑振铎教授创议编辑《文学季刊》，朱自清先生和我都被约为编辑委员，在刊物出版之前，几乎经常在郑振铎先生家里见面。他给我的影像：矮矮的个儿，戴副眼镜，穿着整洁的西服，脸上经常有笑容，但不大说话，一定要他发表意见，也总是很谦虚，说得委婉周到，一点点火气也没有。

这一年朱自清先生三十七岁。他生于江苏东海县，长于扬州。在中学读书时，便喜爱看小说、文艺作品，自命为文学家。在北京大学读书时，参加了学生组织的文艺社团活动，开始写新诗。他是旧中国第一批尝试用语体写新诗的一个拓荒者。

---

① 《毛泽东选集》，第4卷，1489页。

大学毕业以后，便在浙江、江苏各地当了五年中学教员。参加了最早成立的文艺团体文学研究会。发表了许多新诗。这时代，正处在五四运动之后和大革命的前夕，知识分子要找出路，但是四顾茫然，不知道出路在哪里，朱自清先生也是一样，他说："我只是在行为上主张一种日常生活中的中和主义。"只是"要活得舒服些"。1927年蒋介石叛变革命，大革命失败了，蒋介石开始统治全国。朱自清先生更加彷徨了，1928年，他写了一篇《那里走》的文章，坦白地说："我在小布尔乔亚里活了三十年，我的情调、嗜好、思想、伦理与行为的方式，在在都是小布尔乔亚的，我彻头彻尾、沦肌浃髓是小布尔乔亚的。离开小布尔乔亚，我没有血与肉。我也知道有些年岁比我大的人，本来也在小布尔乔亚里的，竟一变到普罗列塔利亚去了。但我想这或许是天才，而我不是的。这或许是投机，而我也不能的。在歧路之前，我只有彷徨罢了。"怎么办呢？他也知道："只有参加革命或反革命，才能解决这惶惶然。"他承认这两条路都不能走，只能采取逃避的方法："我是想找一件事，钻了进去，消磨了这一生。我终于在国学里找着了一个题目，开始像小儿的学步，这正是望'死路'走，但我乐意这么走，也就没有法子……'国学是我的职业，文学是我的娱乐'，这便是我现在所走的路。"

这一条他自称的"死路"，他走了将近二十年。

在此以前，他发表了几篇著名的散文，如《桨声灯影里的秦淮河》，当时人评为"白话美术文的模范"。特别是1927年所写的《背影》，虽然只有一千五百字，却历久传诵，有感人至深的力量，这篇短文被选为中学国文教材，在中学生心目中，"朱自清"三个字已经和《背影》成为不可分的一体了。从此，朱自清先生又以散文作家著称于世。

在中学教学的五年，变动太多，改换了很多学校，使他深以为苦。到了1925年8月，经介绍到北京清华大学任教，从此，便安定下来了，他在这个学校工作了二十六年，一直到死。也在这个学校里，钻研国学——中国的古典文学，一直到死。

他是一个新诗人，散文作家，古典文学的研究者，在社会上有很高的声誉。但他对现实政治，不但采取逃避态度，并且经常弄不清是非，到了逃避不了的时候，也有时站到错误的、反动的方面去。例如1936年12月12日张学良和杨虎城将军逮捕了蒋介石，要蒋介石承认停止内战，立即抗日，这是正义的符合全国人民利益的行动，这就是时局转折点的“西安事变”。可是，清华大学的教授会在15日开会，却议决通电中央请明令讨伐张学良，当场推举起草委员七人，朱自清先生被推为召集人，他也就做了。他的立场是站在蒋介石方面的。十年以后，1946年2月22日，在云南昆明的西南联合大学部分教授受了国民党分子蒙蔽，发表反苏反共的对东北问题宣言，朱自清先生虽然提出条件：“但告以须不干涉内政，只为单纯之爱国表示。”也签了名。事后，西南联合大学有人举办了东北问题演说会，会后游行，可是西南联合大学的学生却极少参加。朱自清先生才明白上当了，在日记上写着：“此显然为党团领导，甚悔前者对东北问题之签名。”但是，在读了联大学生所写的《呜呼！大学教授》一文时，却又觉得骂得过火了，感觉不快。

尽管他对现实政治认识不清楚，有时候有意或无意地会站到反动派方面去，但是，他毕竟是一个有正义感的人，他热爱青年，热爱祖国。这是他思想和感情的主要方面。1926年3月18日北京各界在天安门举行群众大会，进行反帝斗争，会后游行，到段祺瑞执政府请愿，段祺瑞下令开枪，打死群众四五十人，重伤二百余人，这就是有名的“三一八惨案”。朱自清先生这一天和清华学生一同进城，参加了集会，游行，请愿，目击了这一历史惨剧，他愤慨极了，写了《执政府大屠杀记》一文，提出抗议：“我们国民有此无脸的政府，又何以自容于世界！”1935年12月16日北平学生反对变相伪政权冀察政务委员会的成立，三万多学生举行大规模的示威。清华学生也进城了，朱自清先生也跟了去，虽然没有说话，但在听说学生有多人受伤之后，却很感慨，认为“最近二次游行中，地方政府对爱国学生之手段，殊过残酷”。他承认学生的行动是爱国的，正义的。1937年7月7日日本帝国主义在北平宛平县的卢沟桥发动进攻，

28日北平沦陷。朱自清先生南下到长沙，参加了由北京大学、清华大学、南开大学组成的临时大学，以后这个大学迁到云南昆明，改称西南联合大学，朱自清先生也到了昆明。在纪念“七七”抗战两周年的时候，他写了短文《这一天》，热情地歌颂抗战，他说：“东亚病夫居然奋起了，睡狮果然醒了。从前只是一大块沃土，现在是有血有肉的活中国了。从前中国在若有若无之间，现在确乎是有了……我们不但有光荣的古代，而且有光荣的现代，不但有光荣的现代，而且有光荣的将来无穷的世代。新中国在血火中成长了。”这时期以后，国民党的政治更加腐烂，滥发通货，物价高涨，生活困难，朱自清先生有七个子女，家庭负担特别重，但他却认为抗战第一，个人生活苦一些不要紧，从不发牢骚、有怨言。由于解放区的消息被国民党封锁，蒋介石对日本帝国主义侵略军一味退让，对共产党所领导的抗日军队，却处心积虑，制造摩擦，发动几次反共高潮。外战外行，内战内行，引起全国人民的愤慨和痛恨。这种情况，朱自清先生并不是完全理解的。以此，当以西南联合大学为中心的民主运动展开以后，反对内战，要求一致抗日；反对国民党的政治腐化，通货膨胀；反对国民党的特务统治，要求各种自由，进行了一系列的斗争，方式有群众大会、示威游行、通电抗议、出版刊物等等，这些行动除了个别例外，朱自清先生都很少参加，当有人去他家邀请的时候，他也总是婉谢拒绝，他的立场是自处于中间路线的，也正是后来美国的艾奇逊所谓的民主个人主义者。

由于生活日益困难，朱自清先生穷困得连御寒衣服也添制不起了。1942年的冬天是昆明十年来最冷的冬天，朱自清先生有一件旧皮袍，纽扣都掉了，破烂得不像样子。既没有大衣，也做不起棉袍，便在街子上买了一件赶马人用的毡披风，披着从乡下进城来上课。就这样，对付了一个冬天。同时，由于营养不足，害了严重的胃病，病发后尽吐黄水，吃不下东西，身体日渐憔悴，突然衰老了。

朱自清先生忍着寒冷，挨着饥饿，却不参与民主运动，他以为只要抗战胜利，一切问题便都可以解决了。1945年，抗战果然胜利了，但是，现实教育了他，国民党的残酷迫害教育了他，美帝国主义帮助蒋介石发动内战，在全国各地横行霸道的冷酷事实教育了他，使他不能不走到他们的反面。

1946年7月11日，昆明民主运动战士李公朴先生被蒋介石暗杀了。15日朱自清先生的多年老友和同事，著名的学者和诗人，昆明民主运动的杰出战士闻一多教授又被蒋介石暗杀了。他不能不挺身而出了，他愤慨到极点，在日记上写着："此诚惨绝人寰之事。自李公朴被刺后，余即时时为一多之安全担心。但绝未想到发生如此之突然，与手段如此之卑鄙！此成何世界！"他出席了成都西南联大校友会举办的闻一多追悼会，讲了闻一多的生平，正面向国民党提出抗议。

回到北平以后，他变了。做的第一件事就是整理闻一多的遗著，因为我和一多这几年来一起工作，又住在一起，和各方面联系较多，以此，和朱自清先生的接触也自然而然地更多了，为整理一多遗著的工作，我们经常讨论和通信。通过这种关系，在北平的多次民主运动中，要发宣言、通电时，我找他签名，除非语气过于激烈，一般的十次中他总有八九次是毫不迟疑地签了名的。

通过种种关系，他对解放区的情况也有了一些正确的理解了。1947年4月28日，他写了《论通俗化》一文，肯定了赵树理同志的著作，他认为："赵树理先生《李有才板话》的出现，是结束通俗化，开始了大众化。而这关键是人民生活的改变，作家与人民共同生活，打成一片。"到了9月间，中国文学系举行迎新会，他甚至和同学一起学习扭秧歌了，这是解放区盛行的一种群众文艺活动，在当时的情况下，在国民党统治区，参加这种文艺活动，是被认为有赤化倾向的。第二年元旦，中国文学系举行师生同乐大会，他虽然带着病，但是还兴致勃勃地和同学们一起热烈地扭秧歌。同学给他化了装，穿上一件红红绿绿的衣服，头上戴了一朵大红花，他愉快地兴奋地和同学们扭在一个行列里，而且扭得最认真。这一年他五十一岁了，一辈子严肃认真、不苟言笑的朱自清先生，到了生命结束的前夕，不但思想变了，感情也变了。

也正在这时候，北平的一些由美国所培养的民主个人主义者，创办了一个中间路线刊物——《新路》。创办人中间绝大多数是朱自清先生的多年老朋友，这些人邀请他参加，他毅然拒绝了。要特别指出的是，当时教授阶层的生活已经到了山穷水尽的地步，朱自清先生不但因为人口多，特别穷困，还带着一身重病。为了补助生活，这时期他写了很多文章。《新路》为了纠合“民主个人主义者”进行反人民的活动，用利诱的方式，出的稿费特别高，在这样情况下，朱自清先生不为利诱，坚决不走中间路线，并且和他们划清了界限，还告诉他夫人说：“以后中间路线是没有的。我们总要把路线看清楚，勇敢的向前走，这不是简单容易的事。我们年纪稍大的人也许走得没有年轻人那么快，但是，就是走得慢，也得走，而且得赶着走。”他从“死路”里走出来了，他走到民主革命的道路上来了，他的体力虽然更加衰弱了，但思想、精神、感情却更加年轻了。

他拒绝了参加《新路》，却参加了我们的《中建》半月刊的“知识分子今天的任务”的座谈会，他的政治立场一边倒了。在会前，我亲自到他家请他，和他一起慢步从清华大学的北院走到工字厅，他走一会儿，停一会儿，断断续续地对我说：“你们是对的，道路走对了。不过，像我这样的人，还不大习惯，要教育我们，得慢慢地来，这样，就跟上你们了。”

最使我感动的是他在我们所草拟的《抗议美国扶日政策并拒绝领取美援面粉宣言》上，毫不迟疑地签名了。宣言说：

> 为抗议美国政府的扶日政策，为抗议上海美国总领事卡宝德和美国驻华大使司徒雷登对中国人民的诬蔑和侮辱，为表示中国人民的尊严和气节，我们断然拒绝美国具有收买灵魂性质的一切施舍物资，无论是购买的或给予的。下列同人同意拒绝购买美援平价面粉，一致退还配给证，特此声明。

当我请他签字的时候，他只看了一眼，便用颤动的手，一丝不苟地签上了名字。在这天的日记上，他记着：“此事每月须损失六百万法币，影响家中甚大。但余仍决定签名，因余等既反美扶日，自应直接由己身做起。”在逝世前，还谆谆告诉夫人：“有一件事得记住，我是在拒绝美援面粉的文件上签过名的。”

这年8月12日，他以胃病开刀逝世于医院，享年五十一岁。

毛泽东同志给予朱自清先生以很高的评价，他在《别了，司徒雷登》一文中说：

> 我们中国人是有骨气的。许多曾经是自由主义者或民主个人主义者的人们，在美国帝国主义者及其走狗国民党反动派面前站起来了。闻一多拍案而起，横眉怒对国民党的手枪，宁可倒下去，不愿屈服。朱自清一身重病，宁可饿死，不领美国的“救济粮”。……我们应当写闻一多颂，写朱自清颂，他们表现了我们民族的英雄气概。①

朱自清先生的一生是旧时代中国知识分子的典型，他钻进了“死路”，成为中间路线的民主个人主义者，但是到了晚年，却由于现实的教育，党的教育，他毅然决然抛弃了中间路线，参加了反美反蒋的斗争，走到了美国帝国主义及其走狗国民党反动派的反面。他晚年的政治活动，表现了我们民族的英雄气概，朱自清先生永垂不朽！

（1962年7月5日为纪念朱自清先生逝世十四周年而作）

（原载《光明日报》，1962年8月12日）

---

① 《毛泽东选集》，第4卷，1499～1500页。

忆西谛先生

西谛先生离开我们三周年了。他那天真的面容，爽朗的笑声，历历如在目前。

我和他相识快三十年了。三十年前，我还在清华大学历史系念书，他是燕京大学文学系教授，在清华兼两点钟课，我听了他的课，从此便相识了。

西谛先生那时候已经出版了他所著的文学史，和鲁迅先生合作搞笺谱，名气很大。但是，他从来没有架子，既没有我们清华某些镀过金的洋教授威风，也没有那时候社会上有些自命为大学者的不可一世的神气。他和蔼可亲，谈话时总是笑。特别对青年人，只要有一长可取的，便加意鼓励，总是说："好极了！好得不得了！"这两句话，后来竟成为他的口头禅。在他逝世前不久，在缅甸国庆的酒会上，他、夏衍同志和我几个人在一起谈话。因为前些日子我发表了《谈烟草》一文，夏衍同志也发表了谈花草果木的文章，谈话自然地集中在这个方面。西谛先生在谈话中又接连地说："好极了！好得不得了！"我们还故意和他开玩笑。谁知道这竟是我们最后一次见面，最后一次谈话呢！

我是他的学生，可是他从不以老师自居，而以志同道合的朋友待我。

1933年秋天，西谛先生创办《文学季刊》，约了几个人作编辑，我记得其中有巴金、冰心、朱自清等人。我那时才是大学四年级的学生，因为经常在《清华周报》、《清华学报》、《燕京学报》写些文章，也把我约上了。大家一谈，都很赞成，刊物便办起来了。我在创刊号上发表的《〈金瓶梅〉的著作时代及其社会背景》，他也夸奖说："好极了！好极了！"相反，清华的有些教授看了，却不大以为然。有一个老教授曾对我说：“你研究《金瓶梅》，讲清时代也就算了，何必讲时代背景呢？”这句话需要解释一下，话里有话，原来那个时代是不许讲马克思列宁主义的，不但不许讲，连时代背景之类也是忌讳的。这是一个鲜明的对照。

我是个穷学生，无事不进城。有事进城，也上不起饭馆吃饭。有一次进城，办完事，等回校的公共汽车，在东安市场旧书摊徘徊，忽然碰见西谛先生，他也在买旧书，一见面便问：“吃饭了没有？”我说：“没有。”他就请我到五芳斋吃饭。记得这次吃了鲥鱼，是生平第一次吃。两人边吃边谈，天南海北，谈得没个边。从此便越发熟了，见面无所不谈了。

过了几个月，西谛先生离开燕京，到上海去了。1937年，日本帝国主义侵略中国，卢沟桥挑衅，占领北平。清华大学和北京大学、南开大学组成西南联合大学，在云南昆明开学。我先在云南大学当教授，后来又回到清华，长住昆明，和西谛先生的来往便中断了。

正当日本帝国主义疯狂进攻，蒋介石政府连战连败，对敌屈辱，一味退让，对内却磨刀霍霍，掀起几次反共高潮，和全国人民为敌的丑恶面目逐步暴露的时候，我们在昆明创办了《民主周刊》，西谛先生在上海也创办了《民主》。道路相隔几千里，却不约而同，在两个地方同时办了反对蒋介石、呼吁民主、要求和平的刊物。我和西谛先生虽然没有通信，这两个刊物却又把我们联系在一起了。

日本帝国主义投降以后，1946年，西南联合大学解散了，三校师生都复员北上，我也取道上海回到北平。一到上海，首先去拜访西谛先生，一见面高兴极了，除了叙述日伪统治上海时期，他的困难遭遇以外，还谈了当前的工作。他说《民主》不准备再办下去了。要取得民主，实现和平，得采用另外一个方式。他已经参加了民主促进会，要进行长期的斗争。此外，在学术工作方面，他正在编辑《中国历史参考图谱》，几十年来搜集了不少资料，要做一个初步总结，便利研究历史的人们。他的书房里，书都让了位了，一格格摆满古代陶俑，主要是唐代的陶俑，有几个特别精美的三彩陶俑。他又指着连声说："好极了，好得不得了！"为了购买这些陶俑和必要的资料，他欠了不少债。在编辑过程中，他自己奔走，请人照相，自己动手剪贴资料，写说明，一个人单干，他说："这是手工业方式，可是，有什么办法呢？"说了又笑了。接着又谈到在抗战前：他曾特地到南京中央研究院历史语言研究所，访问了傅斯年，要求看一看殷墟和其他考古资料，谁知道竟被一口拒绝，不能看。"你看，发掘经过多少年了，自己不研究，也不许人家研究，不止是资本垄断了，连学术也垄断了。这就是国民党！不如此又怎么叫国民党呢？"说时很气愤，说完，他又笑了，接着说："总有这一天，这些被长期封存在库房里的资料会重见天日的，会有这一天！"我说："是的，不要很久，会有这一天。"

也正在这时候，国民党通过美帝国主义的帮助，用美国飞机、美国军舰运输国民党军队，源源北上，准备大举进攻解放区。和军事进攻相配合的是政治恐怖，7 月 11 日在昆明暗杀了李公朴，接着在 15 日又暗杀了闻一多。形势很紧张。我在上海，和同志们一道，参加了反蒋、反内战的斗争，到同济大学、大同大学、中教联、小教联作报告，欢送到南京请愿的代表和游行。西谛先生再三告诉我："要警惕啊，提防有尾巴！"并且详细描述了自己在上海多年来和特务斗争的经验。他对这些人，也有一句口头禅，那就是："坏极了！可恶极了！"西谛先生的爱和憎是非常分明的。

1948 年 8 月间，我又到上海来了。原来准备第二天就趁飞机到香港，和在香港的朋友们一道进入解放区的。不料当天的报纸登载了到香港买飞机票得凭相片的消息，香港是去不成了。当天晚上西谛先生就来看我，并立刻用电话通知一些朋友，一起在一个朋友家吃晚饭，商量办法。这次我在上海停留了个把月。他谆谆告诫，行踪一定要严守秘密，切不可以在公开场合露面。有一次，他陪我买一支自来水笔，铺子里问要不要刻名字，我说要，提笔刚写了吴字上半的口字，西谛先生立刻抢笔过去，代我写了"辰伯"二字，还白了我一眼，意思是怪我太粗心了。

他知道我在等待机会进入解放区，又不能出来活动，十分无聊，就把他编辑的《玄览堂丛书二集》和《明季史料丛书》送给我，要我宁可在家读书，不可出门。通过他，叶圣陶先生、周予同先生、王伯祥先生还陪我逛了一趟苏州。

1949年初，北平解放了，我回到了北平。不久，西谛先生也到北平来了。久别后的喜悦是无法形容的。我们同住在北京饭店。有一天晚上，大家谈得高兴，一瓶酒喝完了，又到外面买了十斤酒，统统喝光。

此后，见面的机会多了，谈天，访古，买旧书，经常在一起。有一次，为了寻找明景泰帝的坟墓，我们两人在西郊南郊找了一天。后来毕竟在颐和园附近找到了，重新修缮，建为公园。记得有一次一起到琉璃厂，赵万里先生也同去，看到一本好书，赵先生要替北京图书馆买，西谛先生也抢着买，结果还是被西谛先生买了。他对旧书是有选择的，第一要插图本，第二是有关戏曲的，第三是小说，只要是他所没有的，便千方百计想法买，价钱贵一些也不在乎。以此，不少爱买旧书的朋友们，对他颇有些意见。他也知道朋友们有意见，笑着对我说："这有什么关系，以后还不是国家的。"果然，他逝世以后，全部藏书一万五千多种都归了北京图书馆。

他藏书之多，我是知道的。这些年来，他收到一些好本子，也经常找我欣赏。但是，他住的地方并不宽敞，除了书架上的书以外，大部分都装在箱子里，并且还有一部分寄存在上海。最近读了他的《西谛书目》，共二十七册，没有分类，是找人按摆书的地方和书箱藏书编列的，题签《西谛书目》是他的亲笔，中间也有个别地方经他改动。细读之后，才知道他的兴趣之广。藏书中主要类别有戏剧、小说、画谱、宝卷、弹词、考古、金石、文集、诗集、词集、目录、方志、丛书等等，而以戏剧、小说、插图本书为最精。除此而外，他也注意社会经济史料，例如抄本的《光绪十九年嵊县保甲烟户丁口册》、《贵阳府蜀道里册》、《都匀府亲辖村寨道里册》、《平越府属、黎平府蜀物料价值》，和刊本的《北新关商税则例》、《闽海关常规则例》、《同治十年广和号刊丸散膏丹集录》等等。这一万五千多种书，是他一生节衣缩食，四处搜访，极一生精力得来的。他为国家积累了这笔财富，对国家对人民作出了贡献。

三年前，在缅甸使馆酒会之后，知道他出国去了，也和往常一样，以为不久可以回来。谁知不多几天后，在北京车站上，碰见夏衍同志，他容色惨白，低声对我说：“告诉你一个不好消息，振铎死了。”这简直是晴天霹雳，一时被这消息震惊得说不出话来。第二天见报，才知道飞机失事的详情。三十年的老师和朋友，就此永别了！经常关心我，鼓励我，学术上和政治上的同志，就此永别了！

我参加了他的追悼会，也参加了送葬行列，送到墓地，眼看他骨灰下葬。但是，纪念文字总是写不出来，因为一提笔就难过，就流泪，写不下去。这么一个体格健壮、永远乐观、生龙活虎般的人，怎么能忍心写他死去呢？三年了，我没有写文章。

我每一次进历史博物馆，总是想到西谛先生，他要活着，该是如何喜悦。

我每一次参观革命博物馆、军事博物馆，也不由不想到西谛先生，他要活着，该是如何喜悦。

同样，我每一次在报纸上看到收藏家捐献给国家以名贵图书和器物的消息，也不由自主地想到西谛先生，他要活着，该是如何喜悦。

西谛先生，你的藏书已经成为全民的财产了。你的未竟的事业，有成千上万的人在继承着。我想，你要是知道了，也还会说“好极了！好得不得了！”的。我们就以此告慰你在天之灵吧！

（原载《图书馆》第3期，1961年）

历史剧是艺术，但是和历史有联系*

目前正在进行的关于历史真实与艺术真实问题的争论，我认为，根本问题是在历史与历史剧关系问题上看法的分歧。我的意见是：历史与历史剧有区别，又有联系。区别，是说历史剧是戏，不全是历史，应该有虚构、夸张、集中，通过艺术手法，达到更高、更美、更动人的境界。而历史，是反映一个时期的真实情况——生产斗争和阶级斗争的情况，作忠实的、科学的叙述，不允许虚构、夸张（当然，历史人物、历史事件很多，从历史家的安排说，可以突出某一人物、某一事件）。所以，把历史剧与历史等同起来，以对历史的要求来要求历史剧，是错误的。

可是还有另一面：联系的一面。“历史剧”这一名称，到底从何时开始，我不清楚。好像在解放前没有这一名称，而是解放后才这么叫的。既然叫历史剧，它就必然从历史事件中找题材，并反映一定时期的历史面貌。因此，二者是有联系的。这是我的看法。

可是，王子野、李希凡同志的看法，只是强调艺术真实，好像历史真实与艺术真实是对立的，不相容的，历史真实排斥艺术真实；强调历史剧的虚构方面，忽视历史剧取材于历史的方面，甚至说“历史剧是艺术，不是历史”。那么要问一个问题：历史剧是艺术，不错；但不是历史，否定了和历史的联系，这历史剧名词里的历史又是什么？既然和历史没有联系，那又为什么要叫历史剧呢？

5月29日《光明日报》上，发表了刘知渐同志的文章《从李渔孔

---

* 这篇文章原来的题目是《历史剧是艺术，也是历史》。《文学评论》1962年第五期发表了朱寨同志《关于历史剧问题的争论》，指出我这样提法是不科学的，自相矛盾的。朱寨同志的批评是正确的，我接受他的意见，把题目改了，文章内个别地方也作了相应的改动。并在这里向朱寨同志表示感谢。——作者注

尚任对历史剧的看法说起》，举古典历史剧《桃花扇》和田汉同志的《谢瑶环》为例，支持李希凡、王子野同志的论点，不同意历史剧和历史有联系，并提出《谢瑶环》是最好的历史剧。这就很值得考虑了。《谢瑶环》这一剧本在艺术上是不是成功的作品，是另一个问题，这里且不谈它。假如从历史角度来看，就可以提出几个问题。武则天、来俊臣、武三思，是实有其人的；但剧中的主角谢瑶环是虚构的，整个事情本身也是虚构的。不仅如此，而且故事、情节，在具体的历史条件下，也是不可能发生的。试问在唐朝，一个宫廷女官，扮作男人，到地方上去做巡按，是可能的吗？不但女扮男装，而且还在任所结婚，是可能的吗？她被坏人害死了，武则天专为此事赶到出事地点去进行处理，是可能的吗？田汉同志的《谢瑶环》是根据西北一个戏曲剧本改编的，他自己也没有说这是历史剧，而现在有些文章、评论，硬派给它"历史剧"的名称。这里就发生了历史的含义问题：什么是历史？这是根本问题。看来，有些人的看法是这样：只要戏里边有某个历史人物出场，或者没有什么历史人物，而反映的是古代事情，人物穿的是古代服装，这样的戏就叫历史剧。这样就把历史剧的历史解释为：凡是过去的事情都是历史，以与现代题材相区别。即，凡古装戏都是历史剧。所以就不去注意区别戏里的历史人物是主要人物，还是配角了。

仍以《谢瑶环》为例。谢瑶环是主角，武则天是陪衬人物；谢瑶环其人其事都属虚构，而武则天和武三思、来俊臣是实有其人的。仅仅因为戏里武、来是实有其人，就叫历史剧。如此推而广之，则《封神榜》也是历史小说了，因为武王、纣王、姜太公是实有其人的嘛。《西游记》也是历史小说了，因为主要人物唐僧也是实有其人的，到印度取经是实有其事的。这样推论下去就很难办了：历史没有了，取消了历史。把故事与历史混淆了，把神话与历史混淆了，把传说与历史混淆了。看来，这是没有什么好处的。

那么，什么是历史呢？毛主席在《丢掉幻想，准备斗争》一文中说："阶级斗争，一些阶级胜利了，一些阶级消灭了。这就是历史，这就是几千年的文明史。拿这个观点解释历史的就叫做历史的唯物主义，站在这个观点的反面的是历史的唯心主义。"很清楚，历史是记录阶级斗争的科学。也记录生产斗争，人与自然界的斗争。围绕着生产与阶级斗争，记录人与事的，就是历史。这里边不许可有虚构、夸张，要实事求是。历史就是记录我们先人的生产与阶级斗争的经验与教训的。我们这一代人需要从这些经验教训中作总结，从孔夫子到孙中山都要作总结，吸取某些珍贵的东西。同时，还要从对历史实际的总结，提高到理论性的创造，来指导当前的实际。这怎么可以有虚构、夸张呢？因此，假若把实事求是的历史科学和有虚构成分的文艺作品等同起来，使观众把虚构的东西当成人类曾经经历过的、曾经存在的历史实际，这对当前的学术、文化，对提高人民的认识水平，不会带来任何好处，而只能带来有害的后果。

这里涉及到了历史真实与艺术真实的问题。所谓历史真实，用另一句话说，就是过去人们的实践，在特定时期确实发生过的事情，历史家用科学态度如实地把它记录下来，达到历史真实。那么，艺术真实从哪里来？能不能离开人们的实践？人类，包括我们的祖先，从来没有做过的事情，从来没有发生过的事情，也就是说在日常生活中并不存在的事情，能不能达到艺术上真实的境界呢？我看不能。相反，艺术真实也是来源于生活，来源于人们的实践——我们这一代人、上一代人或者更早的祖先的实践。所以，艺术真实与历史真实应该是统一的，决不是对立的、互相排斥的。

当然，艺术真实与历史真实还应该有所区别。尽管都来源于实践和生活（无论现在的或过去的），但艺术真实必须经过艺术加工才能达到。在这里，剧作家要有所取，有所舍；有所加，有所减；有根据历史实际描写的部分，也有剧作家根据艺术要求虚构的部分。一句话：要经过艺术加工，因为它是艺术品。二者有相同之处，也有不同之处。

现在争论的意见，主要是强调不同的方面，而把相同的方面——都来源于人们的生活、实践，给忽视了。因此，讨论问题时就缺乏共同语言。当然，剧作家为了符合艺术真实的要求，可以对历史实际有所变动，但这种变动，或虚构，不能不受与历史相联系的约束。那就是只能虚构在剧作家所写的特定时期可能发生的事情，而决不可以虚构这个特定时期不可能发生的事情。只有这样，才能达到历史真实性与艺术真实性的统一。在这一点上，艺术真实性是必须服从历史真实性的。假如作者不愿受历史真实性的约束，那也可以。什么题材、什么人物、什么事情都可以写，也都可能写出成功的作品。但是，它不能叫做历史剧，因为它和历史无关。它不是在历史环境中描写了历史人物的性格、活动，这些环境、人物性格和活动是剧作者创造的。剧作家完全有创造这些的权利，但是剧作家毕竟没有创造历史的权利。历史是我们的祖先创造的，是劳动人民创造的，而不是某一个文艺家、剧作家所可能创造的。

写历史剧，我的看法，主要人物，主要情节，包括人物性格，应该符合历史真实。包公、海瑞，人民群众都知道他们是好人，如果把他们写成坏蛋，观众就不会答应，因为违反了历史真实。而次要人物，次要事件，则是可以改动的，而且在某些场合，还有必要进行改动，这是艺术所要求的。我认为这种创作方法，就是现实主义和浪漫主义相结合的方法。我反对把完全虚构的故事当成历史真实；同时也不赞成完完全全根据历史书写戏，没有一点虚构、加工，那样就不是戏，不是艺术品了。所以，在这一点上，我不同意王子野同志的意见。他说历史剧是艺术，我赞成；说不是历史，否定了和历史的联系，这就不完全符合逻辑了。

历史剧能不能普及历史知识呢？

这应从两方面来理解。可以这样说吧——无论旧时代的历史剧作家，或我们时代的历史剧作家，恐怕没有任何人说过：我写戏是为了普及历史知识。《桃花扇》或三国戏的作者没有说过；我们时代的《蔡文姬》或《文成公主》、《胆剑篇》的作者也没有说过。这一点是肯定的。

可是从观众方面来说，历史剧是起了普及历史知识的作用的。在旧时代，人民群众绝大多数不能受到教育，也不能学习历史，但他们毕竟有些历史知识。从哪里来的？从看戏、听说书来的。看三国戏，知道有曹操、刘备、诸葛亮、孙权、关羽、赵云、黄忠等历史人物，知道中国历史上有个三国时代；看春秋战国戏，知道有齐桓公、楚庄王；看包公戏，知道有个包拯，是清官；看海瑞戏，知道他是明朝人……他们不但知道这些知识，而且记得很牢靠，有些话还成为民间口头语，如“说到曹操，曹操就到”、“三个臭皮匠，顶个诸葛亮”。它在普及历史知识上的作用，就某些方面说，比历史教科书更大，因为它生动、形象，具有强烈的感染力。我们新写的历史剧，如《蔡文姬》，使不懂这段历史的人看了，知道汉朝有这么个有学问的妇女，知道汉与匈奴的关系，知道曹操办了件好事，把朋友的女儿找回来了，这是属于历史范畴的。看了《文成公主》，知道唐朝有个唐太宗，很英明，还有文成公主、魏徵、李道宗等，知道西藏方面有个松赞干布、禄东赞；而且知道了当时唐与吐蕃的关系：打过仗，唐打胜了，通了婚，文成公主带去了中原文化，通过婚姻维持了几十年的和平。并且还知道我国是个多民族的国家。难道这些不是知识？所以，客观上，历史剧是起了普及历史知识的作用的，观众承认这一点。否认这一点，就是抹煞事实。

正因为历史剧起了这样的作用，所以我曾经提出这样的看法：旧历史剧和新历史剧应该区别对待，不能拿今天的要求去要求旧历史剧。那样要求是不公道、不实际的，而且会引起混乱。为什么？因为旧时代的剧作家没有马克思列宁主义嘛，对历史的认识也不完全和我们一样，对历史和历史剧的区别和联系也不是很理解，因此，旧历史剧有不少缺点，不能完全符合今天的要求，是必然的。可是另一面呢，这些旧历史剧已经上演几十年、几百年了，已经为人民群众喜闻乐见，所以也不应该反对它，不必去改动它。如《群英会》，就是好戏。但是里边有一场《借东风》，羼杂有迷信色彩。史实上，赤壁之战时是起了东风，火烧了曹兵的战船与营寨。不过，像这样的戏，改它干什么？现在的人民群众有了科学知识，知道风是借不来的。可是反过来说，如果今天的剧作家也写了《借东风》，提倡迷信，恐怕就没有人会赞成了。旧历史剧里还有些宣传封建道德、愚忠愚孝的，写新历史剧当然更不应该这样了。所以，二者应该有区别，对旧历史剧应该从宽，对新历史剧则应该要求更高一些。

对新历史剧要求更高一些，是否会束缚剧作家的创作自由？看来有些剧作家有这种担心。但这是多余的。拿《文成公主》说，一部分是根据历史（如上面提到的人物和事件），一部分是根据传说（日月山部分），一部分则是虚构的，如恭顿这个人连人物和所有活动都是虚构的。这个戏是历史加传说加虚构。唐朝方面侯君集这个人是实有的，而他反对通婚，则也是虚构的。这种虚构好不好，可不可以？好，可以。侯君集是当时的兵部尚书（国防部长），前一年与吐蕃打仗，他是统帅，打败了吐蕃。像这样的人反对和吐蕃通婚，是可能的。在这以前，松赞干布向唐朝求婚四次都没有成功，就说明唐朝内部是确实有人反对的，不然，不早就成功了？所以，作者把反对派的意见集中在侯君集身上，是虚构得合情合理的。西藏方面也有反对派，据记载，由于反对通婚和好而自杀的大臣就有五六个人，所以就这方面进行虚构，也是合情合理的。文成公主死后，唐与吐蕃的关系又变坏了（所以后来金城公主又去了），不是也说明西藏内部有反对的人吗？在这些地方进行虚构，不但不会妨碍历史真实，而且会有助于表现历史的真实性。

可是也应该指出，有些戏的有些地方就值得考虑了。如《甲午海战》，有一场表现李鸿章要求各国公使调停的宴会，所有俄、英、美等国公使都不吭气，而美国公使的随员（日本特务）却哇啦哇啦大讲一通。这就违反了实际情况，因为在外交场合，这是不会发生的事情。所以，虚构的自由是有条件的，只能虚构当时当地可能发生的事情，否则，历史真实与艺术真实就会两败俱伤，就都不存在了。

《胆剑篇》是成功之作。可是我也提过这样的意见：苦成老人的作用超过了勾践的作用。不管当时是奴隶社会或封建社会，国王与老百姓的关系是否那么民主？此其一。第二，勾践应该是英明果断、有主见的人，不是什么事都得听别人出主意。而戏里许多主意是苦成出的，把勾践写弱了，不是写强了。把苦成写强了好不好？我们说，历史是人民群众创造的。可是这并不是说，在任何大事情上老百姓中的个别人物都是起决定作用的。如果古代国王那么倾听老百姓的意见，历史上农民起义反对统治阶级，就不可能发生了。勾践当时所处的地位，使他一定会倾听群众意见，但不能写得过分。现在有一些历史剧都不适当地强调人民群众的作用，一大群人民群众上了台，就算表现了人民群众的力量，不敢写统治者在历史上的作用。这恐怕就把人民群众创造历史的观点庸俗化了。

还想谈到田汉同志的《关汉卿》。关汉卿本人的事迹记载不多，戏很难写，但田汉同志却写得很好。戏里把关汉卿写《窦娥冤》，王著刺杀阿合马，以及把关汉卿与朱帘秀、赛帘秀等人的事情组织到一起，安排得很好。阿合马被刺，是历史事实。可是关汉卿为阿合马家看病，他与朱帘秀的关系等，很多情节都是艺术虚构。这种虚构没有妨碍历史真实，而是做到了历史真实与艺术真实的统一，因为戏里出现的事都是当时可能发生的事。关汉卿写《窦娥冤》，就是对当时政治的控诉书。照我看，它是好历史剧。至于后边关汉卿与朱帘秀团圆，或如粤剧改为分离，都可以，这不是重要的。

是不是提倡多写点历史剧，就要求剧作家都来写历史剧？我不赞成。我看，应该百花齐放，要有表现当前生活的，表现现代革命史的，也要有表现更早的历史实际的。当然，神话剧、故事剧也都应该有。曾经有一个设想：从鸦片战争到1949年的历史中，选每个时期的重大事件，写成十部戏或电影，就有了一部艺术的近百年史了。这方面已有了《甲午海战》等作品。《青春之歌》，人物虽然是虚构的，但在历史实际中这些人物是存在过的，故事情节也反映了一个时期的历史实际情况，是成功的艺术作品，也是历史记录。更进一步，如果从一部中国通史中选择每个时代的一两个重大事件，写成一两部戏，那么观众看了，知识就增加了，等于学了一部中国通史。

总括地说，普及历史知识问题：第一，这并不是剧作者的主观意图；第二，客观上却是起了这种作用的；第三，因此，对新历史剧创作提出比旧历史剧更高的要求，做到历史真实与艺术真实的统一，并不是给剧作家增加负担，而是剧作家应该这样做的。

下面，再就艺术虚构问题作一些补充。

虚构是应该有一定限度的。正如《关汉卿》所虚构的，是这个历史时期可能发生的，普遍存在的事情。因此，除主要人物外，其余的人叫张三也罢，李四也罢，都可以。反过来说，写些当时不可能发生的事情，如要求关汉卿具有资产阶级民主思想，当然不可以。

因为在舞台上，这是不真实的，不能动人的，因此也不可能收到艺术效果。不仅思想感情如此，生活方式也是如此。话剧在这方面的要求比戏曲更严格。三国以前，古人都是席地而坐，没有沙发，没有椅子，地上铺一张席子，吃饭、工作、学习，都是席地而坐。因此，客人来了，抬起身子就是长跪，拱手就是拜，再恭敬些就是顿首、稽首。我们从《战国策》上看到，当时臣对君、君对臣动不动就是长跪，这是不奇怪的。到后来有了胡床（原是野外打仗用的，后来发展为室内用具），又有了桌、椅，不席地而坐了，但还保留了跪拜之礼，这就意义不同了，成为等级制度的礼节了。这种礼节直到辛亥革命时才把它革掉。现在演话剧，如果演春秋战国的事情，剧中人坐椅子，行吗？不行，因为不真实。把那时候的跪拜等同于后来的跪拜，行吗？不行，因为后来的跪拜只是臣对君、下对上的礼节了。这是属于生活范畴的，剧作者、导演都应该注意。服装也是如此，让汉朝人穿唐朝的服装，或让汉、唐人穿今人的服装，都是不行的。甚至某些生活细节也不能不注意，如让正德皇帝叼烟卷、戴眼镜，就会引起观众哄堂大笑。

一方面，对某些历史细节，可以不注意，可以改变、虚构；而作为舞台表演艺术，如能注意某些细节，又会有助于表演艺术的发展，使观众感到真实。特别不能同意这样的论调：写历史剧可以不根据历史，这是很难使人理解的。这样做，结果只能是用作者的主观、想象、愿望——而由于作者生活在今天，这种主观、想象、愿望又只能是属于今天的，来代替历史上的实际。这不仅是非历史主义的，而且是唯心主义的，因为它是把主观想象来代替历史实际。当然，也有这种情况，作者在进行了大量的历史资料研究以后，根据历史实际来虚构特定时期所可能发生的事情，尽管剧中次要人物和故事情节都是虚构的，但是，在历史上却确实存在过的，是从历史实际中概括出来的典型。这当然可以，不但可以，而且很好。但是，这样创作出来的艺术品，到底还是离不开历史；确是艺术，但是和历史是有联系的。

一个剧作者要写历史剧，事先必须做充分的调查研究工作，掌握足够的资料。这些资料不一定都用得上，但这样做才能有所比较、选择，才能取其精华，弃其糟粕。这方面，有些作者是很认真、严肃的。当然，反过来，剧作者也不可以被历史事实所束缚。如果全照史实发展写戏，可能就写不成功，写瘟了。一位青年作者在写辛弃疾的事迹，来信问：事情发生时间的先后是否可以改动？当然可以。或者把发生在两个人身上的事情综合在一个人身上，也可以。这种发展、变化，应该服从艺术的需要，看怎样写更动人，更具有感染力。一方面，艺术真实与历史真实应该统一，虚构要受到历史条件的限制。另一方面，又不能被历史事实卡得很死，一点不许动。这样做，不但剧作家反对，我也反对。在不妨碍历史真实的原则下，作某些改动；达到艺术上更完美的要求，只要合情合理便是必须的，应该的。

结论是什么？历史真实与艺术真实应该达到统一。而且就事实讲，也是统一的。所以，目前的这种论调：服从历史真实就达不到艺术真实，或者只要艺术真实不要历史真实，都是不全面的、错误的。

说希望剧作家多写些历史剧，不是说不必写别的戏，而是希望历史剧园地也繁荣起来。因此，对于历史剧问题的讨论，不同意见的提出，是好事。讨论得越多、越深入，也就越好。

更简短的结论是：历史剧是艺术，但是和历史有联系。当然，不是历史教科书，也不是历史论文。

（原载《戏剧报》第6期，1962年）

关于历史剧的一些问题

繁星①老兄：

看了你的信，很高兴。

论年岁和学问你都是老兄。反过来，你要称我作老兄，我会大吃一惊、退避三舍的。

你提出的问题，也正是当前史学界、戏剧界有争论的问题。我对这些问题是有自己的看法的，在北京，讲出来以后，有人有不同意见。不久前在上海《文汇报》发表了《谈历史剧》一文，有人写文章反驳，但也有人赞成，看来这个问题是争鸣起来了，很有意思。

于此，先讲一点题外的话。百家争鸣，我认为有可鸣才能争，我曾经参加了许多次争鸣的会，满想学习一点东西，但是结果并不尽然。究其原因，除了有些人害怕划不清政治和学术的界线，确有意见而不愿说以外，更多人是对问题没有研究，或研究了而没有深入，根本提不出自己的意见，鸣不起来，争于何有？以此，我认为要真真做到争鸣、齐放，参加的人还必须事先充分做好深入的研究工作，没有调查就没有发言权是万古不灭的真理，你以为何如？

我对历史剧已经琢磨了一两年了，研究了许多历史人物，其中关于海瑞的研究，写了不少篇文章。剧团的朋友们要写海瑞的戏，要求我帮助写提纲，不料上马容易下马难，先是思索提纲，自己嫌说不清楚，索性搭个架子，越写越上劲，索性写起戏来了。坦白向你说，我是不大爱看戏的，更不懂京戏。原因是年轻时生活很困难，看不起戏。你想，当年在清华大学上学，进城看一次京戏，得费多

① “繁星”为廖沫沙的一个笔名。——编者注

大劲，一个靠课外工作自学的穷学生，这是不可能的事。由于不懂戏，前几年有朋友说我，你的文化水平呀真差点劲，我说，是，确是很差。但是，这一回，不知不觉上了马，写起来了，不懂，向人请教，写一遍，不行，再写第二遍，彩排了，大家提了意见，结论是没有戏，又重写，一直改写了七遍，如今，算是上演了，朋友们又提出一些好意见，还准备再改。

因为上了马，不跑也得跑，经过一年多思索，对历史剧的一些问题，也就是老兄所提出的，有了一些粗浅的看法。

第一，历史的真实和戏剧的真实，是有区别的，但是也有联系。

为什么有区别，因为历史剧是戏，不是历史书，假如把历史剧写成历史论文或教科书，那尽可以在学术刊物上发表或大学教室里讲演，不应该也不可能搬上舞台。我写《海瑞罢官》多次，人家说没有戏，道理就在于此。但是，又必须有联系，既然是历史剧，就必然得受历史真实性的约束，也就是你所说的典型环境和典型性格的约束，假如不考虑这联系，把这个历史时期所不可能发生的事情或者这个人物性格里不应该有的言论和行动，勉强搬上舞台，尽管艺术性很强，毕竟不能算历史剧。

第二，写历史人物要求符合历史实际，要从历史人物所处的时代来理解、分析、研究这个历史人物，不可以有虚构、夸张。但是，作为戏剧中的历史人物则完全可以，而且必须有所虚构、夸张，使之更突出、集中，鲜明、生动，达到艺术上更完善的境界。这两者是有区别的。另一面，无论是历史书也罢，历史剧也罢，里面的历史人物决不是僵尸的复活，写这个人、演这个人，都要着眼于他或她的某个方面对于后一代的人们的启发作用，也就是前人经验的总结。一句话，不是为了死人，而是为活人服务，也就是为了继承前人的斗争经验教训，使之为今天的社会主义建设服务，做到古为今用，这两者是统一的，不容有任何怀疑的。

同时，也应指出，历史家对历史人物的评论应该是比较全面的，讲优点，也该讲缺点。戏剧家呢？我以为有权利选取这个历史人物某一段活动或者是其中某一件史实，突出地加以渲染、表现，不一定非要在指出优点的同时，逐一算出那几项缺点不可。当然，适当指出缺点是可以的，但不一定非这样做不可。

第三，当然得讲其人、其事的发展过程。人也罢，事也罢，都是从矛盾中发展的。人的思想意识有变化，事物的发展进程有变化，书也罢，戏也罢，都得把这变化交代清楚。但是，书不同于戏，我写海瑞的许多篇论文，人和事都严格按照史料处理，在必要时有所推论，也是从史实的根据出发的，没有根据的不能胡乱推论。但在《海瑞罢官》这个戏里，除了海瑞、徐阶这两个历史人物的典型性格和典型环境是符合于历史实际的以外，戏中的事是虚构的，赵玉山一家子历史上并无其人，这家子的三世冤埋也并无其事，反过来说，根据典型环境所许可的情况下，这些人和事又是有历史根据的，徐家的确做了许多坏事，当时确有为数众多的老百姓被害，赵玉山一家子的故事从这一角度看是符合历史真实的，不过姓名不一定是赵玉山、洪阿兰而已。在写作中的多次修改，人和事的发展过程经过多次的变化，这里就不能一一细说了。

说得很拉杂，也不够具体，但总算回答了老兄的问题。你信上说越想越糊涂，我看，你一点也不糊涂，我所说的，我看，也都是你所想到的，不过，你在故弄玄虚，要我替你说出来而已。

最后，你说我破门而出，这句话点着了。我就是要破门而出，这个门非破不可，破了才能达到学术上和文化艺术上的真正繁荣。凡事要从头学习，不懂，是个认识问题，只要钻进去，一年两年三年五年总可以弄懂。搞历史的人写点戏，纵然是初学，写得不好，看了会有许多人不满意，累人，在这里我向所有看过这个戏的人赔不是，但是，决不认错，因为无错可认，因为认真地学习新鲜事物是我们这个时代人们的特征，决不能算错误。相反，面对不懂的事物而踌躇却步，不敢问津，或如你所说自封于门户的界限，局促一隅，这才是真正的错误。以此，我衷心赞成你的意见，不单是学历史的人应该写戏，写戏的人也应该懂得史，研究史，大家来学点历史，推动历史科学和历史剧的前进和发展。

也要向老兄建议，你为何不破门而出呢？动手写点历史剧吧，我想，戏剧界一定热烈鼓掌欢迎你的出场。如何？

吴晗

（原载《北京晚报》，1961年2月18日）

说争论

对事物的认识、发展、变化和掌握、处理，持有不同意见，把问题一五一十都摆在桌子上，针锋相对，你来我去，这叫做争。为了证明自己意见的正确，不但摆事实，还要讲清道理，以理服人，这个道理就是论，是论点，也是理论。争而无论，尽管吵到面红耳赤，也可能吵不清楚；论而无争，不同的角度出发的论点，竟会和平共处，也是不可想象的。以此，争论两字总是联在一起，分不开，切不断。

争论的性质不同，有政治性的，有学术性的，也有因家庭琐事、细故，引起争论的，俗话说，公说公有理，婆说婆有理便是。范围有大有小，时间有长有短，总之，凡是有人类生活的地方，便有争论。

争论并不是坏事，而是好事。往往有这样情况，持有不同意见的人们，各有其片面性，经过反复不断的争论，各人的论点、根据都明确了，对立的双方都从争论中，更全面地认识了事物的发展和变化，片面性减少了，互相接受了不同的论点，达到了共同的结论。这样，争论的双方，认识都比过去有所提高，不止解决了问题，也提高了思想政治水平，好处是很大的。

正因为如此，在有些会议和讨论中，人们感觉不满意，原因是没有争论。

既然开了会，要议论问题，或者是在学术上有问题需要讨论，为什么会没有争论呢？

说起来，话就很多了。还是长话短说。我们尽管已经开了十几年以至几十年的会了，但是，严格地说，还是没有学会开会。有一些会议的主持人根本没有提出问题，只是为了好像应该开个会了才开会，试问根本没有问题怎能会有不同意见呢？怎么会有争论呢？也有一些会议的主持人，问题是有的，但不是事先拿出来，给人以深思熟虑的机会，而是到开会时才宣布，使人像对丈二和尚，摸不着头脑，大多数人胸无成竹，没有研究，又怎能提出意见？也还有这样的会议，虽然早日公布了议题，但是，没有为与会的人准备资料，资料是有的，只是被主持人垄断了，以此，也往往因为根据不足，开会时引不起争论。

学术上的讨论，也有同样的情况。不过，还得加上一条，那就是口径不对头，公的理从男子立场出发，婆的理从妇女立场出发，你讲你的，我讲我的，根本没有交锋。另外，也还有这样情况，此方对彼方的情况不明，无从争起，也无从论起。

随便举个把小例子吧，最近关于历史剧的讨论，一种意见认为过去时代的人们，虽然绝大多数人没有受文化教育的机会，但是也还有一些历史知识，不止知道有刘备、曹操、诸葛亮，还知道有包公其人。公社的老社员们还拿老黄忠来作号召呢！这些知识不消说是从旧历史剧得来的，从看戏得来的。从这些具体事例中，提出新的历史剧，也必然会有普及历史知识的任务。事实上，某些新的历史剧也正在执行这样的任务，例如《文成公主》这一剧本的演出，不是给观众以唐太宗、松赞干布、禄东赞和魏徵等历史人物的鲜明形象吗？不是让观众通过这剧本，对七世纪前期的唐蕃团结有了深刻的印象吗？不是丰富了观众的历史知识了吗？但是，有人却提出不同意见，认为历史剧是艺术，并不负有普及历史知识的任务，不止理论上如此，而且，连外国人，像那个黑格尔，就说过这样那样的话云云。这样一来，就很难争论了，因为一个讲的是历史实际情况，当前实际情况，而另一个呢，却讲的是艺术，还抬出了一个外国人，这就不大好办了，因为我们很难断定这个黑格尔有没有来过中国，看过中国的历史剧没有，是不是了解中国情况？

另外一个例子，也还是历史剧，在一篇谈历史剧的文章中，提到某一个剧本的作者“尽可能忠实于历史，作到无一字无来历，无一事无出处”。这是指这个剧本的写作情况而说的，通篇文章中并没有谈到这个剧本的长短，也并没有说这种写作方法应该是写作历史剧的准则。但是，有的持有不同意见的人们却断章取义，认为这个人呀，主张写历史剧一定要作到“无一字无来历，无一事无出处”。束缚了艺术家的虚构的自由，因而表示不能同意。一个说的是这个剧本，一个却硬说指的是所有历史剧的创作，双方的意见虽然是对立的，但是，也还要说，可惜情况不明，无从说起。

于此，可见，无论是在什么性质的会议上，或学术讨论中，要求有不同意见的提出，提得越多越好，经过反复争论，最后达到一致，得到比较正确、满意的结论，似乎做到以下几点是不可缺少的。第一是要提出问题，第二是要先期提出，第三是要为参加讨论的人提供必要的资料。第四呢，争论的双方，口径要一致，到底是公的还是婆的，要事先讲清楚。第五呢？此方对彼方还得弄清情况，不但要听懂对方的话，也还不要断章取义。

要提倡争论，也要为争论创造条件。

（原载《光明日报》，1962 年 3 月 27 日）

并非争论的“争论”

不久前，我写了一篇叫《说争论》的小文章，发表在《光明日报》。

这篇文章指出某些学术问题争论不起来的原因，一种是口径不对头；另一种是此方对彼方的情况不明，无从争起，也无从论起。为了说明具体情况，随便举了两个小例子。不料这两个小例子却引起李希凡同志的争论。不过就我来说，举这两个小例子完全是偶然的事情，恰好桌子上摆着一本《戏剧报》顺手举例，本意并不在于争论这两个问题。就连李希凡同志也说“对问题本身，没有什么意见好说”的。我之所以不指名，倒决不因为什么前辈后辈，在真理面前，哪里有什么前辈后辈之分呢？问题只在于道理对不对。更不是“含蓄”，因为只是随便举例，并不想争论，有什么必要指名呢？

不料，李希凡同志写了《答吴晗同志》的文章，指了我，我只好说话，但仍旧要声明，不是争论，以此，标题为《并非争论的“争论”》。也不写答谁，因为各说各的，说不到一起也。

在此以前，我写了好几篇谈历史剧的文章，在《再谈历史剧》中，我说过：“过去长时期以来，广大人民没有学文化、读书的机会，但是，他们或多或少有一些历史知识，这些知识是由戏剧传播的。”在《论历史剧》中，我又说过：“正确的历史剧可以普及历史知识，是进行历史主义、爱国主义教育最有效的工具。”李希凡同志不同意这个看法，他在《戏剧报》《史实和“虚构”》一文中说：“所以，我以为简单地把‘反映历史实际情况’、‘普及历史知识’、‘起历史教科书的作用’都规定成历史剧的任务，那就不符合作为文学艺术样式之一的历史剧的性质了。”他不止不同意，还引了黑格尔论莎士比亚作品的一段话：“历史细节的精确对于他们也就不应有严肃的兴趣。”下加括弧，李希凡同志注曰：“黑格尔大概不会赞成历史剧负担‘普及历史知识’的任务的。——引者”。当然，李希凡同志完全可以有权利为历史剧下定义，说历史剧并没有普及历史知识的任务，说什么理由都可以。但是，看来，毕竟和黑格尔不大相干。因为黑格尔在这里讲的是莎士比亚的戏，不是中国的旧的或新的历史剧。第二，黑格尔说历史细节的精确对于他们也就不应有什么严肃的兴趣，对我在那几篇文章中所说的广大人民有些历史知识是由戏剧传播的；正确的历史剧可以普及历史知识的论点，实在有点风马牛不相干。第三，黑格尔这句话和括弧内李希凡同志的注，也很难看出两者之间有什么关系。我说的是这个，李希凡同志说的却是那个，这种讨论方法，怎能说是对上口径？

理论必须和实际结合这一原则，看来是不会有人反对的。我说过，我不懂戏剧，但是，外国戏和中国戏的区别还是知道的。例如外国戏有歌剧，只歌唱而没有对白，有舞剧，只舞而没有歌唱、说白。像中国戏这样，有歌唱、道白、舞蹈、音乐，综合的戏剧，在外国似乎没有吧。各个国家有共同的东西，也有各自特有的东西，各个国家各个民族，都毕竟有它自己的历史的传统，艺术的传统，不注意这一点，看来也是不科学的。黑格尔那几句话就特定的问题来说也许是对的，但随便应用于中国的历史剧，却不一定就对。例如在个别情况下，某些历史细节的精确对于整个剧本是会起锦上添花的作用的。李希凡同志还说：“我觉得，不幸的是黑格尔所批评的对历史剧创作的某些错误要求，和吴晗同志以及其他一些同志的历史剧见解，有其相似之处。”于此，我也觉得，不幸的是李希凡同志没有注意外国戏和中国戏的不同风格，不区别这个、那个国家、民族的传统、特征，一定要把黑格尔的话应用于中国历史剧；而且，在过去的讨论中，我也并没有强调历史细节的精确这个问题，李希凡同志却把历史细节的精确和历史知识的普及联系起来，这也确实有点令人费解。

在我的原文中“还抬出了一个外国人”。这的确由于我对黑格尔这句话的被引用有些不同意之处，所以口气未免有些不大恭敬。李希凡同志从而引申出马克思、恩格斯、列宁，我想黑格尔恐怕和他们几位大师不能相比吧。于此，我要申明，有些方面，我确是对某些外国人不恭敬的，不但奚落而已，还要狠狠地骂。但是对另外一些外国人，如马恩列斯，则也和李希凡同志一样，是很恭敬的。恭恭敬敬学习了他们的教导，还要把他们的话和中国的实际结合来运用，光恭敬而不结合，或者胡乱结合，以至生搬硬套，那就远非严肃的态度了。

至于“艺术形象所起的作用当成历史知识”这一论据，看来也很费解，三国戏是从《三国演义》来的，《三国演义》的内容大部分出于《三国志》，试问《三国志》是不是历史？人民群众从三国戏里知道了诸葛亮这个足智多谋的人物，算不算历史知识？特别是说《捉放曹》里曹操的形象：“这正说明在这里起作用的并不是历史知识，而是形象、性格、艺术。”这就很难理解，文艺家要创造一个历史人物的形象，起作用的却不是历史知识，而是形象、性格、艺术，这个形象、性格、艺术是从哪里来的，是天上掉下来的，还是文艺家凭自己的脑子创造出来的？至于作为观众，看曹操这个人物，是作为历史人物的曹操的形象、性格、艺术来看呢？还是抽掉曹操这个具体人物，光看抽象的不属于任何人的形象、性格、艺术呢？

至于历史剧的创作必须有虚构的问题，我在几篇文章中曾经不断说过，李希凡同志的文章中也多次谈到这一点，主张既然相同，当然无从争起。但是使人不能理解的是李希凡同志还是要大争而特争之，并且认为“人物事实都要有根据”和“虚构的自由”是不能统一的，说我的主张有矛盾之处。但他自己却又说“历史剧作为反映历史生活题材的作品，我们当然要求它必须符合历史的真实性”。又说：“无论在怎样反映历史真实的情况下，历史剧都要求（不是允许）虚构。”同样的说法，在李希凡同志口中，便没有矛盾了。于此，我只好说，你说的和我一样，还争什么呢。至于历史剧负担了普及历史知识任务之后“文艺就不成其为文艺，而成为某种知识的传声筒啦”，好像文艺是一种特定的什么东西，拒绝一切知识似的，传播了某种知识就不成其为文艺，这样的一种文艺，不包含任何知识内容的文艺，结果岂不是只剩下灵感和玄想的东西了。还有历史剧"都没有理由例外地要求它担负普及历史知识的任务"，"例外地"三个字不是我说的，既然是历史剧，当然就会起传播历史知识的作用，旧历史剧已经起了这样作用，对新历史剧的要求应该更严格一些，这是从旧、新历史剧的发展得出的论点，和历史剧一样，各种题材的剧本同时也就传播各种不同的知识，是本来具有的东西，也不是什么"例外地"的。

总之，是对不上口径。既然对不上，也只好算了。我还是说我的。至于李希凡同志，当然有他不同意的自由。在这一点上，互相尊重是完全可以而且必要的。

关于第二个例子，是情况不明。我在《谈武则天》一文中，我的确这样说："由于封建礼教作怪，她被不少卫道的'正人君子'们所辱骂，名誉不好。郭沫若同志的新作《武则天》五幕历史剧，替武则天翻了案，我双手赞成、拥护。"文意很清楚，我赞成替武则天翻案，却并没有说是不是赞成这样翻案。翻案是一回事，如何翻案又是一回事，这是必须区别开来的。于此，不能不说明一下，在这个问题上，我是有不同意见的，在看完剧本以后，曾特地去拜访过郭沫若同志，以后又在讨论这个剧本时申述过自己的意见。正因为有不同意见，所以这里只说赞成翻案，而不及其他。

其次，就这个剧本而论，我确也说过"《武则天》这个历史剧中的人物都是实有其人的，所涉及的各个人物的故事也都是有文献根据的，沫若同志尽可能忠实于历史，做到无一字无来历，无一事无出处。通过艺术手法，把武则天这个历史上伟大政治家的形象更加强化、集中，和现代人见面了"。这是分析这个剧本的结论，人物、故事有根据，写作做到无一字无来历，无一事无出处。把武则天的形象通过艺术手法和现代人见面。这难道不是事实？我说这个剧本的特点是做到无一字无来历，无一事无出处，却并没有说这种写作方法应该是写作历史剧的准则呀！而且，除了这篇文章而外，我在其他四五篇专门谈历史剧的文章中，都没有这样说过。李希凡同志可能误会了我的原意，因而在《史实与"虚构"》一文中所谈的，和我的意见没有什么相干。而且，我这篇文章，通篇内容是谈有关武则天的史实，和我对武则天的看法，全篇除了李希凡同志所引用的两段以外，没有一个字是谈到这个剧本的，更不用说谈剧本的长处了。而李希凡同志一定要认为我说了这个剧本的长处，那是李希凡同志写文章的自由，至于我的文章，我自己认为并没有那个意思。读者的理解，是否和作者的原意一致，那是无法要求的，见仁见智，只好各听其便了。

顺便说一下，也还是一个随手举出的例子，在一次新的剧本演出之后，剧院的同志们一定要我谈点意见，好像非谈不可。我只好说，你们演得很好。这句话里确有很好两字，但是能不能理解成我认为这个剧本也写得很好呢？我说郭沫若同志的《武则天》，做到无一字无来历，无一事无出处，是就这个剧本的史实而说的，而李希凡同志却认为"这就是倡导一种做法"，而且把它和我过去所说的"人物、事实都要有根据"联系起来。至于我在《论历史剧》中所说：历史剧"在时代背景、主要人物和事件等方面，决不能凭空捏造"，"新历史剧在主要方面，亦即人物、事件、时代背景方面，必须基本上符合于历史真实"；"同时，历史剧既不是历史教科书，更不是历史论文，它除了受历史真实性的约束以外，主要的还是戏。是戏就得按戏的办法写，要有矛盾，有冲突，有情节，要收到艺术效果，还必须有所突出，集中，夸张，因之也就不能不有所虚构，使之更丰富，更生动，更美，更动人。戏剧家完全有权利这样做"[①]。对于历史细节，我在《再谈历史剧》一文中说："至于细微小节要不要注意呢？我看剧作家完全有自由。从历史实际中的可能性去创造，例如时间的先后，事件的集中或删略，某些人物的虚构等等，只要是这些事和人是在具体时间、具体事件中可能发生的，剧作者都有权加以适当处理。这种虚构或想象，只要是从认真研究历史材料所得出的历史客观实际出发，不但完全可以，而且是必须的。"[②] 这些论点，李希凡同志为什么又不加以联系呢？难道这些论

---

① 《春天集》，165页（此为《春天集》单行本的页码，可参见本卷所收《春天集》的相关文章。下同。——编者注）。

② 同上书，156页。

点不是倡导一种做法？而仅仅在专指《武则天》这个剧本的“无一字无来历，无一事无出处”两句话，却是倡导一种做法吗？

关于概括的问题，要说明的是我对李希凡同志《史实与“虚构”》这篇文章，并不是全部不同意，其中一些主要论点我是赞成的。随手举的两个例，并不想就李希凡同志的整篇文章加以讨论，因此，概括的范围并不包括赞成的部分，我的题目是《说争论》，并不是《论〈史实与“虚构”〉》，这是谁都可以看清楚，用不着详细说明。

最后，还有两个小问题，其一是李希凡同志在《史实与“虚构”》中说的“有些历史研究单位写了提供写历史剧线索的书，这种热情是可贵的，但是，我却相信，成功的历史剧，不大可能是出题目做文章的成果”。不知道是不是指的《历史剧拟目》这本书？我们北京史学会编这本书，是应各个剧种和电影等方面的同志提出要求，由有关负责同志召集了专门会议，责成我们这样做的。要求是戏剧界提出的，任务是有关负责同志安排的。我们决没有出题目的狂妄思想，此其一。在序文上我写清楚是：“供戏剧界在编写历史剧时参考。希望剧作者只把它当作一个线索。”此其二。过去历史学界和戏剧界很少联系，正如华君武同志《何不下楼合作》漫画所提出的，这是初次的合作，此其三。书是内部发行的，出了不久就再版，到现在，北京史学会还不时接到各地要求寄书的信件，可见戏剧界是欢迎这样做的，此其四。因为李希凡同志担心的：“如果以事实、细节的考核和辨伪作为依据，来要求历史剧的创作，那就会使剧作者望而却步了。”所以我附带介绍一下这本书编印的经过情况。

其二是关于抄书，李希凡同志引了恩格斯在 1888 年 4 月初给马尔加丽塔·哈克纳斯的信，举了巴尔扎克的《人间喜剧》的例子：“在他的《人间喜剧》里，给予了我们一部法国‘社会’的卓越的现实主义的历史，他用编年史的方式……安置了法国社会的全部历史，从这个历史里，甚至在经济的细节上（例如法国大革命后不动产和私有财产的重新分配），我所学到的东西也比从当时所有专门历史家、经济学家和统计学家的全部著作合拢起来所学到的还要多。”希凡同志接着说：“我想，谁也不会误解恩格斯这里所指的，是从巴尔扎克作品所反映的特定历史时代生活真实性里学到的东西，而并不是说文学作品必须负担‘全部历史’的任务”。于此，我的看法恰好相反，从恩格斯所说的话，恰好证明了历史剧的普及历史知识的作用。“特定历史时代生活真实性里学到的东西”，虽不易懂，在我看来，不是历史知识又是什么呢？至于文学作品必须负担“全部历史”任务，除了李希凡同志这样提以外，我从来也没有听到过有这样的说法。万一有的话，那历史工作者就可以转业了，因为负担已经全部转到文学家身上去了。

同样，我也希望李希凡同志多研究一下中国的历史和旧历史剧、新历史剧，做到理论和实践的结合。

(原载《光明日报》，1962年4月28日)

神话剧是不是宣传迷信？

有些青年在看过《追鱼》、《梁祝》、《宝莲灯》、《槐荫记》等神话剧以后，感到剧中表现的人与鱼恋爱，人同神仙结婚，坟墓开口，人死后化为蝴蝶等情节都是现实生活中不可能发生的事，因而认为这是宣传迷信，是违反科学的。《中国青年》编辑部要我谈谈对这些问题的看法。这倒是一个很有意思的问题，我愿意和大家一起来研究。

要弄清楚神话剧是不是宣传迷信的问题，必须了解神话剧产生的原因及其目的。为此，我们不妨先概括地了解一下我国古典戏剧的类别。我国的古典戏剧，大致可以分成三类：一类是历史剧，它是反映某个历史时期的真实情况的戏剧，因之，剧中的主要人物、事件都必须有历史根据，不能凭剧作者主观愿望来想象或臆造。但又因为它是历史剧，是一种艺术，并非历史书或历史资料，为了达到艺术要求，在次要人物和某些次要情节上，是容许虚构和想象的。当然，这些虚构也不能违反历史真实，它必须是这个历史时期可能发生的事情。

第二类是故事剧。这是剧作者把过去社会上发生的各种事情、人与人之间的关系，通过故事形式编写的戏剧。故事剧比起历史剧来要不受拘束一些，更自由一些，只要是以当时社会上可能发生或已经发生的事为基础，作者可以臆造情节、人物，抓住社会生活中的各种矛盾，较普遍的是统治王朝、贪官污吏与人民群众之间的矛盾；封建礼教与青年男女自由恋爱之间的矛盾，丧权辱国者与保家卫国者之间的矛盾等等，来反映广大人民的愿望。①

第三类就是神话剧。它与历史剧、故事剧都不同，它所反映的都是在现实生活中从未发生也不可能发生的事情。既然是不可能发生的事，为什么要写它呢？这就不得不从当时的社会情况和历史条件中去找解答了。在封建阶级统治的社会里，由于生产力极为落后，科学不发达，人们对于某些自然现象如打雷、闪电、山崩、地震、水灾、旱灾等不能理解；特别是对于社会上贫富不均，劳动人民总是受欺压、剥削，而少数的统治者不劳而食却奢侈放荡、作威作福等不合理的事不能理解和不满。对于这些情况，有些人尝试作解释或者参加到斗争中去，更多的人却感到无能为力，在实际行动中没有力量改变它。但同时又有理解自然现象和社会现象甚至改变不合理的社会现象的强烈愿望。文学家、戏剧家们，想表达人们这种渴望改变现状的要求，通过历史剧（或小说）和故事剧（或小说）来表达是有困难的，因为它们容易被统治阶级发觉而遭到禁止和迫害，便采取神话这种艺术形式来表达。如《西游记》，讲孙悟空由一个猴子而变成神，上天去大闹天宫要推翻玉皇大帝，下海找龙王，到阴间找阎王，进行斗争。表面看来，是猴子和神的斗争，实质上反映了人们对于统治阶级作反抗斗争的愿望。如果作者在当时的社会里，写一个老百姓如何起来造反，要求推翻皇帝，那是根本不允许的，甚至有杀身之祸。但是，把这种反抗寓于神话之中，写一只猴子上天造反，统治阶级要管也就不大容易了。同时，在封建社会里，由于封建礼教的残酷束缚，青年男女在婚姻问题上的痛苦和不幸是十分深重的，因此，神话剧（或小说）中，反映这个主题的比较多。

---

① 最近读到《江海学刊》1961年第五期吴白匋同志《谈历史剧正名问题》，文中指出两点：1．“任志同志……认为杨门女将是符合历史的真实的，并说根据这样的丰富史料作基础，戏剧家当然有理由、也有条件编造《百岁挂帅》等为人民群众所喜闻乐见的剧目。作为《百岁挂帅》的编剧人之一，我却同意吴晗同志的意见，认为从《百岁挂帅》发展提高的《杨门女将》不能叫做历史剧”。明确了故事剧和历史剧的区别。2．“进行虚构，要在对具体的历史事实作具体的分析之后，按照实际需要而定”。又说：“历史剧和历史故事也有区别。区别主要在于历史事实的根据上，有多少和强弱之分”。“吴晗同志的文章，在这一点上没有说得清楚，没有把有根据的虚构和无根据的区别开来，是一个缺点”。这些意见都是正确的。把它转引到这里，供读者参考。——作者注

例如：《追鱼》中的鲤鱼精，《槐荫记》中的七仙姑，因为不甘于自己的孤寂生活，愿意到人间与凡人结婚，过人的生活，《梁祝》中梁山伯与祝英台因为在现实社会里不能结合，最后就用双双化蝶来达到他们美好的愿望。不管是人与人，人与神，人与鱼，还有《聊斋》中的人与狐鬼等等恋爱结婚，都是表现了在封建阶级统治的社会里，青年男女在婚姻恋爱上的苦闷和要求，表现了他们宁死不屈的斗争意志和改变自己命运的决心。

所以，神话虽然是写的动物和神鬼，但实际上是把动物和神鬼拟人化了，人格化了，凭借他们来反抗现实社会统治阶级的压迫，反抗封建礼教和社会上一切不合理的现象，表达人民群众推翻现状和改变现状的愿望。它写动物和神鬼，目的都是写人，写人的善良、智慧、勇敢无畏和不断改变自己命运的决心。它表现的是不甘屈服、勇于斗争的精神，它鼓舞人们用自己的力量改变自己的命运，因此，它是具有进步意义的，能够推动社会前进的。

至于迷信，就完全不同了。虽然从形式上看，宣传迷信的作品与神话一样，也是讲的神鬼，但实质相反。迷信的产生，最初也是由于在过去时代社会生产落后，科学不发达，人们对某些自然现象和社会现象不能解释，因此都把这一切归于上天意旨造成；人们对天灾、地震和社会上不合理的事没有能力改变，就把希望寄托于上天。而封建统治阶级，就利用人们这种愚昧无知，有意识地进行迷信宣传，借此麻痹人们的斗争意志，使人们服服帖帖地受他们的统治压迫。例如，他们宣传有人、神、鬼三个世界，只有安分守己行“善”，死后可以升天去西方极乐世界；要是造反行“恶”，死后就得入地狱受苦。还说，今生受穷受苦都因前生作了孽，这是命定的，因之，不安分受罪是不行的。而所谓善、恶，当然是封建社会的道德标准。这就是“宿命论”、“因果报应论”，其目的，都是为建立和巩固封建统治的秩序，使老百姓在迷信思想的束缚下，老老实实、服服帖帖地受统治者奴役。一句话，就是要人民乖乖地当奴才，不要反抗。所以，迷信与当时的封建统治的政治是不可分的，宣传迷信不仅是为政治服务，而其本身也就是政治活动。宣传迷信思想的书和戏在旧社会里是很多的，也有不少人受到影响。现在的青年就很少看到了。我曾看过一出旧戏《清风亭》，感到戏的后半部分，就留有这种迷信的成分。这出戏写一对老夫妇收养了一个孤儿，含辛茹苦地把他扶养人，后来孤儿考中了状元，却忘恩负义，把老夫妇遗弃不认了，老夫妇悲愤之极，双双碰死，结果状元郎也遭天谴被天雷劈死。这个结局是遵循着因果报应的范畴：好有好报，恶有恶报，而这个“报”不是决定于人的斗争，而是由上天主宰。一切都有天在作主，人们是无能为力的，这种思想只能麻痹人们的斗志，使人民安于自己的不幸命运，一切等待上天的安排。可见，宣传迷信的戏剧是叫人们放弃以至反对斗争，甘心当奴才，是阻碍社会发展的，是反动的。

以上就是神话与迷信的本质上的区别，我们不要只看表面现象而忽略了本质上的差别将两者混淆起来。

神话是不是违反科学呢？

神话表现的都是现实生活中不可能发生的事，因此，如果简单地把神话与现实生活比附和摹拟，当然会得出反科学的结论。旧时代的人，由于缺乏科学常识，看了《追鱼》后可能相信有一天鲤鱼真会变成人，看了《梁祝》后相信人死后真会变成蝴蝶。但今天我们的青年都具有对于鱼能否变人，人能否化成蝶这种最起码的科学常识。他们一看，就会知道这是不可能的事，是神话，是虚构，是剧作者为了表现坚贞的爱情和宁死不屈地向封建礼教作斗争的精神，并通过这种艺术手法来强调这种精神。问题不在于神话剧是否科学，而在看戏的人有无科学知识。因为神话并不牵涉到科学的范围。如果神话表现的事是可能发生和已经发生的事，那就不是神话而是真实故事了。

进一步说，神话虽然不牵涉科学范围，但神话故事也有它自身发展的逻辑，它具有神话的合理性。神话故事所创造的世界，虽然是幻想的世界，但从中我们可以看到现实社会的影子。譬如神话中所描写的神、鬼世界，也有统治阶级的代表者玉皇大帝，阎罗王及他们的爪牙天将天兵、判官小鬼，实际就是当时社会统治阶级的写照。神话本来就是现实生活中各种矛盾，通过作者的幻想、变化后反映出来的。毛主席在《矛盾论》中，谈到神话中幻想变化时指出：“神话中的许多变化，例如《山海经》中所说的‘夸父追日’，《淮南子》中所说的‘羿射九日’，《西游记》中所说的孙悟空七十二变和《聊斋志异》中的许多鬼狐变人的故事等等，这种神话中所说的矛盾的互相变化，乃是无数复杂的现实矛盾的互相变化对于人们所引起的一种幼稚的、想象的，主观幻想的变化……”因之，我们如果不是把神话与现实生活作简单机械的比附和摹拟的话，那么，神话是不是合乎科学的问题也就自然不存在了。

最后，我想谈一谈，神话在今天的现实意义。神话既然作为旧社会人民追求理想，反抗压迫的一种思想武器，那么在今天新社会里是否还有存在的价值？旧的神话剧对今天的人民还有没有教育作用？还有无必要创作新的神话？我认为答案是肯定的。

神话既然不是迷信，又不违反科学，那么对今天的人们来说，当然还是有它的积极作用的。而且我认为就是在今后，神话也还是有它的现实教育意义的。我这里所说的神话当然不包括旧社会统治阶级按照自己特权和奢望加以恶毒窜改过的“神话”。

神话剧虽然反映的是旧时代人们的痛苦、希望和要求，如《追鱼》、《宝莲灯》等，反映了封建社会中男女婚姻恋爱的不自由，今天的青年当然不会再受到这种压迫和束缚了，但看看这样的戏，可以使我们了解过去，懂得过去的社会现象，从而知道我们祖先是从一条什么样的道路上走过来的。只有懂得了过去，才能更好地认识现在。

另一方面，神话剧既能反映人们的痛苦、希望和要求，鼓励人们敢于斗争，用自己的力量去改变现状，那么，今天也仍有它的现实意义。因为我们今天虽然已经推翻了压在人民头上的三座大山，人民翻身作主了，但也还有人民内部矛盾，某些方面还存在着不尽合理的现象。特别是在我们与自然界作斗争中，由于知识有限，有些问题还不能完全解决，有些困难还不能一下子就克服，仍然免不了要受到某些自然现象的约束，或受到自然灾害的威胁，因此，今天我们仍需要提倡那种不苟安于现状，不怕困难，勇于斗争的精神。所以，我有这样一个想法：我们不仅要肯定神话的作用，而且还应该进一步做些工作，把过去中外的神话，选一些优秀的，翻译成通俗文字，使人人可读，用来教育群众。同时，我们还可以创作一些新的神话剧。通过神话中的具体形象的活动，来鼓舞人们的斗志，使神话为现实服务。斯大林曾运用了希腊神话安泰与大地的故事，来说明布尔什维克党必须和群众保持着紧密联系的重要性。神话中的安泰是一个著名的英雄，父亲是海神，母亲是地神，没有哪一个能与他抗衡。为什么他这样有力呢？原来他同敌人决斗遇到困难时，便往地上一靠，即往生育和抚养了他的母亲身上一靠，因而就取得一股新的力量。他的弱点就是生怕别人把他跟地面隔开，后来有一个敌人就是设法使安泰跟地面隔开，把他举在空中扼死他的。这个故事教育我们一时一刻也不能离开人民群众。像这样的神话故事，它与当前政治斗争是密切结合的，因而它也很具有现实的教育意义。当然，我们也不一定要求每个神话故事都去直接配合现实斗争，有些神话只要能给予人们一些好的影响，如善良的品质、美好的理想等等，都是对教育群众有益的，有些生动的故事情节和巧妙的艺术表演手法，也会使观众（读者）欣赏，因而得到益处的。

（原载《中国青年》第15期，1961年）

略谈《胆剑篇》

《胆剑篇》(载《人民文学》1961年第七、八期)是一出写得十分成功的历史剧。剧作者曹禺等同志根据春秋时代越王勾践卧薪尝胆、发愤图强终于战胜强大的吴国侵略的史实,通过艺术加工、丰富和提高,从而创造出动人的故事情节和鲜明的人物形象,再现了两千四百多年前吴越之战的历史教训。如果说,卧薪尝胆这个流传已久的故事,已经对我们有所借鉴的话,那么,话剧《胆剑篇》所给我们的启发就更为丰富,它的艺术感染力量更为强烈。我觉得这出戏深刻地表现了这样一个历史教训:表面上强大的国家,如果豪强霸道,欺凌弱小,那么,它也可能转化为弱小,甚至灭亡,相反,弱小的国家,只要举国一致,上下一心,努力发展生产,发愤图强,就可以变为富强的国家。强与不强,不是地理条件所决定,更不是来自上帝的恩赐,起决定因素的还是人。横遭吴国侵略、生产落后的越国,经过“十年生聚,十年教训”,终于灭吴雪耻,这一振奋人心的戏剧情节,生动地告诉我们:不要为表面强大的敌人所吓倒,也不要向暂时的困难低头,踏踏实实,埋头苦干,勇往直前,就一定会取得最后胜利。

《胆剑篇》的作者,以生动的笔触描绘了吴国大军侵占越国的疆土,掠夺了他们的财富,抢劫和烧毁了越国的稻子,掳走了越国的君臣和百姓,并且派遣大夫王孙雄镇守地国,用高压屠杀的手段,奴役越国人民。因此,吴国不义之师的强暴行为,就激起了越国君民的强烈反抗。应该肯定这样描写是有历史根据的,既符合当时历史的真实,又没有拘泥于史实,而且比历史实际更为集中更为概括。

为了说明这一点,在这里有必要回顾和探讨一下历史上吴越两国的实际情况,以及吴越战争的性质。

在两千四百多年以前的春秋时代，我国还不是一个统一的国家，许许多多的小国，星罗棋布，而且国与国之间也没有明确的疆界。在那个时代，所谓国家也还没有形成我们今天这样的概念。国与国之间，常常为了争水，或因这一国家的耕牛越界吃了另一国家的庄稼就引起了两国之间的战争，这在历史记载上是屡见不鲜的。这样的战争，就很难分辨谁是侵略者，谁是被侵略者，当然也说不上正义或非正义。所以，人们常说“春秋无义战”，也就是这个缘故。但是，在当时也有发展强大了的国家，欺侮弱小的国家，掠夺其财富，破坏其生产，奴役其人民的史实。在这种情况下，我们就可以区分战争的正义和非正义了。从历史上的记载来看，吴国是生产水平较高的大国，越国则是生产水平较低的小国。战争的发生，是先由吴国侵略越国开始的。吴王阖闾因攻打越国负伤而死，其子夫差继位后，为了报仇又兴师灭越，俘掳了越王勾践，抢掠越国的财富，破坏越国的生产，奴役越国人民。因此，对于历史上的吴越之战，我们可以这样说，吴国是侵略者，越国是被侵略者。剧作者在越国被侵略的历史背景下，精心地展开了故事情节和人物性格，从而更加集中地突出了越国君民反抗强暴的坚韧不拔精神，这是值得称道的。

当时的生产关系，究竟是奴隶制度还是封建制度？目前在历史研究上是有争论的。剧本没有正面接触这个问题，没有拘泥于具体的历史事实，明确交代是奴隶社会还是封建社会，剧中既有庶民又有奴隶，这样处理很巧妙，也很妥当。说它是奴隶制的末期也可以，说它是封建制的初期也行。这样既不违反历史实际，又避免了在具体历史事实上纠缠不清。在生产力水平上，剧本以使用铁犁来象征吴国的生产力水平，用得很贴切，也符合历史实际。因为铁器的使用的确是从那时开始的。同时剧中也描述当时越国用木犁耕种的情况，这样就巧妙地反映了吴越两国生产水平高低的差别。

剧中的主要人物塑造得很好。几个历史上知名的人物既具有历史的时代特征，又有自己独特的鲜明性格。吴王夫差，年富气盛，野心勃勃，一心一意想当中原的霸主，骄矜狂妄，听不进逆耳的忠言，特别是听不进伍子胥的直言忠告。伍子胥是先朝有功之臣，一方面他对吴国忠心耿耿，而且有远见，看清了吴国的骄横，而越国虽小，人民不肯屈服，越国虽败，君臣却都能忍辱负重，如果吴不彻底灭越，将来吴国势必为越国所灭。另一方面，他又居功自傲，以老前辈自居，处处教训夫差。所以，尽管他的主张对吴国有利，但他那种矜持的态度和简单化的方式，却是吴王夫差所不能容忍和接受的。这些都是在历史上有所记载，而为人们所熟悉的。剧作者紧紧地把握住了这两个人物性格上的特点，通过他们之间的矛盾，把这两个人的性格刻划得淋漓尽致、栩栩如生。太宰伯嚭是一个塑造得相当成功的人物。本来写好这个人物是不容易的，伯嚭这人是两面派，如果把他简单地描写成为一个地道的坏蛋，而且坏在表面上，那么，吴王夫差对他那样言听计从，势必显得夫差太愚蠢。剧作者在处理这个人物时颇具匠心，通过伯嚭几次反对伍子胥的主张，劝阻吴王夫差不杀勾践的情节，比较细致深入地描绘了这个人物的两面派手法。他劝阻吴王时所发的议论，都讲得冠冕堂皇，头头是道，入情入理，使吴王一下子不容易察觉隐藏在漂亮言词背后的不可告人的目的。比如，他对吴王说："……大王的王道霸业是要攻服四海。如果听从老相国的话，到处灭国灭宗，杀尽百姓，那么中原诸侯，就会把吴国看成灾星，把大王看成仇敌。用兵之道，攻心为上……"这些理由表面上看来，都站得住脚，能够令人信服。而事实上，却是伯嚭受了越国的贿赂有意去维护越王的生命。同时，在夫差与伍子胥发生争论时，他又善于乘机说伍子胥的坏话，扩大吴王夫差与伍子胥之间的裂痕。如说，伍子胥到处宣扬立夫差为太子是他一个人的功劳，说伍子胥把儿子寄在齐国怀有异心，话虽不多，其用心却是非常恶毒的。这样就勾划出这个巧于言词、嫉贤妒能、阴险诡谲的两面派的嘴脸。

越王勾践是写得好的，虽然他由于没有听从范蠡的劝告，在军事上遭到了失败，但在失败以后，他并没有屈服，表现得十分顽强。剧中通过勾践在吴王夫差的淫威下，毫不屈服，据理驳斥，甚至险些被夫差处死的情节，突出了勾践的刚强性格，这一性格自始至终一直贯穿下来。对于历史记载中关于勾践忍辱负重的一面则舍弃或削弱了。这样处理，既使得勾践这个人物形象更为鲜明，而又真实可信。勾践虽然有着不屈服于强敌的刚强性格，但却缺乏正确的斗争策略和办法。大夫范蠡、文种和老百姓都为他出主意献计策，勾践的长处就是能够接受别人的忠言。作者对这方面的描写也颇有分寸，如对于苦成的讽谏，最初怒其无礼，继而经文种的劝阻勉强接见，最后终于高兴地采纳了苦成的辟荒兴农、自强不息的主张。这场戏写得很动人，既写出勾践能够听取逆耳忠言，又暗示了勾践毕竟是个国王，和庶民之间还有相当的距离。剧本通过勾践躬耕于田野和勾践夫人深夜织布（这是历史上有记载的），来描写勾践的刻苦及与庶民的关系，也比较恰如其分。不像有的剧本把勾践描绘成与老百姓同甘共苦、共同劳动的“四同干部”。显然要二千四百年前的国王懂得今天我们所理解的劳动意义，是不可能的，也是错误的。勾践夫妇的耕织，只是为了鼓励全国上下，努力发展生产尽快使越国富强起来的一种以身作则的行为，同时也表现了勾践夫妇的刻苦，这样描绘既真实可信，又很感动人。

大夫范蠡和文种，是越王勾践的左右手，他们的政治主张是一致的，但是两人的性格又迥然不同。范蠡很灵活，善于随机应变；文种踏实、持重。这些性格都生动地刻划出来了。

剧中所虚构的几个人物，都写得很有声色。特别给人印象深刻的是苦成老汉。剧作者从多方面来描绘这个英雄人物的精神面貌：冒着吴兵刀剑，把烧焦了的稻穗交给勾践，要勾践别忘了为越国人民报仇的是他；不怕被夷九族，英勇地拔掉“镇越神剑”的是他；宁可饿死，带头不吃吴国之米的是他；责备越王没有骨气，主张辟荒兴农，自耕自给的是他；向勾践献苦胆，要他永远不忘国仇的是他；为了保全越国的刀剑兵器库，挺身而出，英勇殉难的也是他。苦成老汉，从始至终都表现了威武不能屈、贫贱不能移的精神。他能忍耐而又有灭吴雪耻的大志，他刚毅果敢而又有远见和智慧。当然，作为人民群众的代表人物——苦成老汉，历史上并无其人，是剧作者虚构的，但是，在他身上体现了和概括了当时人民群众的精神面貌，所以这个人物是令人信服的。然而我也感到，这个人物也有某些过于理想化之处，正因为过多地渲染描绘苦成老汉，就相对地削弱了勾践这一人物形象（这一点我在后面还要谈）。

西施这个人物处理得很好，既没有夸大她的作用，也给了她恰当的位置。剧本在紧急关头，通过西施冒死盗出了夫差验关金符去拯救勾践出宫的情节，充分地体现了这个善良而美丽的女子的爱国精神。特别是关于西施如何去吴国的这一情节的处理，这一剧本是很有特色的。过去有些剧作者，对这一情节的处理很感棘手，有的剧本把西施写成越国派到吴国的“内奸”，这样就容易夸大西施的作用，又有损勾践发愤图强的形象。还有的剧本把西施改为郑旦，因刺杀夫差被押监牢，后被越国大军解救回国。有的作者开始想写献西施，但又感到“美人计”不足为训，这样将会降低勾践的人物形象。于是由“献”改为“抢”，写了吴国抢掳西施的情节，这样写，也容易冲淡越国的“发愤图强”，对于主题阐发不利。有的剧本干脆把西施这个人物去掉。《胆剑篇》里的西施是因为挺身拯救一个将被吴王杀害的小女孩而被押解到吴国的。我感到这样处理比较好，既可避免上述那些缺陷，又能使西施的形象更加完美。

此外，我感到剧本中对于某些情节和人物的处理尚有美中不足之处。比如：关于越王勾践“卧薪尝胆”的苦胆，剧中描写是庶民苦成送给勾践的。这样安排也不是不可以，使我奇怪的是在同一题材的戏剧里，这个“胆”差不多全是写成老百姓送的。问题不在于当时的老百姓可不可以向勾践献胆，因为我还联想到不少历史剧写到某某统治者做一件值得称道的事时，差不多都是采取这样手法处理——即老百姓出的主意。所以，我想，有的同志是不是有这样一种顾虑，在写历史上统治阶级的人物时，不敢写他们的才能本事，他们任何好的措施都只能是老百姓出的主意，而统治者本人是拿不出什么办法来的。我以为这样处理不尽符合历史真实，把统治阶级的人物看得太简单了，看得太无能了，也是把他们看得太容易接受群众意见，太听话了。如果旧社会的统治者，都是这么窝窝囊囊的人物，他们只能由老百姓牵着鼻子走，那么，他们和人民群众的矛盾也就无从产生了，至少矛盾也不会有那么尖锐，这样反而模糊了阶级界限。再者，我们说人民群众是最有智慧的，不等于说历史上的统治阶级人物都没有智慧。他们之中曾经出现不少有智慧有才能的人，特别是当这些统治阶级刚刚兴起时（不论是奴隶主、地主或是资产阶级），在历史上曾经起了一定的进步作用，他们中间自然会出现一些杰出的代表人物，对当时社会的进步作出一定的贡献。这些人物的某些行为是由于受了群众影响而产生的，但也有出自他们自己的聪明才智的。所以，我们对于历史上的帝王将相，不能一概否定，或不加分析地抹杀他们的个人作用，那都是不恰当的。当然，我并不认为《胆剑篇》中关于越王勾践的描写，已经有这么严重的缺陷，只不过想指出它还残留有这种倾向的一点痕迹罢了。在剧本中写越王勾践听取和采纳大臣和百姓的意见多，而自己想出或提出的办法写得似乎少了些。“卧薪尝胆”是勾践不忘会稽之耻、刻苦自励的办法，应该是剧中的重要情节之一。剧本中把“胆”写作苦成老汉送的，“卧薪”这一事实也没有表达出来。至于每天有卫士敲着竹壁大声高呼：“勾践，你忘了会稽之耻吗？”究竟是勾践让卫士这样呼叫的，还是卫士们自发地这样做，剧本也没有明确交代。剧作者是觉得没有必要交代，还是有意回避？不好妄加推断。不过，我觉得，凡是勾践已经做到或能做到的事，应该挂在他的账上，不必有什么顾忌。

剧本中描述越国是百里之国，其实，越国并不是只有百里那么大。当然，作为戏剧，为了突出吴强越弱，这样写也是可以的。可是，剧中一方面说越国是百里之国，一方面泄皋又主张迁都义乌。从会稽（今绍兴）到义乌何止百里？这里有点自相矛盾，如果是百里之国，就不可能从会稽迁都义乌了。还有，吴国将领被离嘲笑“越国以前是打渔打猎的小邦”，吴国士兵牙将也讥笑越民不能生产粮食，是“连田都不懂得种的东西”。实际上，当时以打猎为主要生活手段的多是北方的国家；越国虽然也有些渔业，但农业毕竟是主要的，只不过是生产技术比吴国落后罢了。这些细小的地方，如果写得更加确切些，就会更真实地反映历史面貌。

《胆剑篇》的语言，应当说是运用得比较成功的，它避免了现代化的语言，但还有个别地方应用了不同历史时期的语言，而显得不够真实。比如在第一幕里，伍子胥说范蠡是“圣贤之臣”，像这样的说法，是在春秋战国以后才出现的。春秋时代的人物说出这样的话，未免有些牵强。当然历史剧里的人物，也不能完全按照当时的语言习惯来讲话，那样恐怕观众也听不懂。但是，所用的语言要尽可能符合当时的历史情况。不仅不能用今天的语言，也不可以以不同历史时期的语言用在一定的历史时期。

此外，第五幕的末尾的处理，似乎结束得过于匆忙些，使人感到三年伐吴的战争，写得太简单了，总觉得应该再加几笔。由于结束得过于匆促，可能使得观众不易理解。

以上这些不足之处，是容易弥补的，有的在排演戏时，就可以通过导演的手法得到弥补。所以这并不影响整个剧本的成就。总之，这是一个好剧本，我希望青年朋友们有机会都能读读这个剧本或去看看这个话剧。

（对《中国青年》记者的谈话记录）

（原载《中国青年》第16期，1961年）

写给少年作者
——《今天我喂鸡》序

以十分喜悦的心情，读完这本小书。

这本小书是北京市小学五、六年级到初中三年级学生所写的作文，北京市少年儿童读物编辑委员会选出其中一部分编成的。

北京第一中学初一的学生李荷写了一篇《变》，那是描写他所住的地方和平里的变化的，最后他说："变得使我们心花怒放，变得使敌人胆战心惊!"

确是这样。

读完了这二十篇文章，我也想到了变，想到了作文的变。

那是几十年前的事情了。那时候，我当小学生的时候，作文有一个框框，不管什么题目，开头总是写"人生在世"，或者是"我国立国数千年，纵横数万里"这些滥调，写得多了，自己也讨厌起来了。如今，读完这本这个时代少年儿童所写的作文，这些框框没有了，滥调没有了。这个变确是很大。

第二，就文字说，这本小书所选的文章，大体上都很简练，不那样啰啰唆唆。回想二十多年前，我的妹妹们，她们在初中上学，给我写信，也总是有那么一套，什么什么的哟，几句就有一个"哟"，句子长，莫名其妙的感情多，看了很不舒服。现在不同了，孩子们懂得了用简练的文字表达自己的思想，长句子很少，"哟"，也不见了，不健康的感情没有了，这个变也很大。

第三，更重要的是思想感情的变。这二十篇文章，每篇文章都有它鲜明的目的性，对劳动的喜悦，互助友爱精神的发扬，同志的关怀，新人新事的赞扬等等，这些新的道德品质的成长，标志了我们这个时代的特征，同时，也和旧时代划了严格的界线。作为一个几十年前的少年儿童，读了这些文章以后，回想当年自己的思想情况，真是觉得又惶恐，又高兴，这个变怎能不教人心花怒放？

读这样的文章是使人喜悦的。通过这本书的出版，我想不只会使和我同样年龄的人感到喜悦，也将会使北京市的广大少年儿童感到喜悦，在写作实践中，也将会给他们以有效的帮助。

最后，也要向写作这些文章的少年朋友们指出：你们写得很好，比几十年前我们那时代的少年儿童写得好，这是一方面。另一方面，我也要说，比几十年前的少年儿童写得好，有什么了不起呢？没有什么了不起。你们的任务是要比同时代的少年儿童写得好，这样一来，就不简单了。你们得要好好努力。

第二，你们写了篇把好文章，这只是可喜的开端，只是走了第一步，以后，我说，到达目的地还远着呢！要写好文章，除掉上面所说的打破框框、文字简练、目的鲜明以外，还得勤学苦练，不只要有丰富生动的内容，还要有自己的风格，这就需要积极参加实际斗争，生产的和政治的；需要多读书，认真读书；多写作，勤于写作；一句话，只有通过实践，才能写好文章。

第三，也还是一句老话，“戒骄戒躁”。假如因为有一篇文章被选载，便飘飘然起来，自以为是个什么家了，自满起来了，那就很不对。要知道成一个“家”，光靠一篇文章是绝对不行的，必须认识到这只是一个良好的开端，以后呢，必须继续付出辛勤的努力，要知道，你要攀登科学的高峰，不付出巨大的艰苦的努力，是绝对不行的。要虚心，要记住毛主席的话：“虚心使人进步，骄傲使人落后。”

（原载《人民日报》，1961年11月15日）

谈历史故事

“六一”儿童节快到了，孩子们都盼望能够得到有趣的礼物。我也童心犹在，花了几天时间，读了八本①为儿童们写的书，高兴得很。

这八本书分成三类：第一类是中国历史小故事，共五本，每一本都包括许多小故事，以其中故事之一命名，如《李广智退匈奴兵》，有二十个故事；《深山画虎》有二十六个故事；《海瑞报恩》有十七个故事；《曹操巡夜》有十四个故事；《女娟救父》有十四个故事。每一本书的故事虽然很多，时代、人物、事件也都不相同，但大体上都有个中心，例如《曹操巡夜》的十四个故事就都讲的是不畏强权，敢于同坏人坏事作斗争的故事；《海瑞报恩》这一组则讲的是不顾私情，一心一意做好工作的故事；《女娟救父》这一组则讲的是机智勇敢，有胆量、动脑筋，把事情做好的故事，《李广智退匈奴兵》这一组描述了古人的智慧；《深山画虎》这一组描述了古人的勤勉好学。每个故事都很短，大体上从一百多字到几百字，文字通俗，容易读，也容易懂。小学三、四年级的小朋友们都可以看。

第二类是历史故事丛书，是以一人一事为中心的比较大型的读物，一本叫《李密和瓦岗军》，写隋末农民起义的一支主要力量的活动情况，一本叫《英雄城》，写的是明末阎应元坚守江阴城，战斗八十一天，英勇不屈的故事。

第三类是中国历史故事集，书名叫《春秋故事》：“分二十四篇，却不止二十四个故事，因为一篇里头往往包括着好几个故事。”作者打算把我国历史，从古到今，编一套《中国历史故事集》，一个时代

---

① 《李广智退匈奴兵》、《深山画虎》、《海瑞报恩》、《曹操巡夜》、《女娟救父》、《春秋故事》等书是中国少年儿童出版社出版。《李密和瓦岗军》、《英雄城》是少年儿童出版社出版。——作者注

编一本，一共编十来本，这是一个伟大的计划，值得欢迎的计划。

当然，最近一个时期，为少年儿童们出的书决不止这八种，数量要多得多，但是就所读到的这八种来说，无论是取材文字，插图，观点，各个方面，都是可以令人满意的。这是一个极为良好的开端，有意义的开端，不止少年儿童应该对作者和出版机构表示感谢，家长们也应该拍掌赞成，要求他们继续写，继续出，多写，多出。

为少年儿童们写书，这是一件大事，也是一件很不容易的事。

为什么说是件大事？这是因为少年儿童们渴望有好的读物，他们正在成长期间，对知识有强烈的要求，不但要求有书读，而且要求有好书读。特别是这些年来，我们的教育事业大跃进，大发展，小学有百分之七八十办了二部制，初中有些班级也办了二部制。这些数量极为庞大的孩子们有半天不在学校，读书的机会就更多了，没有适当的读物供应他们是不行的。于是问题就来了，读什么书？

书是有的，一种叫做"连环画"或"小人书"的书，据统计说有一万多种，书的形式是一页文字一页画，小孩们很爱读。这些书当中有些是好的，文字、插图、内容都过得去。但是也有一部分本来是编给大人看的，大人看没有问题；给孩子看却不适宜。其中还有一部分是不好的，内容尽是些黄色的，凶狠好斗的，消沉黑暗的，文字拙劣，插图的形象也很难看，有的把工人、农民都画成像个流氓，孩子们读了，不但得不到好处，反而从这些坏书中学了一些坏事，坏主意，坏作风。这些书起了对年青一代的腐蚀作用。

书是有的，另一种便是大人读的书了。孩子们得不到合适的书读，便读起大人书来了。这些厚本头的书当然都是好书，问题是第一，书的内容不适合少年儿童阅读；第二，书中某些描写对大人来说是无害的，但对孩子们却不一定有好处，例如前两年有不少孩子在一起尽说黑话，就是从流传颇广的一本小说上学来的；第三，书本子很厚，而情节又引人入胜，孩子们节制不了自己，总想一口气看完，不管光线好坏，也不懂得休息目力，结果造成了不少少年近视眼！

由此看来，供应少年儿童以有益的读物，从中学取智慧、勇敢、勤劳、顽强不屈、发明创造等美德；从中学取造词、缀字、作文；

从中吸取知识，使他们健康地成长，这该是何等重要的大事啊！

为什么说是件很不容易的事？这是因为少年儿童和大人不同，他们一来认得字少，书中的难字就必须尽量避免；二来他们对具体事物容易理解，抽象的理论性的就不容易理解，以此，写作者就必须针对少年儿童的年龄特征，有的放矢，要尽最大努力使对象能够接受；第三还应注意，凡是可能引起副作用的描写，例如骂人的下流话等等都不应该写进去。忘记了这些，把少年儿童和成人等量齐观，不深入浅出，不量体裁衣，不因材施教，写的可能是好书，却无论如何不能算是为少年儿童写的好书。

总之，少年儿童读物的最低标准，应该是一立场观点正确；二知识性强；三道理要讲清楚，科学性强；四文字要通俗、流利、生动；五插图要精美；六篇幅要短小精悍；七字体要大。要做好这一些，应该承认是很不容易的。

要使少年儿童们不受坏书的影响，不去乱读大人的读物，就必须有大量的，有目的的，有计划的，为少年儿童写的好书，不只要求好，而且要求多。这八本书在这方面已经起了先锋作用：办了好事，但是还应该要求再好一些，再多一些。

问题呢，也还是有的，这里只举几个例，和作者商榷。例如《李密和瓦岗军》这本书，写得很生动，史实是根据《隋书》、《旧唐书》、《新唐书》的《李密传》和有关列传的，安排得很好，眉目清楚。书中人物除了赵义和周士德两个农民是虚构的以外（这种虚构是应该的，必须的），其他的都是实有其人，实有其事的。《赵义哭了》和《分裂》这两段写李密偏听房彦藻、郑颋等知识分子的挑拨，杀了翟让，赵义和王伯当劝阻不成，刻划了李密的两面性格，投降的隋朝官员的嘴脸，和出身于农民的赵义和王伯当的正直、无私、维护团结的品德，写得很好。但是，在《智守黎阳仓》一段，描写程咬金的性格勇敢、直爽而又无谋，却落入旧小说《说唐》和《隋唐演义》的窠臼了。程咬金三板斧的性格，是旧小说和旧戏给塑造出来，定了型的，是不是我们在新的历史著作中，可以跳出这个窠臼，还程咬金以本来面目呢？这是一个可以考虑的问题。据《旧唐书·程知节传》，知节本名龇金。李密失败以后，为王世充所得，王世充待他极好。可是程咬金讨厌王世充的为人，对秦叔宝说：王世充器度浅狭，好乱说话，喜欢念咒赌誓，不过是个巫师、师婆而已，这种人怎能拨乱救人！到了王世充和李世民交战的时候，他在阵上和秦叔宝等揖别王世充，说：承你接待，极欲报恩，不过你有疑心病，左右又有人播弄是非，我们待不下去了，就此告别。和左右数十人一起跃马投归李世民。后来李世民和他哥哥建成交恶，建成要剪除世民左右手，要程咬金出去作康州刺史，咬金告诉世民：你的左右手臂都被砍断了，活不下去了，我宁死也不离开你，要想个自全之法才好。从这两件事看来，他认识王世充之为人，决心和秦叔宝归唐；在建成和世民的斗争中，他坚决支持李世民，有见识，有胆量，也有计谋，是个谋勇双全的大将，旧小说和旧戏对他的描写是歪曲的，不公正的。

其他个别地方也还有可以研究的，如《打到一只狡猾的狐狸》一段说：可是巩县的洛口仓里，还囤积着几千石大米。《打开洛口仓》一段，又说：有的生怕洛口仓几千石米一下子都给人拿光，奔到仓口去喊叫："留些米给我们，别发光！"洛口仓是隋朝大粮仓之一，岂止藏有几千石大米？而且李密有这么多军队，要吃饭；还开仓给附近人民发粮；以后，又跟东都以米换布，几千石大米怎能解决问题！这个数字看来是太少了。另外，《赵义哭了》和《分裂》两段，杀翟让那个大汉蔡建德，《隋书》和《新唐书·李密传》都作蔡建，加一个德字，看来也是不必要的。

《春秋故事》通过二十四个主要故事，呈现出一个时代的具体情况，写得很好。正如编者的话所说的：作者在选择这些故事的时候，是费了一番工夫的。以人物来说，春秋七霸、管仲、晏婴、孔子等，都讲到了。以事件来说，各国的兴衰，几次重要的战争，都讲到了。"搜孤救孤"、"卧薪尝胆"都是春秋时代著名的故事。作者还去掉了故事中的迷信成分（如子都见颍考叔的鬼魂），进一步揭露了人物的内心世界（如褒姒为什么不笑，郑庄公为什么要掘地见母等）。但在故事的选择方面，也还可以贡献一点愚者之见，例如二十一节《掘墓鞭尸》，插入一个孙武练女兵的故事，这个故事是有出处的，出在

《史记·孙子吴起列传》。看来司马迁确是有点好奇，他把当时的传说也采用了。事实上这是不可能的，因为孙武要卖弄他的军事才能，用各种方法都可以，为什么单要训练宫女？而且，他的方法只有一条，砍掉两个女队长的头，这是一种野蛮的粗暴的方法，光靠杀头来维持军队纪律，这样的将军怎会是好将军？司马迁没有这点见识是可以原谅的。在今天，要拿历史故事来对少年儿童进行教育，这样的故事便值得考虑了。我们要少年儿童从中学习什么呢？不用耐心的说服、教育的办法，士兵自觉的办法，而用强制的野蛮的办法，这能说有现实的教育意义吗？在我看来，要写孙武，可写的很多，从《孙子》中就可以选择好多有益的东西，益人智慧，练女兵这样的故事，是应该在摒弃之列的。

最后，附带谈一点文与史的问题。

这八本书都是通过文艺手法来表达历史实际的。这是我国传统的方法，是一个好办法。司马迁写的《史记》是历史著作，也是文学作品。“言之不文，行之不远。”把历史，生动活泼、内容无比丰富的祖国历史，写成干巴巴的，只有骨头，没有肉，没有血，没有生气，像个骷髅架，这样的书有谁看？写了这样的书而要强迫孩子们看，简直是犯罪！以此，应该提出要求，把历史故事写得更生动一些，文艺性强一些，要做到使孩子们乐于看，抢着看，看了不忍释手，这才算做到了家，尽了作者的责任。但是，另一面，也要看到，写的是历史故事，不是小说，也不是民间传说，如上面所说，个别次要人物的虚构是可以的，必须的，但对主要人物、事件，却不能虚构、歪曲。例如程咬金，写小说的演旧戏的，尽管可以让他的三板斧出场，作为一个有勇无谋的典型人物；但是在历史上，这就不同了，历史家要给所描写的历史人物以本来面目。不这样做，历史家写的是小说的戏剧的典型人物，历史实际却不存在了，这就不大好。

连带说到，历史人物传记，就历史方面说，应该属于历史范畴，但在文艺方面说，只要写得好，也应该算在文艺范畴之内。这两者并不矛盾，可以统一的。历史剧也是如此，最近有人说历史剧是艺术，不是历史，在我看来，前一句话是正确的，后一句就有问题了，试问既然不是历史，那你为什么又要叫历史剧呢？全面一点说，应该说历史剧是艺术，不是历史教科书，也不是历史论文，或者说历史剧是艺术也是历史，但不完全是历史的翻板。

我们对历史故事的要求，历史故事是历史，同时也是艺术。

（原载《光明日报》，1962 年 5 月 29、30 日）

捻与捻军笔记

《民间文学》指定要我写有关捻军的文章，我对这个问题没有作过深入的研究，只好从头学起。几个月来，先后读了新出的《安徽民间故事》、《安徽捻军传说故事》和《捻军史初探》、《关于捻军史的几个问题》、《民间文学》所刊载的捻军的故事。这些书和文章，主要是根据广泛深入的调查研究得来的民间口头资料，其中绝大部分是捻军领导人的后人和捻军地区的老年人所提供的，都是正面材料，是活的史料，不但史实正确，而且爱憎分明，生动活泼，非常之好。同时也读了大量的反面材料，如《中国近代史资料丛刊》的《捻军》和《捻军资料别集》、《捻军史料丛刊》等等，这些资料和前者相反，都出于捻军所反对的清朝的官僚和地主阶级之手，其中有些资料是镇压捻军的刽子手如曾国藩、李鸿章、左宗棠等人的书札。尽管他们对捻军的斗争尽歪曲诬蔑的能事，但是纸毕竟包不住火，在研究敌情，决定对策，在比较捻军和清军的纪律，各地人民对捻军和清军的态度的时候，真话就出来了，因为不说真话就不行，全说假话，这个仗便没法打。从这些大量的反面史料中，不但可以清楚地看出这些刽子手们对捻军的恐惧，和镇压捻军的战略、战术，也可以从他们偶尔流露出的真话，和民间传说相印证，证明这部分已经搜集到的口头资料的可靠性，真实性。

以下就根据这些反面资料，谈捻与捻军的一些问题。

捻　子

十八世纪后期，至迟在十九世纪初期，安徽、河南、江苏三省交界一带兴起了一种农民武装力量，称为捻或捻子。1851 年（清咸丰元年）张洛行在安徽雉河集（今安徽涡阳）举起抗清义旗。1853 年（清咸丰三年）5 月以后，太平军北伐部队路过江北各地，捻子受了太平军的积极影响，爆发了全面的起义，成为捻军。从 1851 年到 1868 年十八年中，在安徽、河南、山东、江苏、湖北、山西、河北、陕西、四川、甘肃等十省地区，进行了英勇的壮烈的波澜壮阔的反清斗争，在中国农民革命史上写上了光辉的一页。

从捻子到捻军的覆灭，时间大约有七八十年左右。

捻或捻子这一名词的来源，有各种不同的解释，如《湖北通志》以捻为捏，把许多人捏在一起，仓卒捏成，撒手立散，是临时组织的意思。《湖北通志》七十三：

> 咸丰元年辛亥（公元 1851 年）秋闰八月……初安徽颍、亳、寿诸州及河南汝宁、光州、南阳各郡，风气犷悍，往往聚徒党劫掠为生，俗谓之捻子。捻者捏也。亡赖招呼成队，若手之抟物，仓卒捏成，撒手立散。蔓延江南之淮、徐、海，山东之兖、沂、曹、济，湖北之襄、枣、钟、随。以诸省论，皆属边界；以大势论，则居天下之中。自粤匪倡乱，群捻揭竿而起，受其嗾指，或分扰以掣我军，或前驱以助贼势，亡虑千数百股。

如《牟平县志》说是“以捻香聚众起，故曰捻”。《莱阳县志》和《寿光县志》则以为“捻匪者起于皖北。当嘉庆时，苏、皖、鲁之交，乡民迎神赛会，有燃油纸捻为龙戏之俗。洪秀全占据金陵，皖北苦于兵祸，捻党结聚，初立名号，曰堂主，曰先锋，或数百人为一捻，数千人为一捻，遂成流寇，故曰捻匪”。《掖县志》则以为“以其贩私盐、捻小车，故名”。《涡阳县志》和王闿运《湘军志》则以为“其党明火劫人，捻纸燃脂，因谓之捻”。另一种说法则以为一股谓之一捻，如陶澍在 1814 年（清嘉庆十九年）条陈缉捕豫皖等省红胡匪徒折子里所说：

> 每一股谓之一捻子，小捻子数人，数十人，大捻子一二百

人不等。

黄钧宰《金壶七墨》，佚名《山东军兴纪略》，方玉澜《星烈日记汇要》的说法大体相同。

以上各种说法，绝大多数是望文生义，不可置信的。只有最后一种说法，每一股谓之一捻子才是捻的真正语源，因为根据调查，现在皖北的涡、蒙、亳一带一直到河南南部，湖北北部一带的方言，叫一股子，一伙人还叫作捻。“捻儿上的”这句口头话到现在也还流传在人民中间。

关于捻的性质、作用，河南固始人蒋湘南有很具体的描写，《蒋子潇先生遗集·读汉书游侠传》：

> 江淮间有所谓捻子者，数百人为一群，抬炮、鸟铳、刀、矛各杀人器皆具，蚁拥蜂转，地方官莫敢谁何。予尝视其魁，下中人耳。而所在阛门，呼曰响老。响老者，人有不平事辄为之平。久之，赴愬者众，赞口洋溢轰远近，如风鼓雷鸣，则成响捻子也。因问其主人曰：“国家为民设官，百里一县，若等有事，胡不之官而必之捻子为？”士人嚬蹙曰：“难言也。官衙如神庙然，神不可得而见，司阍之威，狞于鬼卒，无钱者不能投一辞也。投矣而官或不准，准矣而胥或不传，传矣而质或无期，质矣，而曲直或不能尽明；然已胥有费，吏有费，传卷有费，铺堂有费，守候之费又不可以数计，故中人之产，一讼破家者有之。何如愬诸响老，不费一钱而曲直立判，弱者伸，强者抑，即在一日之间乎？”余于是喟然曰：捻子其汉代之游侠耶！当其闻难则排，见纷则解，不顾其身，以殉人之急，合于太史公所谓救危振赡，有仁义行者。然而重诺市义之后，无业者投之，亡命者投之，贩盐、掘冢、博掩者投之，兄事弟畜，盗贼以薮，背公死党，无不可为，自古侠魁未有不为罪魁者。班孟坚曰：“杀身亡宗，非不幸也。盖其人亦自知末流之无可归矣。”孟坚与子长违，而各成其是，皆足以观世变云。

这是一篇极有史料价值的文字。作者是举人，道光时代曾经主持过陕西关陇书院的讲席，是地主阶级知识分子。他这篇文章写作于捻军起义之前，生动地指出：第一，捻子是农民的武装力量，农民自己有了组织，有了武器，地方官便奈何他们不得。第二，捻子的首领叫响老，是专为老百姓打不平的，替老百姓申冤雪枉，做的好事多了，得到人民支持，成为响捻子。第三，对比清朝地方官和响捻子的作用，老百姓有冤枉，假如经过官府，官府就像个神庙，神是见不着的，衙门门房的威风，比神庙的鬼卒还可怕，不送门包是投不进状子的。送了钱，告了状了，官可能不准。官即使准了，衙门的胥役或者不传。即使传了而审案的日子又没个准。即使审了，是非曲直也不一定弄得清楚。就是这样，要送钱给门房，给胥役，给吏；传卷得给钱，开庭审案得给钱，至于等候开庭的那些日子的费用就更没法计算了。要告官府，中等家庭的生活，一告就得破产，还不一定申得了冤，又何如去告响老，不花一个钱，曲直立刻分明，弱的申了冤，强的栽了跟头，一半天就解决问题呢！蒋湘南从老百姓那里了解了捻子的情况以后，便以赞叹的口吻，比类捻子为汉代的游侠，文章表面上赞美的是捻子，而实质上却对清朝地方官僚的统治流露出不满的情绪。他的阶级立场是很鲜明的，在惋惜自己的阶级统治机构无能的情况下，说出了人民对捻子的真实估价。

蒋湘南还写了一首《捻子》的长诗：

> 淮西叛唐代，教民尚勇斗，习染一千载，至今沿其陋。儿童矜带刀，长大诩弓彀，架炮肩机枪，蜂蚁纷相就，伙涉数百人，亡命皆辐辏，响者为头目（能排难解纷者，众奉为首，呼曰响者），见难必拯救，睚眦无不报，杀人当白昼，其名曰捻子，红胡乃诅咒（良民詈之曰红胡子）。捻子有强弱，众寡皆盗冦，两捻或不合，一战祸已构。其先下战书，来使必丰侑，期前各亮兵，门前勿驰蹂（凡捻子相斗，必先下战书定期。期前三日，此捻子向彼捻子门前耀武，次日，彼捻子亦向此捻子门前耀武，各不相见，谓之亮兵）。至期择广场，对垒排猎囿，戚邻作调人，长跪口为授（说和者具衣冠至场中长跪，二捻子头目亦长跪），和则两相揖，不和两相嗾。但听枪鸣鸟（捻子以鸣

> 鸟枪为相骂），遂如圈逸兽。伤锚者折股，中刃者绝脰，黠者抢枪炮，飞跳捷于狖（无赖少年有专习抢枪炮者，各捻子皆出重资赁之。）战胜奏凯归，战败仍守候，匿尸不报官，养锐仇必复。汝、光邻凤、颍，习惯真逐臭，新例罪纵加（新例：南、汝、光有十人结伙者，即发烟瘴），顽梗终如旧……我生于此邦，颇知其所狃，地本瘠而贫，人亦蠢不秀，博进为生涯，私盐转贩售，官亦姑容之，民穷且宽宥。固始与息县，疆界相错绣，固境有水利，安静袭仁寿，息境沟渠堙，饥寒遑恤后，恒产自来无，恒心何处逗？……

这首长诗说明了这一带地区，长时期以来民间有尚武斗争的传统；捻子的产生，主要是地瘠民贫，饥寒交迫，以固始和息县相比，固始水利好，人民生活好些，息县水利不修，就有捻子的组织；除了强调捻子响老排难解纷的行为以外，也说明了捻子是自发的农民武装组织，特点是分散独立，不相统属，没有统一的领导，并且这捻与那捻之间，有时还发生私斗。诗中的良民指的是地主，说人民蠢而不秀，也正是说明了这一地区人民的反抗地主阶级压迫的优良传统。从这一篇文章和长诗来看，捻子时期的主要行动是农民为了保卫自己而组织起来，有了武装力量，有了领袖，便能够团结在一起，免于或少受地主阶级的迫害，在有冤屈需要申雪的时候，捻子的头目响老便代行了地方官府的职权，由于他们是生活在人民当中的，熟悉了解情况，因之，也就可以立刻判别曲直，为人民申冤作主，因而也越发得到人民的支持，成为地方官府奈何不得的力量。

另一面，由于这一地区地瘠民贫，捻子经常在春秋二季，援旗麾众，外出打粮，夺取地主的粮食浮财，由近及远，粮尽再出。① 年成好活动得少些，一遇之灾荒，便到处出动。② 居则为民，出则为捻。③ 各地的地主为了保卫自己的利益，也纷纷组织武装力量，成立寨、堡，抵抗捻子的袭击。捻子和地主阶级的武装斗争相持了几十年，清朝的地

---

① 佚名：《山东军兴纪略》卷二之上。

② 黄钧宰：《金壶七墨》。

③ 王定安：《求阙斋弟子记》。

方官顾得这头，顾不得那一头，这一股打退了，那一股又起来，弄得精疲力尽，只好闭着眼睛不管，图个暂时安便。就这样，捻子的声势便越来越大，人数越来越多，活动地区越来越广。1851 年雉河集结盟以后，有了统一的组织和领导，到了和太平天国结合以后，有了明确的政治目标，高举反清义旗，军事组织和战略战术也有了进一步的提高，捻军便成为太平天国后期和太平天国灭亡以后，打击清朝封建统治的重要力量了。

军民关系

研究捻军、清军和当时人民的不同关系，是了解捻军性质的主要标志之一。

当然，捻军本身没有留下任何文献资料，但是，反面资料谈到当时两军和人民关系却着实不少。例如陈昌《霆军纪略》说：

> 同治五年（公元 1866）八月，是时捻踪所近，百姓迁徙一空，闭寨自守，贼得因地为粮，而官军无从买食；及得一饱，而贼已远飏。其兵民相仇之地，奸民得借口纠众以与官军为难，夺其衣物器械，戕其身命，至有活埋零队兵勇，或举数十百人而同付一坑者，其咎不尽在兵，亦不尽在民也。

捻军可以因地为粮，而清军则无从买食，有些地区的人民则更进一步，专和清军为难，不但夺取清军的衣物器械，还杀害零散的清军，甚至活埋数十百个清军，在这种对比下，人民对于捻军和清军的爱憎不是很分明吗？

杜松年的《知非斋琐记》具体记述了河北东部人民仇视清军的行动：

> 直东从贼各村妇女亦刁悍异常。每遇官兵列队而来，妇女悉持竹帚铁锨，从上风扬土；杀之不惧。
>
> 马贼既起，从逆者达数万人。官兵所至各村，仅有老弱妇女供应炊汲，毫无畏惧者，其壮丁均在贼中也。贼来其村，不特不掳掠，反以财物与之，所以人乐从贼。

兵勇掳掠奸淫，村民恨忿，各筑堡寨，官军至，列队登埤以拒。骄兵悍将必欲入村，往往互相格斗，兵民从此成仇。

军中文武委员往来，若仅四五人，村中即杀之，行李马匹并掘一坎，与尸同埋，无迹可寻，被害甚众。

恒提军（恒龄）马队入直，有四十余骑入一村求食，村众醉以酒，掘大坑，人马全埋杀之。

村人埋杀弁兵，人少者逼令本人自掘坑坎，毒虐备至。

卓胜营（金运昌所部）入直隶，分队追贼，至吴桥境，一哨百余人住宿一村，悉被埋杀。

作者是河北静海人，道光二十九年举人，作过山西大宁知县，记的是本乡本土的事情，当然是可信的史料。

《瑛兰坡①藏名人尺牍·周尔墉》二十三：

昨日闻宋郡逃难妇女及捻败后贼营妇女被掠自行逃出者，均望汴垣而来，为数约数百名，入城时，均经在官人扣住，以布蒙头，不分老少妍媸，每人八百大文，听人略卖，妓馆倡楼，视为奇货，两日来闻卖去者已不少。

二十四又说：

收养被难妇女一事，前日闻之极确。

对于逃难的妇女和从捻军出来的妇女，清朝官府和军队所采的手段就是略卖，以布蒙头，八百大文卖作妓女，这种行径，人民怎么能够不恨！不起来反对？

又如葛士达《远志斋稿·尉氏军中呈贾云阶师书》：

东豫民俗顽悍，各立圩寨，贼至献粮纳款，兵至反闭关绝市，甚有乱放枪炮，击伤弁勇，守令莫能主张，似此为乱乐祸，上下离心，兵民隔绝，即寇氛少已，时势岂可问哉！

明白指出河南东部人民，捻军来则献粮纳款，清军来则闭关绝

① 瑛兰坡即郑瑛棨，汉军正白旗人，在河南作官多年。

市，甚至用武器抗拒。李棠阶也说：

> 今日大患在官与民如寇仇……官不能卫民，民思自卫，犹属良善之徒。若民并不得自卫，则焚杀淫掠，既被惨祸，不能自存，必皆从贼。民日少，贼日多，何由得平！十余年来，日计平贼，而贼益滋蔓，可不反思其故乎？颍、亳、陈、汝之前车可不鉴乎？今闻山东、直隶之交，如曹、单、东明一带，又皆为贼矣。民岂甘于为贼？上为官驱，下为贼扰，不能安居，势所必至耳。①

指出这一带人民之所以欢迎捻军，是由于清军的焚杀淫掠，人民不能自卫，只有归顺捻军一条道路。孟传铸写了一篇《禁兵掠食论》，他说：

> 比来兵勇劫掠村墟，主帅佯曰不闻；有踵门泣告者，大声恐喝，逐去之，不使尽所欲言。意谓轻骑逐寇，势难重赍；贼过之地，市肆皆虚，非掠食则饿殍矣。初不令其掠资财也，掠妇女也，掠牛马也。抑知食既可掠，则瞋目叱叱，张威横行，室内之物，乘机恣取，何独贪于饮食，廉于资财、妇女、牛马乎？②

指出清军抢粮食，抢资财，抢妇女，抢牛马，不折不扣地是强盗。这种行径，领兵将帅是知道的，却一意包庇，被害百姓来告状，反而大声恐喝，赶出去完事。结果闹得清军所到地方，不但老百姓闭门不纳，连有些城市的地方官也闭门不纳了。刽子手曾国藩有一个批牍，标题是《全军营务处李副将昭庆呈，军抵嘉祥，城门不开，请饬东省州县，遇有官兵到境勿得闭门由》，批语是：

> 该军初五日驰抵城外，黄令何得闭门不纳？……坚闭城门，禁绝出入，则大不可！……东豫两省民间圩寨，本已恨兵如仇，若各州县再为之倡，则以后行军，处处皆成荆棘，实属有碍大局。③

可见他是知道东豫两省人民恨兵如仇的。可是一到连地方官也

---

① 《李文清公遗书》二，《与周春门观察书》。

② 《秋根书室诗文集》卷七。

③ 《曾文正公全集》，《批牍》卷三。

闭门不纳清军的时候，便认为有碍大局了。他的学生李鸿章在给他的信里也说：

> 直境柴草维艰，兵与贼皆取资于民，千里无寨，所过已如梳篦，故民仇兵甚于仇贼，久必不堪设想。鸿章谓从军十六年，此为下下策。①

另一刽子手左宗棠在给他儿子的信里说：

> 直隶之大、顺、广一带与山东、河南各处接壤，各处民团凶悍异常，专与兵勇为仇，见则必杀，杀则必毒。②

同时的大官僚翁同龢在日记里记着：

> 同治七年二月初六日，仆人曹喜归省，行至涿州南，见难民遍野，露处号呼，而官兵抢掠之酷，又倍于贼，万口同声，似非无据。③

以上这些资料都出于封建官僚之手，而且还都出于直接屠杀捻军的刽子手之手，他们共同供认，各地的人民仇恨清军，欢迎捻军，捻军和人民的关系，不是很清楚了吗？

相反，说捻军正面好话的，当然不会有。但是，也有偶尔流露出来的个别真话，例如林纾在《六合十龄童子贼中寻弟记》一文中便说：

> 捻既窟宅于滁，亦伪立官府，不复遮杀行旅。

可见捻军在取得城池，建立政权以后的军纪情况。这种情况恰和清军的焚杀淫掠，形成鲜明的对比。

曾国藩、李鸿章论捻军

曾国藩、李鸿章都是镇压太平天国的刽子手，在长期战争中积

---

① 《李文忠公全集》，《朋僚函稿》八，《复曾相》。

② 《左文襄公家书》卷下。

③ 《翁文恭公日记》第八册。

累了一些反革命的军事经验。尽管如此，两个老奸巨猾，对捻军的战略战术，却都感到难以应付，外表镇定，内心恐慌，曾国藩在和捻军接触以后，仔细研究分析捻军情况，他向皇帝报告：

臣查群贼之中，以任柱之骑为最悍，以赖文光之谋为最诡。

又说：

该逆狡诈多端，飘忽异常，从不肯与堂堂之阵，约期鏖战，必伺官军势孤力弱之时，出不意以困我。

对捻军和太平军的比较，以为：

捻匪奔突六省，久成流寇之形，虽人众不及发逆，而马队则数倍过之。①

在致吴南屏的信里也说：

（捻军）飘忽无常，伺隙则逞，稍一失势，则电掣飚去，终不得痛击而大创之。故捻匪之人多志大远不如粤匪，而其狡黠多马则反过之；中原之民穷财尽，难于行军，则又倍于江南也。②

指出捻军和太平军的不同，人多志大，不如太平军，飘忽多马，则超过太平军。捻军的战术，见有利形势，就狠狠地打，稍一失利，便电掣飚去，保全有生力量，这个估计是完全正确的。

在吃了捻军多次苦头以后，在写给李元度的信里说出了自己恐惧的心情：

捻匪势极猖獗，善战而不肯轻用其锋，非官军与之相逐相迫，从不寻我开仗。战则凶悍异常，必将马步层层包裹，困官军于核心，微有不利，则电掣而去，顷刻百里，故我有大挫之时，而贼无吃亏之日，其难办有数倍于长毛者。不谓衰惫之年，遇此棘手之事，恐湘、淮各勇，俱不能了此贼，身名不足惜，大局殊可忧。③

---

① 王定安：《求阙斋弟子记》。

② 《曾文正公全集》，《书札》卷十三。

③ 《霆军纪略》。

他总结了捻军的长处和短处，写信告诉他的兄弟曾国荃说：

此贼故智，有时疾驰狂奔，日行百余里，连数日不少停歇。有时盘于百余里之内，如蚁旋磨，忽左忽右。贼中相传秘诀曰："多打几个圈，官兵之追者自疲矣。"僧王曹县之败，系贼以打圈之法疲之也。吾观捻之长技约有四端：一曰步贼长竿，于枪子如雨之中冒烟冲进；二曰马贼周围包裹，速而且匀；三曰善战而不轻试其锋，必待官兵找他，他不先找官兵，得粤匪初起之诀；四曰行走剽疾，时而数日千里，时而旋磨打圈。捻之短处亦有三端：一曰全无火器，不善攻坚，只要官吏能守城池，乡民能守堡寨，贼即无粮可掳；二曰夜不扎营，散住村庄，若得善偷营者乘夜劫之，胁从者最易逃溃；三曰辎重妇女骡驴极多，若善战者与之相持，而别出奇兵袭其辎重，必大受创。此吾所阅历而得之者。①

在另一信中，又说：

捻匪长处在专好避兵而不肯轻战，偶尔接战，亦复凶悍异常，好用马队四面包围，而正兵则马步夹进。马队冲突时多用大刀长枪，步队冒烟冲突时，专用长锚猛刺，我军若能搪此数者，则枪炮伤人较多，究非捻匪所可及。劈山炮尤为捻所畏。②

经过反复研究，曾国藩制定了消灭捻军的恶毒方案，为了对付捻军的飘忽战术，避免老是跟踪追击，陷于被动，他在临淮、徐州、济宁、周家口四个据点各置重兵，防遏捻军冲突；又穷凶极恶地颁布清圩法令，断绝人民对捻军的接济；另练大批马步队，作为游击之师，往来策应。同治四年（公元1865）六月，在复莫子偲（友芝）信中说：

外间小视此捻，谓可蹙于老巢，而平之于旦夕，诚能如此，宁非快事。捻酋万马奔突，剽悍异常，赖逆（文光）发股，百战之余，诡诈百出，二贼相合，已成流寇，断无坐待官军合围之理。此次雉河之役，援师略集，重围遽解，贼势未衰，分遁

①② 《曾文正公全集》，《家书》，同治五年十二月二十二日。

> 归、陈，计趋巩、洛，若官兵与之俱流，殆将着着落后，疲于奔命。鄙意于临淮、徐州、济宁、周家口四路，安置重兵，以遏其冲；又搜查颍、凤、归、陈四属匪圩，以清其源，另练马步大枝劲旅，以为游击之师，庶几以堤之止，制水之流，或者渐有归宿。①

这个恶毒的战略没有如他所想望的“以堤之止，制水之流”，被捻军突破而彻底失败。但是这个方针却被他的学生李鸿章继承下来，扑灭了捻军革命的火把。

李鸿章是淮军领袖，和湘军领袖的曾国藩是有矛盾的。但在镇压捻军这一血腥行动上，却又完全继承曾国藩的衣钵，同治七年三月二十五日在复曾国藩的信里说：

> 细察贼情，以走自活，即以走疲我；遇单弱兵将及马队孤行，则又纵骑一扑，其慓猾过于任柱，任好战犹项，张则似刘……贼中云：“不怕打而怕围。”但谁肯弃一块净土与之？

任柱是捻军骑兵统帅，张指梁王张宗禹。李鸿章是很怕任柱的，称为今日第一等骑将好汉，他在同治六年十一月十八日复应敏斋观察信中说：

> 捻逆与粤匪差异。踞城之贼，殪具魁则余众立溃。捻以走为业，蒙、亳、曹、郓之为首者，大率亲族男女偕行，穷年奔窜，练成猾劲。父兄死而子弟代，若世守家法然。任柱称雄十年，拥骑万匹，东三省及蒙古马兵俱为战尽，实今日第一等骑将好汉。刘省三、鲍春霆皆畏其锋。②

1868年8月，捻军最后被包围，全军覆没于山东徒骇河边，梁王张宗禹投水自杀。正如历史上著名的农民革命领袖黄巢、李自成一样，他们虽然牺牲了，但人民总是传说他们还活着，张宗禹也是一样。有这样一个故事：

---

① 《曾文正公全集·书牍》。

② 《李文忠公全集》，《朋僚函稿》七。

清同治七年西捻张总愚（宗禹）之乱，官书谓捻窜至茌平境之广平镇，被围于徒骇、黄、运之间，大股歼灭，张总愚携八骑，至徒骇河滨投水死。然故老或谓此督师者之饰词也。张酋败后，逃至邑治东北之孔家庄，变姓名为童子师，后二十余年病死，即葬于其庄，至今抔土尚存焉。其临没时告人曰，吾张总愚也。先是庄人恒见其醉饮时持杯微呼曰：“杀呀！”因怀疑莫释，至是始恍然。①

（原载《民间文学》第8期，1961年）

① 《沧县志·轶闻》。

影印《明经世文编》序

中华书局把清代列为禁书，流传很少的《明经世文编》影印行世，这是一件大大的好事。

清乾隆时多次颁布禁毁书目，主要目的是要掩饰清代先世和明朝的关系，说成建州部族从来是一个独立的民族，没有受过明朝册封等等，替祖先脸上抹金。《明经世文编》恰好收入清朝皇帝最不愿意为人所知的一些历史文献，例如王琼《王晋溪本兵敷奏·为计处夷情以靖地方事》，说出建州左卫一些首领"做贼"的行径；张学颜《张心斋奏疏·抚辽疏》和《申饬边臣抚夷疏》，说出建州领袖王台、王杲对明朝的不同态度；杨道宾《杨宗伯奏疏·海建二夷逾期违贡疏》和《海建夷贡补至南北部落未明遵例奏请乞赐诘问以折狂谋事》，说明建州和海西两部对明朝的朝贡制度、时间、人数，和努尔哈赤兵力情况；熊廷弼《熊经略集中的《敬陈战守大略疏》、《上叶相公书》、《答友人书》，更具体说出李成梁如何计杀努尔哈赤祖、父叫场和他失，又封努尔哈赤为龙虎将军，努尔哈赤远交近攻，日益强大的原委，姚希孟《姚宫詹文集·建夷授官始末》更是原原本本，阐述了建州和明朝的关系。这些真实的不可动摇的史实，触怒了清朝统治者，《明经世文编》因之被列为禁书。现在这部书影印行世了，这一段被埋没的史实又重见天日了，值得我们高兴。

但是，这部书的史料价值决不止于此，还有它更大的意义。

《明经世文编》是一部从历史实际出发，总结明朝两百几十年统治经验，企图从中得出教训，用以改变当前现实，经世实用的书。这部书的编辑、出版，对当时的文风、学风是一个严重的挑战，对稍后的黄宗羲、顾炎武等人讲求经世实用之学，也起了先行者的作用。

书的编辑时间从明崇祯十一年（公元1368）二月开始，十一月便编成，时间极为短促。

在这年之前，明神宗万历四十四年（公元1616），建州努尔哈赤称帝，国号后金，建元天命。四十七年（公元1619）明朝派杨镐四路出兵，攻打后金，三路全军覆没。天启二年（公元1623）山东白莲教徒起义。崇祯元年（公元1628）陕北农民起义。三年（公元1630）后金军入关包围北京。八年（公元1635）李自成、张献忠会合。十年，张献忠攻安庆，李自成入四川。在这年之后，崇祯十七年（公元1644），李自成农民军攻下北京，明朝政权便宣告结束了。

这部书编辑的时候，正是明朝内部阶级斗争极为激烈的时代，对建州的民族矛盾极为尖锐的时代。黄澍序文所说："南寇北奴，日益滋大。"正说明了明朝统治阶级所面临的情况。

统治阶级中的知识分子，文人也罢，儒生也罢，对现实情况的反映如何？《明经世文编》几篇序文作了回答。黄澍序说："乃文人柔弱，既已论卑气塌，无当上旨，凡而呫哦诵记，自章句而外无闻焉。"指出文人咿咿哑哑，除了章句之学以外，什么也不懂。陈子龙序说："俗儒是古而非今，撷华而舍实，夫保残守缺，则训诂之文充栋不厌，寻声设色，则雕绘之作永日以思。至于时王所尚，世务所急，是非得失之际，未之用心，尚能访求其书者盖寡，宜天下才智日以绌，故曰士无实学。"儒生是古非今，讲形式不求实质，训诂、词藻，成天揣摩，至于当前现实问题，世务所急，却从不用心，连是非得失也搞不清楚，结论是士无实学。至于作了官的士大夫呢，徐孚远序说："今天下士大夫无不搜讨缃素，琢磨文笔，而于本朝故实，罕所措心，以故掞藻则有余，而应务则不足。语云：高论百王，不如宪章当代。"同样是只讲词藻，不了解过去，也不了解现实。许誉卿序更慨叹地说："予惟学士大夫平生穷经，一旦逢年，名利婴情，入则问舍求田，出则养交持禄，其于经济一途蔑如也。国家卒有缓急，安所恃哉！"他们没有作官以前，读的是经书，和现实无关。中了科举以后，在家搞房子买田地，做官搞好关系作巧宦，对于现实问题的解决，毫不关心，国家有事，怎么能依靠这种人呢?总之，一句话，儒生、士大夫中大部分人对现实问题不关心，更谈不上研究。

这就是明朝末年的文风、学风！空疏，不学，在文学方面，公安、竟陵是代表，在哲学思想方面，王学末流空谈性命的一群人是代表。

《明经世文编》的编辑是当时一部分较有远见的知识分子，为了反对这种有害的文风、学风，要求通过历史实际的学习，总结前人经验，来解决当前的问题的努力。

这部书的编辑也是有所继承的，前此，有陈九德的《明名臣经济录》，分为十目，取奏疏事迹之有关治道的分别编列，时间从明初到正德末年止。有陈其愫的《明经济文辑》，分十七目。有万表的《明经济文录》等等。《明经世文编》继承了这个传统，规模更大。后于此，清朝人编的经世文编，那就更多了。

编辑采用主编负责，集体选辑的方法。

主编的主要人物是陈子龙、徐孚远、宋徵璧三人，都是江苏松江人。

陈子龙（公元1608—1647）字卧子，擅长制艺（八股）文字，诗赋古文骈文也写得很好，年轻时就很出名。崇祯三年举人，十年中进士。官绍兴推官，升兵科给事中。清兵南下，子龙和太湖义兵相结，事败被俘，投水自杀。

徐孚远（公元1599—1665）字闇公，崇祯十五年举人。清兵破松江，孚远从鲁监国漂泊海岛，后来到台湾依郑成功，死在那里。

宋徵璧原名存楠，字尚木，天启七年举人。后改名徵璧。崇祯十六年进士。明亡，和弟徵舆都投降了清朝。

明朝末年，东南各地知识分子纷纷组织文社，讲求制艺，议论朝政，声势最大的是苏州以张溥、张采为首的复社，松江则有几社的组织。几社取义于“绝学有再兴之几”，和“知几其神”的意义。几社的主要成员同时也参加了复社。初创时有所谓几社六子：徐孚远、陈子龙、夏允彝、杜麟征、彭宾、李雯。宋徵璧是后来参加的。初创于崇祯二年（公元1629），以文会友，搞得很热闹。后来便和书坊合作，选刻时文，由徐孚远主持编选，从崇祯五年到十四年，刻了《几社会义》五集，《会义》很受要参加考试士子们的欢迎，参加几社的人也越来越多，超过百人了。在选刻时文的基础上，陈子龙等编辑了《明经世文编》。

据宋徵璧所撰凡例，编辑分担任务，徐孚远、陈子龙十居其七，宋徵璧十居其二，此外，李雯、彭宾、何刚等都曾经参加商酌。以此，《文编》各卷都列有陈子龙、徐孚远、宋徵璧三人姓名，其余一人则李雯、宋存标等轮流列名。综计全书，列名选辑的二十四人，列名参阅的一百四十二人。选辑的都是松江人，是负实际工作的。参阅的则是分散在各地的人，参加文集的搜集或校选工作的。

选文的原则，据宋徵璧所撰凡例，主要的有以下几点：

一、明治乱："此书非名教所裨，即治乱攸关，若乃其言足存，不以人废，分宜（严嵩）老奸，秩宗之文，采其数篇。近者熊芝岗（廷弼）刚悻自用，已经伏法，然筹策东隅，多有英论，无讳之朝，可以昭揭。"

二、存异同："异同辩难，特以彼我未通，遂成河汉，就其所陈，各成一说。如大礼之议，张、桂与新都并存，河套之役，襄愍与东涯各异。一哈密也，或主闭关，或主授爵。一倭奴也，或主封贡，或主征讨。又若军伍之虚实，边墙之修废，胶、莱海运之通塞，得失虽殊，都有可采，不妨两存，以俟拣择。"

三、详军事："国家外夷之患，北虏为急，两粤次之，滇、蜀又次之，倭夷又次之，西羌又次之，如北摧劲虏则详于王威宁，南伐麓川则详于王靖远，两广寇乱则详于韩襄毅，剿灭土达，绥戢荆襄则详于项襄毅，处置宁藩则详于王文成，河套恢复则详于曾襄愍，倭奴抄掠则详于胡少保、戚总戎、唐荆川，顺义封贡则详于王鉴川，平播则详于李襄毅，水蔺地界则详于郭青螺，西征则详于梅客生，东征则详于宋桐岗，若经略奴酋则详于熊芝岗，抚赏插部则详于王霁宇，水西本末则详于朱恒岳。"

全书包括范围，大体上有时政、礼仪、宗庙、职官、国史、兵饷、马政、边防、边情、边墙、军务、海防、火器、贡市、番舶、灾荒、农事、治河、水利、海运、漕运、财政、盐法、刑法、钱法、钞法、税课、役法、科举、宗室、弹劾、谏诤等各个方面。

材料的搜集，除了松江本地的藏书家以外，还通过文社的关系，吴、越、闽、浙、齐、鲁、燕、赵各地的儒生、士大夫，都群策群力，访求征集，所得文集在千种以上。其中有些是文集作者子孙所收藏的，例如朱纨的《甓余集》，钱薇的《承启堂集》，徐阶的《徐文贞公集》，王忬的《王司马奏疏》，陆树声的《陆宗伯文集》，徐陟的《徐司寇奏疏》，宋懋澄的《九籥集》等都是。尽管如此，有些著名人物的文集，已经散佚，还是得不到，凡例说："韩襄毅（雍）、徐武功（有贞）皆本吴产，襄毅疏草，武功文集，访其后人，竟未可得。琅玡缨簪累叶，代有文人，而思质（王忬）司马之集，已失其半。灵宝四许，鼎盛一时，问宦其地者云，诸集皆已散佚，访求之难，大概可见。"明朝人选录明朝人的文章，当时已经这样困难，现在隔了三百二十多年，《文编》所收的文集，其中有些已经没有传本，只是通过《文编》的选录而保存下来，意义就更重大了。

《文编》的史料价值，是很高的。例如宋濂《渤泥入贡记》，商辂《赠行人刘偕立使西南夷（满剌加）序》，涉及到明代和南洋诸岛的友好往来。吴桂芳《议阻澳夷进贡疏》，庞尚鹏《题为陈末议以保海隅万世治安事》，说明了澳门被蒲都丽家（葡萄牙）所占领，和澳门的情况。徐学聚《报取回吕宋囚商疏》，说出当时吕宋惨杀华侨万余人的惨状。姚夔《捷音手疏》，记成化三年明朝和朝鲜合攻建州杀李满住之役。余子俊《添设将官事》，记建州三卫迁居苏子河，明朝杀董山事。宋懋澄《东征纪略》，记杨镐攻建州，三路覆军情况。毛伯温《广时议以防虏患疏》，记修建北京外城。杨荣《固安堤记》，记永定河水患。桂萼《论开浚河道疏》，讲北京河道情况。杨鼎《通惠河旧道事宜疏》则更具体说明："元时水在宫墙外，船得进入城内海子湾泊。今水从皇城中金水河流出，难循故道行船。"什刹海在元明两代的不同情况。周忱《与户部诸公书》，指出苏松户口流亡的严重性，并以太仓为例，批评了当时的敝政。耿裕《灾异疏》说光是光禄寺的厨役，原额就有六千三百八十四名，后来又添了一千五百名。一个小衙门的人员如此庞大，其他衙门也就可想而知了。类此记载，都对研究当时史事有极大的帮助。

当然，由于编选时间过于短促，缺点是难免的：例如选文重复，杨溥《杨文定奏疏·预备仓奏》和《杨文贞集·论荒政》文字完全相同。夏言《夏文愍公集·勘报皇庄疏》和《查勘功臣田土疏》也和林俊《林贞肃公集·传奉敕谕查勘畿内田地疏》文字大半相同。梁储《请罢中官盐引等疏》和蒋冕《乞取回刘允及停止张玉不差题本》实际上是同样的。又如桂萼的《四夷图序》和魏焕的《经略总考》的前三段，也是相同的。其次是断限不严，如王祎《送胡仲渊参谋序》，是元至正十五年写的，金幼孜《序滦京百咏集》是给元人杨允孚著作写的序，都和明朝无关，就体例说，是不应该收入的。第三是有所顾忌，如凤阳巡抚李三才《请停矿税疏》措词激烈，在当时政治上是有作用的，但《文编》竟不收此文，而收入措词和缓的《停止庐州开矿疏》，显然是去取不当。

此外，有关万历三大案——梃击、红丸、移宫，明人议论极多。有关东林党的正面、反面文章也很多，《文编》也完全不收，看来也是有政治顾虑的。至于明末农民起义的史料，《文编》没有收入，那是容易理解的，因为编选《文编》时，农民起义正在发展中，有关农民起义的章奏都还没有收入文集，《文编》又何从编选呢？

《文编》由松江书坊雕板印刷，当时书坊和儒生、士大夫的合作情况，虽然没有记载可以考查，但从十八世纪前期著作的《儒林外史》，还可以看到知识分子为书坊选文的情况，如第十三回《蘧駪夫求贤问业》：（蘧駪夫）那日从街上走过，见一个新书店里贴着一张整红纸的报帖，上写道：“本坊敦请处州马纯上先生精选三科乡会墨程。凡有同门录及种卷赐顾者，幸认嘉兴府大街文海楼书坊不误。”

选文是有报酬的，十四回马二先生对差人说：“我的束脩其实只得一百两银子。”第十八回匡超人在文瀚楼选文，则只有二两银子。

第二十八回诸葛佑请萧金铉选文，则是拿出二三百两银子，租了僧官的房子，叫了七八个刻字匠，边选边刻。随着选文的人的身份地位而有所不同。陈子龙是新科进士，宋徵璧是举人，徐孚远是秀才，参加编辑的夏允彝也是新科进士，都是一时名士，编这部书时又得到地方官方岳贡和当时名流陈继儒的支持，比之马二先生独力选文，气派规模都大得很多。不过，从《儒林外史》的记载，也可以看出当时的出版情况。

《文编》的主要编选人陈子龙因抗清被俘自杀。徐孚远坚持抗清，投奔郑成功。夏允彝在嘉定城破后，投水自杀，他的儿子夏完淳也以陈子龙案牵连被杀。何刚抗清牺牲。这些人都具有坚强的民族气节，在平时关心政治，讲求经世实用之学，到危难时坚决抵抗，不惜牺牲自己的身家性命，表现了英雄气概。另一些人如宋徵璧兄弟等人，则走了相反的道路，投降清朝，作了清朝的官。同是复社、几社的人，在面临严重考验时，却走的截然相反的道路，这一事实说明了当时知识分子的分化和两面性。由此看来，最近正在讨论的明末地主阶级对清军入关的某些论点，是值得重新商讨的。

（原载《光明日报》，1962年4月5日）

学习伟大祖国的历史

——对《中国青年报》工作人员的讲话

历史是什么？人类的历史主要包括两个部分，阶级斗争和生产斗争。历史就是记录阶级斗争的科学，也是记录生产斗争的科学。我们的祖先跟大自然已经斗争了几千年、几万年，积累了极其丰富的经验，而且还要继续斗争下去。世界上只要有人类存在，就会有对自然斗争、生产斗争的历史。从阶级斗争来说，人类已经经历了好几个社会阶段，所积累的经验也是极为丰富的。今后，即使阶级消灭了，阶级斗争还会延续一个很长的时期。无论是从事生产斗争，或是阶级斗争，都必须熟悉过去的历史。

我们知道，要办好事情，首先要情况明。而所谓情况，就不但包括今天的情况，也包括过去的情况。譬如说盖工厂吧，工厂里要安装精密的机器，就必须了解当地地震的历史。从人与人之间的关系来说，也是如此。我国是一个包括五十多个民族的大家庭。在历史上，我们各个民族是经常地互相帮助和合作的。但是也曾吵过架、打过仗。吵架的、打仗的原因或者是由于大汉族主义的作祟，或者是由于地方民族主义的作祟。只有具体地了解各民族过去的历史，才能制定正确的民族政策，才能进一步加强我们民族之间的友爱团结。再举个例子来说，我们都知道毛主席关于帝国主义和一切反动派都是纸老虎这个论断的英明，而这个论断，正是毛主席根据大量的历史事实作出来的。总之，历史是不能割断的。只有了解了过去，才能更深刻地了解现在。我们学习历史，不光是为了要了解过去，更重要的是为了今天，为了指出明天的道路，为了掌握历史发展的必然规律，使我们能掌握自己的命运，满怀信心地前进。

中国是世界上历史最悠久的国家之一。我国有文字记载的历史就有三千多年，不但是年代悠久，而且没有中断过，史料也最为丰富。我们祖先所积累的文化遗产是世界文化宝库中最珍贵、最丰富的一部分。毛主席一再教导我们必须认真地学习祖国的历史。“五四”以后，对待祖国历史遗产的态度，有过两种偏向，一种是全盘接受，一种是全盘否定。这两种态度都是不正确的。毛主席教导我们，正确的态度既不是全盘接受，也不是全盘否定，而是批判地接受，取其精华，去其糟粕。有的青年认为过去的帝王将相都是封建统治阶级的人物，没有什么可以学习的。这是一种片面的看法。例如像唐太宗、康熙帝、乾隆帝都是历史上雄才大略、对人民办了一些好事的皇帝。我国现在的版图，就是在康熙时代、乾隆时代奠定的。明朝后期的海瑞就是一个为人民所崇敬、敢于替老百姓说话的好官。至于历史上其他可以学习的人物，或者在某一方面可以学习的人物，那就更是数不清了。郑和就是一个在世界历史上有杰出贡献的航海家，他带领二万几千人七下西洋的壮举，比哥伦布的航海事业还早。玄奘不只是世界史上最出色的旅行家，也是七世纪东方最大的学者。他那种艰苦卓绝的求学精神，是我们后学的典范。在我国的历史上，有着无数记述勤劳、勇敢、智慧、刻苦奋斗的故事，是值得我们好好学习的。

几年来，我国历史学界发掘、整理和编纂了大量的史料，这为我们学习和研究历史，提供了良好的条件。举个例说吧，解放前关于少数民族的史料是十分贫乏的；而现在我们经过调查所整理出来的史料，就不只是几十万字，而是几万万字，这是无价之宝。由于我国各民族发展的进度不一，现在我们可以运用这些史料，写成一部人类社会发展各个阶段的完整的历史，这对世界史也会是一个重要的贡献。

有人怕学习历史不符合厚今薄古的精神，这是不对的。研究古，正是为今服务，是为了古为今用，不知有古，又何以为今呢？又有人担心学习历史会钻到古书堆里去了。其实，钻进去并没有什么不好，问题是要会出来。为了要继承，就必须要钻进去。应该要有勇气，胆子要大些。只要我们对学习历史抱有正确的目的，采取正确的立场和观点，古书是俘虏不了我们的，而只会成为听我们使唤的工具。

从何着手学？不可能每个人都去读二十四史。我推荐青年还是首先认真地读一下范文澜同志编著的《中国通史简编》，这是到目前为止用马克思列宁主义观点编写的一部较好的通史。之后再可以选读《史记》、《汉书》、《三国志》等书中某些部分。有条件的青年也可以看看司马光的《资治通鉴》。古文看不懂怎么办？古文可以说难，也可以说不难。因为它到底是中国文字，几千年来的变化不算大，多看看慢慢地就能看懂了；看不懂的地方可查《辞源》、《辞海》。要学会利用工具书。有人说中国历史如此浩瀚，看了记不住怎么办？读书，一种方法是随便看看，看完就忘，得益不大；另一种是有目的地看，抓住关键，重要的地方多看它几遍，那就记得比较深刻了。不要以为历史学家有什么特别的本领，或者特殊的记忆力。学历史跟学其他的知识一样，也是靠“业精于勤”，偷懒是不行的。勤，除了要多看，还要多抄，把你认为重要的地方抄下来，或做成卡片，这样就能巩固记忆。通过勤抄，把很多的史料，不同的记载，提纲挈领地串起来，就可以发现问题，经过认真研究，解决问题。这样就能够把你原来认为难学的史书牢靠地掌握，不会望史兴叹了。

历史知识宝库的大门，对于每一个有心于发掘的人都是开着的。祝你们满载而归！

（原载《中国青年报》，1961年8月6日）

如何学习历史

——对北京师范学院历史系同学的讲话

一、史论结合的问题

史论结合问题是一个老问题。从它的发展过程看来，解放初期，我们这些人在课堂上只讲史实，不讲或少讲理论，说老实话，我们不是不想讲，而是理论学得少，水平低，讲不出来。1953 年至 1954 年以来，有了转变，因为马克思列宁主义、毛泽东著作的学习加强了。可是当时也只是摸了边，学会了一些名词，还不知道如何把理论与中国历史实际结合起来。不久前一个时期，又有一种“以论带史”的倾向，强调理论是对的，可是提法却值得考虑，因为显然从字面看，先讲理论，后讲史实，结果是论多史少，甚至是有论无史，把个“带”字改为“代”字，成为“以论代史”了。曾经有一篇《论辛亥革命》的文章，长达几万字，从头到尾尽是经典作家的理论，却很少谈到辛亥革命的具体史实，便是很典型的例子。大家知道理论只能指导历史的研究，却并不能代替具体的历史实际，马克思列宁主义是普遍真理，放之四海而皆准的，但马克思、恩格斯都没有具体研究过中国某一时期或全部的历史。所以重要的问题是从马克思、恩格斯、列宁、斯大林那里学习正确的立场、观点和方法，来指导我国历史研究，而不是用他们的理论来代替中国的历史实际。这个道理是很明白的，但是，可惜得很，有些人却并不明白！

什么是理论？理论来自何处呢？答案只有一个，理论来自实践，离开实践就不可能有理论。理论是从人们的生产斗争和阶级斗争活动中总结出来的，反过来它又指导了人们的实践，指导当前的斗争。“实践——理论——实践”，这一公式是真理。明确了这一点，问题也就好解决了。我们历史工作者，必须以马克思列宁主义为指导，研究中国的历史实际，从中引出理论，“论”是从历史实际中来的。当然，对其他国家的历史发展情况，我们也要学习；但不能不问青红皂白，不问实际情况生搬硬套。例如马克思提到过古代东方土地所有制形式是土地国有制，这是正确的。但是有些史学工作者并没有弄清马克思、恩格斯所提“东方”究竟包括哪些地区，也没有认真研究中国历史的实际，就断言中国古代也存在土地国有制。其实，马克思、恩格斯所说的“东方”，是指印度、波斯等国家，没有包括中国。我们从中国历史实际出发来考察，原始公社时期，土地公有，但那时还未出现国家，当然不能叫做土地国有制，自从商周一直到中华人民共和国成立以前，我们也看不出有什么土地国有制存在（当然，某些王朝圈占了一些土地，属于宫廷所有，这类史实是很多的，但在生产上不占主要地位，不能也不可以叫做国有制）。这个历史事实是很清楚的。也有些史学工作者“言必希腊罗马”，认为希腊、罗马在历史上出现过的东西，中国历史上也必然出现过，拿希腊、罗马的历史实际来代表中国的历史实际，代替中国的历史实际。这样的人现在是不多了，但可惜，并不是完全没有。总之，不管哪种情况，他们的共同点是一条，就是对自己的历史缺少研究，缺少分析。

就史与论结合的问题说来，目前很多人感到苦恼。大家知道“以论代史”是不对的，但史论如何结合，却又不很明确。常有这样一种情况，不论讲课、写论文或是写书，先写一段史实，再引一段经典作家的意见，有时候是牵强附会的，或者是断章取义的。也还有另一种情况，先引了一些马克思列宁主义的词句，然后找一些自以为符合这几句话的历史事实来证明。其实是他把历史事实歪曲了，割裂了。这样写法好不好呢？我看是不好的，就连写的人自己也在怀疑，因为这并不是结合，而是并列，有的地方很难看出其中有什么联系。当然，正确地引用经典著作或者运用其观点来分析、说明有关的历史事实，是必需的，是应该努力做到的。大家念过《史记》，司马迁在叙事的时候是有他自己的观点的，立场和爱憎都很分明。应该注意，有些篇目还有太史公曰，用特笔提出自己的意见，我们从这些地方可以看出司马迁的观点。但现在有些人却用马克思、恩格斯、列宁、斯大林的观点来代替，作者自己的看法呢？很抱歉！没有。这样，作者把自己置于写作立场之外了，因而读者只能看到经典作家的意见，却看不到作者的意见了。我们要问，你既然没有意见，为什么要写这么一大堆，浪费纸墨，还浪费了读者的时间！

所谓史论结合，应该是统一的，不应该是一段史一段论。理论是从具体历史实际中来的，离开具体历史实际的所谓理论是空洞的，主观的，臆想的，因而也是无用的。毛主席一再教导我们，马克思列宁主义的普遍真理，必须同中国革命实践相结合，就是这个道理。

我们要认真学习理论，有了正确的立场、观点、方法，就会很好地理解历史，写出来的文章，要使“论”通过“史”的叙述表现出来，让读者一看，就明白你的爱憎，知道你肯定什么，反对什么。大家都读过毛主席的著作，他的文章没有一篇不涉及历史实际的，有的是古代历史的实际；有的是现状的实际。毛主席是把马克思列宁主义的普遍真理，结合历史实际和革命实践，通过自己的语言阐发出来，成为自己的理论。例如：毛主席和美国记者斯特朗的谈话中，提出“帝国主义和一切反动派都是纸老虎”的著名论断，这一论断是从历史实际中、从近几十年来的实际斗争中概括出来的，是先有史实，然后才有论断。随着历史的发展，日益证明毛主席这一论断的正确。又如“东风压倒西风”也是毛主席从许许多多的历史事实中总结出来的论断，所以它是完全正确的。我们如果研究国际形势越深透，就越能理解主席这一理论的伟大意义。

这些例子说明，理论是从实际中产生的，不是空想。我们史学工作者必需从实际出发，不要从概念出发。

学习理论无疑是十分重要的，但另一方面，也要掌握大量的史料，经过分析、研究、审查、理解，从中引出新的理论。也就是说，以“论”指导研究，又从研究自己的历史实际中得出新的理论，这样就能够丰富和发展马克思列宁主义。

二、如何学习理论和运用理论

历史工作者要学好历史，必需学习马克思列宁主义。现在条件很好，马克思列宁主义的著作都翻译出来了，这是我们的幸运。新的一代，往往不知过去人们学习的甘苦，三十年前我当学生的时候，马克思列宁主义的著作翻译很少，而且，在那个时代，读这些书是非法的，只能偷偷地读，不然，被扣上"赤色分子"的罪名，就要坐牢、杀头。今天可不同了，党和国家为你们准备了充分的条件，大家应该珍惜这样的机会，善于利用这样的机会，努力学习才是。如何学习呢？

第一，要掌握马克思列宁主义的基本理论，最重要的是阶级斗争和无产阶级专政的理论，这是马克思列宁主义的核心。只承认阶级斗争，不承认无产阶级专政，还不能算是马克思列宁主义者。历史工作者要从阶级分析出发去研究历史。

第二，要学习辩证唯物主义和历史唯物主义。马克思列宁主义从来认为社会是不断发展变化的，新的事物总是要代替旧的事物的，貌似强大但处于衰朽的力量，最终是要被新生力量所代替，这是不以人们意志为转移的客观规律。要辩证地看问题，才不至片面化，说好就是百分之百的好，说坏就是百分之百的坏。

第三，人们的社会存在决定人们的思想意识，还是人们的思想意识决定人们的社会存在，这是唯物主义与唯心主义的根本区别。唯物主义者肯定人民群众创造了历史，肯定物质生产第一。所有这些基本论点都要好好掌握，运用它来指导我们的研究工作。应该认识到，历史的发展是一个复杂的、曲折迂回的过程，我们要从浩如烟海的史料中找出主要的基本的东西，没有正确理论的指导是不行的，所以要认真地学好马克思列宁主义，认真学习毛主席的著作。

同时，学习要有的放矢，研究某个具体问题时，就学习和这问题有关的理论，研究的问题越多，学习理论的方面也就越广，边研究，边学理论，这样收效可能大些，能切实做到理论和历史实际的结合。

三、如何搜集史料和掌握史料

不论做研究工作还是教学工作，都要掌握有大量资料，哪怕是最细小的问题，也要掌握大量的、充分的资料，而且要经过科学的、严格的审查。在这个基础上，再经过认真的研究，提出理论来。马克思写《资本论》，不是凭空想出来的，而是运用了一千五百多种资料，经过多年的研究，才写成这部巨著的。

史学工作者掌握史料，有两个要求，即广和深。

所谓广，就是基础知识要广。无论研究中国史还是外国史，对中国的历史都要有基本的了解。例如：历史发展的整个趋势，各个时期各个阶级的对立情况，各个朝代的更替，历史上的重大事件，各民族基本情况，杰出的历史人物以及主要的科学、文学成就，各个时期的主要的作品等等，都应该有所了解，这样，就掌握历史的全貌。

所谓深，就是钻研要深。对某个具体问题，或者是断代史、专史，就不只是广的问题，而是要钻得深，要尽最大可能，掌握所有有关史料，而且要有自己的见解。

搜集史料、研究史料的方法，就是要多读书，先读那些主要的、非读不可的书，再读一些有关的书，要有计划有步骤地、分期地读书，有些书还要背诵，并且要多抄，多写提纲，多做卡片，这样可以更好地消化，帮助记忆，达到充分地、大量地掌握史料的目的。

从事教学工作的同志，其主要任务当然是教学，但要做一个优良的教师，就非进行科学研究不可，科学研究是提高教学质量的重要手段，不能设想，不从事科学研究而能提高教学质量！光照教科书念一遍，学生都认得汉字，又何必要你这位老师呢？所以教师同样地要刻苦踏实地从事科学研究工作。这一点和科学研究人员没有什么不同。但是教师的科学研究，主要是为教学服务的，应该研究教学中存在的主要问题，以提高教学质量。从这一点说来，教师和科学研究人员又是有所不同的。

如上所说史和论应该是统一的，论不能代替史，论在史之中，不是在史之外。因此，就要运用正确的方法，掌握大量的、充分的、可信的史料，加以合理的安排，通过对史实的讲述，把观点体现出来。例如对曹操的评价，过去旧史家从正统观念出发，骂曹操是“乱臣贼子”，我们应该摈弃这种正统论，从正确的历史事实出发，看他对当时历史是起促进作用还是破坏作用。用这样的观点来衡量他，那么，只要把真正的史实摆清楚了，观点自然就出来了，所以我们说：“论从史出。”

四、加强基础知识和基本技能的问题

什么是基础知识？首先就是人类历史、中国历史发展的基本规律。五种社会形态，是人类历史发展必经的过程，当然也有个别的例外，例如某一些民族没有经过奴隶制或封建制。这就要求历史研究必需从实际出发，从当时当地出发，要实事求是，不能“想当然耳”，以愿望代替历史实际。所以掌握基本理论，必需和具体问题结合，运用于学习和研究中。

其次，要了解历史的全貌，打好基础，否则断代史或专史都研究不好。例如，研究唐史，如果不了解通史是不行的，因为历史是连续的、绵延的，它有着继承发展的过程。例如唐朝初期虽然信佛教，但是唐朝的皇帝姓李，有少数民族血统，他们要找一个有名人物作为自己的祖先来抬高在社会上的地位，就把老子抬出来当祖先，所以就把道教放在佛教之上。到了武则天时，从《大云经》里找出女人当皇帝的根据，佛教抬了头，又把道教降低了。可见宗教的斗争是反映了当时政治斗争的。如果对这时期的前后历史不了解，又如何能了解这种斗争的复杂性呢？因此，研究断代史或专史，都应该以通史为基础，研究外国史也是如此。

第三，知识要广博、具体。历史上的典章、制度、文物等普通常识，都应该知道。如京戏里的“太师爷”是什么，一般看戏的人可以不懂，但学习历史的如果不知其来历，不知道这个名词在不同历史时期的意义，就说不过去了。又如现在行政区域叫省，究竟从何时开始，为什么称“省”，也应该知道，不知道“省”的来源，就不懂得历史上行政区域的演变和形成，对今天省区的意义也就很难理解了，不知古也就不能知今，这些都是基本知识，读历史的人应该懂。所以，一方面要学习理论，另方面要学好专业知识。没有或者很少专业知识，这样的人叫什么都可以，不过，无论如何不能叫作历史工作者。

基本技能的训练，关键是文字问题。过去我们年轻的时候要读古文，而且要背诵，我读过《左传》，全部背过，现在虽然背不出来了，但印象还是有的。而且背熟了，懂得古文的规律，再读其他古书，困难就会少些，虽然不敢说全懂，但起码能够掌握绝大部分。现在，年轻的一代，古文读得少，文字还没有过关，这是一个严重问题。学习中国历史，一定要能够阅读古代文献，如果不懂古文，就读不懂，更谈不上研究了。所以文字这一关必需要过，否则这些人就被关在历史研究的大门之外了。特别是我国历史悠久，史料多，范围广，内容丰富，如果不掌握古代汉语，怎么行？当然，有些古代文献可以翻译成现代汉语，但全部翻译目前还不可能，有人翻译《书经》，几年才译了一章。而且翻译出来的文字，是不是完全符合原来的意思，也不能说没有问题。而且，即使有了译本，因为经过译者的转译，总比读原文有距离。所以我建议大家下点苦功，读一些古书，可以读《资治通鉴》，哪怕是读其中一部分也好。通过专著的阅读，掌握古文规律，这本书读懂了，别的书也就能懂了。或者，从《古文观止》选二三十篇来背诵。要细读，精读，不要放过其中一句一字，有了二三十篇不同风格、体裁的古文作底子，读别的古典文献就有了敲门砖了。这样，问题就差不多可以解决了。再重复一句，要学好中国历史，必需过文字这一关。当然开始时是会有困难的，但愈难就愈要做，青年人应该有这样雄心壮志。这只能靠自己的努力，紧张点，出点汗，是有好处的。

要学好古文，就必需掌握工具书，要学会查《康熙字典》、《辞源》、年表、人名大辞典、地名大辞典等等，不懂就查，一点也不放过，日子久了，知识也就丰富了。

学习外国历史的，至少要懂一门外国语。当然，越多越好。

此外，也要懂点地理知识，比如讲淝水之战，连淝水在什么地方都不知道，地理形势更说不上，那就很难讲好。

学习本身是顽强的劳动，古今中外有名的学者，都是经过艰苦努力，才取得出色的成就。马克思说过这样的话，在科学上面是没有平坦的大路可走的，只有那在崎岖小路的攀登上不畏劳苦的人，有希望到达光辉的顶点。请大家记住这一点。

（原载《光明日报》，1962年1月4日）

关于研究历史的几个问题

——1962年5月4日对中国人民大学历史系和历史档案系同学的讲话

一、关于学习方法

最近接到一些青年朋友来信，说对历史有兴趣，但不知如何学？怎样才能学好？我看，要言不繁，答案只有两个字：念书。离开念书，学历史就不可能。书念得越多越好。为什么？道理很简单：对当前现实，国内外大事，我们生活在这时代，可以通过看报、看杂志、谈话、听报告等方式了解，得到知识。历史是过去的事，古代没有报章杂志，更没有人来做报告，所以只能从书本上得到知识。当然这只是大概言之，例如除书本以外，还可从田野考古获得历史知识，它能使我们了解光靠文献不能完全解决的人类早期历史。大家知道商朝历史的研究就是这样。周口店中国猿人的发现，最近在全国各地新旧石器、古代墓葬的发掘都提供了极为丰富的资料。此外，如古代建筑，这在北京是最典型的，要知道六百年以来的建筑艺术，可去参观一下故宫、天坛。再早些，五台山有一个庙就有一千年的历史。其他还有金石文字、墓碑等等。不过这些资料与文献相比，还是以书本为主。要了解考古、古建筑、古碑等的确切意义还是离不开书本、文献记载的。就研究历史而论，书本不是唯一的，但是是主要的。

书本所记载之内容不外两方面：一是生产斗争。人们与自然界斗争，争取生存，世代相传，从无知到有知，从片面到比较全面，知识便不断地积累起来。另一面是阶级斗争。毛主席说过：“阶级斗争，一些阶级胜利了，一些阶级消灭了。这就是历史，这就是几千年的文明史。”① 历史所记录的无非是阶级斗争。人类知识大体说来就是这两方面。我们能离开这两方面来研究历史吗？不能。要深刻地了解这两方面，批判地继承历史遗产，就非念书不可。

浩瀚的书籍是祖先给我们留下的最丰富最宝贵的遗产。这是世界上没有一个国家一个民族能比得上的。我国的丰富而宝贵的历史遗产有这样一些特点：第一，时间长。有文字的记载达四千年之久，并且从未中断过。世界上一些文明古国，如印度、埃及的历史也是很长的，但历史记载曾经中断过，我国却没有这种情况。第二是内容丰富。除正史外，还有各种体裁的历史文献。例如方志，这是其他国家所没有的。从唐中叶起，一直延续下来。省有省志，府有府志，县有县志，连一个镇、一个商业点（如浙江乌青镇）都有志。有些大庙、名山、著名书院也有志。明朝国子监有南监北监，也分别有志，东林书院也有志。并且还有很好的传统：地方志大体上每十年总要修一次，以此，保存到现在的一个地方的地方志就有好几种。不但国家有历史，地方有历史，某些著名人物还有个人传记。也有许多史家为某一事件写专书的。此外文集中还有各种有关史料。过去有个风气，名人死后都要请人写墓志铭、神道碑，过去没有稿费制度，有些文人就靠写墓志铭、神道碑生活。三国时代的蔡邕写碑文很有名，他一生写了许多碑文，他自己说只有一篇是恰如其分的。顾亭林在评价韩愈时说，如他不写这些篇谀墓之文，学术价值就会更高一些。然而，反过来说，这也是好事，某些人物是不见于正史的，就靠这些碑文保存下来，并且，从碑文中也可找到某些找不到的有用的资料。

回来再说正史。从唐代起有个传统，每个皇帝都有专人把他每天的事情记录下来，叫“起居注”。虽是记的皇帝个人生活，但不免牵涉到国家大事。一个皇帝死后，新皇帝即位，就根据“起居注”加上各部门有关的档案，编成一部“实录”。皇帝在位多少年就有多少年“实录”。一个王朝被推翻了，下一个王朝照例要按前朝之“实

① 《毛泽东选集》，第4卷，1491页。

录”修成前朝的历史。二十四史中大部分是这样编成的。其中《明史》修的时间最长，学术水平较高。《元史》较差，《宋史》更乱一些。辛亥革命后编的《清史稿》，里面错误非常之多，应该重新修订，最近有人打算重印。

学历史而不念书是不行的。要多念书，认真地多念书。离开书本研究历史就很困难。问题在于怎样念？如何念好？有些青年朋友还提出到底应该先念什么后念什么？我看是得有个方法。正确的方法是应该先念基础、必要的书。无论学中国史、外国史都一样。就中国史而言，首先要有通史的知识。几千年历史发展的概况，主要事件的变化、发展应该知道。当然不可能每件事都知道。一方面，我们的历史知识总是不完备的，再过几十年、几千几万年都如此。另一方面，我国历史内容无比丰富，每件事都记得是不可能的。因此，学历史必须掌握基本的东西，否则就谈不上进一步研究。不久前听说，有个别历史系毕业生连中国历朝的顺序都说不清，谁先谁后？是父亲？是儿子？都搞不清，怎么能谈得上研究历史？应该承认，中国历史上的年号确是相当麻烦。幸亏明太祖做了一件好事，他立下规矩，一帝一个年号，而以前的往往一个皇帝有几个甚至十几个年号，年号和具体时间和具体的人联不起来，搞得人头昏脑胀。地名变化也是复杂，如北京，解放前称北平，再早些还有其他不同名称，还有统治阶级的种种称号、官衔也很麻烦，例如唐代后期的节度使权力极大，到宋朝某些主要权力全被皇帝剥夺了，没有唐朝那样威风了。京剧中常见太师，在古代称三公，权力很大，后来只是个空名称而已。同一名称，在不同时代，内容不同，不搞清这些官称之实质，也就无法搞清各朝的政治情况。当然，搞清年号、官衔等等并不等于懂得历史，但要懂历史，就非掌握这些初步的基础东西不可。如何掌握基础知识呢？东翻翻西翻翻是需要的。但是，就初学历史的人们来说，最好不用这种方法。应该读完一本再读第二本。与其翻上二十本，一本也没读完，倒不如认真地读完一本再读第二本。其次是先后的问题。我看先读基础的东西。断代史的研究也要从通史开始。“前无古人，后无来者”的断代史学习方法是不扎实的。通史有了基础，再搞断代史就扎实了。第三，目前应以正史为主。学唐朝历史的先念新旧《唐书》。然后再深入，如研究天宝时代安史之乱，再读些有关的著作。前两步还没走，就走第三步是不行的。昨天，我看了一篇稿子，说的是明万历年间的一次土司战争。作者没有把整个通史和明史研究好，而专门研究播州的历史，结果很多问题搞不清楚。先基础，后专门，从基础到专门，这样做，是符合对事物的认识过程的，因而也是有效的。

这里又发生一个问题，即：人的记忆力可靠吗？念过的书都能记牢吗？也许大家看过一两遍就能记住了，我可不行。年轻时还能记得一些，现在看完就忘了。怎么办呢？我看，一些基本的主要的东西应反复多念几次，感性的东西增加，才能熟悉。另外，就是抄书。我是提倡抄书的。不但眼勤，还要手勤。抄书方法很多，有的记主要内容，这本书主要的讲什么，解决什么问题，提纲挈领地记下来帮助记忆。有的是为研究某个问题，把看到的有关资料全都抄下来。有的目前虽来不及研究，但材料很重要，有意义，也抄下来。抄书这一关很重要，要眼勤手勤，否则就要吃亏，我是常吃这个亏的。有时看到一条材料，觉得很重要，当时一大意，没有记下来，以后费了九牛二虎之力也找不到。所以要随读随抄。最好抄在卡片上，不用本子。起先我也是抄在本子上的，可是抄多了以后，用起来就很麻烦，查起来费事，以后聪明些了，抄在卡片上，再归类排队，找起来很方便。抄的资料多了，多看几遍，就可以帮助巩固记忆，也自然会发现问题，提出问题，从而解决问题。我的看法，学历史与学文学是有所不同的，文学家可以凭灵感，灵感一来，文章就写出来了。历史家可不能靠灵感，只能靠念书。知识总是靠逐渐积累的，从无到有，从少到多，从片面到比较全面。我说比较全面，这是因为历史的全面的知识是不可能的，不存在的。

为了要知道看哪些书，就要学点目录学。不学目录学是不行的。目录学在我国很发达，已成了专门的学科。书很多，都看了也不必要，一般的掌握《四库全书总目》也就行了。《四库全书》有经、史、子、集四部，学习历史主要是史、子两部。经常翻翻它是有好处的。我看应该提个要求：一个大学历史系的毕业生，当人家提出一个问题，你就能告诉他去看什么书。我看这是一个起码的要求。

二、对待历史文献的态度问题

那么多书是否都可信？古人说："尽信书，不如无书。"此话有理，但有些片面性。完全不信，那就没有历史了。在讨论中，有人提出：史书全是封建史家写的。对的，那时中国根本没有马克思列宁主义者，以此，没有一部书中有马克思列宁主义。封建史家有他的阶级立场，他要为本阶级利益服务。可以说，每部史书都是打上阶级烙印的。有人这样说：既然都为其本阶级利益服务，其记载就不可信了。封建史家对人民起义、对广大人民的发明创造加以诬蔑、隐瞒、歪曲，这是必然的。《清史稿》说辛亥革命是"盗起于武昌"。在国民党的记载和文件中，照例骂共产党是"共匪"，要国民党说共产党好，那怎么可能呢！但是否从此可以得到结论：过去的史书都不可信呢？作这样结论是危险的。因为全盘否定的结果，只能造成民族虚无主义。相反，对史书应该有分析：一方面有不可信处，如歪曲农民起义等等；但另一方面，所记载的这件事情是可信的，如方腊、宋江、韩林儿等起义是实有其事的，如连这些也不相信，哪里来的历史呢？对这些事实，封建史家能不能全部歪曲、诬蔑呢？不可能。事物总是有联系的，这里歪曲、隐瞒了，那里就不能完全歪曲、隐瞒；这个时期歪曲、隐瞒，但不能长期地歪曲、隐瞒下去。况且历史资料是那么丰富，这本书上被歪曲了，从其他的记载中可以得到比较正确的记载。比如说《史记》中写楚汉之争。司马迁是有他的立场的。他是汉武帝时人，官僚阶级出身。在他的笔下有扬有抑。写项羽，虽是失败了，但从本纪里可看出他是个英勇、直爽，而又粗暴的性格，写得很可爱。而刘邦则是一副流氓相。两下相比，作者的观点、立场并不隐晦。写到两人的成败，项羽主张分裂，维持战国后期状况；刘邦主张统一（当时曾有人为刘邦出主意，要他分封，后被张良发现、劝阻了）。可见项羽是违背这个时代人民要求统一的潮流；刘邦却迎合时代的潮流和人民的要求。当时统一、和平的局面是广大人民的愿望。当然，也有些记载是完全歪曲的。如《三国志》里曹丕赶走汉献帝一段。当时曹丕说没有经验。有人出主意强迫汉献帝学古代尧、舜的禅让，一次禅，一次让，以至二次、三次。最后便不让了，曹丕做了皇帝，他说："舜、禹之事吾知之矣。"原来是这么一回子事！从此开了先例，南北朝宋、齐、梁、陈在换朝代时都要这一套把戏，那些记载当然是不可信的，就是在当时谁也知道是鬼话。特别是到南朝，一个大将军拥一个小孩做皇帝，当要废掉另立新帝时，就给小孩子加上种种莫须有的罪名，多少条罪状，这些罪状大体上都是不可信的。所以，对待历史文献材料，应该有分析。完全不信，不行；完全信，太老实，也不行。这里要做核对工作，必须区别可信和不可信的东西。其次，正史之外还有野史，野史是私人记载，比较随便。当时出版条件不具备，写完书往往放在家里，主观上是不准备流传的，因此，用不着说什么假话，这里面有不少真实的材料。当然私人记载也有靠不住的，特别是明朝，有人为了攻击政敌，写一本书，专门骂，好处一点也不讲，这样的书就不可信。对待史料应慎重、认真、严肃，区别可信与不可信的，在可信的基础上作分析、综合的研究工作。不可以一棍子打死，也不能认为完全可信。

中国史家有一个据实记事的好传统，即使有杀身之祸也不怕。春秋时代晋国的董狐、齐国的南史都是例子。司马光修《资治通鉴》就经过很严肃、认真、细致的工作。他约几个专家作助手，先拟出全书大纲，然后要每个人先收集所担负的一段历史时期的材料。把资料集中起来，进行排比，其中同一件事，可能有不同的记载，他采取考异的办法，写上认为可信的一种，同时附上其他几种，以保存史料，还告诉读者为什么用这条材料而不用那条材料。《资治通鉴》编纂至今已经经过许多世纪，但它还有很高的学术价值。当然，其中也有司马光自己的评论，有些是我们所不能同意的，甚至错误的。不过大体上，他的材料是比较可信的。

附带说一下现实主义与浪漫主义结合的问题。有人说历史上并没有共产主义呀，如何与现实联系呢？也有人问：从历史上继承什么？恩格斯说过道德总是阶级的道德，封建道德是为封建统治服务的，今人学习它有什么意义呢？这两个问题提法不一，实质上却是一个。也就是对待古代文献的态度问题。诚然，古代没有共产主义，要求古人有共产主义思想是非历史主义的、反马克思主义的态度。反过来，古人的道德品质难道就没有一点值得我们学习的吗？古人道德和今人的道德当然不可相提并论，这是一面。但另一面，人类历史无非是阶级斗争和生产斗争的历史。在生产斗争中，古人的智慧、创造、发明；在阶级斗争中，不畏强暴，坚强不屈，像孟子说的："富贵不能淫，贫贱不能移，威武不能屈。"有为保卫民族利益而牺牲的英雄，有为研究某一些问题而花上毕生精力的科学家，这些优良品质难道不值得今人学习？难道今人不要勇敢而要懦怯？不要智慧而要愚蠢？为什么不可以拿历史人物的某些美德，某些成功、失败的经验来教育今人？我们应该尊重历史，要重视自己的历史，研究历史，从中吸取有益的东西。毛主席早在 1942 年就提出要学习理论、现实、历史三个方面。光学了理论、了解现实是不够的，还要懂得历史。不仅要学中国史，而且要学外国史，只有这样才能指导今天的行动。毛主席的话在今天仍有现实意义。总之，对历史文献，应该认真对待，不能完全相信，也不能全盘否定，应区别可信和不可信，有害与有益，有用与无用，从总结前人经验的前提出发，批判地继承其中某些有益的东西，丰富我们的生活、文化，提高我们的工作，这样才能达到古为今用的目的。

三、理论联系实际

先有理论还是先有实际？有些人不是把两者对立起来，就是认为先理论后实际，这都是不正确的。任何理论只能从实际中产生，没有离开实际的理论，实际是理论的唯一来源。人们从实际的生产斗争、阶级斗争中积累经验，总结起来，提出理论，指导实际。只有主观主义、唯心论者才有不从实际出发的理论。古人也讲格物致知之学，他要格竹子，便对着竹子，坐着想了几天，道理没格出来，人倒格病了。道理很简单，要懂得竹子，只有去培养它，解剖它，使用它，才能了解它。光对着竹子空想是任何问题也不能解决的。唯物论与唯心论之区别也就在此，一个是从实际出发，一个是从空想出发。明了这一点去学历史就好办了。历史本身就是实际，我们叫它作历史实际。过去在编中国历史教材时，对中国历史之下限应到何时，有争论。有人主张到1961年，有人主张到1949年。后来，我们认为，所谓历史是表示某一件事已告一段落，正在进行和发展变化中的事实是不能算作历史的，这叫做当前实际。历史实际和当前实际之区别即在于此。当然，当前的实际在若干年后，也会变成历史，这两者也不能一刀两断截然分开的。另外，应该从历史发展本身找规律和特征，一个国家一个民族的历史总有本身的特点，不能将历史一般化，而应抓住特点。毛主席的《中国革命与中国共产党》是理论和实际结合的典型。它讲历史实际，又讲当前实际，把我国整个历史和近百年历史的特点和抗日战争中阶级关系相联系，制定出适应于当时情况的方针、政策。离开当时的实际和历史实际，就无所依据，提不出这些论点。当时为什么要建立抗日民族统一战线？这统一战线为什么必要？为什么可能？为什么必须由党领导？其他阶级为什么不能领导？可见学习历史、研究历史不仅在于解释历史，更重要的是从中得到结论，提高到理论，指导当前的实际。上海有一青年来信说，历史讲的都是死人，与今人关系不大。这是错误的。学历史不是为死人服务，而是为活人服务；不是为了过去，而是为了今天和明天。我们不能像过去的学者，将历史与其他科学，与理论割裂。胡适是反对用马克思列宁主义来研究历史的，他硬说阶级斗争、封建社会在历史上是不存在的。和他同辈的人，不少人也持有这种看法。他们拒绝马克思列宁主义理论，主张少谈些主义，多谈些问题。当然这种看法在今天是很少了。但如何以理论指导研究和学习历史呢？这是值得研究的。

第一，有人问先学理论还是先学历史？我看先学历史后学理论。抓住实际的东西来检验理论，否则理论与什么东西结合呢？

第二，在联系马克思列宁主义、毛泽东思想的普遍真理时，应考虑到各国家、各民族的特殊性。生搬硬套是有害的。例如最近在讨论封建土地国有制问题。马克思说过东方土地国有制。这“东方”到底包括哪些地方呢？有人把中国算进去，就说中国也是土地国有制。有人则说马克思指的东方没有包括中国，仅指印度、波斯和日本。就是“国有制”的意义也有不同理解。“国”是指什么？是以皇帝为中心的统治集团呢，还是包括所有人民的“国”？这“有”又是如何“有”法？过去历史上有或多或少的土地是属于中央政府的，它有各种名称，如宋时的官田，明朝的皇庄等。这些算是什么？这些问题没有搞清楚，勉强联系，看来并不是有益的。

第三，马克思恩格斯的论述很多是专指欧洲某一国、某一事、某一问题的，这些是否可以完全适用于中国呢？一方面是普遍真理，放之四海而皆准；另方面，各国有各国的特征，是否在写中国史时，也要按照欧洲的发展规律来写？正确的方法应是从历史实际出发，用马克思列宁主义、毛泽东思想作指导来研究，千万不可以偷懒。最近有些争论之所以不得解决，原因就在于对经典“各取所需”。我这样理解，你那样理解；我摘这一段，你引那一段，对不上口径。反过来，离开理论也不行。以最近讨论的民族史为例。我国有五十几个民族，共同创造了几千年的历史。历史上的民族关系如何？历史上各族间都发生过战争，怎样看待这些战争？除汉族外，渤海、女真、契丹、蒙古、满族等族都建立过中央或地方政权，又怎样来看待这些时期的历史呢？我们认为，所有在今天中华人民共和国版图内的各民族，都是大家庭中一员，并无地位高低之分，对国家的进步都有贡献。历史上曾经有过的纠纷和战争，都应作为我们国家内部矛盾来处理。以往写历史，唐宋多，辽金少，那也是不对的。这些是历史实际，也是现实问题，没有正确的理论来指导研究是会犯错误的。以前有人总爱称唐帝国、汉帝国、明帝国、清帝国，这帝国是谁封的？《明史》上没有，《唐书》上也没有，原来是我们历史家自己封的。历史上从来没有一个朝代称过帝国，最多不过加一个“大”而已。我们一方面要把历史问题与现实问题分开，过去我们打过人家，今天由于社会主义制度决定我们不要别人一寸土地，也不允许别人侵占我们一寸土地。对于邻国，我们是大国，应谦虚、慎重。另一面，历史问题应从理论上考虑，也要与当前实际联系。认为历史实际与今天实际不相干的看法也是不对的。可以这样说，历史科学是政治性最强的一门科学。必须与理论密切联系，没有正确理论的指导，不可能有正确的结合。运用理论要注意普遍性，也要注意特殊性，不能按照别人的东西来套，那样做是不够认真，不够严肃的。

此外，战争性质问题，历史上有不少战争，哪些是正义的，哪些是非正义的，应从当时具体事实出发才能得到结论。不能说我们全错，也不能说全对，其中有防御性的，也有侵略性的。历史人物评价也如此。不能用一个模子到处去套，历史上有文学家、历史家、法律家、军事家等等人物，只能对每个历史人物作具体分析。不过有一条是肯定的，列宁和毛主席也都说过，就是不能要求古人作今人的事，或以今人标准来衡量古人。这里又牵涉到对历史文献的态度了。比如评价曹操，不能把他儿子曹丕和曹植对他的颂扬当作群众的评价，说曹操是太阳。这就要看是谁说的？在什么场合说的？在什么情况下说的？评论者与被评者的关系怎样？不分析这些是得不到正确的结论的。

学习和研究历史，不单单是解释历史，而是要从历史中总结经验，为现实服务；不是为了古人，而是为的今人；不是脱离政治的科学，而是政治性很强的科学。我们要尊重历史，严肃、认真地实事求是地学习和研究历史，从中归纳出某些特点，吸取某些珍贵、有用的经验、教训，使之成为社会主义建设中有用的东西。在这样的前提下，当前历史工作者首要的任务是学习理论，以指导历史的学习和研究。

（原载《教学与研究》第3期，1962年）

学习历史知识的几个问题
——在中华全国新闻工作协会举办的报告会上的讲话

什么是历史？

历史工作者和新闻工作者的关系是很密切的。新闻工作者的任务是把新近发生的国内外的重大事件正确地传达给人民。要真实地反映情况，不能浮夸。新闻报道除了准确以外，还要力求简练、鲜明、生动。假如一个记者的报道写得很啰唆，很枯燥，使人看不下去，尽管反映的情况是真实的，那也不符合现代报纸的要求和读者的要求。因此，报道的科学性和艺术性应该是统一的。对于历史著作的要求也是如此。记载史实要实事求是，要准确，不许浮夸、虚构，同时也要有艺术性，要写得鲜明、生动。所不同的是，新闻工作者记录的是今天的历史，历史工作者记录的是过去的历史，差别只此而已。从这个意义上说，新闻工作者也是历史工作者。

有人认为，讲科学性就不能讲艺术性。我看，这种把两者对立起来的看法是片面的。我国历史上有很好的传统，文史是不分家的。司马迁的《史记》，是旧时代的第一流的历史著作，也是第一流的文学著作。司马迁费了很大的力气做调查研究工作，他把可能阅读的文献都阅读了，还游历了国内的很多大城市，搜集地方文献，访问了许多年长的人，借以印证自己采访到的历史事实，再通过文艺手法，把这些资料记录下来。他的态度和方法是科学的、严肃认真的，他的描写是生动活泼的。比如《项羽本纪》中鸿门宴这一段记载就非常生动，达到了科学性和艺术性的完美的统一。它既是历史著作，也是艺术作品。

但是，这就发生了一个问题，到底什么叫历史？随便举个例子：有出戏叫《三打祝家庄》，一些评论文章说这个戏取材于历史，说是一出历史戏。大家知道，《三打祝家庄》这个戏取材于《水浒》，《水浒》是一部好书，但不是历史。《水浒》里面主要描写宋江的事情。宋江是确有其人的，《宋史》上记载，宋江是一位农民起义的领袖。但到底他们做了些什么事情？打过祝家庄或李家庄，历史上没有记载。《水浒》的作者根据许多民间传说，也根据元朝的一些杂剧，加以虚构想象，写成功这样一部有名的作品，这是了不起的事情。但是无论如何，在艺术上成功的作品，不能说就是历史。《三打祝家庄》的故事除了见于《水浒》以外，历史上从来没有记载过。那么，能不能说《三打祝家庄》是取材于历史呢？这样的说法恐怕是欠考虑的，容易引起观众思想认识上的混乱。把历史的要求真实跟文艺上许可虚构的区别混淆了。又如田汉同志改写的《谢瑶环》，也有人说这个戏取材于历史，问题就更加严重了。武则天是实有其人，可是谢瑶环有没有其人其事？历史上没有任何记载。再说，在唐朝那个时代，一个女人假扮男人出去作巡按，而且在作官的时候跟男人结婚了，这是不可能的。最后，武则天为了这件案子，她自己亲自跑到现场去，也没有这种可能。都没有可能，而有人把它说成是取材于历史，那就会引起更大的混乱。假如说，只要历史上有这个人，不管这些事情可不可能发生，都可以算作历史的话，那么《封神榜》也可以算是历史小说，因为写的是武王伐纣，武王和纣王实有其人，姜太公也实有其人。同样，《西游记》也可以算作历史小说，为什么呢？唐僧和尚确有其人，他到印度去取经确有其事。那么，依此类推，《大闹天宫》也成历史了。又如《杨门女将》这样的戏，无论是戏也罢，电影也罢，都很好，它反映了人民抵抗外来侵略的要求。但是，它是不是历史戏？应该说不是历史戏，历史上不存在这样的可能。应该指出，有不少的戏因为你叫它历史戏，有些观众就认为它是历史。我碰见一位年长的人，文化水平也较高，他就问过我："你说佘太君没有这个人？戏上演的嘛，它既是历史戏，佘太君就应该有这个人。”我说没有，他还是说：“不对，有。”甚至有的人竟把戏剧上的佘太君搬到历史上去了，这就把事情搞乱了。所以，这个问题需要澄清。

什么叫历史？毛主席说得很清楚：“阶级斗争，一些阶级胜利了，一些阶级消灭了。这就是历史，这就是几千年的文明史。拿这个观点解释历史的就叫做历史的唯物主义，站在这个观点的反面的是历史的唯心主义。”① 历史是记录阶级斗争的，这就叫历史。当然，人类除了阶级斗争以外，还有生产斗争，即人跟自然界的斗争。记录过去这方面的真实情况的，也叫历史。总之，记录阶级斗争的、生产斗争的，都叫历史。参加阶级斗争和生产斗争的一些人物的活动，当然也是历史。历史就是人在阶级斗争和生产斗争中的活动，把历史里面的人排除出去，就没有历史了。这些人物有不同的阶级，不管他是什么阶级，只要他在历史上起过作用，包括进步的作用和反动的作用，都应该有记载。不能因为他这个人是皇帝、是国王、是宰相、是将军，他的阶级成分不好，就不承认他在历史上的贡献；也不能因为说这个人成分很好，一无所有，贫雇农出身，可是他一辈子没有什么成就，也把他写在历史上，这样，历史就太多了，读不胜读了，也就取消了历史了。那么，为什么起过反动作用的人物也要写进历史呢？这是因为这些人在当时曾经和人民作过对头，危害了人民的进步事业，写了这些人，这些事，不但可以弄清楚为什么当时人民要起来反对，以至进行武装起义，同时也可以通过这些人，这些事，在历史上起反面教员作用。历史家否定了坏人坏事，对广大人民群众来说，也是一种教育，是有其积极的意义的。总之，对历史人物的肯定还是否定，这要看一个人做过什么对当时人民有利的事，对生产有利的事，对阶级斗争有利的事。

历史的范围很广，各学科都有各学科的历史，任何一个部门，都有它一个发生发展的过程。毛主席说：“中国现时的新政治新经济是从古代的旧政治旧经济发展而来的，中国现时的新文化也是从古代的旧文化发展而来，因此，我们必须尊重自己的历史，决不能割

① 《毛泽东选集》，第 4 卷，1491 页。

断历史。但是这种尊重，是给历史以一定的科学的地位，是尊重历史的辩证法的发展，而不是颂古非今，不是赞扬任何封建的毒素。对于人民群众和青年学生，主要地不是要引导他们向后看，而是要引导他们向前看。”① 这话虽是二十年前说的，但今天完全适用，而且今后永远适用，这是个科学的论断，是普遍真理。你要清楚地了解今天，就得要了解过去。只知今不知古，是不对的；只知古不知今，更是不对了。知今和知古是紧密联系着的，知古是为了更好地知今。

学习历史不只是为了取得过去时代的知识和经验，更重要的是为了做好今天的工作，就是为现实政治服务。

为什么要学习历史？

为什么要学习历史？我想最好用列宁的话来说明这个问题。列宁在《青年团的任务》一文中说，如果以为“不掌握人类积累起来的知识就能成为共产主义者，那你们就犯了极大的错误”②。又说：“无产阶级文化并不是从天上掉下来的，也不是那些自命为无产阶级文化专家的人杜撰出来的。这完全是胡说。无产阶级文化应当是人类在资本主义社会、地主社会和官僚社会压迫下创造出来的全部知识发展的必然结果。”③ 列宁所说的人类创造出来的全部知识财富，就是历史。和列宁的话相印证，毛主席在《中国共产党在民族战争中的地位》一文中说：“一般地说，一切有相当研究能力的共产党员，都要研究马克思、恩格斯、列宁、斯大林的理论，都要研究我们民族的历史，都要研究当前运动的情况和趋势；并经过他们去教育那些文化水准较低的党员。特殊地说，干部应当着重地研究这些，中央委员和高级干部尤其应当加紧研究。指导一个伟大的革命运动的政党，如果没有革命理论，没有历史知识，没有对于实际运动的深刻的了解，要取

① 《毛泽东选集》，第2卷，701页。
② 《列宁全集》，第31卷，253页。
③ 同上书，254页。

得胜利是不可能的。”① 他又说：“学习我们的历史遗产，用马克思主义的方法给以批判的总结，是我们学习的另一任务。我们这个民族有数千年的历史，有它的特点，有它的许多珍贵品。对于这些，我们还是小学生。今天的中国是历史的中国的一个发展，我们是马克思主义的历史主义者，我们不应当割断历史。从孔夫子到孙中山，我们应当给以总结，承继这一份珍贵的遗产。这对于指导当前的伟大的运动，是有重要的帮助的。”② 为什么要学习历史？道理已经很清楚了。

旧时代对历史也很重视，不过意义和今天有本质的区别。在甲骨文时代，我国就有史官了。那时人们遇到重要一点的事情都要占占卦。拿个乌龟壳或一块骨头，钻个孔，在火上烧一烧，按裂纹来卜吉凶。占卜后把结果记录下来，刻在甲骨上，这就是甲骨文，也就是当时的史料。记载这些占卜的人，就是最早的历史工作者。所以，最早的历史工作和宗教迷信是混在一起的。春秋时代各国都有史官，史官有个优良传统，就是要实事求是，遇事直书，不能浮夸歪曲。例如春秋时代齐国大夫崔杼把国君杀了，史官就写：“崔杼弑其君。”崔杼大怒，把史官杀了，史官的弟弟来了，还是写“崔杼弑其君”，又被杀了；老三来了，还是写“崔杼弑其君”，老三也被杀了；老四来了，还是写“崔杼弑其君”。崔杼一看不行，杀不完，只好不杀了。老四出门的时候，一个老人南史氏急忙赶来说：“你要是被杀，我来写。”据实直书，历史上有这个优良传统。各个朝代不管是哪个家族统治，都很重视历史记载，皇帝左右有起居注官，称为左史、右史，左史纪言，右史纪事，专门记载皇帝每天说的话，做的事。从唐朝开始，每个皇帝都有史官作起居注，皇帝死了，新皇帝继位，便把起居注所记载的材料跟中央和各地方的档案综合起来，编成一部历史书，叫作“实录”。这种“实录”从唐朝一直到清朝都有。溥仪作了三年皇帝，也有一部书叫《宣统政纪》，和“实录”的性质差不多。古代的有些统治者为什么重视历史呢？他们认为历史记载了从前的兴、衰、治、乱，可以从前人那里吸取统治经验。《资治通鉴》一方面是历

① 《毛泽东选集》，第2卷，521页。

② 同上书，522页。

史，一方面是政治教科书。《通鉴》的“鉴”字就是镜子的意思，拿镜子可以照见自己的脸，从历史中可以知道前人的所以成功，所以失败的道路。明太祖朱元璋就很重视历史，他左右有很多人给他讲历史，在采取新的政治措施之前，也要先问问历史家。由于自古以来，就有这样一个重视历史的传统，所以我国的历史材料极为丰富。第一，从有文字以来，我们一直有历史记录，从来没有中断过，在世界上可说是历史记载最长的一个国家；第二，保存的历史记载最多，无论哪个时代都有很多种历史著作流传到现在；第三，不仅有国家历史，还有各个地区的历史——地方志：省有省志，府有府志，县有县志。从唐朝中期开始一直到清朝，也没有中断过，我国的地方志到现在为止，至少有一万多种；第四，我国的历史的内容多种多样，除了国家的历史、地方的历史外，还有个人历史——个人传记，以及专门记载某件事情的历史，甚至一个学校，也有一个学校的历史，如明朝后期有个东林书院很有名，就有这个书院的历史；当时的大学，北京有国子监，南京也有国子监，南监、北监都各有自己的历史；甚至一座名山、一座庙宇，也有自己的历史；有的集镇，也有它的历史；喝茶有喝茶的历史，农业有农业的历史，如北魏贾思勰的《齐民要术》，元朝王祯的《农书》，明朝徐光启的《农政全书》等等，都是记载农业生产和园艺栽培技术的历史书；讲瓷器的有陶瓷史……总之，多种多样，非常丰富。当前的问题是对这些知识，如毛主席所说，我们还是小学生，还没有能够把这些知识加以认真研究总结，有待于我们作更多的努力。

最近有些青年经常问学历史有什么用？他们有一种看法，叫做“历史无用论”。他们说，历史都是记载过去的事情的，和当前实际有什么相干？我们必须了解，所谓实际，有两个方面：即当前的实际和过去的实际，过去的实际也就是历史实际。历史实际对当时当地来说，也是当前的实际；今天的实际过了若干年以后，也就成为历史实际了。今天的实际是过去实际的延续和发展，这两者是统一的，不过因为时间的差别，有所区分罢了。历史实际是为当前实际服务的，不能把历史仅仅看成是过去的事情。要想真正深刻地认识和了解当前的实际，就不能不了解历史实际。把两者对立起来是错误的，只重视当前不重视过去也是错误的。所以毛主席说，我们要尊重自己的历史。同时他又指出，学习历史、研究历史实际，主要是为了引导青年这一代向前看，而不是向后看。我们不能像过去的历史家那样，对过去的历史采取一种“颂古非今”的态度，或者认为他那个时代所做的事情就是空前绝后的。这都不对。过去也曾经有过这样的情况，为了进行政治斗争，有所谓“托古改制”之说，王莽这样做过，康有为也这样做过。为了在政治上配合他们的主张，就引用历史上某件事情、某一句话，来作他的政治主张的注解，所谓“六经为我注脚”。这些做法都不是历史主义的态度。

我国史家固然有一个实事求是的传统，但是过去的历史记载有没有歪曲、浮夸的地方呢？有，而且很多。例如，当农民起义来反抗统治者的时候，历史记载上对这些起义领袖和群众，总是称为盗、贼、寇、匪等等，加以辱骂。在这一点上他们是千篇一律没有例外的，这是由他们的阶级立场决定的。要求过去的封建历史家来歌颂农民起义，这怎么可能呢？过去的历史记载上浮夸现象也很多。如一个王朝起来了，对于开基建业的皇帝，历史家总是把他说得如何好得不得了，这些歌颂之辞，如果仔细研究，总一大半是靠不住的。

过去的历史记载有歪曲，有浮夸，但能不能说这些历史记载都不可信呢？现在就有人说什么由于过去历史家的阶级立场是反动的，注定了要对农民起义进行歪曲、诬蔑，因此旧历史是不可信的；还认为现代的历史家应该根据马克思列宁主义的方法，根据自己的想象来写历史，来创造历史。我看，这样的历史家，真是“历史创造家”了。应该肯定，旧历史对人民群众的活动有歪曲、有诬蔑，但是它不可能把所有的事情都歪曲了，诬蔑了。从陈胜、吴广一直到太平天国，大大小小的农民起义总有几百次，重要的有十几次，这十几次农民革命，假如没有历史记载，我们现在可能连陈胜、吴广的名字都不知道了。又如太平天国，尽管清朝政府文件里面对它百般诬蔑，现在我们还可以看到很多太平天国自己的文献材料。太平天国的基本活动情况是歪曲不了的，诬蔑不了的。有人难免要说，那么，太平天国以前呢？太平天国以前那么多次的农民起义都被歪曲了，也找不到他们自己的文献了，你怎么可以知道它的真相呢?我说，不用担心，还是有办法的。我国历代有官修的历史，也还有私人修的所谓野史。野史就不像官修的历史那样和统治者亦步亦趋了，他可以比较自由地记载些真实情况。例如宋朝初年，四川发生了王小波、李顺领导的农民起义，在官书上和政府发表的文件上，当然是把他们痛骂一顿，不会说好话的了，可是，在宋朝人自己写的书里面就不同，不但对这次起义记载得比较详细、真实，书中还表现了作者对这次起义的同情。所以仅仅因为过去的历史家对阶级斗争的史实和其他一些史实有歪曲，有浮夸，就认为不可信，因而就否定了我们自己的历史，这种观点是错误的。相反地，我们应该认真严肃地努力掌握可能得到的史料，认真地研究，给某些历史人物、历史事件以一定的地位——科学的地位、历史的地位，并且要从认真研究中丰富我们今天的文化财富。

如何学习历史

要取得历史知识，了解历史实际，懂得我们的祖先做过什么，没有做过什么，什么事情做对了，什么做错了，那就得学习历史，舍此没有别的办法。怎么学历史?不少青年朋友来信问这个问题。我们历史工作者应该自我批评，工作没有做好，到现在还没有一部简明扼要、大家都可以读的中国通史。当然，通史书不是没有，问题是这些书都有它特定的读者对象，有的是给高等学校历史系学生看的，有的是给外系学生看的，有的是给文化水平较高的人看的，可是还没有一部适合广大群众阅读的通史。这样一本书，字数不能太多，用十万字，顶多二十万字的篇幅，要能把主要的历史事实、整个历史发展趋势、关键性的问题、重要的人物和事变讲清楚；文字要准确、通俗、流利、生动。现在还没有这样一部通史，有待于大家努力。这个工作需要做，但是很难做。写一部十万字的通史要比写一百二十万字的书难多少倍，可是非要有这样一部书不可。

旧时有一句话："一部二十四史，从何读起。"现在已经有二十五史二十六史了，数量那样多，先念哪一部，什么时候念完？这的确是一个问题；另外还有文字问题，古时史书都是用文言文写的，现在许多青年读起来感到困难，不会断句，看了不知道书上讲的什么。

念什么？先念基础的东西还是先念专门的东西？这是要解决的第一个问题。学历史首先应该念基础的东西。通史是基础，断代史、专门史只有在通史的基础上才能学。倒过来先念专门史是行不通的。最近有位青年朋友写了一篇文章送给我看，他写的是明末播州（即今贵州遵义）土司杨应龙如何起兵反明的事，这是个专门问题，看来作者写这篇文章很费了一番力气，但他还有很多问题没有弄清楚。什么原因呢？第一缺少通史知识，第二缺少断代史知识。缺乏这些知识而去研究专门历史，势必会在许多问题上搞不清楚，所以要先念好通史。通史方面，应该念哪些书呢？我向大家推荐范文澜同志的《中国通史简编》、《中国近代史》，吕振羽同志的《简明中国通史》也可以念。这些书篇幅数量比较少，跟二十四史比起来那是少得多了。认真地念了这些书，就可以对中国几千年的发展变化有一个轮廓的认识，没有这个基础是不行的。然后大家可以进一步读一读司马光的《资治通鉴》，这是一部好书，文字不太难，现在有标点本，标点虽有不少错误，但比没有标点的本子容易念。这部书从战国写到五代，五代以后到清朝的历史，可看清人毕沅的《续资治通鉴》，现在也有标点本。这两部书都有比较丰富的史实，但篇幅也不小，没有时间看的同志，至少也得翻一翻。这样，以后碰到什么历史问题就可以知道往哪里查书了。

第二，要学习理论。光有一些基础知识是不够的。我在前面讲过，旧时代的史家在许多方面对历史有歪曲诬蔑，怎样正确地处理它，知道哪些地方是浮夸的、歪曲的，哪些地方是不正确的？这就必须要有理论指导，所以还必须学习马克思列宁主义和毛主席著作中关于历史方面的一些论断。例如，武王伐纣是好事还是坏事？这里就有问题了。武王伐纣时，伯夷、叔齐叩马而谏，后来周武王打败了纣王，他们耻食周粟，饿死首阳山。唐朝的韩愈写了《伯夷颂》，毛主席却对伯夷提出了批评。武王代纣时，伯夷、叔齐是反对派，虽然他们没有参加纣王反革命，至少是反对革命的，结果饿死首阳山还不是活该！可是韩愈在这个问题上就犯了错误。毛主席说："唐朝的韩愈写过《伯夷颂》……那是颂错了。我们应当写闻一多颂，写朱自清颂……"① 同样地，前几年关于电影《武训传》的讨论中也牵涉到这个问题，武训这样一个人应不应该歌颂？在我们这个时代，写一个《武训传》来歌颂他对封建统治者的卑躬屈节，歌颂他那种想挤进统治集团的卑污行径对不对？他办学的目的是什么？是为谁服务的？对他应该肯定还是否定？经过讨论，大家一致认为武训应该是一个被否定的人物。历史上类似这样的问题多得很，没有正确的理论知识，没有马克思列宁主义，没有毛泽东思想作指导，在判断历史问题的时候就会犯错误。

第三，新闻工作者要学会查阅文献的本领。例如前几年报纸上有一篇报道播种的消息说，浙江一个地方的农民创造了一种秧船。这就发生了问题：苏东坡写过秧船诗，这说明秧船是宋朝就有了的，怎么能把它当作今天的创造呢？问题是那时有某些地区使用这个工具，政府没有广为推广，因此始终没有流传开去。我们继承这个传统很好，但是把它说成是今天的创造就不符合实际情况了。这样的例子可以举出很多，总之，报道一个什么事，你要判断它是不是新的创造发明，或者要了解一件事情的来龙去脉，就要学会查阅文献。这个本领怎么学？我们可能碰到的事情不知道有几千万件，方面这么广，每一件事都学，那是学不了的，必须找一把钥匙。这种钥匙是有的，就是目录学。过去的藏书家把他们所收藏的或见到的书籍分门别类，编出目录，有的还给每一本书写了内容提要，如《四库全书总目提要》，有分类，有提要，清朝以前的主要书目都包括进去了。这样的书，我们新闻工作者应该尽量看看。目录学方面的书上千种，不必都看，选一种重要的看看就行了，没有人要求新闻工作者都成为目录学专家，但《四库全书总目提要》要学会查，当你接

① 《毛泽东选集》，第4卷，1499页。

触到某一件事情，想要知道应该查些什么书的时候，你就可以向它请教。经常翻翻，熟悉了它的分类情况，需要查用的时候就很方便了。当然还有些专门书目，如医有专门的医书目，农有专门的农书目，那是另外一回事，接触这类问题时，可以找这些专门的书目看。

第四，要通过文字关。我们不要求每个人都成为古文家，但过去时代的历史书都是用文言文写的，要运用历史资料，总得有把掌握古代文字的钥匙，像《资治通鉴》、近代梁启超等人的文章要能看懂。要取得这个本领，也不是很困难。我建议大家读一读《古文观止》，里面文章很多，不必全读，可以选择体裁不同的二三十篇文章熟读精读，最好做到能背诵。这也不难，一个礼拜读一篇，三十个礼拜就可以读完。有些字和词难懂，可以查查《辞源》、《康熙字典》。有了这三十篇文章做基础，就可以逐步找到独立阅读古文的门径了。行有余力，念一些古诗也好。《唐诗三百首》不一定全念，念二三十首也是好的。诗的语言最简练，念念诗对于我们的写作有好处。我不是想要大家去学着写古文，做古诗，而是希望大家练基本功，学会一些基本技能，懂得古代文字的运用，特别是一些虚字的运用，有了这些基本功夫，看古代文献就方便多了。

报刊应该宣传一些什么历史知识

历史知识的范围非常广泛，人类生活中的每一个方面，每一件事情，都属于历史的范畴，要求报刊把所有的历史知识都搬上去，不可能也不必要。宣传一些什么呢？我有以下几点意见：

第一，目前某些青年对历史的某些方面，某些内容不理解，这是一种情况；其次，我们国家一穷二白（穷是指经济上，白是指文化上），尽管我们的历史很丰富，但是一般地说，我们的历史知识还很贫乏。考虑到这些情况，我们就需要做宣传工作。毛主席指示大家学点历史，就是说大家都要有点历史知识，学习掌握历史发展的规律，从而掌握自己的命运，认清前途。这是很重要的。我看报刊应该负起帮助大家学习历史知识的责任。

第二，宣传一些什么历史知识？历史无非是阶级斗争、生产斗争，因此，应该着重宣传阶级斗争、生产斗争方面的历史知识。凡是有利于巩固人民民主专政，有利于发展生产，有利于民族团结，有利于克服当前困难的历史知识都是应该宣传的。

另一方面，是道德品质教育。是不是封建时期的道德都应该否定呢？恩格斯说过，道德总是阶级的道德。这是正确的。是不是据此就可以说封建时期的道德完全应该否定，没有可以继承的东西了呢？我看这话有片面性。应不应该否定，要具体分析。例如，忠孝节义，礼义廉耻，这些道德观念是为过去的统治阶级服务的，但也可以把它改造，使它为社会主义服务。“忠君”是过去的道德观念，除了个别遗老外，今天没有人讲忠君了，是不是连带这个“忠”字也应该否定呢？我看不应该。难道我们不应该忠于祖国、忠于党、忠于社会主义事业？孝也是一样，今天我们来提倡过去二十四孝那样的孝，那是错误的，但是父母抚育我们成人，现在他们老了，难道我们要像英、美资产阶级那样，父母到儿女家吃一顿饭还要付钱？我们不是资产阶级，对父母还是应该有孝心，父母年老了，照顾父母，尊重和帮助父母是应该的。节，封建道德观念认为死了丈夫妻子不能改嫁，甚至应该上吊，这是要不得的，应该完全否定。但是，把节理解为有骨气，例如文天祥说的“时穷节乃见”，这样的节，难道不应该继承吗？义，朋友之间互相帮助，彼此爱护，互相批评，这不是很应该吗？礼义廉耻中的礼，今天还是要的，人与人之间不能一点礼貌也没有，光着身子进电影院是不对的。有些青年人，不修边幅，头发留得好长，衣服脏极了，臭烘烘的，据说这样才叫“朴素”，这恐怕是缺乏礼的教育所致吧。廉，要不要廉洁？要不要爱护国家财物？列宁说过，即使一文钱也不应该浪费。为社会主义积累财富，就应该这样斤斤计较。公私要分清楚，不可占用公家的东西，应该有这样的品德。耻，不好的事不要去做。旧时代的这些道德，我看都应该批判地继承应用于今天，而且“节”，朋友之间也有节操问题，特别是还有民族气节的问题。有没有骨气，这就是

“节”。毛主席称赞闻一多、朱自清有骨气，也就是说他有民族气节。从这个意义上说，今天还需要“节”，还要强调民族气节。

另外，我们祖先中还有不少坚强、勇敢、机智、对敌人英勇不屈，宁愿流血牺牲，也要进行保家卫国的斗争的人；有些科学家以毕生精力，致力于科学研究，有利于生产，有利于人民生活，这样一些人物，他们的事迹和道德品质，对今天都有现实的教育意义。例如李时珍研究中药材，写了一部《本草纲目》，世界上十几个国家有译本。李时珍看到过去的药书有很多错误，药物名称和实际的东西不一致；或者名物虽然一致，但药性不清楚，用药时造成很多麻烦甚至祸害，为了解决这个问题，他花一生力量，进行调查研究，写成《本草纲目》，直到今天这部书仍然是医学界的一个很重要的文献。他这种调查研究、追求真理的精神，难道不值得我们今天学习？徐霞客为了研究地质地貌，花了三十年时间奔走各地，写了一部游记，不但他所观察的一些地质地貌现象是合乎科学的，游记本身也有很高的文学价值。他那种一辈子献身科学、不畏艰苦进行调查研究的精神，难道不值得我们学习？

另一方面是进行革命传统教育，在这个问题上应该注意两点：第一，既讲革命斗争的一面，也讲反革命的一面。有些同志认为，统治阶级没有什么可讲的，讲了反而替他们作宣传了。这种想法是不对的。如果反革命那一面不讲，为什么要革命，革命斗争是针对谁的？这些道理就讲不清楚了；第二，要使我们这一代人懂得革命斗争不是一帆风顺，而是经过了许多的迂回曲折，艰难困苦，经过了多少次失败，牺牲了多少人，才取得今天的胜利。胜利来之不易。要向读者，特别是青年读者进行这方面的教育。不然，就会使他们产生太平思想。不知过去的艰难困苦、流血牺牲，也就不觉得今天事业之可贵。在这种情况下，一些坏的、不正确的思想就容易腐蚀他们。关于革命传统的宣传教育工作虽然已经做得不少了，但还需要加强。

至于宣传形式，可以多种多样，不要千篇一律，故事、散文、回忆录、论文等等形式都可以。总之，我们的人民迫切需要历史知识。假如我们的工作做得比较好，他们就会比较容易地接受，乐于接受。我们应该用一种使群众喜闻乐见的形式来进行历史主义、爱国主义的阶级教育。通过这种形式，给广大人民以丰富的历史知识。这个工作是有利于提高人民的文化水平，有利于改变我国一穷二白的面貌的。这样的工作应该做，而且应该做好。在这一点上，希望新闻工作者们努力，同时，我们历史工作者也愿意协同做好这件事情。

（原载《新闻业务》第7期，1962年）

历史教材和历史研究中的几个问题

建国以来，我们的历史科学有了飞跃的进步，显著的极为可喜的成绩。

伟大的成绩是一面，但是，也还有另一个方面，那就是在历史教材的编纂和历史研究工作中还存在不少问题，这些问题虽然不大，但也必须引起我们严重注意。

这几年来，我有机会读了几种各级学校的中国历史教材，和许多篇专门论文。虽然因为时间的限制，没有可能对这些教材和论文作详尽的全面的研究，但就涉猎所得，发现有以下这些问题，提出来供历史学界的朋友们参考和引起注意。

第一是对祖国历史的看法。在许多种教材中，都强调农民起义、农民战争，这是正确的。问题是：第一，只写农民起义的一面，不写或少写农民所反对的一面，这样一来，阶级斗争几乎只剩下一面了。只有一个阶级是无论如何斗争不起来的，这是极为浅显的道理。而且，就农民起义的叙述来看，由于史实的缺失，由于对每一次农民起义缺少必要的专门研究，结果，虽然时代、地点、人物、起义原因、性质都并不相同，但在叙述上却往往很少区别，把不同的事件，用相同或雷同的叙述，是非历史主义的。第二，由于特别强调农民起义，势必压缩其他方面的叙述，农民起义史有代替中国通史的趋势。第三，要强调农民起义的正义性，就非相对地刻划封建统治阶级的罪恶活动不可，这是必需的，应该的。但是，历史上的封建统治阶级为了维护自己的统治利益，决不是连一件好事也没有做过的。教材的编写人看来极力想避免对帝王将相的歌颂，以免丧失立场，结果除秦始皇而外，对像汉武、唐宗、康熙、乾隆等这样比较全盛的时代的领导人物不写或很少描写，于是，历史上的光明面丧失了，写在书上的尽是这个皇朝如何坏，农民起义推翻了它，另一皇朝起来了，又如何坏，农民起义又推翻了它，一片打倒声，历史几乎成为漆黑一团，灰溜溜的。这种叙述的方法，在我看来，也是不全面的，不符合历史实际的。也正由于历史上的光明面写得少了，黑暗面多了一些，我曾问过孩子们的意见，他们说尽是这个坏，那个坏，要爱祖国的历史，怎样也爱不起来！第四，是议论太多，而且大体雷同，说这个人有局限性，说那个人也还是局限性，人物不同，结论却差不多相同。特别是叙述农民战争的情况，因为史实不是很充分，几乎有以论代史的味道，把生动的史实变成空洞的议论，这个毛病似乎流行得相当广泛，也最使读者感到头痛。

第二是取消封建皇朝体系问题。有不少人认为要写人民大众的历史，就不能不取消封建皇朝体系。于是，书上的朝代、年号、帝皇的庙号都不见了，一律代之以大家所熟知的公元。这样做的结果，效果是很不好的，不久前曾有人谈起，就是在北京，有一个大学毕业的学生，就分不清自己国家历史上朝代的先后。另一个呢，当有人问起乾隆是谁时，他也瞠目不知所对。这两个学生的在校成绩都是较好的，差一点的就更不用说了。另一方面，历史是有习惯性的，贞观、洪武、康熙、乾隆……这些人是谁，在什么朝代，一般人都具有这点常识。现在把这些年号去掉了，代之以公元多少年，以虚代实，倒反把人弄糊涂，搞不清到底是相当于自己国家历史上什么时候了。而且，最根本的是封建王朝的存在，是客观实际的存在，谁也没有权力把它去掉。人类经历过不同的社会阶段，我们国家并非例外。我国封建社会的时间之长，有它自己本身的原因，这一段历史不承认它，行不行呢？我看谁都会说不行。既然不行，这个体系自然也不可能去掉，这是极为明白的道理。但是，居然有不少人不明白，还大论而特论之，这是不能不令人诧异的。当然，在朝代、年号、庙号之后加注公元，使人进一步明确时间的概念，这是必要的，但公元毕竟不能代替客观存在的自己国家的封建皇朝体系，这一点却必需说清楚。

第三是国内民族关系问题。在这个问题上，也有些书、有些人有不少混乱的看法。他们大概从今天党的民族政策，今天国内的民族关系实际情况出发，以今套古，把古代的民族关系也现代化了。一方面他们承认我国自古以来就是多民族国家，另一面却又一味强调，在长期的历史关系中，各族都是友好相处的，个别的甚至说成是兄弟般的关系。这样一来，就把历史上实际存在的民族矛盾掩盖了。因为要强调各民族的和平共处，就不得不把曾经发生过多次的民族间的战争、压迫、屠杀的史实抹煞了，这样写法是完全不符合历史实际的。反之，必需实事求是，要明确指出历史上的民族关系，有和平相处的时期，也有矛盾发展而爆发战争的时期。同样，有汉族的大汉族主义，欺侮、压迫、屠杀各少数民族的史实，也有少数民族的地方民族主义，破坏统一、团结，进行内战的史实。必须两方面都交代清楚。当然，片面强调和平共处是非历史主义的，同样，用相反的方法，不讲和平共处的一面，只挑战争、压迫、屠杀的一面，把历史上的民族关系说成是民族相斫史，那就更是错误的。混乱的另一面还表现在，有些书和论文也写民族间的矛盾、战争、压迫、屠杀，但是，在一提到这样史实的时候，就把过错一古脑儿都算在汉族账上，好像有一个公式，只要是汉族和少数民族间的战争，总是汉族的错。这也是不对的。历史上固然有许多次汉族发动的对少数民族的非正义战争，但也确有不少次是汉族进行自卫的战争，是正义的。必须就事论事，就每一次战争进行具体的研究、分析，从而得出科学的结论，不这样做，没有研究、分析，凭空给这个以这样、那样罪名，是不科学的，也是不公道的。也还有这样一种情况，例如秦代对四川、广西的开发，汉武帝时对江苏、浙江、福建的开发，明代后期到清初的西南地区的改土归流等等，对于当时当地生产的发展，民族关系的融洽，祖国版图的扩大和巩固，都是有积极意义的。但是，在个别书上、论文上，以至历史地图上，竟标明这些行动为扩张，为侵略，结果，闹成在自己的领土上，自己的人民，对自己扩张和侵略，这不是十分可笑吗？

第四是国际关系问题。也和国内民族关系一样，有的书和论文也是从今天的现实出发，把我国历史上的国际关系也描绘为一贯和平友好，以至兄弟般的关系的。事实上，我国历史上和邻邦的关系，确有和平共处的一面，但也有战争、不友好的一面，有我国向外发动侵略的一面，也有我国被邻邦侵略的一面，只讲一面是片面的，把所有历史时期的国际关系都说成是和平友好，是不符合历史实际的。当然，我国和许多邻邦的关系，几千年来并不是每年都在打仗，比较起来，和平相处是主流，是根本的，但也不能说没有战争。例如越南，在今天来说，我们两国是兄弟之邦，在历史上确也是长期间友好相处，但在东汉初年和明朝前期，我国就曾经对越南进行过侵略，我们祖宗犯下的过错，我们得老实承认，但也要弄清楚，我们可不能替千百年前的祖宗负责。不是我们的过错决不要胡乱包下来。

第五是战争性质问题。在这个问题上，有些人的看法也是混乱的，例如无区别地不分别战争的性质，笼统加以反对，或者不从阶级关系分析出发，只要是少数民族打汉族便是正义的，汉族打少数民族便是非正义的；邻邦小国打中国是应该的，中国进行自卫战争便是不对的。也有的资料把军队叛变也归入农民战争的范围之内。这些看法应该说都是不正确的。正确的处理是从阶级关系分析出发，是从侵略或者自卫出发，例如历史上有不少少数民族对汉族进行战争，主要是由于少数民族的某些统治者，为了个人的争夺财富、奴隶、土地而进行的，这难道能够说是正义的吗？又如汉族为了自卫，两汉时期的对匈奴多次战争，唐初对突厥的战争，这难道能够说是非正义的吗？总之，无论是国内也罢，国外也罢，任何战争都必须从具体史实研究出发，就每一次战争加以具体研究，要采取实事求是的态度，不加研究、分析，笼统地给戴上一个帽子，是不能令人同意的。

第六是历史人物评价问题。有不同的偏向，一种是以今人的标准要求古人，甚至对古代某些应该肯定的人物，要求他们以他们所处时代不可能有的思想意识和行动；另一种恰好相反，把古人现代化，古人的面貌衣冠，却具有现代最优秀人物的思想意识，这两种偏向都不是合于科学态度的。在许多教科书和传记上，也往往在肯定了这个人物之后，笔锋一转，说可惜呀可惜，这个人可惜生在那个时代，为那个时代所局限，有了局限性云云。其实哪个时代的人没有局限性呢，我们这个时代的人又何尝没有局限性呢？苏联的加加林、季托夫上了天，我们现在还不能，这不是局限性？这三年来遭受了连续的灾荒，虽然由于有了三面红旗，大大减轻了自然灾害的严重性，但是，毕竟我们现在还不能制服自然呀，这不是局限性？我们自己在这个工作，那个工作中，由于理论水平低，实践经验少经常犯错误，这不是局限性？应该明确，局限性不限于古人，是任何时代人都有的，不只是我们自己有局限性，将来的人还会有，拿这个来要求、批评古人，我看并不是合于原则的。此外，由于有一些历史人物未经论定，在教科书上就索性不写或尽量少写，这是一种自以为是的避免犯错误的方法，结果，教科书上的历史人物就出现得非常之少，把人的活动从历史领域中排除出去，结果又怎么能够生动，怎么能够不枯燥呢！相反，我认为像解放前的旧教科书那样，满纸人名、地名、年代，使人苦于记忆，无法消化，固然不好，但像今天某些教材那样，有意识地把人名、地名、年代写得过少，而议论过多，并且，还都是大体相同的议论，那也是并不很好的。也曾和编辑教材的同志谈起，他们说有些人物实在不敢写上去，因为没有经过论定，不好写。这固然是一面的道理，但另一面，也正可以说，正因为未经论定，才应该论，必须论，我们不论谁来论？谁都不论，不是永远“未经论定”了吗！我以为关于历史人物的评价原则问题，应该解决，大家发表意见，取得一致后，据以评价历史人物，这个问题是可以妥善解决的。

第七是学风问题。从一些书和论文得到的印象，似乎在历史学界有一种宁左勿右的倾向，右了怕犯错误，左一些问题不大。表现在评价历史人物上，往往贬多于褒，应该肯定的人物不敢肯定，不该否定的人物倒否定了，即使肯定了，也要加上一个小尾巴，以对今人的要求来要求之。表现在民族关系上，少数民族总是对的，汉族总是不对。表现在国际关系上，一贯和平共处，好像五项原则是古已有之似的等等。应该说这是一种违反实事求是的学风，是非马克思列宁主义的学风，是不合乎毛泽东思想的学风。不从历史的具体实际研究出发，而只从今天的某些政策、方针出发，强迫历史实际服从今天的实际，是非科学的，非历史主义的学风。这个苗头很不对头，虽然还没有成为风气，但毕竟出现了苗头，这个苗头是不对的，我们必须坚决反对，要以从历史实际出发、实事求是的学风，是什么就是什么，既不要故意贬低，也不要有意抬高，做得恰如其分，努力做到比较符合于历史实际，这是我们大家应该共同努力的方向。

以上一些问题，只是在读书以后所得到的印象，所发生的疑问，由于没有作全盘的深入的研究，可能其中有不少地方的印象是错误的，疑问是不必要的。但是，骨鲠在喉，还是把它写出来，提供历史学界的朋友参考和注意，并希望通过问题的提出，得到历史学界朋友们的教益。

1961年8月17日于北戴河

（原载《人民教育》第9期，1961年）

论历史知识的普及

为什么要学习历史?

我们这个国家的特征，除了领土广阔，资源丰富，人口众多，各民族都具有勤劳、智慧、勇敢的传统，敢于斗争，敢于革命，在历史上发生过无数次的农民革命，推动历史前进以外，而且历史最悠久，有三千年以上的文字记录的历业文献；历史从未中断，尽管封建王朝不断更替，记录的历史却一脉相承，保存完整；历史著作体裁最丰富多彩：不但有官修的正史——通史和断代史，还有数量众多的私人著作的野史，不止有国史，还有地方史，包括省志、府志、县志，以至镇志、山志、庙志、学校志，和私人传记、笔记、个别历史事件的专史等等。这些记载，记录了我国几千年来波澜壮阔的阶级斗争和生产斗争的史料，其中包括有成功的经验，也包括有更多的失败的经验。这些经验，只要能够以马克思列宁主义的立场、观点、方法，加以整理、研究，从中引出规律，总结成为理论，惩前毖后，批判地继承，必将大大丰富我们的文化，发生巨大的教育作用，鼓舞英勇豪迈的人们，更加信心百倍地、有效地建设我们的社会主义祖国。

我们的历史是一份无比珍贵的遗产，是值得我们自豪的。我们的历史，记录了我们先人几千年来从斗争实践中积累起来的知识。列宁说过："只有用人类创造的全部知识财富来丰富自己的头脑，才能成为共产主义者。"① 由此可见，要成为一个共产主义者是必须学习历史的。

---

① 《列宁全集》，第31卷，254页。

历史是什么东西呢？“一些阶级胜利了，一些阶级消灭了。这就是历史，这就是几千年的文明史。拿这个观点解释历史的就叫做历史的唯物主义，站在这个观点的反面的是历史的唯心主义。”① 历史是记录阶级斗争经验的科学，要取得革命斗争的胜利，也必须要有历史知识，毛泽东同志教导我们说：“一般地说，一切有相当研究能力的共产党员，都要研究马克思、恩格斯、列宁、斯大林的理论，都要研究我们民族的历史，都要研究当前运动的情况和趋势；并经过他们去教育那些文化水准较低的党员。特殊地说，干部应当着重地研究这些，中央委员和高级干部尤其应当加紧研究。指导一个伟大的革命运动的政党，如果没有革命理论，没有历史知识，没有对于实际运动的深刻的了解，要取得胜利是不可能的。”接着他指出学习的方法：“学习我们的历史遗产，用马克思主义的方法给以批判的总结，是我们学习的另一任务。我们这个民族有数千年的历史，有它的特点，有它的许多珍贵品。对于这些，我们还是小学生。今天的中国是历史的中国的一个发展；我们是马克思主义的历史主义者，我们不应当割断历史。从孔夫子到孙中山，我们应当给以总结，承继这一份珍贵的遗产。这对于指导当前的伟大的运动，是有重要的帮助的。”② 在《新民主主义论》中，又指出：“中国现时的新政治新经济是从古代的旧政治旧经济发展而来的，中国现时的新文化也是从古代的旧文化发展而来，因此，我们必须尊重自己的历史，决不能割断历史。但是这种尊重，是给历史以一定的科学的地位，是尊重历史的辩证法的发展，而不是颂古非今，不是赞扬任何封建的毒素。对于人民群众和青年学生，主要地不是要引导他们向后看，而是要引导他们向前看。”③ 由此看来，总结继承历史的遗产，指导当前的伟大的运动，并由此引导人民群众和青年学生，看出中国的前途，这不止是对革命战争年代有其现实的意义，从今天建设社会主义的伟大运动来说，也是必要的，有重要的帮助的。

要学好理论，提高理论水平，做到理论联系实际，也必须学习历

---

① 《毛泽东选集》，第4卷，1491页。

② 《毛泽东选集》，第2卷，521～522页。

③ 同上书，701页。

史。毛主席教导说："马克思列宁主义是马克思、恩格斯、列宁、斯大林他们根据实际创造出来的理论，从历史实际和革命实际中抽出来的总结论。我们如果仅仅读了他们的著作，但是没有进一步地根据他们的理论来研究中国的历史实际和革命实际，没有企图在理论上来思考中国的革命实践，我们就不能妄称为马克思主义的理论家。"我们需要怎么样的理论家呢？"是要这样的理论家，他们能够依据马克思列宁主义的立场、观点和方法，正确地解释历史中和革命中所发生的实际问题，能够在中国的经济、政治、军事、文化种种问题上给予科学的解释，给予理论的说明。""中国共产党人只有在他们善于应用马克思列宁主义的立场、观点和方法，善于应用列宁斯大林关于中国革命的学说，进一步地从中国的历史实际和革命实际的认真研究中，在各方面作出合乎中国需要的理论性的创造，才叫做理论和实际相联系。"① 由此可见，要有理论性的创造，除了对革命实际的认真研究以外，还必须认真研究中国的历史实际，认真学习自己国家、民族的历史，不这样做是不行的。

马克思列宁主义经典作家一贯强调学习历史的重要意义："现代唯物主义把历史看作人类发展的过程，而自己的任务就在于发现这种过程的运动规律。"② 掌握了这个规律，也就能作自己的主人，掌握自己的前途。有了精湛的历史的知识和当前事实的详细考察，也就能洞察当前所发生事变的意义，便于下决心，采取正确的办法，引导运动健康地前进。把历史知识和历史经验普及给广大的人民群众，也就可以提高人们的认识，丰富人们的思想，提高了人们的文化水平。以此，毛主席教导我们："……不要割断历史。不单是懂得希腊就行了，还要懂得中国；不但要懂得外国革命史，还要懂得中国革命史；不但要懂得中国的今天，还要懂得中国的昨天和前天。"他特别指出："对于近百年的中国史，应聚集人材，分工合作地去做，克服无组织的状态。应先作经济史、政治史、军事史、文化史几个部门的分析的研究，然后才有可能作综合的研究。"③ 这话是毛

① 《毛泽东选集》，第3卷，816、822页。

② 恩格斯：《反杜林论》。

③ 《毛泽东选集》，第3卷，801、802～803页。

泽东同志在1941年5月间说的，到现在已经二十一年了。

尽管学习历史有如此巨大的意义，但是，可惜得很，这种意义在今天的社会上，特别是在青年学生中，并不是每个人都能理解、都能领会的。他们中间有一些人认为历史是无用的东西，以为历史既然写的是过去的事情，和今天的现实有什么相干呢？或者以为所有的历史都是过去时代封建史家们写的，不可能不打上自己阶级的烙印，既然如此，又怎么值得学习呢？也有人认为在各级学校中，有关历史的课程都减少了学时，由此得出结论，历史在所有学科中是最不重要的，无须努力学习的。有的人更严重到这地步，认为只有用马克思列宁主义的立场、观点、方法写出来的东西才是历史，过去时代并没有马克思列宁主义，而只有封建主义、唯心主义，因此，旧历史是完全不可信的，他们因此对祖国伟大的历史采取虚无主义的态度。由于以上种种不正确的看法，在当前，在有些人中间，还是和毛泽东同志所批评过的，不论是近百年的和古代的中国史，还是漆黑一团；忘记了自己的祖宗；认真地研究历史的空气还是不浓厚的。应该说，这种情况是不好的，必须加以改变。

改变之道也还是在于学习。大体说来，具有上述种种思想情况的人们，尽管以种种理由轻视自己的历史，但是，马克思、恩格斯、列宁、斯大林、毛泽东同志的话还是肯听的，马克思列宁主义和毛泽东著作还是愿意学习的。只要强调指出所有马克思列宁主义经典作家都是极端重视历史知识、历史实际以及自己国家、民族历史的学习的，那么，问题也就不难解决了，风气是可以而且必须改变的。

当然，我们说要学习历史，并不是说其他学科就不重要了，只有学习历史才是唯一的重要的事情，这样的理解是错误的。决不可以从上面所说得到这样的结论。

我们的工作有了巨大的成绩

建国十二年来，历史学界根据毛泽东同志的指示，做了很多工作，成绩是巨大的。我们做了许多前人没有做过、不能做到的事业，正如其他战线上的成就一样，历史科学方面也是如此。这种景象是不能不令人欢欣鼓舞的。

历史科学方面新的成就，表现在以下几个方面：第一，也是最根本的，是立场、观点、思想方法的改变。由于无产阶级取得了领导权，有了党的正确领导，我们有充分的机会和条件学习马克思列宁主义和毛泽东著作，历史唯物主义、辩证唯物主义的思想在历史科学中占了绝对优势的地位，封建主义的、唯心主义的思想失去了几千年以来的正统地位，不吃香了；帝王将相中心论，地理环境决定论，历史循环论等等谬论都破产了。我们站在人民的立场，以唯物的观点，辩证的观点，实事求是地去研究历史，分析历史，解释历史；我们遵从毛泽东同志的指示，认识到历史是人民群众创造的，农民战争是推进历史发展的动力；我们从毛泽东同志的著作中，学习了评价历史人物的标准，那就是评价历史人物只能从他比前人多做了一些什么事，提供了什么新的东西，而不能以后人的成就要求于古人，特别是在最近三年以来，马克思列宁主义、毛泽东思想在历史科学里的绝对领导地位确立了，历史科学有了正确思想的领导，今后必将获得更为辉煌的成就，长足的进步。这是一个翻天覆地的变化，有史以来所未有的变化，值得我们自豪，高兴。

第二是文献资料的搜集、整理、出版。毛泽东同志指示我们首先要研究近百年历史，我们这样做了。例如中国史学会先后编辑和出版了《鸦片战争》、《太平天国》、《洋务运动》、《中法战争》、《捻军》、《回民起义》、《中日战争》、《戊戌变法》、《义和团》、《辛亥革命》等书，搜集了大量的资料；有关研究出版部门也正在着手编辑有关农民战争和各个不同时代的社会经济史料；专业史方面如经济史部门的近代手工业、农业、工业史料；自然科学部门的数学史、化学史；技术科学部门的机械学史，文哲部门的文学史、哲学史资料等等，都有专门著作出版。去年为了纪念辛亥革命五十周年，单是政协全国委员会就已收到七百万字的稿子，今后还会有很多。许多亲身参加过辛亥革命的老人都鼓起干劲，写自己亲身经历的和所见、所知、所闻的事情，以极严肃慎重的态度，把所记录的史事和其他老人反复对证，力求核实可靠，成为信史，这种情况也是空前的。由创造历史的人们自己写历史，而且不是个别的人，是为数众多，遍布各地区的人，应该说是世界历史上的创举。同样，有许多参加现代革命斗争的同志，也写了许多回忆录，《红旗飘飘》和《星火燎原》已经出版了多册，成为青年所最爱读的作品，也是教育青年认识过去革命战争时代的艰巨性、复杂性、曲折性的最好教材。认真研究近现代史的风气已经开始了，这是一个极为良好的开始，收获丰富的开始，值得庆贺的开始。

第三是调查访问工作的展开。这个工作古人也做过，例如司马迁，他就曾遍历名山大川，访问一些人物，看了一些实物，写成著名的《史记》。徐霞客也用了三十年的时间，游历了很多地方，考察地貌、地质，写成《徐霞客游记》。但是，他们都是个人的活动，规模决不可能有我们今天这样大，范围这样广泛。举例说，近几年来，关于太平天国、捻军、宋景诗、义和团和现代革命斗争史迹都做了调查，有了丰富的收获。通过这些从实际中、从人民中来的材料，不但可以丰富我们历史的内容，而且可以纠正历史上许多错误的歪曲的记载。特别值得指出的是关于少数民族地区的调查访问，这个工作做了好几年了，参加的人以百计千计，涉及的范围大，地区遍及全国，收获的丰富也出人意外，单是记录的文字史料就有几亿字。不难设想，经过整理、研究、提炼，这里面该有何等丰富的宝藏啊！这部分无价的史料不但可以丰富、完善祖国的历史，使之成为名符其实的多民族大家庭的历史，而且，进一步还可以提高，写成我国自己的社会发展史。因为我国各兄弟民族发展的历史阶段不尽相同，几乎每一个社会发展阶段都可以找到独特的典型，从这个意义来说，其成就将是超越国界的，必将对世界历史科学提出新的贡献，对马克思列宁主义提出新的贡献。

第四是大量考古资料的出土。十二年来，由于城市的扩建、改建，大批工厂企业的创建，铁路、公路、水库、大型水利工程的兴修等等建设事业的发展，伴随而来的是大量地下文物的出土，旧石器、新石器时代的遗址的发现，数以百计千计，封建社会各个时期的墓葬，以至古代整个村落遗址的发见，如西安的半坡村，郑州的商朝古都，和许多地区古代冶铁遗址的发见等等。这些资料大都有比较可靠的历史年代，资料的本身都可以在各个方面说明所处时代的社会经济情况，是最可靠的历史资料。通过这些资料的研究，必将大大丰富、充实祖国历史的内容。而且，就其数量之多，质量之高，保管之好来说，也是前无古人，过去任何时代所不曾有过的。

第五是历史科学队伍的成长。十二年来，由于党的培养，由于文化教育事业的飞跃发展，通过历次政治运动的锻炼，一支庞大的红色的历史科学队伍正在成长中。就一般情况说，高等学校历史系的教师队伍有百分之八十、以至九十是新成长起来的青年力量，科学研究机构的情况也是如此。至于田野考古的队伍，那就更突出了，除了个别的骨干以外，几乎全是年青人。这是一件了不起的大事。虽然这批年青人的底子还不很扎实，还没有能够掌握大量的文献资料，历史知识还不是很丰富，在工作中显得有些紧张，应该讲清楚，这是正常现象，只要他们能够不畏艰险，不断努力，通过学习，通过实践，在党的正确领导下，是可以攀登科学高峰的。目前发见有少数人有沉不住气的现象，对自己的要求有些过高，甚至也过急了，“欲速则不达”，必须让他们懂得这个道理，才能健康地前进。

如上所述，历史科学在这十多年间所取得的成就是伟大的、空前的。历史科学界的前途是无限光明的，每一个历史工作者都有用武之地。也还必须指出，我们之所以能够取得如此伟大的成绩，归根结底一句话，是党的领导。无须多说，同是这六亿五千万人民，同是这九百六十万平方公里土地，为什么在解放以前，无论是文献也罢，调查也罢，考古也罢，队伍也罢，一样也不能做呢？更不用说立场、观点、方法问题了。问题的本质就是如此。

必须做好普及工作

我们的成绩是伟大的、空前的，但是不等于说没有缺点，缺点还是有的，而且不少。

我们的缺点，就其主要的来说，是研究工作没有跟上去。例如中国史学会出版的有关近百年史那样多的资料，数以万件计的那样多的考古实物资料，和更大量的少数民族调查访问资料等等，在目前来说，大体上都还是资料。几年来由于各高等学校的课程改革和编纂教材，占用了很多人力，我们还没有能够组织人力，分工合作地对这些资料作过详尽的研究，写成专门的论文，专门的著作。从资料提高到成品，到理论，把这方面的学术水平大大提高一步，这是有待于我们大家共同努力的。

其次是普及工作也没有跟上去。

在提高的指导下普及，在普及的基础上提高，两者是不可偏废的，必须两条腿走路。单有提高，没有普及，只是少数人提高了，大多数人还是一穷二白，这是不符合我们党和国家的要求的。我们要彻底改变文化上一穷二白的面貌，必须把提高了的东西普及给全国人民，要使人人懂得点自己的和别的国家的历史，掌握社会发展的规律，认识自己的前途，并通过历史的学习，更加热爱自己的祖国，热爱党，热爱人民，信心百倍地投身到社会主义事业的建设洪流中去。相反，只有普及，没有提高，也是不行的，只是把前人达到的水平的东西普及给人民，是一种懒汉的想法，是自甘下游的想法。我们必须要尽最大的努力，用一切方法，把各个学科的水平提高到世界水平，超过国际水平，攀登科学的高峰。历史科学当然不能例外。而且，还应特别指出，研究中国自己的历史而不提到超过国际水平的程度，比世界任何一国都高，这是不应该的，也是无从想象的。所以，我们必须不断努力，不断提高，而且还应该把提高的成果用通俗可读的文字普及给广大人民，使这些东西成为广大人民知识的组成部分。这样，广大人民都拥有基本的必须的知识了，全体人民的文化水平大大地提高了，必然又反过来有力地促进提高的进一步发展。可以这样说，提高和普及又是互相促进、互为因果的，不断的反复，不断的互相促进，才能够做到使我国不只在政治上、经济上，而且在文化上也达到世界的高峰。我想，我们历史学界的同志们都应该而且必须有这样的雄心壮志！

但是，必须指出，目前有一种观点，认为只有写专门论文、专门著作才是学术研究工作，才是学者，才是专家。至于写通俗文章，写普及知识的小册子，那是低人一等的，是另一种人干的事，让他们搞去罢，我不搞这个。拿我自己作例，就曾听到人们批评："这个人呀！只会写点通俗的小玩意！"是的，可敬的先生们，确是这样，不过说法还得改正一下，对我来说，还不能说是只会，而是力求要写好通俗的东西。应该说，这种看法是错误的，非马克思列宁主义的。正如前面所说，提高和普及必须两条腿走路，试问一条腿怎么能走路呢？学术研究工作不为广大人民服务，不为工农兵服务，又为谁服务呢？当然，专门论文、专门著作要写，通俗文章、普及的小册子也必须写。而且，每人就自己的专门论文、专门著作进一步提炼一下，使它通俗化，能为广大人民所接受，这是普及工作，同时不也是提高工作吗？不是一举两得，事半功倍吗？就其效果来说，原来是只能使少数人看懂的，普及之后，读者不是几百几千，而是几万、几十万、几百万了，这又有什么不好呢？我看，每一个专门家，都应该认识到这是大大的好事，努力以赴。

我想，为了我们的干部、工人、农民、士兵，也为了我们自己的孩子，我们有权利提出这个要求，要求各方面的学者、专家也来写点通俗文章、通俗读物，把知识普及给人民。

从 1955 年开始，我们做了一些工作。

根据毛泽东同志的指示，我们组织力量，标点了《资治通鉴》和《续资治通鉴》。这两部大部头书，经过标点以后，要比原来的容易读一些了。虽然标点还有不少错误，但大体上总可以说新本比旧本好，干部们是欢迎的。

接着我们又组织力量标点二十四史，已经出了几种了，许多高等学校的历史系都承担了任务。我希望有关各单位能够重视这个工作，尽最大的努力把它做得更好一些，使之成为中华人民共和国本的二十四史。

有了这两套书，我想可以初步解决高级干部和历史工作者学点历史的基本需要了。

光有标点本的基本史书还不够，还得有科学的历史地图。也是从1955年起，我们着手改绘杨守敬的《历代舆地图》。杨守敬是清末湖北人，他在那个时代，光是和他的学生熊会贞几个人做出这样大的成绩，是了不起的事。但是，他的图有缺点，用旧方法方格格画，地形地貌不科学；中原详，边疆略；只有汉族的活动，没有表现各少数民族共同缔造我们这个国家的历史记录；而且分幅过多，有三十一册，不便翻阅。我们经过多次会议讨论，决定以中华人民共和国的疆域图为底图，并且采用1960年的最新的地图作为底图，便于古今对照；用现代科学的画图方法来表现；加上边疆，加上各个历史时期的民族分布。由于工作要求的不断提高，参加的单位也越来越多了。主要有上海复旦大学、北京的国家测绘总局、地图出版社和民族学院、科学院地理研究所、历史研究所、近代史研究所、南京大学、云南大学和武汉测绘学院等等。我们希望这个新图能在1963年完成。

此外，我们认为教科书是普及历史知识的重要环节。三年前，我们试编了一套小学历史教科书。这套书不依一般通行的朝代叙述方法，而是根据儿童喜爱故事的特点，选取历史上某些有代表性的人物，有巨大意义的事件为中心，通过故事体裁编写。出来以后，很受教师和学生欢迎，认为比过去的好一些。

和教科书相配合，我们出版了《中国历史小丛书》。这套书也是以人物、事件为中心的，后来又加上史话，如《五谷史话》，《中国古代数学史话》等等。计划出三百种，现在已经出了八九十种了。写的人原来绝大部分是北京市的中学历史、语文、政治教师，后来美术教师也参加了；原来是个人执笔，后来发展为一个教研组，以至几个教研组，甚至一个学校来写了；作者原来限于北京，后来外地投稿的越来越多，作者队伍已经遍布于十七个省市了。最近一年来，由于添了史话，中央有许多部，有许多科学研究机构，许多专家也参加进来了。读者对象原来假定是小学五六年级到初小一二年级的学生，和摘了文盲帽子，认得两千字左右的工人、农民，现在扩大了，教师也看了，干部也看了，解放军士兵也成为数量最大的读者了。

通过小丛书的编写，教师们在编辑委员的帮助下，再三修改，知识丰富了，写作能力提高了；相应地，教学水平也提高了，不但教师愿意写，学校的领导也愿意教师写了。现在，编写小丛书已经成为北京市教师进修学院一项主要任务了。

有了这套小丛书的经验，去年夏天以后，我们又先后成立了《外国历史小丛书》的编辑委员会和《地理小丛书》的编辑委员会。《地理小丛书》内容分中国地理、外国地理、地理学三部分。这两套书都将在这个季度开始出书，听取读者意见，准备更大量的出书。

以上这三套书，都是小本子，每本字数从一万几千到二万字左右。要求书的内容立场、观点正确，史事叙述的革命性和科学性的统一，文字通俗、生动、流利。都附以必要的插图，要求做到图文并茂，读者爱读。

如何做到通俗，在一个作者的座谈会中，有人提了两条，我看是很恰当的。那便是第一稿子写好以后，先给自己的幼年儿女读，孩子读懂了，而且有兴趣，那便算通过了，有不懂或不感兴趣的地方，便必须改写；第二是把稿子交给外行读。我们有许多史话，例如《钢铁史话》、《陶瓷史话》、《京剧史话》、《佛教史话》、《医药史话》等等都是很专门的，内行人读懂了不算，只有连外行人也能完全读懂了，才算达到通俗的地步。

我们这样做，不只供应了一些可读的书给读者，达到知识普及的目的，而且第一，通过实践，提高了写作人的学术和写作水平，在学校里成为好教师，在社会上也出现了一批新的作家队伍；第二，高等学校和中等学校虽然关系很密切，但教师之间来往并不多，特别是学术性的探讨更谈不上，我们邀请了许多高等学校的教授们作编辑委员，负责帮助作者修改写作提纲，讨论问题，审阅稿件和提供必要的帮助，这样，就把一部分高等学校和中等学校教师结合起来了，挂了钩了，通了气了；第三，由于工作的要求，有不少没有写作过或很少写作的人现在都动起笔了，找资料，谈问题，发挥了积极性，也繁荣了学术气氛。

至于对中级干部，我们也正在编一套《历史丛书》，每本五六万字到十几万字，也以人物和事件为中心，只是要求内容更丰富些、具体些，道理说得更清楚些。预计在今年内也可以出十几本。

以上几套书，《中国历史小丛书》和《历史丛书》是由中华书局出版的；《外国历史小丛书》是由商务印书馆出版的；《地理小丛书》是由中国青年出版社出版的。我们十分感谢这些出版部门给予的支持。要说明的是无论哪一套书，北京的朋友们只是作为一个发起人，开了一个头，都迫切要求各省市历史、地理工作者和其他学术部门专家的支援。要求各方面的学术工作者参加这个活动，参加历史、地理知识普及的活动，参加历史、地理科学为工农兵服务，为生产服务，为无产阶级政治服务，为社会主义建设事业服务的活动。同时，各个省市都拥有很大的写作力量，我们也迫切希望各省市能够组织人力，分工合作地做类似我们的这些活动，也可以做自然科学、技术科学知识的普及活动。我们向所有各方面的专家、学者提出要求，请大家深刻地体会毛泽东同志在二十年前说过的话："我们的专门家不但是为了干部，主要地还是为了群众。"①

最后，还要谈历史剧问题。历史剧是普及历史知识，进行阶级教育最有效的工具之一（最近有人写文章说历史剧没有这个任务，当然他可以有这样的主张。不过我从历史剧的发展来说，还是说有）。在过去时代里，工人、农民没有受教育的机会，但也知道有汉，有唐，有诸葛亮、包公等等历史人物，这些知识主要是从历史剧得来的。但是过去的历史剧有它自己的目的性，和我们今天的要求不尽符合，而且，其中绝大部分是不完全或者是没有反映一定时期的历史情况的。我们在这里不是责备旧历史剧，而是说在今天，应该有我们这个时代的历史剧，来对广大人民进行历史主义、爱国主义的教育。为了做好这个工作，我们也认为必须做到历史工作者和戏剧工作者的充分合作，由历史工作者提供有戏剧性的、有教育

① 《毛泽东选集》，第3卷，865页。

意义的历史素材，由戏剧家据以编写剧本。在编写和彩排过程中，历史工作者应该尽量给戏剧工作者以可能的帮助，使历史剧这朵香花也在万紫千红的剧坛上开得更加茂盛、鲜艳。

这方面的合作，北京方面已经开始了，如《文成公主》、《胆剑篇》、《武则天》、《甲午海战》等等，我们都参加了讨论，提供了意见。去年，我们还编了一本《历史剧拟目》，水平虽然不高，但很受戏剧界欢迎。我们希望各省市的历史工作者也能够这样做。

总之，历史知识的普及工作要大家来做，人越多越好，做的事也地多越好。开头做的时候，缺少经验，缺点以至错误是难以避免的，“吃一堑，长一智”。错了就改，决不要怕会有缺点、错误而不做。相反，只有做了，通过实践，才能看出缺点和错误，从而加以改正，得到提高。我们的工作正在不断发现缺点、错误，和改正缺点、错误中。就工作的目的说是普及，但就我们参加工作的人来说则又是不断提高的过程。不只如前面所说参加写作的教师由于实践和编委的帮助有所提高，即就出版的每一本书说，在出版一个时期以后，搜集了读者的意见，研究出那些缺点和错误，交由原作者校正修改，这样，这本书也就逐步得到提高了。以此，我们的意见，不只是提高与普及必须并举，而且在普及的过程中同时也是逐步提高的过程。

我们的经验，几年来总结了几次，总结只有八个大字，曰：“党的领导，群众路线。”此外，没有了。

（原载《文汇报》，1962 年 3 月 27 日）

论历史人物评价

一

关于历史人物评价问题，毛泽东同志在二十四年前就已经明确地指出："学习我们的历史遗产，用马克思主义的方法给以批判的总结，是我们学习的另一任务。我们这个民族有数千年的历史，有它的特点，有它的许多珍贵品。对于这些，我们还是小学生。今天的中国是历史的中国的一个发展；我们是马克思主义的历史主义者，我们不应当割断历史。从孔夫子到孙中山，我们应当给以总结，承继这一份珍贵的遗产。这对于指导当前的伟大的运动，是有重要的帮助的。"① 要求对历史人物，从孔夫子到孙中山，用马克思主义的方法给以批判的总结。但是这个任务，一直到现在，还在期待着我们去努力完成。

为什么要重新给以总结？这是因为"所有以往的道德论，归根到底都是社会当时经济状况的产物。而因为直到现在社会是在阶级对立之中发展，所以道德总是阶级的道德。它或者是为支配阶级的统治和利益辩护，或者是当被压迫阶级足够强大之时，它表现对于这个统治的抗争，而代表被压迫者的将来的利益"②。所有历史人物无不受其阶级道德的支配，中间式的人物是不可能存在的。同样，记录这些历史人物的历史家，也无不受其阶级道德的支配，对历史人物加以肯定或否定。就我国的历史情况来说，漫长的封建社会经历了无数次的王朝更替，没有例外，封建社会的历史家不可能不受封建道德的支配，以他自己所处社会的道德观点，对历史人物作出

① 《毛泽东选集》，第2卷，522页。

② 恩格斯：《反杜林论》，96页。

符合于这个社会这个阶级利益的总结。以此，我们今天必须用马克思主义的方法，把这些封建社会历史家的总结，重新加以审查、研究，给以批判的总结。“全部历史都应该开始重新研究。”①

重新评价历史人物的工作，五四时代的人们也曾经做过，但是有缺点。“那时的许多领导人物，还没有马克思主义的批判精神，他们使用的方法，一般地还是资产阶级的方法，即形式主义的方法。……他们对于现状，对于历史，对于外国事物，没有历史唯物主义的批判精神，所谓坏就是绝对的坏，一切皆坏；所谓好就是绝对的好，一切皆好。这种形式主义地看问题的方法，就影响了后来这个运动的发展。”②

解放以来，历史学界有充分的条件和机会学习马克思列宁主义和毛泽东同志的著作，运用辩证唯物主义、历史唯物主义的方法，研究、分析、总结历史人物，作了许多有益的工作。特别从 1959 年以来，对曹操、武则天、康熙等历史人物，展开了规模广阔的讨论，在历史学界、文艺界呈现了百花齐放、百家争鸣的可喜局面，消除了一些人们思想中的顾虑，鼓励了深入钻研的积极性，并且从这些历史人物的讨论中，提出了民族关系、战争性质、农民战争作用等等一系列问题。范围更宽了，目标更具体了，争鸣也愈益深入了。这就为今后的学术研究呈现了良好的开端。

无须多说，成绩是巨大的，但是也还有问题。

问题也还是形式主义地看问题的方法在作怪。尽管离开五四时代已经四十多年了，尽管在讨论中不再出现“绝对的好，一切皆好；绝对的坏，一切皆坏”的绝对论了，但是形式主义的残余还不是没有市场。在某些讨论中，对应该肯定的人物，连不该肯定的部分也肯定了，相反，某些人没有正确理解阶级分析的方法，胡乱替古人作阶级鉴定，结果，把一些地主阶级的历史人物一笔抹煞了，历史时期的帝王将相即使曾经作过好事，也因为阶级成分而不敢提到或很少提到。这种情况，不能不造成许多方面的混乱。

前一种情况，正如黑格尔所说的：“我们太容易倾向于拿我们的思

---

① 恩格斯：《致康·施米特》，见《马克思恩格斯文选》，第二卷，487 页。

② 《毛泽东选集》，第 3 卷，833 页。

想方式去改铸古代哲学家。”“人们总是很容易把我们所熟悉的东西加到古人身上去，改变了古人。”① 我们的某些好心肠的历史家、文艺家，太容易于拿我们的思想方式、我们所熟知的东西，加到古人身上去，不但改铸了古人，还使古人现代化了。个别的甚至为了肯定某一历史人物，把他所犯的历史性错误也说成是对人民的功绩，把是非混淆了。过分颂扬，结果流于夸大。本来这人只有六七分好，如实地科学地说他六七分好，是可以使人们信服的；但是颂扬过分了，说成十分，以至十二分好，却反而失去历史真实性了，得不到共同的结论了。

后一种情况，例如某些人对历史人物，除了农民战争的领袖以外，大部分都采取否定态度。或者虽然加以肯定，但是在结论又千篇一律地加上“限于时代局限性，没有能做后来的人所做的事”云云。有的历史教科书，在曹操的讨论以前，不敢提曹操的名字，把这个历史人物根本从历史上排除了。即使在讨论以后，某些教科书也只敢提学术界曾经论定的人物，如秦始皇、汉武帝、曹操、武则天等等，其他的则尽量避免，万一不能不提到，也很少说他们的好话，结果是历史教科书中的历史人物越来越少了。离开具体人物，却要叙述具体的历史事件，这就人为地使原来极为丰富的历史内容，空洞化、一般化了。千篇一律的论述，不能不使年青的读者感到厌烦、沉闷，只好束书不读了。在戏剧方面，也是如此。例如最近一个时期，全国出现了七八十种《卧薪尝胆》的剧本，其中有些已经上演了。绝大多数剧本写越国如何自力更生，发展生产，最后战胜吴国，主题是好的。但是，绝大多数剧作者，都有一个共同的看法，以为勾践既然是国王，他不是奴隶主，也必定是封建主，不会是个好东西，办不了好事。但勾践实际上又做了好事，怎么办呢？于是就抬出人民群众来为他出主意。卧薪也罢，尝胆也罢，都是老百姓叫勾践做的。这样，勾践就成为接受人民群众意见，甚至于被人民群众所领导着走的国王了。观众看了以后，不大能够接受，认为这只是作者笔下的勾践，不是历史实际上的勾践。当然，强调人民群

① 黑格尔：《哲学史讲演录》，第1卷，46、112页。

众在历史上的作用是应该的，必须的。但是，用这种虚构的方法来强调，违反了历史的真实性，却不一定是好办法。应该说，历史上的帝王将相，就他们的剥削者立场来说是一致的，但是，并不是而且也不应该从此得出结论，说他们连一件好事也没有做过。历史事实证明，某些帝王将相曾经做过好事，其中有些还做了大大的好事。当然，他们也做了不少坏事。假如历史家只说他们好的一面，替他们隐瞒了坏的一面，也是不对的。据说还有一个戏，反映广东三元里的抗英斗争。当时领导抗英的有一个地主阶级分子，剧作者却认为地主阶级分子怎么能够领导人民群众抗英呢？就把这个具体人物抽掉，换上另一个阶级成分好的来领导。结果，戏是演出了，可是当地人民不批准，说这个戏不真实。这些例子都说明了我们还有形式主义的残余，把个人在历史上的作用理解得过于片面了。不敢写某些帝王将相，不敢写当时的领导人在历史上的作用，或者不敢写个人、特别是地主阶级分子个人在历史上的作用。只认识人民群众推动历史进步的一面，不认识某些伟大历史人物在历史上起作用的一面。把阶级分析片面化了，庸俗化了，把“唯物主义的”这个形容词当作套语，如恩格斯所指出的：“他们用这个套语去处理各种事物，再也不花什么气力去作进一步研究，也就是说，他们一把这个标签贴上去，就以为一切都解决了。……把自己相当贫乏的历史知识尽速构成系统，而后自豪地欣赏自己的功业。”① 这样做法是不科学的。

也还有这样情况，编写文学史、艺术史、哲学史、科学史的人经常感觉苦恼。许多文学家、艺术家、哲学家、科学家的出身不是地主阶级，便是贵族、官僚，他们对文学、艺术、哲学、科学等方面都是有出色的成就的，但阶级成分不好，怎么办？就他们的成就说必须肯定，就他们的阶级成分说却非否定不可。假如全否定了，这本书没法写，写谁呢？全肯定了，又怕犯错误。真是左右为难，如何是好。

以此，有必要说清楚个人在历史上是否有作用，如何评价历史人物的问题。

---

① 《马克思恩格斯文选》，第2卷，487～488页。

二

个人，无论是劳动人民，还是帝王将相，在历史上能否起作用?

回答是肯定的。马克思列宁主义经典作家从来也没有否认过个人在历史上的作用。马克思在1850年论法兰西阶级斗争时说过："如黑尔维萃所说的那样，每一个社会时代都需要有自己的伟大人物，如果没有这样的人物，它就要创制出这样的人物来。"① 列宁也讲过："历史是由个人创造的这一原理在理论上毫无意义。全部历史本来由个人活动构成，而社会科学的任务在于解释这些活动，……"② 他又说："历史必然性的思想也丝毫不损害个人在历史上的作用，因为全部历史正是由那些无疑是活动家的个人的行动构成的。"③

这样，是否就可以说，个人决定着历史呢？当然不可以。必须区别开个人在历史上起作用是一回事，个人不能决定历史的进程是另一回事。把两者混淆起来是错误的，不可以的。恩格斯在驳海因岑的谬论时写道："海因岑先生硬说君主能造下多少灾祸，他们也就能做出多少好事。由此做出的结论却不是必须进行革命，而是虔诚地希望有一位可爱的国王、好心的皇帝约瑟夫。"但是人民清楚："德国十分之九的灾难却正是由于地主和资本家剥削人民造成的！"④ 可见历史不是由个人决定的，任何个人也不能决定历史的进程。

那么，在什么情况下，个人才能在历史上发生作用呢?

列宁答复了这个问题，他说："阶级斗争理论所以是社会科学取得的巨大成就，正是因为它十分确切而肯定地规定了把个人因素归结为社会根源的方法。……归结为阶级的活动，而这些阶级的斗争决定着社会的发展。这就推翻了主观主义者的天真幼稚的纯粹机械

① 《马克思恩格斯文选》，第1卷，171页。
② 《列宁全集》，第1卷，375页。
③ 同上书，139页。
④ 《马克思恩格斯全集》，第4卷，300页。

的历史观，他们满足于历史是由个人创造的这种空洞的论点，而不愿分析这些个人的活动是由什么社会环境决定的，是怎样决定的。”① 由此可知，肯定个人在历史上的作用只是问题的一面，更重要的更根本的是必须说明个人是在什么社会环境下起的作用，是怎样起作用的，即说明他的历史根源和社会根源，这才是问题的本质。斯大林又进一步发挥了列宁的论点，他说："马克思主义一点也不否认卓越人物的作用，或者说，一点也不否认人们创造历史。……正是人们创造历史，但是只有当他们正确地认识他们所碰到的现成条件的时候，只有当他们懂得怎样改变这些条件的时候，他们才能创造历史。”② 明确指出只有当人们正确地认识当前的社会条件，并懂得怎样改变这些条件，个人才能在历史上发生作用。

从以上引述的论点，可以看出，马克思、恩格斯、列宁、斯大林所说的个人，并不只是单指劳动人民，更不可能指的是现代无产阶级，而是泛指过去历史时期内一切历史人物，其中是包括了奴隶主、封建主、资产阶级、贵族、地主和官僚的，也包括我们的历史家们这几年来所避谈的帝王将相。

由此可见，帝王将相是谈得的，写得的。问题是如何谈？如何写？也就是怎样评价？

评价历史人物的标准是什么呢？列宁给我们提出了一个根本原则："判断历史的功绩，不是根据历史活动家没有提供现代所要求的东西，而是根据他们比他们的前辈提供了新的东西。”③ 就是说，不能以现代的东西来要求、苛求于古人，而只能根据当时的历史条件，他们比他们的前辈多提供了什么新的东西。我们必须以此为准则。

标准有了，但在实践中仍然有许多问题。这是因为：第一，评价的对象是人。这人和那人是各不相同的，实际上不可能存在思想意识，行动和作用完全相同的人，以此，分析了一个历史人物并不能代替对其他人物的分析。人很复杂，不像解剖一个猪就可以了解猪的生理那

① 《列宁全集》，第1卷，388～389页。
② 《斯大林全集》，第13卷，94～95页。
③ 《列宁全集》，第2卷，150页。

样。而且历史也很复杂，不同的历史人物产生在不同的历史时期，有不同的历史条件，不同的历史作用。从每一个具体人物说，又有不同的家世、性格、思想、政治情况和社会根源。因此，光是了解个别历史人物是不能说明整个历史进程，也无从继承这份珍贵的遗产的，还必须对不同历史人物作逐个的具体的研究、分析和评价。第二，评价的对象是过去时代的人，是死人。我们只能根据文献资料进行研究，而这些文献资料又是在不同的时代染上各个时代的道德标签的。某些引起争论的历史人物，往往随时代之不同而有截然不同的评价。甚至在同一时代，由于政治见解、观点等的不同，记录的史家也会有不同的记载，如此等等。不花费气力，掌握可能到手的全部资料，深入研究，是不能解决问题的。第三，历史工作者一般只有基础知识，是不可能完全掌握各方面的专业知识的，而作为对象的历史人物却千变万异，他们在各个学术部门的成就，超过前人的是哪些新东西，却非通过专业史的研究不能解决的。这里就有通史和专业史的分工协作问题。总之，问题是很多的，我们的工作才刚刚开始，还需进一步的努力。

三

根据几年来对若干历史人物的总结，对如何评价历史人物问题，提供以下一些初步的不成熟的意见。

第一，评价历史人物是依据今时今地的标准呢，还是依据当时当地的标准？

这个问题看来很简单，一般人都会说当然应该依据后者，但在实践中往往忘记了，却用前者来衡量古人。

很显然，在评价历史人物的时候，必须把这一人物放在他所处的历史时期，和同时代人比，和他的前辈比；而决不可以拿今时今地的条件和道德标准来衡量古人，因为假如这样做，就会把历史搞成漆黑一团，没有一个卓越的可以肯定的历史人物了。从整个历史发展来看，在奴隶社会代替原始公社时，奴隶主曾经是进步的力量；

封建社会代替奴隶社会时，地主又曾经是进步的力量；当资本主义社会代替封建社会时，新兴的资产阶级也曾经是进步的力量。当然，在各个社会的生产力起了变化，和生产关系不相适应，生产关系束缚了压制了生产力发展的时候，奴隶主、封建主、资产阶级才成为阻碍社会进步的反动力量，被新兴的阶级所反对、推翻。阶级斗争的结果，推动了社会的前进。所有这些，都不能不加以分析。不能一见历史上的奴隶主、封建主、资产阶级等等，就喊打倒。笼统地喊打倒，是打不倒的。正确地评价历史人物，不能采取这种方法，而应该从当时当地人民利益出发，看他所作所为是好是坏？对当时生产是起促进作用还是破坏作用？对文化艺术是起提高作用还是摧毁作用。例如越王勾践，他虽然是剥削者，但在两千四百多年前，他采取休养生息，自力更生，发展生产等措施，使人口增加，经济文化发展，国家富强，摆脱了吴国的奴役，取得独立，这些都是对当时越国人民做了好事，也为后来浙江这一地区的发展做了好事，不能因为他是剥削者就把他否定。而且，就当时的情况说来，他为了自己的生存和发展，发愤图强，他的利益和越国人民的利益是一致的。一方面他可以而且必须接受人民群众的好意见，另一方面他自己也必然会出些主意，作出些决定。片面地突出人民群众的智慧和力量，把勾践写成一无所能，缺乏主张，只会接受意见的老好人，看来是不很符合历史实际的。又如秦始皇统一六国，奠定中国两千多年以来统一国家的局面；抵抗匈奴的入侵，保卫北方边境人民的生产和生活；以及推行了一系列有利于统一的政治措施。汉武帝不但继承了秦始皇的事业，还在原有的基础上，加以巩固和发展；在对匈奴的几次战争中，扭转了长期屈辱被侵略的局势；建立学校；兴修水利等等。他们对当时人民做了有利的事，都应该是历史上肯定的卓越人物。

评价任何历史人物，一定要采取实事求是的态度，好的肯定，坏的否定。至于有功有过的，就要看他的功大还是过大，要严肃地加以分析。例如曹操，他起兵镇压黄巾，杀过一些知名之士如孔融、杨修、华佗等人；军法残酷，围而后降者便屠城，这些确是坏事，不应该替他掩饰。但是他也做了更大的好事。他把长期战乱、民不聊生的北方统一了；建立了法制；减轻了人民负担，发展了生产；还提倡文学艺术；打败乌桓，保卫了边境的安全。总的说来，他是功大于过的，是个应该肯定的人物。

但另一面，也必须指出，肯定某些历史人物，决“不是颂古非今，不是赞扬任何封建的毒素。对于人民群众和青年学生，主要地不是要引导他们向后看，而是要引导他们向前看”①。目的是从对历史人物的总结中，引出某些经验教训，吸取某些珍贵的东西，作为今天的借鉴，有助于社会主义建设事业。决不可以被祖先的阴影所罩住，不要像某些封建史家那样，对古人一唱三叹，低回而不能自已，认为是空前绝后的。很显然，我们如果局限于前人已有的成就，就会停滞不前。我们一方面要认为有这样一些好祖先是值得欣喜的，一方面要下决心把我们今天的工作十倍百倍地超过我们的祖先，要强爷胜祖。

第二，评价历史人物要从生产斗争和阶级斗争出发，归结为阶级的活动。

历史是从斗争中发展的，没有生产斗争和阶级斗争，也就没有历史。历史人物也是从斗争中成长的，他的活动必然要符合本阶级的利益。我国有几千年的文明史，积累了丰富得无比的经验，记录了伟大的成绩。我们祖先从生产斗争中取得某些有益的经验，其中有些对今天来说也还是有现实意义的。例如秦代李冰修的都江堰，直到现在人民还受益。经过长期的经验积累，人们总结了“深淘滩，低作堰”六个字刻在岩壁上。当地人民世世代代都在纪念这位治水专家。又如我们祖先的治水经验，有的主张疏浚，有的主张筑堤，两者都有片面性。疏浚把河床挖深，让水白白流掉了；筑堤把水拦住，结果一遇特大洪水，堤岸被冲垮决口就泛滥成灾了。有了几千年和水灾斗争的经验，我们就把两者结合起来，疏浚和蓄水并举，既加深了河床，又建立了类型不同的无数水库，变水灾为水利，在连续三年的大旱灾中，发挥了抗灾作用，这经验主要是由于总结历史教训得来的。在阶级斗争的

---

① 《毛泽东选集》，第2卷，701页。

历史教训中，远的不说，以明末农民战争为例。李自成率领的农民军力量很强大，但在攻下北京城以后，有人提出军队不要进城，保持严格的军事部署，李自成没有采纳。军队进了城，被都市生活所腐蚀，军纪和战斗力都衰退了，许多好军官抢着弄钱，搞女人，也腐化了。结果，在清军突然袭击之下，遭到了失败。又如太平天国定都南京时，军事力量也是十分强大的。只是由于太平天国领导集团内部不团结，互相残杀，使军事上政治上都受到极大的损失，因而遭致失败。又如辛亥革命，在政治上没有提出鲜明的反帝反封建的号召，在组织上没有发动人民群众，是失败的主要原因。这些教训都是用鲜血写成的，前车之覆，后车之鉴，对后来的革命斗争是起了反面教员的作用的。由此可见，通过对历史人物、事件的评价，可以吸取某些有益的经验、教训，学习他们某些优良的品质，批判地继承前人遗产，运用到实际工作中去。

第三，评价历史人物要从整个历史发展出发，从几千年来多民族国家的具体事实出发。

任何历史事件，决不可能是孤立的，必然有它的先行的因素，当时的社会条件，和以后的历史影响。例如秦始皇修万里长城，在此以前，燕、赵各国为了防御从北方来的侵略，早已修了长城。到秦始皇时，匈奴越发强大，入侵更加频繁。匈奴是游牧民族，倏来倏去，为了防御匈奴的入侵，在北边的边防线上，每一处都驻扎有强大的国防军是不可能的。秦始皇利用旧时代的长城，把它连接起来，并加以延长，在重要军事据点，配备了适当的军事力量。这一浩大工程，在当时确是花了不少人力，也死了不少人。但长城建成后，却起了抵御外来侵略，保障人民生活安定的作用。以后许多朝代都曾经补修过，现在八达岭一带的长城，就是十六世纪后期修建的。不能设想，长城要是完全没有作用，后代又何必多次补修！从这一点说，秦始皇是有功的。又如隋炀帝修运河，过去很多人都骂他。隋炀帝不是好人，这是事实，但连修这条运河都骂，就有点过分了。当时一无公路，二无铁路，南北的物资运输只有靠人力、畜力，是很困难的。隋炀帝利用古代的几条运河，把它们挖深、连接并加以延长。这条运河的修成，不论对南北的经济交流和发展，还是对促进国家的统一，都起了很大的作用。不但在当时有好处，对后代也有好处。明清两代的南粮北运，主要就靠这条运河。即使是今天，有了铁路、公路、海道运输了，假如在条件许可时，重新修整这条运河，对国家的经济建设还是有好处的。另一方面，我国是多民族的国家，今天的社会主义多民族大家庭是由长时期的历史发展所形成的。要看到今天的情况，也要看到历史上的不同情况。例如秦始皇对西南地区的经营，开灵渠，设郡县等等；汉武帝对江浙地区、西南地区的开发，通西域等等；以至明初对贵州的开发，明代西南各少数民族地区的改土归流，元、明两代对西藏的加强联系；直到清初专门设有管理西藏事务的官员；清代把台湾和新疆建为行省等等，都是用先进的生产技术、文化去提高落后地区，通过各民族成员的共同的长期努力，互相支持，才造成今天中华人民共和国的各族友爱相处的局面。当然，在各个不同历史时期，确曾发生过或大或小的战争，造成了损失。这些战争，有些是由汉族统治阶级发动的，也有些是由少数民族上层领袖发动的。关于每一次战争的发动及其性质、意义，都应该作具体的研究和分析。决不应该轻率地加上这种那种不适当的标签，而必须从整个多民族国家发展的历史出发，予以足够的重视和估计。同时，还必须认识到在漫长的历史时期中，我国内部民族之间的战争并不是经常的、主要的，不是成天在打仗，而是有的时候打仗。起主要的、经常的作用的是各民族人民的和平共处，共同努力缔造我们这个多民族的国家，这是历史的主流。以此，孤立地片面地看待这些问题是不对的。要从当时当地出发，也要从整个历史发展出发，从多民族国家的前提出发，全面地历史地看问题。只有这样，才能正确地评价历史人物和历史事件。

第四，评价历史人物应从政治措施、政治作用出发，而不应该从私人生活方面出发，也就是政治第一，以政治为衡量历史人物的尺度。

当然，个人的生活、作风是有影响的，但不是主要的。主要的是政治措施和作用。人们熟知的曹操和武则天两个历史人物，一千多年来都是挨骂的对象，搞得很臭。骂他（她）们的人主要从他（她）们的个人生活方面出发。例如曹操，骂他的人无非说他挟天子以令诸侯，欺侮汉献帝，杀死伏皇后，造成了曹家的军事和政治势力，自己比作周文王，到他儿子曹丕就取汉献帝而代之，篡夺了刘家的政权。以此骂他是奸臣，演戏的给他涂上白花脸。其实，只要细读历史，在当时的情况下，是汉献帝比曹操强，还是曹操比汉献帝强，是谁能够统一和安定北方，这是无须细说的。既然是封建社会，总得有个皇帝，姓刘的可以作皇帝，姓曹的又为什么不可以呢？奸臣这顶帽子是封建道德造成的，也是正统观念造成的。三国以后，南宋偏安江浙，却自居为正统，朱熹写历史，就不能不帝蜀寇魏，把曹操骂个痛快。现在时间隔了一千七百多年了，封建社会已经送进历史博物馆了，我们研究历史，为什么还要跟朱熹走？至于逼帝杀后，那是政治斗争呀。献帝一党要夺回政权，曹操要继续把持政权，曹操不逼帝杀后，难道叫他自缚送死不成？至于武则天，说她是一个十全十美的人物是不对的，她也和其他封建帝王一样，有许多缺点。但就政治来说，离她不远的唐代大政治家陆贽、李绛对她的评价都很高，因为他们从她知人善用，人民生活安定这一点着眼。宋朝宋祁虽然骂她，还不能不说她："僭于上而治于下。"从现在看来，在历史上姓李的作皇帝也可，姓武的作皇帝也可，僭不僭不干我们的事。主要的是"治于下"三个字，政治上轨道，百姓生活安定了，难道不是极大的好事？虽然当时也有人骂她，例如骆宾王，理由不过说她是女人不该作皇帝，骂她不该改嫁。这个道理不必说现在，就按唐代那时的封建道德标准说，也是站不住脚的。到北宋时，道学家们讲贞节，女人要从一而终，甚至"宁可饿死，不可失节"，才大骂特骂起来。直到明末的李贽，清朝的赵翼，虽然也在某些问题上骂她，但在政治上却给她讲公道话。赵翼指出她的政治成就是主要的，是根本的，私人生活是末节，是小事。这是很公允的评价。应该肯定，武则天并不是完美无缺的人物，但她在政治上做了许多好事，至于私人生活则不过是次要的，是末节。把根本的主要的抹煞了，专攻其末节，这是封建时代道学家的思想在作怪，不是今天的马克思主义的历史家所应该采取的。

于此，附带地谈一个问题，要做到正确地评价历史人物，就必须正确地运用历史唯物主义的观点来分析史料，既不要离开历史人物所处的时代，又要善于区别史料和时代的关系。一般地说，凡是在当时历史上起过作用的人物，在当时和后代都会有不同的意见。什么看法才对？主要应该根据当时当地大多数人的意见。还是拿武则天作例子，是根据唐朝大政治家对她的评价，还是根据宋朝道学家对她的评价？这是个关键问题。应该弄清楚，在唐朝，女人改嫁不是什么丑事，民间不必说了，就是皇室，有的公主就曾改嫁过两三次。到了宋朝，讲理学，讲封建礼教，讲贞节牌坊，才改变了对改嫁妇女的道德标准。社会道德观念的改变，影响了对历史人物的评价。从欧阳修、宋祁，一直到明朝的胡应麟、王夫之，都把武则天骂得很厉害，并且时代愈后，骂得愈凶，就是这个道理。

第五，要注意阶级关系，运用阶级分析的方法来研究历史人物，但是不可以绝对化，把阶级成分作为评价历史人物的唯一尺度。

历史人物中，这个人是统治者，还是被统治者，是地主阶级，还是农民阶级或小手工业者、商人，这是必须注意的。无论如何，被剥削者的农民不会和统治者的地主有一模一样的思想感情。当农民被勒索，被鞭打的时候，他怎么可能和他的对立面有同样的感受呢？反过来，贵族、地主、官僚们也不会具有和农民同样的勤劳、朴素的美德。不同的阶级有不同的立场，评价历史人物而忽略了阶级关系，当然是错误的。但是，也还必须注意另外一个方面，即统治阶级思想所给予被统治阶级的影响。“统治阶级的思想在每一时代都是占统治地位的思想。这就是说，一个阶级是社会上占统治地位的物质力量，同时也是社会上占统治地位的精神力量。支配着物质生产资料的阶级，同时也支配着精神生产的资料，因此，那些没有精神生产资料的人的思想，一般地是受统治阶级支配的。”① 长期被统治的农民，在精神生活方面，一般地说是受统治阶级支配的。以

① 马克思、恩格斯：《德意志意识形态》，见《马克思恩格斯全集》，第3卷，52页。

此，研究、分析历史人物，而不去研究、分析这个历史时期的统治思想，就不可能得到有效的结果，以致许多问题都会弄不清楚，不知其所以然。

还应该特别注意，阶级出身决不是评价历史人物的根本条件，必须注意，但决不可以绝对化。有些人却以唯成分论来评价历史人物，这就大错特错了。例如有人讲文学史，讲到王维、董其昌等人物，就感到不好办，因为他们是有名的诗人、画家，而又是大官僚，大地主。由于他们的阶级成分不好，于是就发生了对他们的作品，对他们个人如何评价的问题。有的人怕说他们在艺术上的成就，认为这样做是为地主阶级长威风；有的干脆给他们改变成分，说他们是中小地主，以为这样一来，就可以心安理得了。其实，问题不在于他们的阶级成分，主要是要看他们当时在文学、艺术上有什么成就，对丰富、提高祖国的文化事业有什么贡献，比他们的前辈多提供了什么新东西，只要有贡献，有新东西，在文学史、艺术史上就应该肯定，丝毫也不必迟疑。相反，如果光拿阶级成分来评价历史人物，那就糟了，因为这样做的结果，几乎所有卓越的历史人物都要被否定了。道理很明白，在封建社会里，几乎只有统治阶级的子弟才能享有文化学习的机会，农民们终年劳动，连肚子都吃不饱，哪里有可能去学习文化呢！（少数的当然也有，但是，当他们有了成就以后，绝大多数就参与了统治阶级的统治，改变了阶级成分。）自然地，什么政治家、军事家、文学家、书法家和大画家等等，就大都出身于地主阶级。我们决不可以因为这些人的阶级成分而否定他们在历史上的成就和地位。

第六，评价历史人物，决不可以拿今天的意识形态强加于古人。把古人现代化了，不但歪曲了历史，是非历史主义的，而且也失去了对今人的教育意义。

这里只举一些历史论文作例。例如有的农民领袖确是做了好事，但是历史上记载他的事迹却很少；于是有些写作者为了美化这个人物，便只好凭借想象赋予这个人以某些现代的思想意识。又如李自成和太平天国都没有普遍地实行分田，虽然关于李自成有山东一个县的材料；关于太平天国有天朝田亩制度的记载，但是并不能证明当时农民都曾经分到田，把地主阶级消灭了，要知道消灭地主阶级只是有了共产党以后才有的思想和事实；有些论文和讨论会中的发言，对这个问题强调得多了一些，也是不符合实际的。

在通史里提到古代哲学家的时候，似乎也不缺乏类似情况。在古代哲学家的脑门上贴标签的现象，看来不在少数。例如某人写了一些或讲了一些有唯物观点的话，便被封之为唯物主义的哲学家，其实，要是细心阅读这个人的著作，唯心论的东西还有一大车哩，我们的历史家似乎便不大愿意管了。相反，有些被称为唯心主义的哲学家，虽然这些人在某些方面还有一点唯物味道，说过一些正确的话，我们的历史家因为标签已贴，便也不大提了。其实在漫长的封建时期，由于生产力的落后，工业的不发达，小农经济占绝对优势，唯心哲学成为这个社会的统治思想是理所当然的事。同时，由于生活的实践，由于面对压迫者进行的斗争，某些人在思想意识中带有朴素唯物主义的东西，也是可以理解的。这样，唯心论者的思想体系中可能也会包含有某些唯物的观点，同样，某些朴素唯物主义者的论点中，也不可避免地会夹杂有不少唯心的观点，必须细心地、实事求是地去分析、研究。把两者都绝对化，特别是对某些唯物主义者的思想加以改铸，使之具有某些现代思想意识，看来同样是不符合于历史实际的。

综合以上各方面来研究、分析、评价历史人物，从具体出发，从历史实际出发，而不是从概念、原则出发，以实事求是的精神，郑重严肃的科学态度，有关的各个学科分工协作地来做，用马克思主义的方法，从孔夫子到孙中山，一一加以批判的总结，这个学习任务，我想是可以很好地完成的。

（原载《人民日报》，1962年3月23日）